Handbuch für Wirtschaftsarchive

Handbuch für Wirtschaftsarchive

Theorie und Praxis

Herausgegeben von
Evelyn Kroker
Renate Köhne-Lindenlaub
Wilfried Reininghaus

im Auftrag der Vereinigung
deutscher Wirtschaftsarchivare e.V.

R. Oldenbourg Verlag München 1998

Für großzügige Unterstützung bei der Drucklegung dieses Buches dankt die Vereinigung deutscher Wirtschaftsarchivare e.V. sehr herzlich ihren Mitgliedsunternehmen:

Robert Bosch GmbH, Stuttgart
Daimler-Benz AG, Stuttgart
Kreditanstalt für Wiederaufbau, Frankfurt/M.
Fried. Krupp AG Hoesch-Krupp, Essen
Mannesmann AG, Düsseldorf
Siemens AG, München

Die Deutsche Bibliothek - CIP-Einheitsaufnahme

Handbuch für Wirtschaftsarchive : Theorie und Praxis / hrsg. von Evelyn Kroker ... im Auftr. der Vereinigung deutscher Wirtschaftsarchivare e.V. - München : Oldenbourg, 1998
ISBN 3-486-56365-3

Umschlaggestaltung: Dieter Vollendorf, München
Gedruckt auf säurefreiem, alterungsbeständigem Papier (chlorfrei gebleicht)
Satz: Falkner GmbH, Inning
Druck und Bindung: R. Oldenbourg Graphische Betriebe GmbH, München

ISBN 3-486-56365-3

Inhaltsverzeichnis

Vorwort

Zwanzig Jahre ist es her, daß die Vereinigung deutscher Wirtschaftsarchivare e.V. auf der Mitgliederversammlung anläßlich der Jahrestagung 1978 in Rüdesheim dem Plan zugestimmt hat, eine Archivkunde der Wirtschaft zu veröffentlichen und entsprechende Finanzmittel zur Verfügung zu stellen. Im Sommer desselben Jahres erhielten die Mitglieder einen (zu) umfangreichen Fragebogen, der „möglichst detaillierte Angaben zum Stand der deutschen Wirtschaftsarchivpraxis erbringen und damit die von uns geplante Archivkunde auf eine solide empirische Basis stellen sollte". Aus vielerlei Gründen, u.a. auch personeller Veränderungen im VdW-Vorstand, wurde das ehrgeizige Projekt dann nicht weiterverfolgt, wiewohl die Nachfrage nach einer systematischen Darstellung des Archivwesens der Wirtschaft fortbestand.

Im Verlaufe des Jahres 1993 unternahm der Vorstand der VdW einen zweiten Versuch, den Plan eines „Handbuchs" zu realisieren, nachdem ein kleiner Kreis von „Mitstreitern" bereit war, gleichermaßen Arbeit und Verantwortung zu übernehmen. Aus dem ursprünglichen „Herausgeberkreis" des Handbuches ist Professor Dr. Klara van Eyll auf eigenen Wunsch ausgeschieden, weil ihre berufliche Arbeitsbelastung eine Mitarbeit nicht mehr zuließ, – gleichwohl schuldet ihr die VdW Dank für ihr Engagement. Besonders zu danken hat die VdW den Autoren, die sich trotz ihrer begrenzten Zeit- und Arbeitsressourcen zur Mitarbeit bereit gefunden haben, – und dies ganz ohne Honorar!

In einer Zeit, da sich die Archive der Wirtschaft bei wachsenden Herausforderungen mit immer begrenzteren Mitteln zu behaupten haben, wird das „human capital", wird der Faktor Mensch zu einer immer wichtigeren Größe. Die Kompetenz und Professionalität der Wirtschaftsarchivare weiter zu steigern, gehört zu den zentralen Anliegen des Handbuches, – ganz nach dem Motto zweier Autoren: „Tun wir die richtigen Dinge?" und vor allem „Tun wir die Dinge richtig?" Möge das nun endlich vorliegende „Handbuch für Wirtschaftsarchive" uns diesem Ziel näherbringen. Und möge seine Resonanz bei den VdW-Mitgliedern und darüber hinaus die beträchtlichen Finanzmittel zur Drucklegung des Buches rechtfertigen.

Dr. Evelyn Kroker
Vorsitzende der Vereinigung deutscher Wirtschaftsarchivare e.V.

Vorbemerkung der Herausgeber

An dem 1990 im „Archivar" beklagten Zustand, daß ein umfassendes, modernes Handbuch des Archivwesens in deutscher Sprache noch aussteht (S. 36), hat sich bis heute nichts geändert, obwohl inzwischen von der Archivschule Marburg und von einzelnen Landesarchivverwaltungen wichtige Einzelpublikationen zu aktuellen Themen der Archivwissenschaft und -praxis vorgelegt worden sind. Gerade unter Archivarinnen und Archivaren, die in Archiven der Wirtschaft tätig sind und von denen viele über keine spezifische facharchivarische Ausbildung verfügen, ist immer wieder die Nachfrage nach einem entsprechenden „Handbuch" geäußert worden. Den Herausgebern – die alle auch als Autoren vertreten sind – waren die Schwierigkeiten in der Bearbeitung eines solchen, alle archivischen Tätigkeitsbereiche umfassenden Handbuchs stets gegenwärtig, insofern sind sie sich des Wagnisses dieses Vorhabens bewußt.

Natürlich kann ein solches Handbuch Aus- und Fortbildung nicht ersetzen sondern allenfalls ergänzen. Es ist in erster Linie für Wirtschaftsarchivare geschrieben, für die Orientierung und als Handreichung in ihrem beruflichen Alltag. Dem Berufsanfänger will es praxisbezogene Hilfe für die verschiedenen Bereiche der Archivarbeit geben. Dem schon länger im Beruf tätigen Archivar will das Handbuch zugleich vermitteln, wie sich der fachspezifische Wissensstand fortentwickelt hat. Dies zu verfolgen, fehlt dem Einzelnen gerade in kleinen Archiven oft die Zeit. Speziell im Bereich der EDV-Anwendungen und der elektronischen Speichermedien sind die Entwicklungen so stark im Fluß, daß aktuelles Wissen schnell, allzuschnell veraltet. Deshalb sollte bedacht werden, daß sich in diesem Handbuch der Kenntnis- und Wissensstand der Jahre 1995/97 niedergeschlagen hat. Wenn mit diesem Handbuch auch den Kollegen anderer Archivsparten bei ihrer Arbeit – nicht nur mit Archivgut der Wirtschaft – Hilfe gegeben werden kann, so hätte es ein weiteres seiner gesteckten Ziele erreicht. Darüber hinaus will es sich auch zum Nachschlagen in der einen oder anderen fachlichen Einzelfrage anbieten.

Die meisten Autoren kommen aus dem Kreis der Wirtschaftsarchivare, der um Expertenkollegen aus dem staatlichen und kommunalen Bereich erweitert werden konnte. Allen Autoren war als Vorgabe der Herausgeber der Wunsch nach einem engen Praxisbezug der darzustellenden Sachverhalte mit auf den Weg gegeben worden. Es konnte also nicht darum gehen, die mehr oder weniger gelehrte Auseinandersetzung mit allen bisher vertretenen Fachmeinungen darzustellen. Statt dessen werden Vorschläge für die praktische Arbeit unterbreitet. Für die fachliche Arbeit im einzelnen gibt es zwar unter den Fachkollegen einen Grundkonsens, aber keine verbindlichen Einzelnormen, beispielsweise bei der Verzeichnung. Das gilt es auch zu berücksichtigen bei den Einzelbeiträgen der Autoren, die aus der jeweiligen fachlichen Position geschrieben sind. Die zur Veranschaulichung der Sachzusammenhänge ausgewählten Abbildungen sind eine Mischung aus realen Vorlagen aus einzelnen Archiven und fiktiven Beispielen.

Besonderen Wert haben die Herausgeber auf eine klar strukturierte Gliederung des Buches gelegt, um einen raschen Zugang zu einzelnen Sachthemen zu erleichtern. Das von Frau Dr. Sibylle Grube-Bannasch, Dresden, dankenswerterweise erarbeitete Sachregister soll zusätzlich die Benutzerfreundlichkeit erhöhen.

Der begrenzte Platz in einem Handbuch fordert Beschränkungen, denen immer auch ein subjektives Moment innewohnt. Deshalb sind die Herausgeber für Anregungen, Wünsche, Kritik besonders dankbar, handelt es sich doch bei diesem Handbuch für Wirtschaftsarchive um einen ersten Versuch, für eine komplexe Materie – das Archivwesen der Wirtschaft – ein angemessenes Verhältnis von Theorie und Praxis zu finden.

Evelyn Kroker, Renate Köhne-Lindenlaub, Wilfried Reininghaus
Dezember 1997

1. Der institutionelle Rahmen

1.1 Archiv, Bibliothek, Dokumentation, Museum – Abgrenzungen und Gemeinsamkeiten

Von
Evelyn Kroker

Archiv

Vom Griechischen „archeion“ für Behörde und dem Lateinischen „arca“ für sicherer Ort abgeleitet ist das Archiv die Gesamtheit der Dokumente, die aus der Tätigkeit oder dem Geschäftsgang einer natürlichen oder juristischen Person entstanden und zur dauernden Aufbewahrung bestimmt sind. Die archivierten Unterlagen einer Organisation, z.B. eines Wirtschaftsunternehmens oder einer Familie, werden ebenso als Archiv bezeichnet wie die einer natürlichen Person. Gleichzeitig wird so auch die Institution benannt, deren Aufgabe die Archivierung von Dokumenten ist. Sie benötigt zur Wahrnehmung ihrer Aufgaben Räume für Magazin, Verwaltung und Benutzung.[1]

Die im Archiv verwalteten Unterlagen werden als Archivgut bezeichnet. Sie sind aus der Tätigkeit von Organisationen in Wahrnehmung der jeweiligen Aufgaben erwachsen. Daher stehen sie in einem durch die Funktion der Überlieferung bildenden Stelle bestimmten strukturellen Zusammenhang und sind im Prinzip einmalig. Bei diesen Archivalien kann es sich um Schriftgut, Karten und Pläne, Fotografien, audiovisuelle sowie elektronische Unterlagen handeln.

Archivgut gelangt aufgrund von Zuständigkeit und Bewertung in das Archiv: Die im Zuständigkeitsbereich eines Archivs entstandenen Unterlagen werden von den Archivaren gesichtet und bewertet und nur dann in das Archiv übernommen, wenn sie archivwürdig, also für die dauernde Aufbewahrung geeignet sind.

Im Archiv wird Archivgut nach seiner Herkunft (Provenienzprinzip) zu Beständen zusammengefaßt. Die einzelnen Archivalien werden in der Weise erschlossen, also geordnet und verzeichnet, daß Struktur- und

[1] Menne-Haritz, Angelika: Schlüsselbegriffe der Archivterminologie. Lehrmaterialien für das Fach Archivwissenschaft, Marburg 1992 (= Veröffentlichungen der Archivschule Marburg – Institut für Archivwissenschaft. 20), S. 37; diese Veröffentlichung ist für terminologische Abklärungen herangezogen worden.

Handlungszusammenhänge sichtbar gemacht werden. Durch den Bearbeitungsvorgang können Archivalien, vor allem Akten, inhaltlich (durch Kassation unwichtiger Teile) und äußerlich (durch Ordnen und Umbetten in archivgerechte Mappen) verändert werden.

Ein anderer Archivbegriff hat in die elektronische Datenverarbeitung frühzeitig Eingang gefunden: Er bezeichnet dort den Vorgang oder das System der dauerhaften, langfristigen Speicherung von Dokumenten und Daten. Dabei finden in der Regel weder Strukturierung noch Bewertung statt. Umgangssprachlich wird der Begriff Archiv darüber hinaus für beliebige Sammlungen alter Schriften und Unterlagen verwendet. Verlage schließlich bezeichnen als Archive Zeitschriften mit Sammlungen von Aufsätzen zu bestimmten Themenbereichen.

Bibliothek

Das aus den griechischen Vokabeln „biblion" für Buch und „theke" für Behältnis zusammengesetzte Wort Bibliothek bezeichnet sowohl das Gebäude wie die in ihm aufbewahrten Materialien. Danach ist eine Bibliothek eine zum Zweck öffentlicher oder privater Benutzung aufgestellte Sammlung von Büchern und Zeitschriften.[2]

Die Bibliothek verwaltet Bibliotheksgut, also im wesentlichen gedruckte Bücher und Zeitschriften. Im Gegensatz zu Archivgut ist Bibliotheksgut im Prinzip nicht einmalig, sondern eine vielfach vorhandene Handelsware. In der Regel erwirbt die Bibliothek das Bibliotheksgut durch Kauf. Sie trifft die Auswahl aus der Gesamtmenge der Publikationen nicht auf Grund von Zuständigkeit, sondern auf der Basis eines jeweils festgelegten thematischen Sammlungschwerpunkts.

Bücher und Zeitschriften werden in der Bibliothek als Einzelstücke katalogisiert und durch Indizes erschlossen. Durch die Bearbeitung werden sie inhaltlich nicht verändert, dies geschieht allenfalls äußerlich durch Einbinden. An die Seite der traditionell gedruckten Werke treten in Bibliotheken immer häufiger Veröffentlichungen auf elektronischen Speichermedien. Der physische Besitz der originalen Informationsträger (Bücher, Zeitschriften) tritt zugunsten der bloßen Informationsvermittlung zurück. Die zunehmende Digitalisierung von Bibliotheksbeständen leitet für das Selbstverständnis und die Arbeitsweise der Bibliotheken einen Paradigmenwechsel ein.[3]

[2] Rogalla von Bieberstein, Johannes: Archiv, Bibliothek und Museum als Dokumentationsbereiche. Einheit und gegenseitige Abgrenzung, Pullach 1975 (= Bibliothekspraxis. 16), S. 26f.

[3] Leskien, Hermann: Ein Zeitalter für Bibliotheken. Vielfältig gewandelte Rahmenbedingungen erfordern eine tiefgreifende Neuorientierung, in: Zeitschrift für Bibliothekswesen und Bibliografie 44, 1997, S. 1-19.

Dokumentation

Die Dokumentation bezeichnete in der klassischen Definition des Belgiers Paul Otlet zu Beginn des Jahrhunderts die Sammlung, Ordnung und Nutzbarmachung von Dokumenten.[4] In der chronologischen Reihenfolge ihrer Entstehung wurde die Dokumentation erweitert in „Dokumentation und Information“, dann umbenannt in „Information und Dokumentation (IuD)“, „Fachinformation“ und schließlich „Informationsvermittlung“.[5] Aus der Sicht der in der Informationsvermittlung professionell Tätigen handelt es sich bei der Dokumentation – abgesehen von ihren vielerlei umgangssprachlichen Bedeutungen – um eine Tätigkeit, die drei Aufgabenschwerpunkte hat: Input, Aufbereitung, Output. Das Input beinhaltet die Auswahl, formale Erschließung und Speicherung der Wissensquellen; zur Aufbereitung gehört u.a. die Umsetzung der Wissensquellen in andere Darstellungsformen; zum Output gehören Nutzung, Verteilung, aktive Vermittlung und Vermarktung.[6] Die Tätigkeit des Dokumentars konzentriert sich also auf das Nachweisen, die Aufbereitung und Übermittlung von Informationen und Wissen. Die dokumentarischen Daten werden durch Indexierung hinsichtlich bestimmter Fragenkomplexe aufbereitet und in Datenbanken gespeichert. Auf dem Arbeitsgebiet des Informations- und Dokumentationswesens unterscheidet man heute die Literaturdokumentation auf der einen sowie die Daten- oder Faktendokumentation auf der anderen Seite. In der Literaturdokumentation werden vor allem Zeitschriftenaufsätze und gedruckte Berichte inhaltlich analysiert, durch Schlagwörter oder Deskriptoren erschlossen und diese inhaltlichen Erschließungsparameter gespeichert. In der Daten- oder Faktendokumentation sind der Analyse- und Bearbeitungsgegenstand z.B. Zahlenwerte, Tabellen, Diagramme.[7]

Der institutionelle Rahmen für dokumentarische Tätigkeit sind Dokumentationsstellen bei großen Unternehmen und Konzernen, im Medienbereich (Rundfunk, Fernsehen, Verlage) und kommerzielle Datenbankanbie-

[4] Laisiepen, Klaus/Lutterbeck, Ernst/Meyer-Uhlenried, Karl-Heinrich: Grundlagen der praktischen Information und Dokumentation. Eine Einführung, 2. Aufl., München 1980 (= DGD-Schriftenreihe. 1), S. 14.

[5] Seeger, Thomas: Grundbegriffe der Information und Dokumentation, in: Buder, Marianne/Rehfeld, Werner/Seeger, Thomas (Hrsg.): Grundlagen der praktischen Information und Dokumentation. Ein Handbuch zur Einführung in die fachliche Informationsarbeit, 3. völlig neu gefaßte Ausg., 2 Bde., München 1990 (= DGD-Schriftenreihe. 9), hier Bd. 1, S. 1–9.

[6] Seeger (wie Anm. 5), S. 3.

[7] Windel, Gunther: Was ist Information und Dokumentation, in: Laisiepen (wie Anm. 4), S. 1–77, hier S. 20ff.

ter. Ihnen sind häufig Bibliotheken und Historische Archive angeschlossen.[8]

Traditionelle Träger dokumentarischer Daten sind Zeitungsausschnitte, Zeitschriftenaufsätze und sonstige Einzelpublikationen. Ihre Stelle haben inzwischen weitestgehend elektronische Datenträger eingenommen. Dokumentationen erwachsen – wie Bibliotheksgut – nicht aus Verwaltungshandlungen und gemäß Zuständigkeit, sondern sie werden durch Auswahl von Dokumenten entsprechend bestimmter Fragestellungen gebildet.

Museum

Das aus dem Lateinischen übernommene Wort Museum leitet sich aus dem Griechischen „museion" für Musentempel ab und bezeichnet seit dem 18. Jahrhundert Sammlungen bzw. Einrichtungen zur Präsentation künstlerischer, wissenschaftlicher und technisch-industrieller Gegenstände.

Das Museum sammelt seine Objekte, sei es durch Kauf oder über Stiftung bzw. Schenkung. Dabei handelt es sich durchweg um Einzelstücke, die mehr oder weniger zufällig überliefert sind und im Museum zusammengetragen werden.

Aufgabe und Ziel eines Museums sind Information, Belehrung und dabei auch Unterhaltung der Bevölkerung. Somit besteht die zentrale Aufgabe des Museums darin, die erworbenen Objekte durch Ausstellungen jedermann – unabhängig von Alter und Bildungsstand – zugänglich zu machen.[9] Zu diesem Zweck werden die Objekte inventarisiert. Durch ergänzende Forschungen wird Zusatzwissen erworben, um die Objekte im jeweiligen inhaltlichen Kontext präsentieren zu können.

Hinter der üblicherweise für das Museum gebrauchten Aufgabenbündelung „Sammeln, Bewahren, Vermitteln, Präsentieren" verbirgt sich eine fast unübersehbare Zahl von Sammlungsgebieten, Konzepten und Zielen. Mit rund 5 000 Museen verfügt die Bundesrepublik über eine große Vielfalt auf diesem Kultursektor. Das Spektrum reicht von den an Forschungsinstitute angeschlossene Sammlungen wie z.B. Senckenberg in Frankfurt/M. über Technische Spezialmuseen wie das Deutsche Bergbau-Museum in Bochum, von Historischen Museen für Städte und Kreise über die in

[8] Leonhardt, Holm A.: Was ist Bibliotheks-, was Archiv- und Museumsgut? Ein Beitrag zur Kategorisierung von Dokumentationsgut und -institutionen, in: Der Archivar 42, 1989, Sp. 214–224.

[9] Gottmann, Günther: Zum Bildungsauftrag eines technikgeschichtlichen Museums, in: Spickernagel, Ellen/Walbe, Brigitte (Hrsg.): Das Museum. Lernort contra Musentempel, 3. Aufl., Gießen 1979, S. 32–35; Kuhn, Annette/Schneider, Gerhard (Hrsg.): Geschichte lernen im Museum, Düsseldorf 1978.

den achtziger Jahren neugegründeten Industriemuseen in Rheinland und Westfalen bis zu auf politische Zeitabschnitte fixierte Museen wie das Haus der Geschichte in Bonn. Auch Firmen unterhalten Museen, sei es als unternehmenseigene Stiftung oder als eingetragener Verein mit dem Unternehmen als Hauptmitglied. Solche Firmenmuseen, die 1996 von der Vereinigung deutscher Wirtschaftsarchivare in einer Publikation zusammengestellt wurden,[10] reichen von High-Tech-Einrichtungen über industriegeschichtliche Heimatmuseen bis zu Foren für Unternehmenskultur und Kommunikation. Zahlreiche Unternehmen verfügen sowohl über ein Archiv wie ein Firmenmuseum, beide sind sich ideal ergänzende Dokumentationsbereiche. Während das Firmenmuseum gegenständliche Quel-

Arbeitsverfahren der unterschiedlichen Dokumentationsbereiche
(in Anlehnung an Menne-Haritz, Schlüsselbegriffe, S. 77)

	Archiv	**Bibliothek**	**Dokumentation**	**Museum**
Gegenstände	Verwaltungsunterlagen (Strukturen)	Bücher, einzelne Handschriften (Unikate)	Informationen (unabhängig vom Fundort)	Objekte
Zugänge	Übernahme aus Zuständigkeitsbereich nach Bewertung	Erwerbung nach Sammlungsprofil	Auswahl nach Fragestellungen	Erwerbung nach Sammlungsprofil
Erschließung	Verzeichnung und Ordnung: Findbücher, Beständeübersichten	Titelaufnahme und Systematisieren: Kataloge	Inhalte wiedergeben und Systematisieren	Inventarisierung
Ziel	Verdeutlichen von Handlungszusammenhängen	Erleichterung der Suche nach Literatur zu bestimmten Themen	Antwort auf vorgelegte Fragestellungen	Informationsvermittlung und Unterhaltung

[10] Mikus, Anne/Schwärzel, Renate: Firmenmuseen in Deutschland, hrsg. von der Vereinigung deutscher Wirtschaftsarchivare e.V., Bremen 1996.

len der Unternehmensgeschichte sammelt und präsentiert, übernimmt und verwahrt das Archiv die archivwürdigen Akten des Unternehmens.

Gemeinsamkeiten, Abgrenzungen und Überschneidungen

Archiven, Bibliotheken, Dokumentationen und Museen ist gemeinsam, daß sie Dokumente bzw. im Fall des Museums Objekte übernehmen oder sammeln, erhalten, erschließen und zugänglich machen. Damit bilden sie einen großen Informations- und Dokumentationsbereich, in dem jeder auf seine spezifische Weise eine gesellschaftliche Dokumentationsfunktion wahrnimmt.[11]

Die Diskussion um Archiv, Bibliothek und Dokumentation bewegte sich in der Vergangenheit – mit unterschiedlicher Intensität und abhängig vom jeweils berufsbezogenen Standort – vorwiegend auf der Ebene einer Abgrenzungsdebatte.[12] Diese Abgrenzungsversuche orientierten sich zum einen an den Dokumentationsgegenständen, waren also auf das zu sichernde, zu erschließende, auszuwertende Material fixiert: Grob vereinfachend bedeutete dies für die Bibliothek das gedruckte Buch im Gegensatz zum ungedruckten Archivgut – den primären Schriftquellen – als Ausdruck geschäftlicher oder juristischer Tätigkeit. Überschneidungen ergeben sich hier – im übrigen auch zu den Museen –, wenn Bibliotheken und Museen auch Bestände von ungedruckten, einmalig vorhandenen Dokumenten erwerben oder sammeln oder wenn Archive andererseits neben ihrem traditionellen Archivgut auch Sammlungen von Museumsobjekten, Büchern und ähnlichem aufbauen. Im Bereich der Dokumentation ist heute infolge des Einsatzes der elektronischen Datenverarbeitung die dokumentarische Tätigkeit gar nicht mehr an stoffliche Dokumente gebunden, so daß die Art des Dokuments, des Bearbeitungsgegenstands, kein Abgrenzungskriterium mehr darstellt.

Ein weiteres Unterscheidungsmerkmal ergibt sich aus der Entstehungsart der Dokumente. Bei dem vom Archiv übernommenen Schriftgut handelt es sich generell um aus Handlungen entstandene Unterlagen und nicht um nur addierte Dokumente mit Einzelinformationen. Diese Entstehungszusammenhänge werden durch die archivische Erschließung auf der Basis des Provenienzprinzips erhalten und für die künftige Benutzung sichtbar gemacht. Hier, auf dem Sektor des zum Einsatz gelangenden methodischen Instrumentariums, ist gegenwärtig die schärfste Abgrenzung zu den anderen Dokumentationsbereichen zu sehen. Eine Erschließung von

11 Leonhardt (wie Anm. 8), Sp. 216.

12 Vgl. dazu grundsätzlich Archiv – Bibliothek – Dokumentation. Tradierte Grenzen und neue Perspektiven, in: Der Archivar 42, 1989, Sp. 524–544 und Leonhardt (wie Anm. 8).

Archivgut, die sich allein auf das Informationsretrieval durch Schlagwörter oder Indizes beschränkt, kann archivischen Anforderungen nicht genügen. Dies gilt ganz eindeutig trotz des hohen Standards der Deskriptorenerschließung und Thesaurusanwendung im Bibliotheks- und Dokumentationsbereich.

Die Entstehung des Archivgutes aus Handlungen stellt zugleich auch das zentrale Unterscheidungsmerkmal gegenüber dem Sammlungsgut dar. Dieses ist vorwiegend in Museen und Dokumentationsstellen vorzufinden und umfaßt Schrift-, Bild-, Ton- sowie anderes Dokumentationsgut, das eben nicht in einem gewachsenen Zusammenhang zu einer Überlieferung produzierenden Stelle steht, sondern zuständigkeitsfrei durch Kauf oder Schenkung gezielt erworben worden ist. Überschneidungen ergeben sich hier allerdings häufig daraus, daß gerade in Wirtschaftsarchiven zur Abrundung der Archivbestände oft solches Sammlungsgut zusammengetragen wird, aus dem dann eigene Sammlungen gebildet werden.[13] Dazu gehören beispielsweise im Archiv gebildete Sammlungen von Presseausschnitten, Fotos, Plakaten, Notgeld und dergleichen mehr.

Annäherungen in der Zukunft

Angesichts wachsender Überschneidungsfelder in den Dokumentationsbereichen „Archiv-Bibliothek-Dokumentation-Museum" – zugleich aber auch basierend auf der archivischen Realität am Ende der 90er Jahre – ist die Analyse von Hermann Rumschöttel hilfreich, der Kernbereiche von Konkurrenz- oder Koordinierungsbereichen und diese von Kooperationsbereichen unterscheidet.[14] Auch im Kernbereich der archivischen Arbeit, der Übernahme und Erschließung organisch gewachsenen, registraturgebundenen Schriftguts, wird es in zunehmendem Maß zu Überschneidungsfeldern mit anderen Dokumentationsbereichen durch neuartiges Registraturgut auf nicht mehr papiergebundenen Trägermaterialien wie Disketten, Magnetbändern, CD-ROM, CD-WORM und dergleichen kommen. Daher wird die Materialfixierung als Unterscheidungskriterium zwischen einzelnen Dokumentationsbereichen in der Zukunft sicherlich keine maßgebliche Rolle mehr spielen. Speziell die Archive werden mit der Übernahme maschinenlesbarer Daten – später als die Bibliotheken – vor ganz neuen Herausforderungen stehen.

Mit den durch die modernen Kommunikations- und Informationstechnologien eingeleiteten Veränderungsprozessen wird es zu neuen Standort-

[13] Kroker, Evelyn: Überlegungen zur Bewertung von archivischem Sammlungsgut, in: Archiv und Wirtschaft 23, 1989, S. 59–62.

[14] Rumschöttel, Hermann: Die Sicht der Archive, in: Archiv – Bibliothek – Dokumentation (wie Anm. 12), Sp. 537–544.

diskussionen kommen, mögliche Abgrenzungen werden dann vermutlich viel stärker funktions- und methodenbezogen diskutiert werden müssen. In letzter Zeit hat sich hier aber die Suche nach Gemeinsamkeit und Kooperation verstärkt.[15]

Bei Dokumentations- und Sammlungsgut, das nicht in einem Herkunfts- und Wirkungszusammenhang steht, dürften sich prinzipiell methodische Unterschiede in der Erschließung eher verwischen. Möglicherweise geht die Entwicklung zukünftig in Richtung von nur noch zwei Dokumentationsbereichen und entsprechenden Berufsbildern bzw. Tätigkeitsbereichen: einem historisch-archivarischen und einem bibliothekarisch-dokumentarischen.[16]

Als zutreffend hat sich die Prognose des Bibliothekswissenschaftlers Johannes Rogalla v. Bieberstein von 1975 erwiesen, daß nämlich der allgemeine Trend zur Normung und Vereinheitlichung durch den Einsatz der elektronischen Datenverarbeitung zu einer Annäherung und gegenseitigen Durchlässigkeit zwischen den ehedem relativ autarken klassischen Dokumentationsbereichen Archiv, Bibliothek und Museum geführt hat.[17] Es bedarf sicher keiner hellseherischen Fähigkeiten, um vorauszusagen, daß um die Jahrtausendwende gerade auch unter dem Eindruck knapper Finanzen die Konzentration der einzelnen Bereiche auf ihre jeweiligen Kernaufgaben erfolgen und es auf dieser Grundlage zu größeren Kooperationsverbünden kommen wird.

Das deutsche Archivwesen, das ja die klassischen Staatsarchive ebenso einschließt wie Wirtschaftsarchive und Kirchenarchive, Adelsarchive und Medienarchive ist seit einigen Jahren deutlich geprägt von Erweiterungen und Veränderungen seiner Aufgaben. Indem das Spektrum der beruflichen Tätigkeiten der Archivare „in unterschiedlicher Gewichtung und Ausprägung dokumentarische, archivarische, bibliothekarische... sowie informations- und kommunikationswissenschaftliche Elemente“[18] enthält, sind die Grenzen ehemals in sich relativ geschlossener Dokumentationsbereiche längst durchlässig geworden. Es wird zu dokumentationsübergreifenden Informationsnetzen kommen, in denen die Archive aufgrund ihrer andersgearteten Erschließungsmethoden (Provenienzprinzip!) wohl ihren eigenständigen Platz behalten, aber insgesamt doch ein anderes Profil gewinnen werden und wohl auch gewinnen werden müssen.

[15] Nimz, Brigitta: Addition, Integration und Separation. Die Beziehungen zwischen der Archiv– und der Bibliothekswissenschaft, in: Der Archivar 50, 1997, Sp. 325–334.

[16] Dugall, Berndt: Die Sicht der Bibliotheken, in: Archiv – Bibliothek – Dokumentation (wie Anm. 12), Sp. 530.

[17] Rogalla von Bieberstein (wie Anm. 2), S. 92.

[18] Rumschöttel (wie Anm. 14), Sp. 538.

1.2 Entwicklung und Typologie der Wirtschaftsarchive

Von
Angela Toussaint

1.2.1 Das Archivwesen der Wirtschaft bis zum Ende des Zweiten Weltkriegs

Die Archive des Staates und der Kommunen, des Adels und der Kirchen stehen in einer Tradition, die jahrhundertelang zurückreicht. Anders hingegen die Archive der Wirtschaft: Sie sind vergleichsweise junge Einrichtungen, deren Entwicklungsgeschichte erst zu Beginn des 20. Jahrhunderts einsetzt.[1]

Fragt man nach den Gründen für die Entstehung eigenständiger Wirtschaftsarchive, so ist es zum einen der die gesamte Lebens- und Arbeitswelt revolutionierende Prozeß der Industrialisierung und das damit verknüpfte Hineinwachsen der Wirtschaft in die neue Dimension einer geschichtsbildenden Kraft ersten Ranges.

Zum anderen aber ist es der seit dem ausgehenden 19. Jahrhundert zu verzeichnende und maßgeblich auf den Historiker Karl Lamprecht (1856–1915) zurückzuführende Wandel innerhalb der Geschichtswissenschaft: Richtete sich deren Forschungsinteresse bislang vornehmlich auf die Fakten und Ereignisse der politischen Sphäre, so werden nunmehr – den grundlegenden Veränderungen des „Industriezeitalters" Rechnung tragend – wirtschaftliche Entwicklungen und soziale Strukturen zum gleichwertigen Gegenstand historischer Analyse und Reflexion.

Neue Zielsetzungen der Forschung sind allerdings nur dann realisierbar, wenn auf einen entsprechend breiten und vielfältigen Quellenfundus zurückgegriffen werden kann. Doch für wirtschafts- und sozialgeschichtliche, unternehmens- und technikgeschichtliche Fragestellungen reichen die in den staatlichen und kommunalen Archiven verwahrten Materialien nicht aus. Sie bedürfen unabdingbar der Ergänzung um Primärquellen aus der Wirtschaft selbst – aus den Unternehmen, den Kammern und Verbänden.

So nimmt es nicht wunder, daß bereits kurz nach 1900 seitens der Wissenschaft der Ruf nach speziellen Archiven der Wirtschaft laut wurde. Es

[1] Vgl. hierzu die grundlegende Arbeit von Eyll, Klara van: Voraussetzungen und Entwicklungslinien von Wirtschaftsarchiven bis zum Zweiten Weltkrieg, Köln 1969 (= Schriften zur rheinisch-westfälischen Wirtschaftsgeschichte. 20); außerdem Dascher, Ottfried: Archive der Wirtschaft, in: Der Archivar 37, 1984, Sp. 419–428; Toussaint, Angela: Archivgutpflege der deutschen Wirtschaft unter besonderer Berücksichtigung des Bayerischen Wirtschaftsarchivs – Geschichte und aktueller Stand, in: Archivalische Zeitschrift 79, 1996, S. 105–126.

sei hier an den Lamprecht-Schüler Armin Tille (1870–1941) erinnert. Unter dem Titel „Wirtschaftsarchive“ veröffentlichte er 1905 eine grundlegende, 110 Seiten umfassende Arbeit,[2] die an Aktualität nichts verloren hat:

Ausgehend von der Erfahrung, daß Quellenzeugnisse der Wirtschaft an ihren Entstehungsstellen oftmals der Vernichtung anheimfielen, empfahl er insbesondere, für geschlossene Wirtschaftsgebiete je ein „wirtschaftliches Bezirksarchiv“ zu schaffen. Dieses sollte seinen Vorstellungen nach kein „Anhängsel an ein staatliches oder städtisches Archiv“ bilden, sondern als selbständige Einrichtung etabliert werden und sich aus Spenden von Unternehmen, Handelskammern und Verbänden finanzieren. Der zukunftweisende Typus des „regionalen Wirtschaftsarchivs“ war damit theoretisch vorgezeichnet.

Zu anderen Ergebnissen ist der Rostocker Nationalökonom Richard Ehrenberg (1857–1921) gekommen. Hatte er – als Basismaterial für die von ihm entwickelte „exakt-vergleichende Methode der Wirtschaftsforschung“ – zunächst in seinem eigenen Institut zahlreiche Unterlagen aus landwirtschaftlichen, industriellen und kaufmännischen Betrieben zusammengetragen, so kehrte er schließlich von dieser Konzeption universitärer Sammlungstätigkeit ab und wurde zum großen Befürworter für die Schaffung eigener Unternehmensarchive.

Der Impuls seitens der Wissenschaft war jedoch nur *ein* Moment, das der Entstehung moderner Archive der Wirtschaft den Weg bereitet hat. Auch in den großen industriellen Unternehmen selbst wuchs das Bedürfnis nach einer Zusammenführung der historischen Quellenzeugnisse in firmeneigenen archivischen Einrichtungen.

Eine entscheidende Rolle spielte dabei der Gedanke der Rechtssicherung und Rechtswahrung, den bereits Jakob Fugger – mit seiner Definition der Archive als „Rüstkammern für Beweismittel“ – auf einen geradezu klassischen Nenner gebracht hatte. Neben diesem rechtlichen Aspekt war es jedoch auch die mit der Industrialisierung dramatisch anwachsende Fülle an Schriftgut, die „archivarisches Handeln“ – Bewertung und Konzentrierung – erforderlich machte. Und nicht zuletzt haben anstehende Jubiläen als „Initialzündung“ für die Einrichtung von Archiven der Wirtschaft gewirkt.

1905 gilt als das Jahr der Gründung des ersten deutschen Unternehmensarchivs – des Krupp-Archivs,[3] dem 1907 das Siemens-Archiv[4] gefolgt

[2] Tille, Armin: Wirtschaftsarchive, in: Sozialwirtschaftliche Zeitfragen, hrsg. von Alexander Tille, Nr. 5/6, Berlin 1905.

[3] Köhne, Renate: Das Krupp-Archiv, in: Archiv und Wirtschaft 13, 1980, S. 37–43.

[4] Weiher, Sigfrid von: 75 Jahre Siemens-Archiv, in: Archiv und Wirtschaft 15, 1982, S. 66–76.

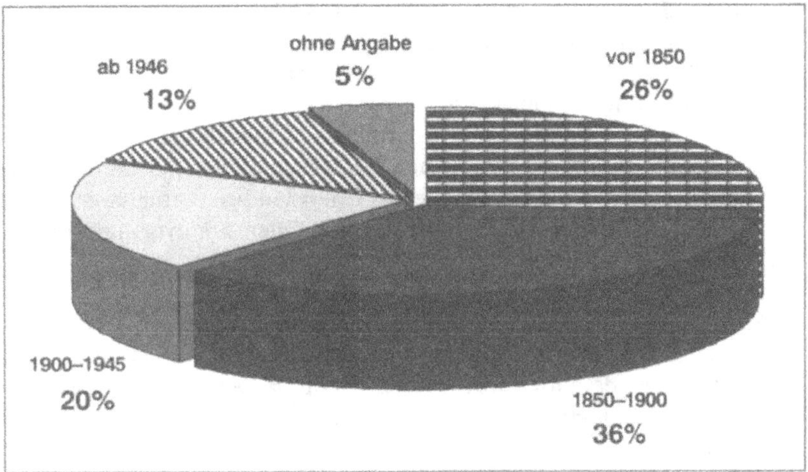

Alter der Bestände in Wirtschaftsarchiven
(nach den Angaben in: Deutsche Wirtschaftsarchive – Nachweis historischer Quellen in Unternehmen, Kammern und Verbänden der Bundesrepublik Deutschland, hrsg. im Auftrag der Gesellschaft für Unternehmensgeschichte von Klara van Eyll u.a., Bd. 1, 3. Aufl. bearb. von Renate Schwärzel, Stuttgart 1994)

ist. Ergänzend dazu sei an dieser Stelle das in der Literatur oftmals zu Unrecht übersehene Bayer-Archiv[5] genannt, das seine Entstehung gleichfalls in das Jahr 1907 zurückführt.

Zu Beginn des 20. Jahrhunderts ist aber auch das Modell „regionales Wirtschaftsarchiv" erstmals Wirklichkeit geworden:

1906 hat das Rheinisch-Westfälische Wirtschaftsarchiv zu Köln – eine Gründung der Handelskammern der preußischen Westprovinzen Rheinland und Westfalen – seinen Betrieb aufgenommen. Und noch im selben Jahr wurde in Saarbrücken das Südwestdeutsche Wirtschaftsarchiv[6] aus der Taufe gehoben, dessen Zuständigkeit das gesamte Industrierevier zwischen Mosel, Rhein und der französischen Grenze umfaßte.

Ähnliche Bestrebungen setzten gleichzeitig auch in Leipzig ein: 1887 war die älteste der Leipziger Kaufmannskorporationen, die Kramerinnung, aufgelöst worden und deren gesamtes Besitztum – einschließlich der

[5] Göb, Peter: Das Bayer-Archiv – Entstehung, Entwicklung, Organisation, in: Archiv und Wirtschaft 6, 1973, S. 83–87.

[6] Leider sind die Bestände dieses Archivs unmittelbar nach dem Zweiten Weltkrieg im damals lukrativen Altpapierhandel zugrundegegangen.

bis ins 14. Jahrhundert zurückreichenden Archivalien – an die dortige Handelskammer gefallen. 1906 erfolgte ein weiterer Schritt: Das übernommene „Kramer-Archiv" wurde ausgeweitet zu einem „Archiv für Wirtschaftsgeschichte Leipzigs".

Mit diesen – Vorbildfunktion auch für das benachbarte Ausland übernehmenden – Initiativen des frühen 20. Jahrhunderts sind die entscheidenden Weichen für den Aufbau eines eigenständigen Archivwesens der Wirtschaft gestellt worden, das in der traditionellen Archivorganisation inzwischen seinen festen Platz behauptet und aus der Forschungslandschaft nicht mehr wegzudenken ist.

Auch sind, mit dem „Unternehmensarchiv" einerseits und dem „regionalen Wirtschaftsarchiv" andererseits, damals bereits die beiden Grundmodelle geschaffen worden, auf denen das Archivwesen der Wirtschaft – seit den 1960er Jahren noch ergänzt um den neuen Typus „Branchenarchiv" – bis heute basiert.

Höhepunkt der schaffensreichen und vielversprechenden Gründungsphase war der erste „Allgemeine Wirtschaftsarchivtag", der 1913 in Köln stattfand und 98 Teilnehmer zählte. Man hatte guten Grund, auf eine positive Weiterentwicklung des Archivwesens der Wirtschaft zu hoffen, doch der Ausbruch des Ersten Weltkriegs setzte allen Plänen abrupt ein Ende.

Erst in den 30er Jahren – nach mehr als zwanzigjähriger Stagnation – kam es unter völlig veränderten Rahmenbedingungen zu einer Wiederbelebung des Archivgedankens in der Wirtschaft. Anlaß hierfür war vor allem die drohende Gefahr einer zwangsweisen Abgabe von Archivgut der Wirtschaft an staatliche Archivträger. Um dieser zu entgehen, beschlossen die Repräsentanten der rheinisch-westfälischen Eisen- und Stahlindustrie im Frühjahr 1936, die Fragen der Archivierung selbst in die Hand zu nehmen und in zweckmäßiger Weise zu lösen.

Die Initiative ging dabei von Ernst Poensgen aus – dem Generaldirektor der Vereinigte Stahlwerke AG (VSt),[7] in die 1926 insbesondere die Thyssen-Gruppe, die Montangruppe der Siemens-Rheinelbe-Schuckert-Union, die Phoenix-Gruppe und die Rheinischen Stahlwerke die meisten ihrer Betriebe eingebracht hatten, um den existentiellen Schwierigkeiten jener Zeit gemeinsam zu begegnen und der deutschen Montanindustrie eine globale Rolle zu sichern.

Aufgrund des persönlichen Engagements von Ernst Poensgen verwundert es nicht, daß die VSt die führende Rolle bei der Entwicklung eigen-

[7] Vgl. zum folgenden Stremmel, Ralf/Rasch, Manfred (Bearb.): Findbuch zu den Beständen Vereinigte Stahlwerke AG und Bergbau- und Industriewerte GmbH, Duisburg 1996 (= Veröffentlichungen aus dem Archiv der Thyssen AG. 1), S. 5f., S. 47ff.

ständiger Lösungen für das anstehende Problem der Archivierung übernahm.

Hier ist an Hedwig Behrens zu erinnern, die 1938 bei der VSt als Sachbearbeiterin für Werksarchivfragen und Leiterin der neugeschaffenen „Beratungsstelle für Werksarchive" eingestellt wurde. In dieser Eigenschaft hatte sie die Aufgabe, die einzelnen Konzerngesellschaften für die Archivarbeit zu interessieren und bei der Einrichtung eigener Werksarchive anzuleiten. Man wählte bei der VSt demnach den Weg der dezentralen Archivorganisation, die jedoch durch einen einheitlich anzuwendenden „Plan für die Gliederung des Archivmaterials" zusammengebunden werden sollte.

In zahlreichen Konzerngesellschaften der VSt ging man tatsächlich noch vor dem Krieg daran, hauptamtlich betreute Werksarchive einzurichten – so etwa, um einige wenige Beispiele herauszugreifen, bei der August Thyssen-Hütte AG in Duisburg, der Deutschen Röhrenwerke AG in Düsseldorf und der Deutschen Eisenwerke AG in Mülheim.

Diese Archivgründungen der Montanindustrie weckten den Plan, auch in anderen Branchen verstärkt für den Gedanken unternehmenseigener Archive zu werben. Doch der Ausbruch des Zweiten Weltkriegs verhinderte eine Realisierung dieser Ziele. Die 1941 erfolgte Gründung eines neuen Regionalen Wirtschaftsarchivs – des Westfälischen Wirtschaftsarchivs in Dortmund – erwies sich hingegen als tragfähiges Fundament für die Zukunft.

1.2.2 Vom Kriegsende bis in die Gegenwart

Die Entwicklung im Westen Deutschlands

Die Entwicklung nach 1945 ist aufgrund der Teilung Deutschlands differenziert zu betrachten. „Fortschritt aus Tradition" kennzeichnet die Situation im Westen. Im Osten hingegen haben die völlig veränderten politischen und gesamtgesellschaftlichen Verhältnisse auch im Archivwesen der Wirtschaft zu einer grundlegenden Neuorientierung und Umstrukturierung geführt.

Wirft man zunächst einen Blick auf die Entwicklung im Westen, so setzte hier Mitte der 1950er Jahre eine neue – und anhaltende – Aufschwungphase ein, in der die Archivgutpflege der Wirtschaft auf den in der Vergangenheit geschaffenen Fundamenten entscheidend ausgebaut worden ist. Einige „Meilensteine" auf dem Weg in die Gegenwart seien kurz angesprochen:

Hier ist zunächst die 1957 erfolgte Gründung der „Vereinigung deutscher Werksarchivare" – der Vorläuferin der heutigen „Vereinigung deutscher Wirtschaftsarchivare" (VdW) – zu nennen.[8] Dieser erste und bislang einzige überregionale Fachverband für das Archivwesen der Wirtschaft hat sich insbesondere die Aus- und Weiterbildung seiner Mitglieder in speziellen Grund- und Aufbaukursen, aber auch über das Medium der Jahrestagungen zum Ziel gesetzt. Bedenkt man, daß der Archivar in der Wirtschaft häufig mit völlig „sachfremder" Vorbildung und Berufserfahrung an seine archivischen Aufgaben herangehen muß, kommt diesen Maßnahmen der VdW besondere Bedeutung zu. Darüber hinaus bietet die seit 1967 erscheinende Zeitschrift „Archiv und Wirtschaft" vielfältige aktuelle Sachinformationen, die der oftmals als „Einzelkämpfer" wirkende Wirtschaftsarchivar ebenso zu schätzen weiß wie der Historiker im In- und Ausland.

Neben der Gründung der VdW als eigenständiger Organisation des Archivwesens der Wirtschaft und der Etablierung der Wirtschaftsarchivare als Fachgruppe 5 im „Verein deutscher Archivare" 1962 ist in dem hier zu betrachtenden Zeitraum ein weiteres Novum zu verzeichnen:

Mit der 1969 – im Zuge der Strukturkrise des Ruhrkohlenbergbaus – erfolgten Gründung des Bergbau-Archivs in Bochum wurde erstmals der Typus eines „Branchenarchivs" verwirklicht. Der deutsche Buchhandel sowie die Porzellanindustrie sind inzwischen diesem Beispiel gefolgt.

Aber auch die „klassischen", bereits zu Jahrhundertbeginn entstandenen Sparten des Archivwesens der Wirtschaft konnten in den Jahrzehnten nach dem Zweiten Weltkrieg weiter ausgebaut werden:

Im Bereich der regionalen Wirtschaftsarchive ist es inzwischen zu Neugründungen in Baden-Württemberg, Hessen und Bayern gekommen. Und was die Unternehmensarchive betrifft, so findet sich dieser vormals insbesondere in der Montanindustrie anzutreffende Archivtypus heute in nahezu allen Wirtschaftszweigen. Anzumerken bleibt jedoch, daß die Zahl der Betriebe, die sich eigene Archive leisten, immer noch gering ist im Vergleich zur Vielzahl traditionsreicher Unternehmen unseres Landes.

Soviel im Überblick zur Entwicklung in der „alten Bundesrepublik" bzw. den heutigen westlichen Bundesländern. Grundcharakteristikum ist dabei – wie bereits in der ersten Aufbauphase eines eigenständigen Archivwesens der Wirtschaft – das Moment der Freiwilligkeit: Archivgutpflege im Bereich der Privatwirtschaft, eingebunden in den Gesamtrahmen freiheitlicher Wirtschaftsordnung, erfolgte und erfolgt nicht aufgrund staatlicher Anordnung und gesetzlicher Regelung. Sie basiert vielmehr auf der individuellen „Einsicht in die Notwendigkeit" und der „zwang-losen" Bereitschaft, die Obsorge um die Quellenzeugnisse der Vergangenheit ernstzunehmen.

[8] Vgl. Eyll, Klara van: 25 Jahre VdW: Bilanz – Standort – Perspektiven, in: Archiv und Wirtschaft 16, 1983, S. 85–96.

Die Entwicklung im Osten Deutschlands: Betriebsarchive in der DDR

In der DDR nahm die Entwicklung des Archivwesens der Wirtschaft einen völlig anderen Verlauf.[9] Mit der Verstaatlichung der Wirtschaft ging hier konsequenterweise ein zunehmender Einfluß des Staates auf das aus wirtschaftlicher Tätigkeit erwachsene Schriftgut einher.

Bereits am 27. April 1950 trat eine vom Ministerium des Innern gemeinsam mit dem Ministerium für Industrie erlassene „Anweisung zur Errichtung von Betriebsarchiven"[10] in Kraft. Darin wurde verfügt, daß jeder volkseigene Betrieb (VEB) – unter fachlicher Anleitung der Staatsarchive – ein Betriebsarchiv einzurichten und zu unterhalten habe. In § 2 der Anweisung hieß es: „In diesem Betriebsarchiv sind zu sammeln: a) schriftliche, gedruckte, vervielfältigte oder gezeichnete geschäftliche und technische Unterlagen aus der Zeit vor 1945 bzw. aus der Zeit vor Übernahme des Betriebes in Volkseigentum; b) alles im Geschäftsverkehr nach dem 8. Mai 1945 bzw. nach Übernahme des Betriebes in Volkseigentum entstandene und entstehende Archivgut von bleibender Bedeutung ...; c) alle nach § 44 des Handelsgesetzbuches zehn Jahre aufzubewahrenden Geschäftspapiere, soweit sie nicht in den Abteilungen verbleiben." Dies galt analog für die übergeordneten Vereinigungen Volkseigener Betriebe (VVB) und – seit 1959 – auch für halbstaatliche Betriebe.

Botho Brachmann verweist für 1952 bereits auf ca. 5 000 bestehende Archive und zählt damit den „Aufbau der Archive der volkseigenen Wirtschaft ... zu den bedeutendsten Leistungen des Archivwesens der DDR".[11] Anzumerken ist jedoch, daß die meisten dieser Archive lediglich betriebliche Altregistraturen darstellten. Durch die Zusammenlegung von Betrieben wurde zudem die Anzahl der Betriebsarchive im Verlauf der Jahre geringer.

Ebenso wie in bundesdeutschen Unternehmensarchiven war der archivische Alltag in den Betriebsarchiven der DDR oftmals vom mühsamen Ringen um das Verständnis der Betriebsleitung, dem Kampf um Personal, Räume, technische Ausstattung etc. geprägt. So bestanden hinsichtlich der personellen Besetzung, der Ausstattung und der Bereitstellung von finanziellen Mitteln erhebliche Unterschiede.

[9] Vgl. Schaller, Barbara: Zum Wirtschaftsarchivwesen Sachsens, in: Generaldirektion der Staatlichen Archive Bayerns (Hrsg.): Die Archive in Bayern und Sachsen. Vorträge des Bayerisch-Sächsischen Archivarstreffens 1992 in Bamberg, München 1993, S. 50–53. Für wichtige Hinweise zu diesem Thema sei außerdem Dr. Renate Schwärzel, Berlin, herzlich gedankt.

[10] Anweisung zur Errichtung von Betriebsarchiven vom 27. April 1950. MinBl Nr. 10, 1950.

[11] Brachmann, Botho u.a.: Archivwesen der Deutschen Demokratischen Republik. Theorie und Praxis, Berlin (Ost) 1984, S. 44.

Mit der umfassenden Einrichtung von Betriebsarchiven war zwar der Grundstein für das Archivwesen der sozialistischen Wirtschaft gelegt worden. Bald zeigte sich jedoch, daß dieses Organisationsprinzip den zentralistischen Anforderungen nicht entsprach.

So wurden mit der „Verordnung über das staatliche Archivwesen" vom 17. Juni 1965[12] die Aufgaben und die Leitung des staatlichen Archivwesens neu festgelegt. Nach § 6 der ersten Durchführungsbestimmung[13] waren die Staatsarchive ab sofort verantwortlich für das Archivgut „der regionalen Organe und Einrichtungen sowie der Betriebe der kapitalistischen Wirtschaft mit regionaler Bedeutung einschließlich der des Großgrundbesitzes, die in Volkseigentum überführt oder aufgelöst wurden, soweit kein Betriebsarchiv zuständig ist". § 10 setzte die Zuständigkeit der Betriebsarchive fest.

Neue Gesetzlichkeiten der DDR – wie die Verfassung von 1974 oder die Verordnung über Rechte und Pflichten der Betriebe, Kombinate und VVB – führten 1976 erneut zur Überarbeitung des Archivgesetzes. Mit der „Verordnung über das staatliche Archivwesen" vom 11. März 1976[14] kam es zur gesetzlichen Festlegung von Bewertungs- und Zuständigkeitsgrundsätzen, die in der „Rahmensystematik zur Bewertung der staatlichen Registraturbildner" Anfang der 70er Jahre erarbeitet worden waren. Diese Systematik stellte ein Bewertungshilfsmittel dar, in dem Registraturbildner aus dem Bereich der Wirtschaft in drei Wertkategorien eingestuft wurden. Die Wertkategorien folgten der Gliederung der geltenden Schlüsselsystematik der Staats- und Wirtschaftsorgane und orientierten sich an der gesamtwirtschaftlichen bzw. regionaltypischen Bedeutung der Betriebe.

Gleichzeitig regelte diese Verordnung die Aufgaben und Zuständigkeiten der verschiedenen Archivtypen. Es wurde eine klare Abgrenzung zwischen Verwaltungsarchiven der Wirtschaft als Zwischenarchiven und den staatlichen Endarchiven vorgenommen und die Übernahme der Wirtschaftsbestände in den Zuständigkeitsbereich der staatlichen Archive genau fixiert. Danach waren Verwaltungsarchive zuständig für die Aufbewahrung von Archivgut bis zur Übergabe an das zuständige Endarchiv. Nur wenige Betriebsarchive – so etwa das Archiv der Leuna-Werke und des VEB Carl-Zeiss-Jena – wurden als Endarchive bestätigt.

Diese Neuregelung führte in den staatlichen Archiven zu einem außerordentlichen Zuwachs an Wirtschaftsbeständen, die sich als Quellenfundus

[12] Verordnung über das staatliche Archivwesen vom 17. Juni 1965. Gbl. II Nr. 75, 1965.

[13] Erste Durchführungsbestimmung zur Verordnung über das staatliche Archivwesen. Gbl. II Nr. 75, 1965.

[14] Verordnung über das staatliche Archivwesen vom 11. März 1976, Gbl. I Nr. 10, 1976.

für die unternehmens-, wirtschafts-, sozial- und technikgeschichtliche Forschung vielfach bewährt haben.

Die Archivverordnung von 1976 und die Rahmensystematik bildeten bis zum Jahr 1990 die Grundlage für die Archivierung von wirtschaftlichen Unterlagen.

Die Wiedervereinigung Deutschlands hat das Wirtschaftsarchivwesen in den neuen Ländern abermals grundlegend verändert.[15] Mit der nach dem 3. Oktober 1990 einsetzenden Privatisierung der Wirtschaft ging auch die Obsorge um das in den Betrieben vorhandene Archivgut in die privatrechtliche Verantwortung der jeweiligen Unternehmen über. Angesichts der Fülle existentieller Probleme konnte diese jedoch nur begrenzt wahrgenommen werden. Berücksichtigt man weiter die Vielzahl an Liquidationen, so drohte dem Archivgut der Wirtschaft eine Gefährdung gravierenden Ausmaßes.

Betroffen waren davon zum einen die noch in Betriebsarchiven verwahrten Anschlußüberlieferungen zu den im Besitz der staatlichen Archive befindlichen Wirtschaftsbeständen. Betroffen war zum zweiten das Archivgut mittlerer und kleiner Unternehmen des vormals volkseigenen Sektors, das zu DDR-Zeiten meist unter die Wertkategorie 3 gefallen und damit in den Betrieben verblieben war. Betroffen war zum dritten ganz generell auch befristet aufzubewahrendes Schriftgut, das zur Regelung von Eigentumsfragen, zum Beschäftigungs- und Lohnnachweis etc. bis auf weiteres entscheidende aktuelle Bedeutung hat.

So mußten unter eminentem Zeitdruck Sicherungsmaßnahmen entwickelt werden, um dieser Situation entgegenzuwirken. Hier ist zu verweisen auf die Bemühungen der staatlichen Archive, bereits vorhandene Unternehmensbestände bis 1990 zu ergänzen. Inzwischen sind die Archivgesetze der neuen Länder verabschiedet, die die gesetzlichen Grundlagen für diese Übernahmen festschreiben.

In diesem Zusammenhang ist weiter auf die Aktivitäten der Treuhandanstalt in Berlin zu verweisen, die von der Bundesregierung zur Überführung der ehemals volkseigenen Betriebe in die Privatwirtschaft eingesetzt wurde. Nicht zuletzt dank beharrlicher Bemühungen der Vereinigung deutscher Wirtschaftsarchivare e.V. (VdW) kamen auch hier entsprechende Initiativen zur Sicherung des Schriftguts liquidierter Treuhand-Unternehmen in Gang. Im Verlauf des Jahres 1991 wurden in den fünf neuen Ländern sowie in Berlin Landesdepots eingerichtet, um das Archiv- und

[15] Vgl. Kroker, Evelyn/Schwärzel, Renate: Archive der Wirtschaft. Zur aktuellen Situation des Wirtschaftsarchivwesens in der Bundesrepublik Deutschland, in: Archivmitteilungen 43, 1994, S. 1–4; Listewnik, Petra: Die archivische Situation in den neuen Bundesländern der Bundesrepublik Deutschland – aus der Sicht der Wirtschaftsarchive, in: Archiv und Wirtschaft 26, 1993, S. 59–63.

Registraturgut liquidierter Unternehmen vor der Vernichtung zu bewahren.

Die Landesdepots, die zweifellos nur eine zwischenarchivische Funktion erfüllen können, werden seit dem zum 1. Januar 1995 erfolgten Übergang der Treuhandanstalt in die Bundesanstalt für vereinigungsbedingte Sonderaufgaben (BvS) im Rahmen eines Geschäftsbesorgungsvertrags von der DISOS GmbH - einer Tochtergesellschaft der BvS - verwaltet. Neben der Sicherung und Aufbewahrung des „Liquidationsschriftguts" bildet die Auskunftstätigkeit einen weiteren zentralen Aufgabenschwerpunkt der Landesdepots.

Darüber hinaus stellt sich perspektivisch die Frage der archivischen Bewertung des „Liquidationsschriftguts" sowie dessen Übereignung an neue Rechtsträger nach Ablauf der Aufbewahrungsfristen. Als Ergebnis langwieriger Verhandlungen liegen inzwischen die „Verfahrenshinweise zur Zusammenarbeit der DISOS - Landesdepots mit den Archivreferenten der Neuen Länder" vom 13. November 1996 vor, die die Bewertungsmodalitäten und Zuständigkeiten für das in den Landesdepots aufzubewahrende Schriftgut in Übereinstimmung von Landesarchivreferenten, BvS und DISOS regeln.

Langfristig gesehen, wird es jedoch neuer Lösungen bedürfen. Dabei kommt dem Modell der zu Jahrhundertbeginn entwickelten „regionalen Wirtschaftsarchive" - mit der Gründung des Sächsischen Wirtschaftsarchivs in Leipzig bereits 1993 Wirklichkeit geworden - erneut eine zukunftweisende Bedeutung zu.

1.2.3 Die Wirtschaftsarchive unter typologischem Aspekt

Im vorangegangenen entwicklungsgeschichtlichen Überblick waren die Grundtypen von Wirtschaftsarchiven bereits kursorisch angesprochen worden. Sie seien an dieser Stelle nun etwas eingehender betrachtet.

Wir richten den Blick dabei zunächst auf die Unternehmensarchive, die uns in unterschiedlichster Ausprägung begegnen. Die Bandbreite reicht dabei vom „Schubladenarchiv" in kleinen Familienbetrieben bis zu den vielzelligen, hinsichtlich Beständezahl und Umfang so manchem Stadtarchiv nicht nachstehenden Konzernarchiven.

Trotz aller Verschiedenheit verbindet die Unternehmensarchive eine gemeinsame Eigenschaft: Sie sind in erster Linie Servicestellen für das jeweils eigene Haus. Mit ihrem historischen Fundus leisten sie vielfache Hilfestellung - denn der Rückgriff auf die Quellenzeugnisse der Vergangenheit erweist sich keinesfalls nur bei anstehenden Jubiläen, sondern oftmals auch für die Lösung aktueller betrieblicher Probleme als unerläßlich. Wenngleich interne Aufgaben Vorrang haben, behaupten die Unternehmensarchive dennoch auch in der Forschungslandschaft – weit über Deutschland hinaus – ihren festen Platz.

Allerdings leisten sich bei weitem nicht alle Unternehmen hauseigene Archive. Insbesondere bei mittleren und kleinen Betrieben fehlt es oftmals an den Möglichkeiten, die Obsorge um die Überlieferung der Vergangenheit fachgerecht zu betreiben. Unersetzliche Quellenmaterialien werden hier oftmals in Keller oder Speicher verbannt. Und weit gravierender noch: Bei Veränderungen in den Führungsebenen, bei Standortverlagerungen, vor allem aber bei Fusionen, Betriebsstillegungen und Konkursen droht den firmengeschichtlichen Unterlagen das unwiderrufliche „Aus" im Reißwolf.

Hier sorgen die von weitblickenden Industrie- und Handelskammern ins Leben gerufenen regionalen Wirtschaftsarchive für Abhilfe.

Ihre Entstehungsgeschichte, ihre Rechtsform und ihre oft recht komplexen Modalitäten der Finanzierung weisen zwar erhebliche Unterschiede auf. Doch hinsichtlich der konkreten Aufgabenstellung besteht unter den derzeit sechs Regionalarchiven in Köln, Dortmund, Stuttgart-Hohenheim, Darmstadt, München und Leipzig weitestgehende Übereinstimmung:

Sie übernehmen kostenfrei Archivgut der Wirtschaft – soweit dieses an seinen Entstehungsstellen nicht angemessen betreut werden kann oder akut von der Vernichtung bedroht ist. Sie verwahren die übernommenen Materialien in gesicherten Magazinen und sorgen für die inhaltliche Erschließung nach archivischen Grundsätzen. Sie sind Partner der Wissenschaft. Sie leisten aber auch der Wirtschaft vielfache „historische" Hilfestellung und beraten beim Aufbau unternehmenseigener Archive. Sie vertiefen schließlich durch Ausstellungen und Publikationen das Interesse an wirtschafts-, sozial- und technikgeschichtlichen Fragen in der Öffentlichkeit.

Gemeinsam ist den Regionalarchiven weiter die enge Anbindung an die Industrie- und Handelskammern. Dies ist jedoch nicht nur unter dem Aspekt der Finanzierung von entscheidender Bedeutung. Auch hinsichtlich der konkreten Aufgabenerfüllung erweist sich die „Firmennähe" der Kammern als überaus hilfreich und zielführend.

Die Landesarchivgesetze haben schließlich die Verbindung der Regionalarchive zu den öffentlich-rechtlichen Industrie- und Handelskammern noch in anderer Weise vertieft: Soweit hier nicht in hauseigenen, fachlich betreuten Einrichtungen archiviert werden kann oder – aus gewachsener Tradition heraus – eine Abgabe an andere öffentliche Archive erfolgt, sind die regionalen Wirtschaftsarchive nun die gesetzlich vorgesehenen Archivierungsstellen für die Überlieferungen der Kammern.

Mit der Gründung des Bergbau-Archivs in Bochum 1969 ist ein weiterer Typus von Wirtschaftsarchiven ins Leben gerufen worden – nämlich das

Branchenarchiv. Hinsichtlich ihrer grundsätzlichen Aufgaben und Ziele sind die Branchenarchive den Regionalarchiven vergleichbar. Sie unterscheiden sich von diesen jedoch in zwei wichtigen Punkten – nämlich zum einen durch ihre bundesweite räumliche Zuständigkeit und zum anderen durch ihre fachlich-sachliche Begrenzung auf lediglich *einen* Wirtschaftszweig.

Um das Bild abzurunden, sei abschließend noch auf den branchenspezifischen Sonderweg verwiesen, den der Bayerische Sparkassen- und Giroverband eingeschlagen hat. Seine archivische Konzeption basiert auf der dezentralen, jedoch nach einheitlichen Vorgaben erfolgenden Archivierung in den einzelnen bayerischen Sparkassen und dem zentralen Dokumentationssystem am Münchner Verbandssitz.

In der Vereinigung deutscher Wirtschaftsarchivare (VdW) haben alle Typen von Wirtschaftsarchiven ihr gemeinsames Dach gefunden. Gemeinsam ist ihnen aber auch – trotz aller Unterschiedlichkeit – das Grundziel, historisch relevante Primärquellen des Wirtschaftslebens der Zukunft zu erhalten und der Wissenschaft nutzbar zu machen.

Übereignungsvertrag

Zwischen

(im folgenden kurz Veräußerer genannt)

und dem

Bergbau-Archiv beim Deutschen Bergbau-Museum Bochum
Am Bergbaumuseum 28, 44791 Bochum
(im folgenden kurz Erwerber genannt)

wird folgender Übereignungsvertrag geschlossen:

1. Veräußerer und Erwerber sind sich darüber einig, daß die bergbaubezogenen und energiepolitischen Akten und Unterlagen auf den Erwerber als Eigentum übertragen werden sollen. Die Akten wurden am .... übergeben. Nach Ordnung und Verzeichnung der Akten wird das Findbuch Bestandteil dieses Vertrages. Der Erwerber ist zur Verwendung der übereigneten Akten nur im Rahmen der in der Benutzungsordnung für das Bergbau-Archiv gezogenen Grenzen berechtigt; auf Ziffer 4 der Benutzungsordnung wird besonders hingewiesen.

2. Der Veräußerer bzw. dessen Beauftragte sind jederzeit berechtigt, das Bergbau-Archiv nach Maßgabe der Benutzungsordnung für das Bergbau-Archiv gebührenfrei zu nutzen.

3. Der Erwerber verpflichtet sich, die übereigneten Akten sorgfältig und unentgeltlich aufzubewahren. Er ordnet, verzeichnet und erschließt die Akten unter Wahrung der Provenienz nach archivarischen Gesichtspunkten.

4. Über eine Aussonderung und Kassation von nicht archivwürdigen Akten entscheidet die Archivleitung. In Zweifelsfällen holt sie den Rat des Veräußerers oder dessen Rechtsnachfolgers ein.

................., den .... Bochum, den ....

....
(Unterschrift) (Unterschrift)

Depositalvertrag

Firma A (vertreten durch)
und das
Musterarchiv (vertreten durch)

schließen folgenden Verwahrungsvertrag:

§ 1

A übergibt unter Vorbehalt des Eigentumsrechtes, gemäß fest mit diesem Vertrag verbundener Übersicht (Anlage), sein älteres Schriftgut (Akten, Geschäftsbücher, Fotos, Pläne, Zeichnungen, Druckschriften etc.) dem Musterarchiv zur dauernden Verwahrung. Soweit es sich bei dem übergebenen Schriftgut noch nicht um archivwürdiges Material handelt, wird dieses in einem gesonderten Zwischenarchiv aufbewahrt. A ist allein berechtigt, dieses Zwischenarchiv zu benutzen. Das Musterarchiv ist nicht berechtigt, das übergebene Schriftgut bei einem Dritten zu hinterlegen, auf Dritte weiter zu übertragen und/oder die Nutzungsrechte hieraus auf Dritte weiter zu übertragen.

§ 2
(alternativ im Gegensatz zur Dauerleihgabe)

Das Schriftgut geht 30 Jahre nach der Übernahme durch das Musterarchiv, also im Jahre .... in dessen Eigentum über. Wird die Firma A vor Ablauf dieser Frist im Handelsregister gelöscht, so geht das Schriftgut bereits zu diesem Zeitpunkt in das Eigentum des Musterarchivs über.

§ 3

A ist grundsätzlich nicht berechtigt, das zur Verwahrung übergebene Schriftgut oder Teile davon zurückzunehmen. Das Zwischenarchiv bleibt davon ausgenommen. Eine Rückgabe ist im Ausnahmefall nur nach sechsmonatiger schriftlicher Vorankündigung zum Ende eines Quartals zulässig.

§ 4

A oder von ihm Beauftragte sind jederzeit berechtigt, das Schriftgut während der Dienststunden des Musterarchivs einzusehen bzw. auszuleihen.

§ 5

Das Musterarchiv ordnet, verzeichnet und erschließt das übergebene historische Schriftgut nach archivalischen Gesichtspunkten (Provenienzprinzip). Eine Kassation von gegebenenfalls nicht dauernd aufbewahrungswürdigen Teilen des übergebenen Materials ist nur mit Zustimmung von A zulässig.

§ 6

A ist berechtigt, bezüglich der Auswertung und Benutzung des Schriftguts durch Dritte, für einzelne Teile hieraus zeitlich begrenzte Sperrvermerke, gegebenenfalls auch eine Versiegelung bestimmter Akten zu verlangen. Im übrigen ist die wissenschaftliche Auswertung der Archivalien gestattet nach Ablauf der üblichen archivischen Sperrfristen im Rahmen einer dem Musterarchiv gegenüber ausgewiesenen sachkundigen Benutzung mit wissenschaftlichen Ambitionen.

§ 7

Das Musterarchiv wird das Schriftgut mit der in eigenen Angelegenheiten geübten Sorgfalt verwalten.

§ 8

Die Verwahrung erfolgt unentgeltlich.

§ 9

Verlangt A das Schriftgut oder Teile desselben zurück, so hat das Musterarchiv Anspruch auf Ersatz der ihm bisher für Ordnung, Verzeichnung und Magazinierung des zurückverlangten Materials entstandenen Aufwendungen.

Datum:	Datum:
Unterschrift Firma A	Unterschrift Musterarchiv

Anlage

1.3 Die Organisation der Unternehmen und ihre Auswirkungen auf das Schriftgut der Wirtschaft

Von
Horst A. Wessel

1.3.1 Einleitung und Begriffsklärung

Eine effiziente Organisationsstruktur zählt in der Betriebswirtschaftslehre zu den zentralen Faktoren des Unternehmenserfolges; sie gehört zu den betrieblichen Produktionsfaktoren. Eine gute Organisation reicht nicht aus, um erfolgreich zu wirtschaften; jedoch ohne Organisation ist ein arbeitsteiliges Wirtschaften nicht möglich. Kein Industrie- und kein Handelsunternehmen kann auf die Dauer wirtschaftlich ohne organisatorisch-zweckmäßigen Aufbau des kaufmännischen und technischen Verwaltungsapparates bestehen. Zweck einer einfachen und übersichtlichen Organisation in allen Abteilungen eines Unternehmens ist es, zu Schaffendes zu planen, Geschaffenes geordnet zu erhalten und erfolgreich weiterzuführen; ferner Veruntreuungen zu verhindern, die Statistik in den Dienst der Sache zu stellen, damit das Unternehmen wirtschaftlich arbeitet.

Ergebnis einer guten Organisation ist es aber auch, daß sie reibungslos, fehlerfrei und billiger arbeitet als eine Verwaltung ohne oder mit schlechterer Organisation. Eine gute Organisation vermeidet nicht zuletzt Differenzen mit kommunalen und staatlichen Behörden – bei den Steuern und Sozialabgaben ist dies ebenso leicht einzusehen wie beim Umweltschutz und dem Nachweis von Immobilienbesitz.[1] Die Geschichte kennt zahlreiche große Unternehmerpersönlichkeiten – Kaufleute und Ingenieure sowie solche, die keiner der beiden Berufsgruppen angehören. Eins war diesen, insbesondere wenn sie über längere Zeit erfolgreich tätig waren, gemeinsam: Sie besaßen die Eigenschaften des großen Organisators. „Denn nicht der *rein technisch bedeutende* Ingenieur, der sich als Erfinder einen Namen gemacht hat, nicht der *nur im Handelsgeschäft oder Bankgewerbe* durchgebildete, noch so tüchtige Kaufmann sind imstande, einem Unternehmen ... zu wirklicher Bedeutung zu verhelfen: Dazu gehört ein wirklicher Organisator.“[2]

[1] Fechtner, Karl: Leitfaden für Organisation und Revision, Essen 1951, S. 12f.; Gutenberg, Erich: Grundlagen der Betriebswirtschaftslehre, Bd. 1, 1. Aufl., Berlin 1951; Ulrich, Herbert: Betriebliche Organisationslehre, Bern 1949; Kosiol, Ernst: Grundlagen und Methoden der Organisationsforschung, Berlin 1959; Nordsieck, Fritz: Grundlagen der Organisationslehre, Stuttgart 1934.

[2] Meyenberg, Friedrich: Einführung in die Organisation von Maschinenfabriken unter besonderer Berücksichtigung der Selbstkostenberechnung, Berlin 1913, S. 3.

Zur Klärung der Begriffe und des Themas sind folgende Festlegungen zu treffen: Unter „Organisation“ soll die zweckmäßige Gestaltung und Anordnung eines oder mehrerer Unternehmen mit Rücksicht auf ihren satzungsgemäßen Zweck verstanden werden. Ein derartiges Gesellschaftsgebilde besitzt dann eine entsprechende Organisation, wenn es die ihm übertragenen Aufgaben erfüllen kann. Der Organisator ist dementsprechend der, der Ordnung setzt und schafft. Organisieren ist also nicht mehr und nicht weniger, als das einzurichten, aufzubauen, zu beschaffen und so anzuordnen, was ein erfolgreiches Wirtschaften ermöglicht. Das betrifft z.B. bei einem Industrieunternehmen sowohl die Beschaffung von Roh- und Hilfsstoffen, von Anlagen, Kapital und Arbeitskräften, das Zusammenwirken bei der Erzeugung als auch den Vertrieb der hergestellten Produkte. Während die „Struktur“ das Verhältnis der Teile eines Ganzen zueinander bestimmt, beschreibt die Organisation das Zusammenwirken dieser Teile zu möglichst einem Ganzen. Die Betrachtung wird sich nach einem kurzen Überblick über die Wurzeln von Organisationen, vor allem deren Entwicklung in Wirtschaftsunternehmen widmen. Dabei sollen sowohl die internen Organisationsformen von Industrie-, Handels- und Dienstleistungsunternehmen als auch deren regional- und gesamtwirtschaftliche Organisationen berücksichtigt werden.

1.3.2 Historische Voraussetzungen der Unternehmensformen

Moderne Organisationsstrukturen haben sich aus Historischem heraus entwickelt. Die Forschung hat auf mehrere Wurzeln moderner Organisationen aufmerksam gemacht. Herausragende Bedeutung kommt dabei den mittelalterlichen Klöstern,[3] den Vereinen des 18. Jahrhunderts – vor allem Freimaurerlogen, Lesegesellschaften und patriotischen Gesellschaften[4] – sowie den beiden Produktionsformen Verlag und Manufaktur[5] zu. Nicht untersucht wurde bisher die Bedeutung des Militärs. Hier spielten von jeher Fragen der Organisation eine entscheidende Rolle. Für August Thyssen, den großen Konzerngestalter, sind die Erfahrungen, die er im Krieg

[3] Kieser, Alfred: Von asketischen zu industriellen Bravourstücken. Die Organisation der Wirtschaft im Kloster des Mittelalters, Mannheim 1986; vgl. auch Janssen, Wilhelm: Neue Wege und Formen territorialer Verwaltung am Niederrhein im Übergang zur frühen Neuzeit, in: Rheinische Vierteljahrsblätter 58, 1994, S. 133–148.

[4] Kieser, Alfred: Von Freimaurern zu industriösen Patrioten. Organisationsbildung und Disziplinierung im 18. Jahrhundert, Mannheim 1995.

[5] Kieser, Alfred: Verlage und Manufakturen – Wegbereiter der Fabrik? Mannheim 1994.

von 1866 als Bataillons-Adjutant gemacht hat, besonders wichtig gewesen.[6]

Überhaupt scheint es sinnvoll, nach der Entstehung organisatorischer Gefüge auch außerhalb von eigenständigen Organisationen zu fragen. Es ist davon auszugehen, daß schon das zünftige Handwerk Organisationen entwickelt hat, die nicht nur über Jahrhunderte tradiert wurden, sondern die Weiterentwicklung des Handwerks und in vielen Fällen auch den Übergang zur Industrie erleichtert haben. Ähnliches gilt für den Handel. Bereits im Mittelalter haben sich Kaufleute zu genossenschaftlichen Vereinigungen zusammengeschlossen. Ihre Organisation entsprach der des Handwerks.[7] Bereits in den 1930er Jahren ist darauf aufmerksam gemacht worden, daß die Zusammenschlüsse des überregionalen Handels in enger Wechselwirkung zur systematischen Aufzeichnung von Geschäftsvorgängen in Handelsbüchern, zur Anerkennung schriftlicher Schuldanerkenntnisse und zur Übertragung von Handelsgeschäften auf berechtigte Vertreter standen. Letzteres bedeutete, daß der Handelsherr nicht mehr selbst reiste, sondern am Sitz der Firma durch mündliche und im wachsenden Umfang schriftliche Nachrichten über die Kaufs- und Verkaufsabsichten, die Preisbewegungen und Nachfrageänderungen erfuhr und entsprechende Anweisungen erteilte.[8] Von dort reichen die Verbindungslinien in das 19. Jahrhundert hinein, in dem Deutschland sich zum industrialisierten Staat entwickelte. Nach Meinung von Knut Borchardt ist es „eines der Geheimnisse des großen Sprungs in Deutschland im 19. Jahrhundert, daß hier der fertigungstechnische Fortschritt mit dem Nachholen des ‚Ökonomisierungsprozesses‘, der ‚Organisationsrevolution‘, zusammengefallen ist.“[9]

Jürgen Kocka hat 1969 als einer der ersten auf die Bedeutung des industriellen Managements aufmerksam gemacht.[10] Allerdings gewann er zunächst seine Erkenntnisse nicht durch die Auswertung von Quellen in

[6] Wessel, Horst A. (Hrsg.): Thyssen & Co., Mülheim a. d. Ruhr. Die Geschichte einer Familie und ihrer Unternehmung, Stuttgart 1991, S. 25.

[7] Seraphim, Peter-Heinz: Deutsche Wirtschafts- und Sozialgeschichte. Von der Frühzeit bis zum Ausbruch des Zweiten Weltkrieges, Wiesbaden 1962, S. 64f.

[8] Bauer, Clemens: Unternehmung und Unternehmungsformen im Spätmittelalter und in der beginnenden Neuzeit, Leipzig 1936; vgl. auch Henning, Friedrich-Wilhelm: Das vorindustrielle Deutschland 800–1800, Paderborn 1974, S. 95.

[9] Borchardt, Knut: Die industrielle Revolution in Deutschland 1750–1914, in: Die Entwicklung der industriellen Gesellschaften, Stuttgart/New York 1985 (= Europäische Wirtschaftsgeschichte. The Fontana Economic History of Europe in 5 Bänden, hrsg. von Carlo M. Cipolla, Deutsche Ausgabe von Knut Borchardt. 4), S. 146.

[10] Kocka, Jürgen: Industrielles Management. Konzeptionen und Modelle in Deutschland vor 1914, in: Vierteljahrschrift für Wirtschafts- und Sozialgeschichte 56, 1969, S. 332–372.

Wirtschaftsarchiven, sondern aus der zeitgenössischen Fachliteratur, die ab 1850 zu Aufgaben der Organisation in der industriellen Verwaltung erschienen ist.[11] Dabei bleibt selbstverständlich offen, inwieweit diese theoretischen Darlegungen der jeweiligen Praxis entsprochen haben. Nur kurze Zeit später war es erneut Kocka, der die Entwicklung der Organisation in der zweiten Hälfte des 19. Jahrhunderts am praktischen Beispiel der Firma Siemens untersuchte und die Ergebnisse mit denen Alfred D. Chandlers, der zuvor die Organisationsgeschichte amerikanischer Großunternehmen betrachtet hatte, verglich.[12] Die wenigen bisher zu diesem Thema erschienenen Arbeiten haben Siegrist, Feldenkirchen, Dietrich, Fear, Keßler und – allerdings in Abhängigkeit von der betrieblichen Sozialpolitik – Schulz und Hilger vorgelegt.[13] Lutz Hatzfeld hat wiederholt auf das Thema der industriellen Verwaltung und deren Bedeutung für die Wirtschaftsarchive aufmerksam gemacht und in diesem Zusammenhang

[11] Otto, C. G.: Buchführung für Fabrikgeschäfte, Berlin 1850; Gottschalk, C. G.: Die Grundlagen des Rechnungswesens und ihre Anwendung auf industrielle Anstalten, insbesondere auf Bergbau, Hütten- und Fabrikationsbetriebe, Leipzig 1865; Emminghaus, A.: Allgemeine Gewerkslehre, Berlin 1868; Bourcart, J. J.: Die Grundsätze der Industrieverwaltung, Zürich 1874; Roesky, E.: Die Verwaltung und Leitung von Fabriken, speziell von Maschinenfabriken unter Berücksichtigung des gegenwärtigen Standes der Deutschen Industrie, Leipzig 1878; Tolkmit, H.: Grundriß der Fabrikgeschäftsführung, Leipzig 1894.

[12] Kocka, Jürgen: Unternehmensverwaltung und Angestelltenschaft am Beispiel Siemens 1847–1914. Zum Verhältnis von Kapitalismus und Bürokratie in der deutschen Industrialisierung, Stuttgart 1969 (= Industrielle Welt. 11); Chandler, Alfred D.: The Visible Hand, Cambridge/Mass. 1984.

[13] Siegrist, Hannes: Vom Familienbetrieb zum Managerunternehmen. Angestellte und industrielle Organisation am Beispiel der Georg Fischer AG in Schaffhausen 1879–1930, Göttingen 1981 (= Krit. Studien zur Geschichtswissenschaft. 44); Feldenkirchen, Wilfried: Big Business in Interwar Germany. Organizational Innovation at VSt, IG Farben and Siemens, in: Business History Review 61, 1987, S. 417–451; Dietrich, York: Die Mannesmannröhren-Werke 1888–1920. Organisation und Unternehmensführung unter der Gründerfamilie, Bankiers und Managern, Stuttgart 1991 (= Zeitschrift für Unternehmensgeschichte. Beiheft 66); Fear, Jeff R.: Thyssen & Co., Mülheim (Ruhr) 1871–1934: The Institutionalization of the Corporation, Diss. Stanford 1993; Keßler, Uwe: Zur Geschichte des Managements bei Krupp. Von den Unternehmensanfängen bis zur Auflösung der Fried. Krupp AG (1811–1943), Stuttgart 1995 (= Zeitschrift für Unternehmensgeschichte. Beiheft 87); Schulz, Günther: Die Arbeiter und Angestellten bei Felten & Guilleaume. Sozialgeschichtliche Untersuchung eines Kölner Industrieunternehmens im 19. und beginnenden 20. Jahrhundert, Wiesbaden 1979 (= Zeitschrift für Unternehmensgeschichte. Beiheft 13); Hilger, Susanne: Sozialpolitik und Organisation. Formen betrieblicher Sozialpolitik in der rheinisch-westfälischen Eisen- und Stahlindustrie seit der Mitte des 19. Jahrhunderts bis 1933, Stuttgart 1996 (= Zeitschrift für Unternehmensgeschichte. Beiheft 94).

auf die Veröffentlichung von Adolph Busch aus dem Jahre 1854 hingewiesen.[14]

Busch führt wohl zum ersten Mal vor, wie ein geordnetes Unternehmen gegliedert sein sollte und wie die einzelnen Abteilungen, insbesondere des Rechnungswesens, zum Wohle des Ganzen zusammenarbeiten sollten. Im ersten Kapitel, das die Grundlagen des Betriebes betrifft, stellt er die hierarchische Gliederung und die „Funktionen der Beamten" – Faktor, Buchhalter, Werkstattschreiber – vor. Das zweite Kapitel behandelt die Werkstattbücher sowie die Bücher der kaufmännischen Verwaltung und das dritte den „Praktischen Geschäftsgang". Obwohl auch die im Anhang veröffentlichten Tabellen den Praxisbezug unterstreichen, ist davon auszugehen, daß nicht etwa ein tatsächlich existierender Betrieb, sondern ein Idealzustand beschrieben wurde. Dennoch ist eine große Nähe zur Praxis des Fabrikalltags nicht zu übersehen. Das gilt z.B. für die im § 10 des Kapitels „Grundlagen des Betriebes" genannte Forderung, daß alle eingehenden Briefe und Gelder erst durch das „Bureau des Chefs laufen" sollten.[15] Bei der von David Hansemann 1860 durchgeführten Reorganisation des Phoenix heißt es im § 1 der Geschäftsordnung: „Die Briefe öffnet der Generaldirektor".[16] Das war die Konsequenz aus der Erkenntnis, daß sich die Mitglieder des Administrationsrates und des Direktoriums gegenseitig Schreiben vorenthalten und dadurch einer die Existenz des Unternehmens bedrohenden Entwicklung Vorschub geleistet hatten.

Die Reorganisation vollzog Hansemann analog den Vorgaben des von ihm erarbeiteten Allgemeinen Deutschen-Handelsgesetzbuches (ADHB), das 1861 für alle Staaten des Deutschen Bundes – also mit Einschluß von Österreich – Wirksamkeit erlangte. Vorher hatten unterschiedliche Rechtsgrundlagen gegolten – im Beispiel des Phoenix für die Werke und die Konzernverwaltung auf dem linken Rheinufer der Code-de-commerce von 1807/08, für die Werke im Rechtsrheinischen das Preußische Allgemeine Landrecht. Letzteres enthielt z.B. verbindliche Ausführungen zur Prokura und Handlungsvollmacht und beschäftigte sich mit der Rechtsstellung der Handlungsgehilfen sowie der kaufmännischen Buchführung. „Handlung" oder „Fabrik" standen im Eigentum eines Kaufmanns, des Unternehmers; sie konnten auch in dessen Vertretung von einem Dritten geleitet werden.[17] Ersteres unterschied bereits die drei Gesellschaftstypen „Societé en

[14] Busch, Adolph: Die Organisation und Buchführung des Eisengießerei- und Maschinenbau-Betriebes. Nebst einem Anhang der wichtigsten Hilfstabellen zur Berechnung der beim Gießerei- und Maschinenbau-Betriebe vorkommenden Gegenstände, Nordhausen 1854.

[15] Busch (wie Anm. 14), S. 8.

[16] Mannesmann-Archiv, P 1.2506, 1.2509.

[17] Vgl. Preußisches Allgemeines Landrecht §§ 483, 491, 497 (2. Teil).

nom collectif", „Societé en commandite" und „Societé anonyme".[18] Die Firma war noch ausschließlich Gesellschaftsbezeichnung (raison sociale).[19] Auch wenn das Gesetz nichts über die Rechtsnatur der Gesellschaften aussagte, läßt die herrschende Lehre der Folgezeit keinen Zweifel daran aufkommen, daß sie als juristische Personen anzusehen waren.[20] Das Allgemeine Landrecht kannte keine Vorschriften, die sich auf die „Handlung" bezogen. Die „Firma" war nur für „Societätshandlungen", also für Gesellschaften, vorgesehen. Es unterschied auch nicht zwischen verschiedenen Arten von Handelsgesellschaften.[21]

Das Allgemeine Deutsche Handelsgesetzbuch von 1861 und das Aktiengesetz von 1871 bestimmten die Organe der verschiedenen Gesellschaftsformen und beschrieben deren Funktionen. Mit der Entscheidung für eine bestimmte Gesellschaftsform wurden also bestimmte organisatorische Prinzipien obligatorisch. Die Aktiengesellschaft erhielt einen Vorstand, der allein die Verantwortung für Verwaltung und Betrieb sowie sämtliche Personalangelegenheiten trug. Der Aufsichtsrat wurde auf die Kontrollfunktion beschränkt – seiner Zustimmung bedurften lediglich noch Grundstücksgeschäfte, Verträge der Oberbeamten und die Erteilung von Prokura und Handlungsvollmachten. Vor allem fiel das im französischen Rechtsbereich geübte Recht, die Mitglieder für das oberste Leitungsgremium eines Unternehmens, den Vorstand, aus dem Kreis des Administrationsrates auszuwählen. Während an sich der Code-de-commerce stärker als das Allgemeine Landrecht auf dem Weg zu einer rechtlichen Verselbständigung des Unternehmens – und damit von römischen zu germanischen Rechtsauffassungen – fortgeschritten war, stellte der französische Administrationsrat noch eindeutig auf die Person, nämlich auf die des Kapitalgebers, ab. Dieser beaufsichtigte nicht nur, sondern er leitete auch das Unternehmen direkt durch aus seinem Kreis gewählte Personen.

Damit war es in Deutschland seit 1861 vorbei. Wie Hatzfeld am Beispiel der Reorganisation des Phoenix anschaulich darlegt,[22] übernahmen nun Fachleute die Unternehmensführung. Sie entschieden über alle Fragen der Organisation; der Vorstandsvorsitzende, ein Techniker, führte die gesamte Aufsicht und war verantwortlich für die Produktion in den Werken; der Kaufmann regelte Ein- und Verkauf, und der Verwaltungsjurist war zuständig für das nunmehr nach öffentlich-rechtlichen Grundsätzen bearbeitete

18 Code-de-commerce §§ 29 und 30.
19 Code-de-commerce §§ 21 und 25.
20 Vgl. dazu Raiser, Thomas: Das Unternehmen als Organisation. Kritik und Erneuerung der juristischen Unternehmenslehre, Berlin 1969, S. 70.
21 Preußisches Allgemeines Landrecht §§ 617 und 620.
22 Hatzfeld, Lutz: Das Phoenix-Rheinrohr-Archiv als Problem industrieller Verwaltung, in: Duisburger Forschungen 8, 1965, S. 130–147; Hatzfeld, Lutz: Anton Wilhelm Hüffer (1786–1868) – Ein Vater der Stadt Montan, in: ebd., S. 24–33.

Rechnungswesen, die Revision und alle Rechtsangelegenheiten. Kleinere Unternehmen arbeiteten mit einem Vorstand, der aus zwei Geschäftsführern bestand und von denen der eine ein Kaufmann, der andere Techniker war. Unternehmen des Handels, selbst kleinere Industrieunternehmen, kamen häufig mit einem Alleinvorstand aus; hier erfolgte dann die fachliche Aufteilung – kaufmännische Verwaltung, technische Leitung und Ein-/Verkauf – in der zweiten Hierarchieebene des Unternehmens.

Im übrigen mußte jedes Handelsunternehmen, ob Personen- oder Kapitalgesellschaft, in das Handelsregister des zuständigen Amtsgerichts – mit Nennung der Firma, des Unternehmenszwecks, des Kapitals sowie der Prokuristen und der Handlungsbevollmächtigten – eingetragen werden. Die Buchführung wurde gesetzlich vorgeschrieben; Handelsbriefe unterlagen zudem einer gesetzlich vorgeschriebenen Aufbewahrungspflicht. Daraus zog man beim Phoenix und anderen Unternehmen, z.B. der Duisburger Maschinenfabrik und der Märkischen-Maschinenbau-Anstalt in Wetter und Fried. Krupp in Essen die Konsequenzen und errichtete Archive zur sachgerechten Lagerung und Behandlung von Unterlagen, die aus rechtlichen oder anderen Gründen auf Dauer verwahrt werden sollten.[23]

1.3.3 Rechtliche Voraussetzungen der Unternehmen

Die Grundorganisation des Unternehmens setzte die rechtlichen Regelungen. Die Gesetze kennen verschiedene Rechtsformen, in denen Unternehmen betrieben werden können: Einzelunternehmen – auch mit stiller Beteiligung –, Personen- und Kapitalgesellschaften, z.B. Gesellschaften bürgerlichen Rechts, offene Handelsgesellschaften, Kommanditgesellschaften, Genossenschaften und Aktiengesellschaften. Alle Gesellschaften entstehen auf der Grundlage einer Vereinbarung; ferner gibt es rechtlich vorgeschriebene Organe: die Gesellschafter- oder Hauptversammlung der Anteilseigner, ihr sind die wichtigsten Entscheidungen vorbehalten; die Geschäftsführung oder der Vorstand als Verwaltungsorgan sowie schließlich der Aufsichtsrat als Aufsichts- und Kontrollorgan. Manche Regelungen sind älter als die bereits genannten Kodifikationen Code-de-commerce und das Preußische Allgemeine Landrecht; andere sind wesentlich jüngeren Ursprungs.[24]

Im Unterschied zu den Personengesellschaften wurden die rechtlichen Voraussetzungen für die Kapitalgesellschaften erst nach und nach geschaf-

[23] Hatzfeld, Lutz: David Hansemann wollte ein Archiv. Eine handelsrechtliche Anekdote zum 200. Geburtstag eines rheinischen Unternehmers, in: Archiv und Wirtschaft 23, 1990, S. 143–146.

[24] Vgl. z.B. Capelle, Karl-Hermann: Aktiengesellschaft und Kommanditgesellschaft auf Aktien, in: Handwörterbuch der Betriebswirtschaft, Bd. 1, 3. Aufl., Stuttgart 1956, Sp. 84–97.

fen. Eine der Wurzeln bilden die bergrechtlichen Gewerkschaften, die seit dem 13. Jahrhundert im Deutschen Reich und in Ungarn große Verbreitung fanden. „Sie bildeten Gewerke als Betriebsgemeinschaften bzw. -gesellschaften mit regelmäßigen Gewinnausschüttungen oder auch Zubußpflichten.“[25] Der Ursprung der Aktiengesellschaft dürfte in den seit Anfang des 17. Jahrhunderts entstehenden Handelskompagnien mit kolonialer Zielsetzung zu suchen sein. Der Code-de-commerce kannte die Aktiengesellschaft, wie dargelegt wurde, als Körperschaft des privaten Rechts; ihre Gründung war jedoch von staatlicher Prüfung und Konzession abhängig. Diesem Vorbild folgten die meisten anderen europäischen Staaten; z.B. Preußen mit dem Aktiengesetz von 1843 und der Deutsche Bund mit dem Allgemeinen Deutschen Handelsgesetzbuch von 1861 – die Aktienrechtsnovelle von 1870 ersetzte die hinderliche Konzessionspflicht durch nur noch geringfügige Normativbestimmungen. Nach den schlechten Erfahrungen der sogenannten Gründerkrise wurden die Bestimmungen über die Gründung und die Führung von Aktiengesellschaften wieder etwas verschärft, z.B. wurde die Hauptversammlung oberstes Organ.

Die Gesellschaft mit beschränkter Haftung (GmbH) ist eine relativ junge Kapitalgesellschaft; sie entstand 1892 auf der Grundlage eines besonderen Gesetzes. Da die GmbH kleineren Gesellschaften mit nur wenigen Kapitalgebern, wovon keiner – wie z.B. bei der Kommanditgesellschaft – die unbeschränkte Haftung mit seinem Privatvermögen übernehmen mußte, neue Möglichkeiten bot, setzte sich diese Form der kleinen Kapitalgesellschaft rasch durch. Nach der Jahrhundertwende zerbrach der 1861 durch die bundesweite Inkraftsetzung des Allgemeinen Deutschen Handelsgesetzbuches noch einmal nachhaltig belebte gemeinsame Geltungsbereich für das Wirtschaftsrecht endgültig. Mit dem Erlaß eines eigenen Ges. mbH-Gesetzes schuf sich Österreich einen eigenen, vom Deutschen Reich rechtlich abgegrenzten Wirtschaftsraum. In der Folge wurden z.B. die österreichischen Werke aus der Deutsch-Österreichischen Mannesmannröhren-Werke AG ausgegliedert und in eine Gesellschaft österreichischen Rechts eingebracht; die deutschen Werke firmierten fortan unter der Firma Mannesmannröhren-Werke AG.[26]

Nicht allein das Gesellschaftsrecht wirkt auf die Organisation von Unternehmen ein. Die Unternehmensform kann auch vom Standpunkt des Unternehmens betrachtet werden; denn die gleichen Eigentümer können dasselbe Unternehmen sowohl als Aktiengesellschaft als auch in der Form der G.m.b.H. betreiben, ohne Unterschied der Haftung. Unternehmensinterne Gründe sind maßgeblich für die Wahl dieser oder jener Form – oder

[25] Capelle (wie Anm. 24), S. 99.

[26] Wessel, Horst A.: Kontinuität im Wandel. 100 Jahre Mannesmann AG 1890–1990, Düsseldorf 1990, S. 120f.

auch privatwirtschaftliche, wenn etwa der Kapitalgeber eine Haftungsbeschränkung wünscht. Es gibt für die Formgestaltung externe Ursachen, z.B. kapital- und steuerinterne, insbesondere arbeitswirtschaftliche (Arbeitserweiterung, Ökonomisierung der Arbeit) sowie solche der Risikobeschränkung, der Risikoteilung und -verteilung.[27]

1.3.4 Unternehmensinterne Einwirkungen auf die Unternehmensform

Viele organisatorische Veränderungen wurden durch die Entwicklung des jeweiligen Unternehmens – mit deren horizontaler Ausdehnung oder vertikaler Gliederung – notwendig und auch realisiert. Dabei wurden Erfahrungen genutzt, die andere Unternehmen – auch im Ausland – gemacht hatten. Alfred Krupp war nicht der einzige, der von den nicht nur in produktionstechnischer Hinsicht fortschrittlichen Briten lernte. „Fast noch wichtiger und nachahmenswerter war ihm die straffe Betriebsorganisation der Engländer, die durch Aufsicht und gegliederten Aufbau die Leistung jedes Einzelnen steigerte."[28] In der Folge wurde bei Krupp die Unternehmensführung vereinheitlicht,[29] Betrieb und Verwaltung mußten sich mit den gesteigerten Anforderungen erweitern. Die frühere Einheitlichkeit der technischen Leitung konnte nach der Einführung neuer Verfahren und nach dem Betreten neuer Gebiete in der Fabrikation nicht länger fortbestehen, sondern mußte einer Arbeitsteilung Platz machen. Ressortmäßige Trennung der Hauptbetriebe, Einrichtung einer Kollektivprokura führten zu getrennten Verwaltungszweigen unter einheitlicher Oberleitung. Zur Abgrenzung der Betriebe kam es erst nach und nach. 1852 entstand das Technische Büro; das Kontor bestand bereits länger, Ende der 50er Jahre folgte das Baubüro. 1865 wurde die Fabrik in 20 Gruppen mit eigenen Betriebsführern eingeteilt; diese wurden gruppenweise nach sachlichen Gesichtspunkten in Ressorts zusammengefaßt und einer einheitlichen Leitung unterstellt. 1870 gab es acht Ressorts, 1878 waren es zehn. Aus dem Kontor entwickelte sich allmählich eine Reihe einzelner Büros zur Erledigung der kaufmännischen und der Verwaltungsangelegenheiten, zu denen noch ein die Gesamttätigkeit des Unternehmens umfassendes Revisionsbüro hinzukam. 1872 wurde ein Generalregulativ für Betrieb und Verwaltung erlassen; im gleichen Jahr wurde ein eigenes Verwaltungsgebäude er-

[27] Findeisen, Franz: Die Unternehmungsform als Rentabilitätsfaktor des Betriebes, Berlin 1924, S. 232.

[28] Schröder, Ernst: Alfred Krupp, in: Rheinisch-Westfälische Wirtschaftsbiographien, Bd. 5, Münster 1953, S. 56.

[29] Schröder (wie Anm. 28), S. 59.

richtet, das bis 1911 als Sitz der Zentralverwaltung und der Prokura bzw. des Direktoriums diente.[30]

Organisationspläne, wie wir sie heute als Organigramme kennen, gab es z.B. bei Krupp und der Gutehoffnungshütte spätestens seit 1872/73; weitere wichtige Quellen zur Organisationsgeschichte sind die Beamtenverzeichnisse, die bei Krupp seit 1896 in gedruckter Fassung vorliegen, sowie die „Einteilungen der Fabrik für das Rechnungswesen", die bis in die 1870er Jahre zurückreichen.[31] Die Werksfernsprechbücher, die wir archivieren, weil sie regelmäßig Auskunft über die Abteilungsgliederung in Betrieb und Verwaltung samt personeller Besetzung geben, vermitteln für die frühe Zeit kaum Einblick in die Unternehmensorganisation. Die Zahl der Fernsprecher war zunächst so stark eingeschränkt, daß nur wenige Stellen in Betrieb und Verwaltung über die modernen Kommunikationsmöglichkeiten verfügten – selbst August und Josef Thyssen teilten sich im Büro einen gemeinsamen Apparat. Die Nutzung des Fernsprechers im In- und Außendienst änderte sich seit etwa der Jahrhundertwende; vor dem Ersten Weltkrieg besaßen insbesondere die größten Unternehmen umfangreiche unternehmenseigene Fernsprechanlagen. Die Kruppsche Fernsprecheinrichtung hatte 1902 349 Sprechstellen, 1910 waren 550, 1911 dann 900 Anschlüsse. Im Werk Leverkusen der Bayer AG, in dem auch die Unternehmensverwaltung ihren Sitz hatte, waren 1902 127 Teilnehmer angeschlossen, 1911 waren es allein 400, die über einen Selbstwählanschluß verfügten. Bei der Deutschen Maschinenfabrik AG in Duisburg waren es kaum weniger.[32]

Die Fernsprechbücher spiegeln weitgehend die Abteilungsstruktur der Zentral- und der kaufmännischen Verwaltung sowie später auch der Produktionsbereiche des Unternehmens. Für die frühe Zeit können Unterlagen wie das Generalregulativ von Krupp oder die Anweisungen zur Reorganisation von David Hansemann weiterhelfen. Aus diesen Unterlagen lassen sich Angaben gewinnen, die zur Erstellung eines Organisationsschemas genutzt werden können. Bereits 1973 hat Lutz Hatzfeld in „Archiv und Wirtschaft" eine Spalte eingerichtet, in der Organisationsschemata

[30] Schröder, Ernst (Hrsg.): Alfred Krupps Generalregulativ, in: Tradition. Zeitschrift für Firmengeschichte und Unternehmerbiographie 1, 1956, S. 35–57; Krupp 1812–1912, Essen 1912, S. 193f.; Keßler (wie Anm. 13); Bongartz, Wolfram: Unternehmensleitung und Kostenkontrolle in der rheinischen Montanindustrie vor 1914, dargestellt am Beispiel der Firmen Krupp und Gutehoffnungshütte, in: Zeitschrift für Unternehmensgeschichte 29, 1984, S. 33–55, S. 73–113.

[31] Historisches Archiv Krupp, S 2 FK 5/1; Bongartz (wie Anm. 30), S. 47 und S. 50.

[32] Wessel, Horst A.: Die Entwicklung des elektrischen Nachrichtenwesens und die rheinische Industrie von den Anfängen bis zum Ausbruch des Ersten Weltkrieges, Wiesbaden 1983 (= Zeitschrift für Unternehmensgeschichte. Beiheft 25) S. 523f.

mitgeteilt und interpretiert werden sollten. Trotz der Bitte um „lebhafte Mitarbeit“ konnte damals Material zu nur insgesamt sechs Unternehmen veröffentlicht werden.

Da die Beiträge am angegebenen Ort eingesehen werden können, soll hier nur auf einige Kernaussagen verwiesen werden: Die Firma Fried. Krupp in Essen war nach dem Generalregulativ von 1872 wie eine große Kapitalgesellschaft organisiert. Allerdings beschränkte sich der Besitzer des Unternehmens, Alfred Krupp, nicht auf die Funktion eines Aufsichtsrats, sondern er erließ die Grundsätze und gab die Instruktionen, nach denen die „Prokura“ das Unternehmen zu leiten hatte. Die Unternehmensführung beriet zweimal wöchentlich mit den Ressortchefs für Verwaltung, Betrieb und Expedition über die Koordinierung der Geschäftsstellen, die Organisation, die Neubauplanung sowie Personalia, Lohn etc. Die Zuständigkeiten aller Mitarbeiter, der Beamten, der Angestellten und der Arbeiter, waren durch Reglements bzw. Ordnungen geregelt. Die Ressortchefs stellten Betriebsführer, Vorsteher und Meister mit Zustimmung der Prokura ein, Betriebsführer und Vorsteher der Büros taten dies bei Schreibern und Arbeitern mit Zustimmung der Ressortchefs; Meister allein durften keine Arbeiter einstellen bzw. entlassen.[33] Das Zentralbüro wurde von einem Bürovorsteher geleitet, dem ein Assistent zur Seite stand und der gemeinsam mit Aufsehern und Schreibern die Verwaltungsangelegenheiten erledigte. Die Werkstätten zeigten die hierarchische Gliederung: Betriebsführer mit Assistent, Obermeister, Meister und Arbeiter.

Das Beispiel anderer Unternehmen zeigt manchmal eine stärkere organisatorische Gliederung und außerdem eine differenziertere Hierarchie der Beschäftigten. Maschinenbauunternehmen wie die Märkische Maschinenbauanstalt und die Firma Ludwig Stuckenholz, beide in Wetter, besaßen gut besetzte Konstruktionsabteilungen, in denen hauptsächlich Ingenieure und Zeichner arbeiteten. Die Werkstätten kannten neben Obermeistern und Meistern auch Untermeister sowie Arbeiter, die wöchentlich oder täglich entlohnt wurden und außerdem unterschiedliche Kündigungsfristen hatten.[34] In Stahlwerken gab es den ersten, den zweiten und den dritten Puddler, in Walzwerken angelernte Fachkräfte, von denen die der ersten Kategorie die meiste Verantwortung trugen und auch die beste Entlohnung sowie den höchsten Anteil an den verteilten Produktionsprämien beanspruchen durften.[35] Ein weltweit agierendes Handelsunternehmen

[33] Schröder: Generalregulativ (wie Anm. 30); vgl. auch Archiv und Wirtschaft 6, 1973, S. 70f.

[34] Mannesmann-Archiv, D 2.220.

[35] Wessel, Horst A.: Mannesmann Düsseldorf. Das Werk Rath und seine Beschäftigten bis zum Ende des Ersten Weltkrieges, in: Düsseldorfer Jahrbuch 61, 1988, S. 119–155; Zumdick, Ulrich: Hüttenarbeiter im Ruhrgebiet. Die Belegschaft

wie die Metallgesellschaft AG in Frankfurt a.M. besaß neben der Verwaltungsabteilung zahlreiche vor Ort arbeitende Agenturen, die unmittelbar dem Vorstand bzw. der Direktion unterstellt waren.[36]

Schon Busch hatte in seiner Veröffentlichung aus dem Jahre 1854 den Schwerpunkt auf die Organisation der kaufmännischen Verwaltung gelegt. Die Organisation des Betriebs in den Werkstätten, z.B. der Materialfluß, fand noch keine angemessene Berücksichtigung. Das heißt jedoch nicht, daß dies noch nicht von Bedeutung gewesen wäre. Im Gegenteil, in der Praxis war es durchaus von Belang, jedoch gab es dafür – außer für den Arbeitsschutz – noch keine gesetzlichen Bestimmungen oder sonstigen Vorschriften. Die erforderlichen Kenntnisse konnten nur im Betrieb selbst erworben werden. Und die Unternehmen hatten nur einen einzigen Unternehmenszweck. Konzerne wie der Phoenix, der bereits damals vertikal gegliedert war, bildeten die Ausnahme. Neben der Besitzstruktur erweist sich die Größe von Unternehmen als entscheidend bei der Ausbildung von Organisationsstrukturen.

Im Verlaufe der wirtschaftlichen Entwicklung des 19. Jahrhunderts überschritten viele Produktionen einen Umfang, der es auch den besten technisch geschulten Werksleitern unmöglich machte, auf den Betrieb so einzuwirken, daß Verluste in der Fabrikation vermieden werden konnten. Es galt, dafür Sorge zu tragen, daß jeder Arbeiter und jede Maschine und soweit wie irgend möglich jede Abteilung, immer normal beschäftigt war und kein Auftrag zu lange auf Behandlung warten mußte, daß die Herstellungszeit verkürzt und die Menge des gebrauchten Materials möglichst gering gehalten wurde, schließlich, daß die Leistung jeder Arbeitskraft, jeder Maschine und jeder Abteilung ohne Erhöhung der Kosten und Verringerung der Qualität gesteigert wurde. Das konnte erreicht werden z.B. durch die Einführung verbesserter Maschinen oder Verfahren, weniger Umwandlungsvorgänge, weniger Abfall, geringeren Aufwand an Kraft und Arbeit. Deshalb wurde eine statistische Buchhaltung eingerichtet, die dann zur statistischen Abteilung ausgebaut wurde.

Bei der nach amerikanischem Vorbild betriebenen Maschinenfabrik Ludw. Loewe & Co. in Berlin wurden um die Jahrhundertwende bei 1800 Arbeitern 36 kaufmännische Beamte für die Betriebsbuchführung be-

der Phoenix-Hütte in Duisburg-Laar 1853–1914, Stuttgart 1990 (= Industrielle Welt. 49); Welskopp, Thomas: Arbeit und Macht im Hüttenwerk. Arbeits- und industrielle Beziehungen in der deutschen und amerikanischen Eisen- und Stahlindustrie von den 1860er Jahren bis zu den 1930er Jahren, Bonn 1994; vgl. auch die Beiträge der beiden Autoren in: Dascher, Ottfried/Kleinschmidt, Christian (Hrsg.): Die Eisen- und Stahlindustrie im Dortmunder Raum, Dortmund 1992 (= Untersuchungen zur Wirtschafts-, Sozial- und Technikgeschichte. 9).

36 Archiv und Wirtschaft 6, 1973, S. 73.

schäftigt, d.h. auf 50 Arbeiter kam ein Lohnbeamter. Man hatte erkannt, daß der Schwerpunkt der Fabrikation und das Geheimnis, bei der Produktion etwas zu verdienen, nicht allein in der Kalkulation, sondern auch in der Kontrolle lag, ob der Betrieb zu den vorauskalkulierten Preisen tatsächlich arbeitete. Mit anderen Worten, es mußte festgestellt werden, wie hoch die Herstellungskosten nach Hinzurechnung der Kostenanteile des gesamten Verwaltungs- und Betriebsapparats sowie des Material- und Lohnverbrauchs tatsächlich waren. Insbesondere die Unternehmen, die sich harter Konkurrenz erwehren mußten, sahen sich gezwungen, material- und insbesondere personalsparend zu produzieren. Hier bedurfte es einer engen Zusammenarbeit von kaufmännischer Verwaltung und Werksleitung. Schon vor Ausbruch des Ersten Weltkrieges begann man damit, den Lauf von Aufträgen von ihrem Eingang bis zur Auslieferung so zu analysieren, daß die Fertigung optimiert werden konnte. Diese Methode fand dann in den 1920er Jahren unter dem Begriff „Taylor-System" allgemeine Anwendung.[37]

Auch für die kaufmännische Verwaltung gab es kein festes Schema. Die Praxis zeigte, daß die Organisation eines bestehenden Unternehmens dem Organisator anderer Unternehmen nur wenig Dienste leisten konnte. Eine fertige Organisation war das Ergebnis eines Entwicklungsprozesses und in allen ihren Teilen eng miteinander verknüpft. Selbst die beste Organisation hat nichts Unabänderliches; denn mit der Änderung der Ziele, der Erzeugnisse, Produktionsmethoden usw. muß auch die Entwicklung der Organisation Schritt halten. Die Umsetzung von „organizational capabilities", also der Fähigkeit, betriebliche Strukturen und Abläufe zu flexibilisieren und sie den sich wandelnden Umweltanforderungen anzupassen, beeinflußt in starkem Maße die Wettbewerbsfähigkeit von Unternehmen. Die Organisation bietet die funktionalen Instrumente, um das Unternehmensziel zu erreichen.[38] Obwohl nicht zwei Unternehmensorganisationen einander gli-

[37] Taylor, Fred W./Wallichs, A.: Die Betriebsleitung, insbesondere der Werkstätten, Berlin 1917; Lilienthal, J.: Fabrikorganisation, Fabrikbuchführung und Selbstkostenberechnung der Firma Ludw. Loewe & Co. AG, Berlin 1907, S. VI; Hall, Herbert W.: Selbstkostenberechnung und moderne Organisation von Maschinenfabriken, München/Berlin 1913, S. 23ff.

[38] Heitger, Barbara/Boos, Frank (Hrsg.): Organisation als Erfolgsfaktor. Praxis der Organisation – Organisation der Praxis, Wien 1994; Bleicher, Knut: Unternehmensentwicklung und organisatorische Gestaltung, Stuttgart/New York 1979 (= UTB-Taschenbücher. 749), Sp. 1163; Frese, Erich: Organisationsstrukturen, mehrdimensionale, in: Handwörterbuch der Organisation, 3. Aufl., Stuttgart 1992, Sp. 1685; Lehmann, Helmut: Betriebswirtschaftliche Organisationslehre, in: Handwörterbuch der Organisation, 3. Aufl., Stuttgart 1992, Sp. 1538; Schanz, Günter: Organisation, in: Handwörterbuch der Organisation, 3. Aufl., Stuttgart 1992, Sp. 1460; Hilger (wie Anm. 13), S. 21 und S. 47.

chen, betrachteten viele Unternehmen ihre Organisation als Geschäftsgeheimnis. Andere stellten allerdings bereitwillig Material für entsprechende Fachveröffentlichungen zur Verfügung. Diese wurden nicht nur in der Ausbildung genutzt, sondern fanden, wie das Beispiel der Bücherei der Abteilung II (kaufmännische Verwaltung) von Thyssen & Co. anschaulich zeigt, im laufenden Betrieb Verwendung.[39]

In einer dieser Veröffentlichungen, um die Jahrhundertwende erschienen, wird „kaufmännische Organisation als Ordnung im Geschäftsbetriebe"[40] bezeichnet: Organisation bedeutet also Ordnung. Allerdings ist Ordnung nur ein Faktor der Organisation, der für sich allein seine ursprüngliche Kraft bald verliert. Die Kunst des Organisierens bestand und besteht vor allem darin, den ganzen Betrieb so einzurichten, daß er von einer Stelle aus geleitet und übersehen werden kann. Außerdem wußte man schon damals, daß es darauf ankam, jede Arbeitskraft ihren Fähigkeiten entsprechend anzuleiten, auf den richtigen Platz zu stellen, „so daß keine überschüssigen Kräfte nutzlos verloren gehen oder brach liegen" und man „mit weniger Personal mehr leisten [kann] als ein anderer mit zahlreicheren Arbeitskräften," die falsch eingesetzt oder nicht gefordert wurden.[41] „Früher", so heißt es in einer Veröffentlichung aus dem Jahre 1909, „war Organisation ein Vorteil, jetzt ist sie eine Notwendigkeit geworden."[42] Staatliche Auflagen, insbesondere die Einführung bestimmter, von Lohn und Einkommen abhängiger Abgaben, z.B. für die Kranken- und Arbeitslosenversicherungen sowie die Altersversorgung, hatten die Einstellung von entsprechendem Fachpersonal bzw. die Einrichtung neuer Abteilungen zur Folge. Gleiches gilt für die freiwilligen Sozialeinrichtungen der Unternehmen, z.B. für Unterstützungs- und Sterbekassen, die Vergabe von Darlehen sowie Sparkassen und Werksrenten. Die freiwilligen Sozialleistungen sind in der unternehmerischen Praxis früher nachzuweisen als die gesetzlichen. Die Patentabteilungen sind jünger; sie entstanden in der Erkenntnis, daß viele Erfindungen und Verbesserungen neuartig und wertvoll genug waren, um sie durch Patent oder Gebrauchsmuster zu schützen sowie ggf. auch durch die Vergabe von Lizenzen finanziell zu nutzen. Die Patent-

[39] Ein umfangreicher Restbestand befindet sich im Mannesmann-Archiv.

[40] Streissler, Friedrich: Kaufmännische Organisation. Praktischer Führer für Leiter kaufmännischer Großbetriebe, Leipzig (o.J.) (= Huberti's Moderne kaufmännische Bibliothek), S. 1.

[41] Streissler (wie Anm. 40), S. 2.

[42] Grimshaw, Robert: Anregungen zur Organisation industrieller Betriebe, Hannover 1909, S. 5, 8, 10, 19 und 26; Hiemann, R.: Die Organisation eines Fabrikkontores. Lehr- und Nachschlagebuch, Leipzig 1909 (= Sammlung kaufmännischer Unterrichtswerke. 24), S. 67f. und S. 95–99; vgl. auch Grimshaw, Anregungen, S. 39; Hopfelt, Robert: Die Organisation des Fabrikbetriebes, Leipzig 1911, S. 25ff.; Meyenberg (wie Anm. 2), S. 42ff.

büros beobachteten zugleich, ob die Konkurrenz nicht die eigenen Rechte verletzte.[43] Die gewerblich-technische Ausbildung übernahmen die Industrieunternehmen seit etwa der Jahrhundertwende mehr und mehr in eigene Verantwortung. Es entstanden vom Betrieb abgesonderte Lehrwerkstätten mit speziellem Personal, das seine Tätigkeit schließlich auch auf die Weiterbildung der Facharbeiter ausrichtete. Später kamen Einrichtungen für die kaufmännische Aus- und Fortbildung hinzu.[44] Arbeiterausschüsse hatte es schon in Verbindung mit den frühen Sozialeinrichtungen gegeben. Nach der Reichsgewerbeordnung von 1873 erhielten diese auch gesetzlich verankerte Rechte. Während des Ersten Weltkrieges entstanden dann im Zusammenhang mit dem vaterländischen Hilfsprogramm Einrichtungen, die sich zu eigenen Institutionen mit Abteilungscharakter entwickelten.[45] Hier sind vor allem die Berichte über die Sitzungen von Interesse. Leider üben die Belegschaftsvertretungen eine unerklärliche Zurückhaltung bei der Abgabe derartiger Unterlagen, so daß die Überlieferung nur sehr lückenhaft ist.[46]

Der kaufmännische Vorstand und Fabrikdirektor Wilhelm van den Daele behandelte in seinen Veröffentlichungen aus den Jahren 1904 und 1911 die Geschäftsordnung der Maschinen- und Brückenbaugesellschaft mbH in Frankfurt am Main.[47] Die Geschäftsführung teilten sich ein Kaufmann und ein Ingenieur; der eine hatte die kaufmännische, der andere die technische Leitung. Der kaufmännische Bereich gliederte sich in die Abteilungen:
- Sekretariat und Korrespondenz (S)
- Kasse und Buchhaltung (K)
- Einkauf und Materialverwaltung (E)

[43] Schuchart, Theodor: Betrieb und Organisation eigener Patentbüros in Maschinenfabriken, in: Technik und Wirtschaft, 1911, S. 801; vgl. Meyenberg (wie Anm. 2), S. 63f.

[44] Treue, Wilhelm/Pohl, Hans (Hrsg.): Berufliche Aus- und Weiterbildung in der deutschen Wirtschaft seit dem 19. Jahrhundert, Wiesbaden 1979 (= Zeitschrift für Unternehmensgeschichte. Beiheft 15); Wessel, Horst A.: „...Die Industrie kann ihre handwerklich eingesetzten Arbeiter selbst ausbilden..." Daten, Ereignisse und Personen aus der über 100jährigen Geschichte der beruflichen Aus- und Weiterbildung, Düsseldorf 1996; Sachsenberg, Ewald: Grundlagen der Fabrikorganisation, Berlin 1917, S. 31f.

[45] Meyenberg (wie Anm. 2), S. 149f.; Pohl, Hans (Hrsg.): Mitbestimmung – Ursprünge und Entwicklung, Wiesbaden 1982 (= Zeitschrift für Unternehmensgeschichte. Beiheft 19).

[46] Rennert, Kornelia: Betriebsräte und deren Überlieferung, in: Archive und Gesellschaft. Referate des 66. Deutschen Archivtags, Siegburg 1996 (= Der Archivar-Beiband. 1), S. 107–115.

[47] Daele, Wilhelm van den: Der moderne Geschäftsbetrieb und seine Organisation, Stuttgart 1904, S. 72–96; 2. Aufl., Stuttgart 1911, S. 67–90.

- Akquisition und Propaganda (A)
- Lohnbuchhaltung, Statistik und Kalkulation (L).

Der technische Bereich gliederte sich in die Abteilungen:
- Konstruktion und Statistische Berechnungen (C)
- Material- und Lohnauszüge (M)
- Zeichnen und Pausen (Z)
- Fabrikation (F).

Jede der Abteilungen hatte drei Ressorts. Die Geschäftsführer führten den Titel Direktor. An der Spitze der Abteilungen standen Chefs im Rang von Oberbeamten; sie hatten Prokura. Die Chefs des Sekretariats bzw. der Konstruktion waren zugleich die Vertreter ihrer Direktoren. Direktoren und Oberbeamte konferierten täglich miteinander; vorwiegend wurden die wichtigere Eingangspost besprochen und die sonstigen Geschäftsangelegenheiten von allgemeinem Interesse beraten – die Angelegenheiten internen Charakters wurden zwischen Direktor und Abteilungschef unter vier Augen behandelt. Die Ressortaufseher übten die Arbeitsaufsicht über die ihnen zur Seite gestellten Gehilfen aus.

Ernst Meiners, Leiter des Rechnungswesens in der Borsigwerke A.-G. in Oberschlesien, schuf Anfang der 1930er Jahre eine neue Organisation des Rechnungswesens für sein Unternehmen mit Hütten- und Zechenbetrieb. Er ging dabei von der Erkenntnis aus, daß für die praktische Durchführung einer als richtig erkannten Organisation – richtig ist sie, wenn sich mit ihr das gesetzte Ziel mit angemessenem Aufwand erreichen läßt – Aufbau und Größe eines Unternehmens, ggf. die bereits bestehende Organisation, und schließlich die zur Verfügung stehenden Mittel an Menschen und Material die Grundlagen bilden. Das Rechnungswesen hat das Ziel, mit geringstem finanziellen Aufwand und vertretbarem Einsatz von Personal so schnell wie möglich erstens ein übersichtliches Zahlenbild des zurückliegenden Betriebsabschnittes und damit eine Grundlage für die Beurteilung des laufenden und zweitens eine Handhabe für Vorausberechnung und planmäßige Beeinflußung des bevorstehenden Betriebsabschnittes durch Vorgabewerte mit dem Endziel einer Budgetierung zu schaffen.[48]

[48] Meiners, Ernst: Organisation des Rechnungswesens in einem industriellen Unternehmen mit Hütten- und Zechenbetrieb (Borsigwerke A.-G., O.-S.), in: Archiv für das Eisenhüttenwesen 5, 1932, S. 537–542.

1.3.5 Organisation von Konzernen

Typische Konzernformen waren früher horizontale und vertikal gegliederte Unternehmensverbindungen; seit etwa dem Ende der 1960er Jahre wurden diese mehr und mehr durch diversifizierte Konzerne verdrängt. Bei der horizontalen Konzernbildung handelt es sich um die Zusammenfassung von Unternehmungen desselben Wirtschaftszweigs und der gleichen Produktionsstufe; sie sind besonders häufig in der Textil-, in der Zement- und in der Lebensmittelindustrie anzutreffen. Sie entstanden verstärkt in Zeiten der Depression zur Ausschaltung eines ruinösen Wettbewerbs.

Im vertikal strukturierten Konzern sind Werke nacheinander geschalteter Produktionsstufen zusammengefaßt. In der Montanindustrie wird, ausgehend von den Hüttenwerken, auf der einen Seite die Verbindung mit Kohle- und Erzgruben eingegangen, während auf der anderen Seite der Verbund zur Eisenverarbeitung erweitert wird. Dieser rein produktionstechnische Verbund kann sich noch insoweit verbreitern, als auch Verkehrs- und Handelsbetriebe dem Konzern angegliedert werden. Ursprünglich horizontal gebildete Konzerne neigten nach Erreichung einer gewissen Größe dazu, auch auf die Rohstoffbeschaffung oder auf den Absatz Einfluß zu nehmen, d.h. sich auch in vertikaler Richtung auszudehnen; allerdings blieb auch dann der horizontale Charakter – nun als Schwerpunkt – erhalten. Ähnliches gilt von vertikalen Konzernen, bei denen es infolge ihrer Ausdehnung nicht selten zur Angliederung gleichartiger Unternehmungen kam.

Noch zwei weitere historische Konzernformen sind im Hinblick auf die Organisation zu berücksichtigen: Personal- und Realkonzerne. Beim Personalkonzern handelt es sich um einen Unternehmensverbund, der von einer einzigen Persönlichkeit gegründet und entsprechend auch gestaltet und geführt wurde, so daß er sehr stark von dieser Persönlichkeit das Gepräge erhielt und mir ihr sehr eng verknüpft war. Krupp, Stinnes, Flick, Thyssen und Klöckner sind die historischen Beispiele in der Montan-, Rathenau (AEG) und Siemens in der Elektroindustrie. Realkonzerne entstanden vorwiegend aus sachlichen Notwendigkeiten und aus Gemeinschaftsüberlegenheiten heraus. Allerdings konnte sich der Real- zum Personalkonzern wandeln, wenn nämlich eine einzelne Persönlichkeit die Leitung dominierte und sie auf sich ausrichtete. Im Personalkonzern trugen die angegliederten Werke eine möglichst große Verantwortung, und die Konzernverwaltung zentralisierte bei sich relativ wenig werkseigene Funktionen. Der Realkonzern hatte dagegen die Tendenz der Arbeitsteilung nach Sachgebieten, die in der Hauptverwaltung begann und sich auf deren Beziehung zu den Werken im Sinne einer verstärkten Zentralisierung von Funktionen auswirkte. Ressortteilung mit Richtlinien, Anweisungen, Meldungen, Statistiken, Kontrollen usw. waren die Folge.[49]

Die Führung eines Unternehmensverbundes kann unmittelbar mit der Hauptverwaltung eines einzelnen Werkes gekoppelt sein. Die gemeinsame Verwaltung bleibt dann weiterhin bei der Stammgesellschaft. Auch in solchen Fällen ist zwischen den Aufgaben der Verbundhauptverwaltung (oft Holdingverwaltung) und den Aufgaben der Verwaltung der Stammgesellschaft zu unterscheiden. Andererseits kann die Führung eines Unternehmensverbundes auch in der Form organisiert sein, daß aus den verschiedenen Gliedern ein einheitliches Führungsorgan gebildet wird. In der Praxis bestehen oft vielfache Personalverflechtungen zwischen den Tochtergesellschaften und der Verwaltungsspitze, z.B. sind Mitglieder des Vorstands der Stammgesellschaft in den Aufsichtsräten der Tochtergesellschaften. Organverträge können enges Zusammenwirken von Spitze und nachgeordneten Gliedern unterstreichen.

Der organisatorische Aufbau eines Unternehmensverbundes kann verschiedenstufig sein. Häufig ist er zweistufig: Hauptverwaltung – Werke. Es gibt auch die dreistufige: Hauptverwaltung – Zwischenverwaltungen – Werke und vielstufige Unternehmensverbunde. Vielstufig war z.B. die Organisation der Vereinigte Stahlwerke AG (VSt) nach der Neuordnung in den 1930er Jahren: Hauptverwaltung der VSt in Düsseldorf/Hauptverwaltung der Deutsche Röhrenwerke AG in Mülheim a. d. R./Gruppenverwaltungen dieser Gesellschaft in Mülheim a. d. R. und Düsseldorf/die einzelnen Werksverwaltungen. Bestimmte Aufgaben können von bestimmten Abteilungen der Konzernverwaltung zentral wahrgenommen werden, z.B. Rechtsangelegenheiten, Datenverarbeitung, Arbeits- und Umweltschutz. Andere Aufgaben, z.B. Beschaffung und Vertrieb, werden nur dann zentralisiert, wenn Produktion und geographische Verteilung der Produktionsstätten dies nahelegen. Seit einiger Zeit stehen die zwischengeschalteten Holdinggesellschaften in der Kritik. Fachleute monieren, die Reibungsverluste seien zu hoch, sie hätten zu viel Eigenleben und die Konzernspitze besitze zu wenig Durchgriff.[50]

Hinsichtlich der Gliederung der Hauptverwaltung unterscheidet man Hauptabteilungen und Stabsstellen. Die einzelnen Abteilungen der Hauptverwaltung können die Eigenschaften von Zentral- und Führungsstellen, gegebenenfalls von Schalt- und Eigenstellen, gleichzeitig haben. Wenn die Hauptabteilungsleiter nicht die Geschäftsleitung, sondern die zweite, nachgeordnete Stufe in der Verwaltungshierarchie bilden, dann enthält diese Geschäftsleitung sich in der Regel der Mitwirkung am laufenden Geschäft.

[49] Konzern-Organisation. Aufgaben- und Abteilungsgliederung im industriellen Unternehmungsverband, Köln/Opladen 1952 (= Veröffentlichungen der Schmalenbach-Gesellschaft. 20), S. 13–17.

[50] Vgl. FAZ v. 29.04.1997, S. 17 „Am Ende eines Wegs“.

Stellen, die mit der Wahrnehmung bestimmter Aufgaben der Hauptverwaltung befaßt sind, werden manchmal aus der Innenorganisation der Hauptverwaltung ausgegliedert und verselbständigt – auch in der Form einer juristisch selbständigen Gesellschaft. Mannesmann hat dies mit seinen Dienstleistungsgesellschaften Marktforschung / Werbegesellschaft / Industrieschutz / Datenverarbeitung / Revision und Unterstützungskasse getan. Die Stabsabteilungen (z.B. Generalsekretariat, Recht, Organisation, Berichtswesen, verbands- oder wirtschaftspolitische Fragen) haben Querschnittsfunktionen. Es sind an und für sich unmittelbare Leitungsfunktionen, die sich meist über alle Abteilungen erstrecken. Ihnen stehen bei der Ausübung der Funktionen nur beratende, koordinierende und überwachende, dagegen keine unmittelbaren Anordnungsbefugnisse zu. Innerhalb der Hauptverwaltung werden die Querschnittsfunktionen in der Regel als Führungsstellen ausgeübt. Wichtige Fragen, die mehrere Hauptfunktionen berühren, können – unter Ausschaltung von Stabsabteilungen – durch besondere Ausschüsse aus Mitgliedern der Hauptverwaltung und der Tochtergesellschaften bzw. Werke behandelt werden.

Im Jahre 1919 zeigte der Organisationsplan der Deutschen Maschinenfabrik AG in Duisburg die übliche Vierteilung bei der inneren Organisation des Unternehmens: Verwaltung, Kaufmännisches, Fabrikation, Verkauf und Konstruktion. Zum Bereich Verkauf und Konstruktion gehörten zwölf Produktionsgruppen mit unterschiedlich vielen Abteilungen; jede der zwölf Gruppen hatte Abteilungen für den Briefverkehr und den Verkauf und zehn von ihnen besaßen eine für die Vorkalkulation. Die Fabrikation hatte sechs Gruppen: die vier Werke, die Zentralabteilung und die Material-Prüfanstalt. Fast alle hatten Abteilungen für die Korrespondenz, den Akkord, die Montage, das Lager, die Löhnung, die Nachkalkulation, den Versand und die Registratur. Der kaufmännische Bereich gliederte sich in die Gruppen Einkauf, Buchhaltung, Nachkalkulation sowie Revision; außerdem gab es eine Gruppe Bergbau. Die Buchhaltung hatte die Abteilungen Buchhaltung, Kasse, Aufträge, Zentralspedition, Versicherungen und Registratur. Der Verwaltungsbereich bestand aus den fünf Gruppen Vertrieb, Statistik, Recht, Personal und Hausverwaltung. Der Vertrieb besaß die Abteilungen: Vertreterwesen, Übersee, Übersetzungen, Patente, Reklame, Literarische Abteilung, Wirtschaft sowie Soziale Fürsorge, die Hausverwaltung die Abteilungen Telegraf, Fernsprech-Zentrale, Zeichnungs-Archive und Pauserei.[51]

Kanau[52] weist zurecht darauf hin, daß die Organisation im Verlauf ihrer Existenz verschiedene Phasen, „die sich von der Gründungsphase über

[51] Mannesmann-Archiv, D 3.050 (1).

[52] Kanau, Petra: Der organisatorische Wandel ausgewählter Montankonzerne des Ruhrgebietes und seine Auswirkungen auf das Image der Unternehmen, Frank-

Wachstums- und Reifephasen bis zum Niedergang erstrecken können", durchläuft. In der Pionierphase des Unternehmens befindet sich auch die Organisation noch im Aufbau, d.h. es mangelt an Kenntnissen über die Gestaltung von Vertriebswegen, über eine geeignete Organisationsstruktur, über Innovationsfinanzierungen u.v.m. In der ersten Wachstumsphase wird dann das Unternehmen intern und extern ausgebaut; neben den Gründer tritt das Management. Ein Unternehmen dieser Größe und Leistungsstruktur erfordert eine entsprechende Organisation. Im Zuge der Diversifikation stellten die Konzerne häufig auf eine Geschäftsbereichsorganisation um. Auf diese Weise konnten die Konzernführungen vom operativen Tagesgeschäft freigestellt werden und sich auf die strategische Planung und deren Einhaltung konzentrieren. Mit der arbeitsteiligen Unternehmensleitung entstanden notwendigerweise immer leistungsfähigere Überwachungs-, Bewertungs- und Kontrolltechniken, Planungsmethoden und Koordinationsverfahren. Chandler folgert in diesem Zusammenhang „structure follows strategy". Jede Struktur braucht, um wirksam sein zu können, ihre Organisation.[53] Feldenkirchen hat das am Beispiel der Montanindustrie des Ruhrreviers anschaulich dargestellt.[54]

Der Essener Arbeitskreis der Schmalenbach-Gesellschaft e.V. befaßte sich wiederholt mit der Aufgaben- und Abteilungsgliederung in der industriellen Unternehmung.[55] Er tat dies in einer Zeit tiefgreifender Umwälzungen im Aufbau der großen Unternehmenszusammenschlüsse, die sich besonders im Bergbau, in der Eisen- und in der chemischen Industrie vollzogen. Während bei der industriellen Einzelunternehmung auf die durch die Aufgabenstellung sich ergebende Gliederung in Hauptabteilungen und Abteilungen besondere Rücksicht genommen wurde, lag das Schwergewicht bei der Untersuchung der Konzernorganisation weniger in der Gliederung der Abteilungen, als vielmehr in der Abgrenzung und Aufteilung der Funktionen zwischen Hauptverwaltung und Werken, insbesondere in der Frage der Zentralisierung und Dezentralisierung.

furt a. M. 1995 (= Europäische Hochschulschriften. Reihe V: Volks- und Betriebswirtschaft. 1820).

53 Chandler (wie Anm. 12), S. 414.

54 Feldenkirchen, Wilfried: Die Eisen- und Stahlindustrie des Ruhrgebiets 1879–1914. Wachstum, Finanzierung und Struktur ihrer Großunternehmen, Wiesbaden 1982 (= Zeitschrift für Unternehmensgeschichte. Beiheft 20), S. 304; vgl. auch Feldenkirchen, Wilfried: Role and Function of Middle Management, in: Nakagawa,Keiichiro/Yui,Tsunehiko (Hrsg.): Organization and Management 1900–1930. Proceedings of the Japan-German Conference on Business History, Tokyo 1982, S. 113–129, bes. S. 113; Hilger (vgl. Anm. 13), S. 55.

55 Aufgaben- und Abteilungsgliederung in der industriellen Unternehmung, Köln/ Opladen 1950; Konzern-Organisation (wie Anm. 49).

1.3.6 Das Fallbeispiel Mannesmann

Mannesmann hat seine Organisation immer wieder den Erfordernissen entsprechend um- und neugestaltet. Und diese Veränderungen haben die Struktur des Archivbestandes geprägt. Wesentliche organisatorische Veränderungen der letzten dreißig Jahre erfolgten in den Jahren 1967, 1977 und 1997. Als erster Montankonzern leitete Mannesmann Mitte der 1960er Jahre die Diversifizierung ein. Er setzte auf den Maschinen- und Anlagenbau. Im Hinblick auf die für die Umstrukturierung zur Verfügung stehende kurze Zeit wurde dem Erwerb von Unternehmen der Vorzug vor der Entwicklung von Produkten sowie deren Einführung in den Markt gegeben. Produkte, die weder Gemeinsamkeiten in der Entwicklung noch in der Produktion und im Vertrieb hatten, wurden gesonderten Unternehmen oder aber weitgehend selbständigen Unternehmensteilen, sog. divisions, übertragen.[56]

Etwa ein Jahrzehnt später folgte ein weiterer Schritt: In den Gesamtaktivitäten des Konzerns wurde dem Gewicht des stark zyklischen Anlagengeschäfts ein konsumnahes und beständiges Seriengeschäft gegenüber gestellt. Mannesmann erwarb nacheinander die Automobilzulieferer Fichtel & Sachs, Boge und VDO. Im Jahre 1990 fand der Konzern dann einen Weg in ein für ihn ganz neues Feld. Von der Überlegung ausgehend, daß in hochentwickelten Volkswirtschaften der Dienstleistungsbereich überproportional wächst und daß die Telekommunikation unter diesen Dienstleistungen ein besonders zukunftsträchtiges Gebiet ist, bewarb sich Mannesmann mit Erfolg um die Lizenz zum Betreiben eines privaten Mobilfunknetzes. Das brachte die vom Unternehmen verfolgte Strategie der Umstrukturierung und Diversifizierung in eine neue Dimension.[57] Diese Strategie ist nach wie vor gültig; allerdings besinnt man sich zur Zeit wieder stärker auf das Kerngeschäft und trennt sich von einigen Aktivitäten, bei denen man die „kritische Masse" nicht zu erreichen vermag, die erforderlich ist, um die Entwicklung weltweit mitzubestimmen.

1967 waren die äußerlich erkennbaren Änderungen, daß die produzierenden Werke der Hütten- sowie der Röhrenseite, des Maschinen-, des Anlagen- und Apparatebaus zu Gruppen mit neu gebildeten Werksvorständen zusammengefaßt wurden. Die übrigen Tochtergesellschaften des Konsolidierungskreises blieben in ihrer organisatorischen Gliederung unverändert (vgl. Abb. S. 45). Damit war die Mannesmann AG jedoch keine Holding geworden, d.h. keine Gesellschaft, die nur Beteiligungen verwaltete, vielmehr blieb die Mannesmann AG ein Unternehmen unter einheitlicher Führung, das auf einen einheitlichen Zweck ausgerichtet war. Die

[56] Wessel (wie Anm. 26), S. 383.
[57] Wessel (wie Anm. 26), S. 466, S. 480 und S. 486.

Mannesmann AG Röhrenwerke, Düsseldorf-Rath (mit Werksvorstand - zuständig auch für Personal und Vertrieb)	• Werk Rath • Werk Remscheid • Werk Witten • Großrohrwerk Mündelheim • Hahnsche Werke (Röhrenteil)
(Bergbau/Rohstoffe)	• Essener Steinkohlenbergwerke AG, Essen • Mannesmann AG Rohstoffwerk, Düsseldorf
Mannesmann AG Hüttenwerke (mit Werkvorstand - zuständig auch für Personal und Vertrieb)	• Hüttenwerk Huckingen • Werk Grillo-Funke, Gelsenkirchen • Werk Finnentrop • Rohr- und Bodenwerk Huckingen • Hahnsche Werke (Hüttenteil)
(Rohrleitungs- und Apparatebau)	• Mannesmann-Rohrleitungsbau GmbH, Düsseldorf • Franz Seiffert & Co. GmbH, Berlin • Essener Apparatebau GmbH, Essen • Mannesmann Leichtbau GmbH, München • Mannesmann-A.O. Smith International GmbH, Duisburg
(Chemie und Kunststoffe)	• Ruhrchemie AG, Oberhausen-Holten • Süd-West-Chemie GmbH, Neu-Ulm • Mannesmann Plastic GmbH, Düsseldorf
(Maschinenbau)	• Mannesmann-Meer AG, Mönchengladbach • Lohmann & Stolterfoht AG, Witten • Mannesmann-Pulvermetall GmbH, Mönchengladbach • Maschinenfabrik Karl Wittig GmbH, Schopfheim
Röhrenwerke Bous/Saar GmbH, Bous **Kronprinz AG, Solingen-Ohligs** **Kammerich-Werke AG, Brackwede** **Mecano-Bundy GmbH, Heidelberg** **Mecano-Simmonds GmbH, Heidelberg** **Mannesmann-Stahlblechbau GmbH, Düsseldorf**	
(Ausland)	• The Algoma Steel Corp. (Kanada) • Mannesmann Tube Co. Ltd. (Kanada) • Companhia Siderúrgica Mannesmann (Brasilien) • Companhia Siderúrgica São Caetano (Brasilien) • Mannesmann Sümerbank Borum Endüstrisi TAS (Türkei) • Jenbacher Werke AG (Österreich)

Mannesmann AG, Düsseldorf – Konzerngliederung 1967

unternehmerische Entscheidung in diesem Unternehmen lag beim Vorstand der Mannesmann AG. In diesem Rahmen hatten die Führungsgremien der Teile eine eigene Verantwortung. Die Freiheit zur unternehmerischen Entscheidung in den Führungsgremien der Unternehmensteile wurde nur so weit eingeschränkt, wie es die Politik des Gesamtunternehmens erforderte; so wie der Vorstand einer Gesellschaft zu wichtigen Entscheidungen der Zustimmung des Aufsichtsrates bedarf, so bedurften auch in unternehmenspolitisch wichtigen Fragen die Führungsgremien der Unternehmensteile der Zustimmung des Vorstandes der AG, allerdings mit der Einschränkung, daß die Initiative zum unternehmerischen Handeln auf jeden Fall beim Vorstand der Aktiengesellschaft lag.

Erreicht werden sollte durch die neue Organisation ein „lebendiger Fluß der Initiative von oben nach unten und von unten nach oben". Dazu wurden Planungsbesprechungen zwischen den Leitungen der Teilunternehmen und dem Vorstand der Gesellschaft eingerichtet. Hier wurde die Geschäftspolitik gemeinsam erörtert und festgelegt; sie fanden je nach Bedeutung ein- bis viermal jährlich statt. Gleichzeitig wurde durch diese Veränderungen die Verantwortung der Führungsgremien der Konzernteile betont.

Der Vorstand der Mannesmann AG, obwohl kleiner geworden, hatte seine Arbeitsgebiete nach Fachbereichen abgegrenzt: Drei Mitglieder waren zuständig für die Technik (Stahl / Röhren, Verarbeitung, Chemie), einer für den gesamten Einkauf, ein weiterer für das gesamte Finanz- und Rechnungswesen, einer als Arbeitsdirektor für das Personalwesen sowie schließlich einer als Vorsitzender für die Koordinierung, die Geschäftspolitik und für die leitenden Angestellten. Dieser Vorstand konnte nach wie vor bis in den letzten Teil des Konzerns unmittelbar durchgreifen.

Vom 1. Januar 1977 an arbeitete der Konzern mit einer grundlegend neuen Konzernorganisation. Der seit 1967 durchgeführte Wandel der Unternehmensstruktur von einem vertikal gegliederten Montankonzern zu einem Unternehmen der Rohrherstellung auf eigener Stahlbasis, des Maschinen- und Anlagenbaus und des Handels hatte sich 1970 in einer Fortentwicklung der Konzernorganisation niedergeschlagen: Die gesamten Aktivitäten waren zunächst in vier, später in drei Unternehmensbereiche gegliedert. Innerhalb dieser Unternehmensbereiche waren jeweils mehrere Unternehmenseinheiten tätig. Die Geschäftsleitungen dieser Unternehmen waren dem Vorstand der Mannesmann AG unmittelbar unterstellt und für Leistung und Erfolg ihres Unternehmens einschließlich ihrer oder ihnen zugeordneter Tochter- und Beteiligungsgesellschaften verantwortlich. Die Unternehmensbereiche waren hinsichtlich ihrer Technik durch Vorstandsmitglieder im Vorstand vertreten. Die übrigen Vorstandsmitglieder nahmen – wie zuvor – Querschnittsfunktionen wahr. Infolge der weite-

Mannesmann AG

Konzernverwaltung und Dienstleistungsgesellschaften

Unternehmens-gruppe	Führungs-unternehmen	Betriebsabteilungen/ Tochter- und Enkel-gesellschaften
Hüttenwerke	Mannesmann AG Hüttenwerke	• Mannesmann AG Rohstoffwerke • Mannesmann-Reederei GmbH • Ehrhorn, Emden & Mayer Speditionsgesellschaft mbH • Mannesmann Rederij B.V.
Röhrenwerke	Mannesmannröhren-Werke AG	• Werk Düsseldorf-Lierenfeld • Werk Düsseldorf-Rath • Werk Mülheim • Produkt-Gruppe Edelstahlrohre • Produktgruppe Großrohre • Produktgruppe Präzisrohre • Produktgruppe Mannesmann Stahlform • Kammerich-Reisholz GmbH • Mecano-Bundy GmbH • Mecano-Simmonds GmbH • Röhrenwerke Bous/Saar GmbH • Robur Buizenfabriek B.V. • Kronprinz AG • Mannesmann-Sümerbank Boru Endüstrisi TAS • Mannesmann Tube Company Ltd.
Brasilien	Companhia Siderúrgica Mannesmann	• Mannesmann Agro Florestal Ltda. • Mannesmann Mineração Ltda. • Nova Lima • Organização Commerical Mannesmann Ltda.
Demag	Demag AG	• Demag Baumaschinen GmbH • Demag Hüttenwerks-Anlagen GmbH • Demag Systemtechnik Gesellschaft für fördertechnische Gesamtanlagen mbH • Intertec Intern. Techn. Assistenz GmbH (und 26 weitere Gesellschaften in Europa, Afrika, Nord- und Südamerika sowie Australien)

Rexroth	G.L. Rexroth GmbH	• Hydromatik GmbH • Indramat Gesellschaft für Industrie-Rationalisierung und Automechanisierung GmbH (und 11 weitere Gesellschaften in Europa, Nord- und Südamerika) • Brueninghaus Hydraulik GmbH • Lohmann & Stolterfoht AG • Mannesmann Präzisiontechnik GmbH • Bruinhof BV • SA Bruinhof NV
Anlagenbau	Mannesmann Anlagenbau AG	• Essener Hochdruck-Rohrleitungsbau GmbH • Kocks Pipeline Planung GmbH • Franz Seiffert & Co. GmbH • Fr. Waldt GmbH Rohrleitungsbau (und 7 weitere Gesellschaften in Europa)
Handel	Mannesmann Handel AG	• Biokat International GmbH • Roley-Stahlhandel GmbH • Stahlkontor Hahn AG • Auras-Transport GmbH • Hansen Neuerburg Export-Import & Co. • Eduard Michels GmbH • (und weitere 24 Gesellschaften in Europa, Nord- und Südamerika)

Mannesmann AG, Düsseldorf – Konzerngliederung 1977

ren Ausdehnung stieg die Zahl der von der Konzernleitung unmittelbar zu führenden Unternehmenseinheiten auf vierzehn. Anläßlich der ersten Aufstellung eines Weltabschlusses wurde schließlich die Zugehörigkeit zum Konzern neu definiert.

Die Neuorganisation von 1977 verfolgte mehrere Ziele. Die Zahl der zu führenden Unternehmen sollte durch eine sinnvolle Zuordnung vermindert werden, um dem Konzernvorstand mehr Zeit zu geben für die Planung und Gestaltung der Zukunft des Unternehmens, die Erarbeitung und Festlegung der kurz- und mittelfristigen Ziele des Gesamtunternehmens und seiner Teile sowie für die Kontrolle. Die Zuordnung sollte außerdem mehrere Sparten schaffen. Sie sollten aus Unternehmen bestehen, die schon in einem sinnvollen technischen und wirtschaftlichen Verbundsystem standen oder in ein solches gebracht werden konnten. Die Spartenführung sollte den Geschäftsleitungen von Führungsgesellschaften obliegen. Diese Geschäftsleitungen sollten wiederum einem Konzernvorstand unterstehen, der funktional organisiert war.

Führungsmäßig war der Konzern in sieben Unternehmensgruppen aus Führungsgesellschaften, Werken, Tochter- und Enkelgesellschaften gegliedert (vgl. Abb. S. 47f.). Dem Vorstand der Mannesmann AG waren führungsmäßig unmittelbar nur noch sieben Unternehmen unterstellt. Die Zusammenfassung erfolgte überwiegend durch Einbeziehung in die Gruppen. Die Führung lag beim Vorstand der Mannesmann AG als Konzernvorstand. Sein Arbeitsgebiet war funktional in die Ressorts Vorstandsvorsitz, Finanzen, Personal, Technik und Vertrieb gegliedert. Die Koordinierung erfolgte durch den zugleich für die Führung der Leitenden Angestellten zuständigen Vorsitzenden des Vorstands.

Der Konzernvorstand legte die Ziele und die Geschäftspolitik des Unternehmens fest. Seine Aufgaben umfaßten Führung, Planung und Kontrolle. Er hatte Weisungsrecht gegenüber den Vorständen der Führungsgesellschaften. Die Führung der einzelnen Unternehmensgruppen lag – unbeschadet der Zuständigkeit der jeweiligen Vorstände und Geschäftsführungen der zugeordneten Gesellschaften (und Unternehmensteile) – bei den Vorständen der Führungsgesellschaften. Diese Vorstände führten die Unternehmensgruppen im Rahmen der Weisungen des Konzernvorstands und der mit ihm vereinbarten Planungen selbständig und in eigener Verantwortung.

Der Benutzer eines Unternehmensarchivs kann sich also die Arbeit wesentlich erleichtern, wenn er sich zuvor einen Überblick über die innere Struktur und die Außengliederung des Unternehmens verschafft hat. Da die Mehrzahl der Bestände nach dem Provenienzprinzip geordnet ist, zeigt die Ordnung der Bestände die Struktur des jeweiligen Unternehmens. Bei einem zentralen Konzernarchiv wie bei Siemens gibt es neben der Überlieferung der Konzernverwaltung eigenständige Überlieferungen der Tochtergesellschaften. Strategische Entscheidungen für die Tochtergesellschaften werden in der Konzernverwaltung getroffen bzw. von deren Abteilungen wahrgenommen. Angaben über das Tagesgeschäft von Tochtergesellschaften finden in der Regel keinen Eingang in die Unterlagen der Konzernverwaltung. Während sich in diesem Fall die Gegenüberlieferung – zwar in verschiedenen Beständen, aber doch an einem Ort befindet, sind die Bestände bei einem dezentral geführten Konzernarchiv in der Regel an mehreren Orten. In beiden Fällen ist jedoch die Organisation des Unternehmens von grundlegender Bedeutung. Das soll am Beispiel der aktuellen Organisation des Mannesmann-Konzerns verdeutlicht werden.[58]

Das Unternehmen Mannesmann bilden die Mannesmann AG und die Gesellschaften, an denen sie unmittelbar mit mehr als 50 Prozent beteiligt ist (Tochtergesellschaften). Das Unternehmen besteht aus z.Zt. zehn Un-

[58] Mannesmann-Archiv, M 13.024–M 13.026; M 13.040.2 (Richtlinie Führung und Organisation).

Mannesmann AG

Konzernverwaltung und Dienstleistungsgesellschaften

<u>Unternehmensbereiche</u>	<u>Unternehmensgruppen</u>
Engineering	Mannesmann Demag Mannesmann Dematic Mannesmann Rexroth Krauss-Maffei
Automotive	Mannesmann VDO Mannesmann Sachs
Telecommunications	Mannesmann Mobilfunk Mannesmann Arcor Mannesmann Eurokom
Tubes & Trading	Mannesmann Röhrenwerke

<u>Mannesmann VDO</u> (Beispiel für die Gliederung einer Unternehmensgruppe):

Kfz.-Erstausrüstung	• VDO Adolf Schindling AG, Schwalbach a.T. **(Führungsunternehmen)** mit Werken in Babenhausen, Glauchau, Karben, Bebra, Mühlhausen und Dortmund) • Max Kammerer GmbH, Karben • VDO Kienzle GmbH, Villingen-Schwenningen • VDO Instruments S.A., Frankreich • VDO Instruments Ltd., Großbritannien • VDO Technik AG, Schweiz • VDO Instrumentos, S.A., Spanien • VDO Instruments Spol.s.r.o., Tschechien • VDO Automobilnye komponenty 000, Rußland • VDO do Brasil Medidores Ltda., Brasilien • VDO North America LLC, USA • weitere Produktionsgesellschaften in China, Indien, Malaysia, Korea, Australien, Indonesien, Südafrika und Thailand
(Handel)	• Handelsgesellschaften im Inland, in Europa, Amerika und Asien
(Uhren)	• IWC International Watch Co. AG, Schweiz • Manufacture Jaeger-LeCoultre S.A., Schweiz • Lange Uhren GmbH, Glashütte (Sachsen)

Mannesmann AG, Düsseldorf – Konzerngliederung 1997

ternehmensgruppen, die für den Zweck der Außendarstellung vier Unternehmensbereichen zugeordnet sind (vgl. Abb. S. 50). Die Unternehmensgruppen setzten sich aus Führungsunternehmen sowie deren Tochter- und Enkelgesellschaften zusammen. Darüber hinaus können den Führungsunternehmen – unbeschadet ihrer gesellschaftsrechtlichen Zugehörigkeit – weitere Gesellschaften führungsmäßig zugeordnet werden.

Der Konzernvorstand ist grundsätzlich funktional organisiert. Bei bestimmten Vorstandsressorts werden mehrere funktionale Zuständigkeiten unternehmensbereichsbezogen von einem Vorstandsmitglied wahrgenommen; die Gesamtverantwortung bleibt jedoch hiervon unberührt. Die deutschen Führungsunternehmen und die weiteren deutschen Gesellschaften der Unternehmensgruppen sind teilweise Bestandteil des Vertragskonzerns der Mannesmann AG, d.h. dieser über Beherrschungs- und Gewinnabführungsverträge verbunden. Zu den Tochtergesellschaften außerhalb Deutschlands und von Fall zu Fall auch zu einzelnen Führungsunternehmen und sonstigen Gesellschaften in Deutschland bestehen keine Beherrschungs- und Gewinnabführungsverträge. Für diesen Teil des Unternehmens sind die gesetzlichen Bestimmungen und die mit den Gesellschaften und ggf. den Vorständen der jeweiligen Gesellschaften getroffenen Vereinbarungen maßgebend. Gesellschaften, an denen die Mannesmann AG oder Tochtergesellschaften unmittelbar oder mittelbar mit 50 Prozent oder weniger beteiligt sind (Beteiligungsgesellschaften), sind grundsätzlich einer Unternehmensgruppe und somit einem Führungsunternehmen zugeordnet.

Die Führung des Unternehmens obliegt dem Vorstand der Mannesmann AG als Konzernvorstand. Er wird durch die Hauptverwaltung der Mannesmann AG unterstützt. Die Unternehmensgruppen werden von den Geschäftsführungsgremien der jeweiligen Führungsgesellschaften geführt. Deren Verantwortung ist umfassend. Sie sind jedoch an die übergeordnete Führung des Unternehmens durch den Konzernvorstand gebunden. Dieser hat ein Weisungsrecht gegenüber den Geschäftsführungen der Führungsunternehmen. In der Regel entsendet der Konzernvorstand Mitglieder in deren Aufsichtsrat; in diesen Fällen sind Aufsichtsratsprotokolle, Geschäftsberichte und andere Unterlagen auch im Bestand der Konzernverwaltung zu erwarten. Bei den Beteiligungsgesellschaften stellt der Konzernvorstand über das Leitungsgremium der Führungsgesellschaften die Beachtung der Ziele des Unternehmens im Rahmen der mit den jeweiligen Partnern zu vereinbarenden Strategie, Organisation und Führung der Beteiligungsgesellschaft sicher.

Das Arbeitsgebiet des Vorstands ist in die Ressorts Vorstandsvorsitz, Finanzen, Personal (außer Leitende Angestellte), Technik, Telekommunikation (Technik und Vertrieb) und Vertrieb gegliedert. Die Aufgaben umfassen Führung, Koordination, Planung und Kontrolle. Unter Beachtung der

betreffenden Gesetze und der Rechte sonstiger Gesellschaftsorgane hat der Konzernvorstand insbesondere nachfolgend genannte Befugnisse und Zuständigkeiten:
er
- legt die Unternehmensziele, die Geschäftspolitik und die Unternehmensstrategien fest
- entscheidet über Investitionen, Akquisitionen, Eintritt in neue und Aufgabe von Geschäftsfeldern, Stillegungen, Entscheidungen zu Einzelgeschäften mit besonderen Merkmalen
- legt die Unternehmensstruktur und -organisation fest
- gibt die Finanz-, Investitions- und Bilanzpolitik unternehmensweit vor
- organisiert die Führung und entscheidet über den Einsatz, die Förderung und die Vertragsbedingungen der oberen Führungskräfte
- setzt den Handlungs- und Entscheidungsrahmen der Leitungsgremien in den Führungsunternehmen
- bestimmt die Vertreter des Unternehmens und der Gesellschaften in wichtigen Verbänden

Der Konzernvorstand vereinbart mit den Leitern der Führungsunternehmen Ziele und Maßnahmen der „Strategischen Planung" und der „Operativen Planung". Die Vereinbarungen erfolgen im Rahmen der regelmäßig stattfindenden Strategie- und Planungsbesprechungen. In diesen Besprechungen können außerdem wichtige aktuelle Fragen behandelt und Beschlüsse des Konzernvorstands gefaßt werden. Der Konzernvorstand kontrolliert die Durchführung der Planung und die Erhaltung der gegebenen Weisungen.

Alle wesentlichen Geschäftsvorfälle und Fragen, insbesondere Grundsatzfragen und Maßnahmen, die mehrere Ressorts betreffen können, sowie Maßnahmen, die von außergewöhnlicher Bedeutung sind oder mit denen außergewöhnliche Risiken verbunden sind, werden vom gesamten Konzernvorstand entschieden.

Die Hauptverwaltung besteht aus Hauptabteilungen der Mannesmann AG und rechtlich selbständigen Dienstleistungsgesellschaften. Die Hauptabteilungen und Dienstleistungsgesellschaften werden entsprechend ihren Aufgabengebieten vom zuständigen Mitglied des Konzernvorstandes geführt. Die Hauptverwaltung unterstützt den Konzernvorstand bei der Führung, Koordination, Planung und Kontrolle des Unternehmens. Sie übt außerdem – insbesondere, soweit eine zentrale Bearbeitung für das Unternehmen zweckmäßig und wirtschaftlich ist – Dienstleistungsfunktionen aus.

Die Führung der einzelnen Unternehmensgruppe obliegt dem Vorstand des jeweiligen Führungsunternehmens. Der Vorstand des Führungsunternehmens führt die Unternehmensgruppe im Rahmen der gesetzlichen Bestimmungen, der Satzungen sowie der Weisungen und vereinbarten Strategien und Planungen selbständig und in eigener Verantwortung. Er ist insbesondere für das wirtschaftliche Ergebnis der Unternehmensgruppe und den optimalen Einsatz der zur Verfügung stehenden Finanzmittel verantwortlich. Die Vorstände sind in der Regel divisional organisiert, das heißt mit divisionalen Ressorts für die Vorstandsmitglieder mit Ausnahme des Vorsitzenden, des kaufmännischen Vorstands und des Personalvorstands, die funktional für die gesamte Unternehmensgruppe verantwortlich sind. Die interne Zuständigkeitsregelung im einzelnen wird jeweils in den Ge-

Vorstand

Vorstandsressorts:	**Hauptabteilungen:**
Vorsitz (V)	Direktionsabteilung (mit vier Abteilungen) Recht Gesellschaftsorgane und Beteiligungen Controlling Unternehmensplanung Presse und Information (mit drei Abteilungen) Bundes- und Europaangelegenheiten
Finanzen (F)	Finanzen (mit drei Abteilungen) Rechnungswesen und Betriebswirtschaft (mit fünf Abteilungen) Steuern (mit drei Abteilungen) Immobilien
Personal (P)	Koordination Personal Personalführung (mit einer Abteilung) Arbeitsgestaltung
Technik (T)	Koordination Engineering Tubes & Trading (mit zwei Abteilungen) Koordination Automotiv Patente und Lizenzen Umweltschutz und Energie
Telekommunikation (K)	Koordination Telecommunications
Vertrieb (A)	Vertriebskoordination (mit zwei Abteilungen) Materialwirtschaft

Dienstleistungsgesellschaften:
Mannesmann Revision (V)
Industrieschutz Assekuranz-Vermittlung (F)
Mannesmann Unterstützungskasse (P)
Mannesmann Datenverarbeitung (P)
Mannesmann Werbegesellschaft (V)
Mannesmann Marktforschung (V)

Konzernverwaltung 1997

schäftsverteilungsplänen/Geschäftsordnungen für die Vorstände der Führungsunternehmen geregelt.

Unabhängig von den zustimmungsbedürftigen Maßnahmen ist der Konzernvorstand über alle für die Gesellschaften bedeutsamen Ereignisse, die sich auf die Vermögens-, Finanz- und Ertragslage auswirken können, unverzüglich zu unterrichten. Es ist grundsätzlich dafür Sorge zu tragen, daß Beteiligungsgesellschaften in das Berichtswesen des Unternehmens einbezogen werden können. Im Rahmen der gegebenen Möglichkeiten sind bei Eingehen der Beteiligung Vereinbarungen darüber zu treffen, daß die für Tochtergesellschaften geltenden Grundsätze entsprechend auf Beteiligungsgesellschaften Anwendung finden.

Organisation ist nicht alles, aber alles ist nichts ohne Organisation – mit Ausnahme des selbständigen Schusters, der keine Organisation braucht. Für den Wirtschaftsarchivar und insbesondere den Benutzer von Wirtschaftsarchiven bildet die Kenntnis rechtlicher und verwaltungsgeschichtlicher Entstehungszusammenhänge für das richtige Verstehen von Überlieferungen nach wie vor eine unentbehrliche Voraussetzung.

1.4 Das berufspraktische Netzwerk

Von
Evelyn Kroker

1.4.1 Heterogenität des Erscheinungsbildes

Die Typenvielfalt der rd. 200 hauptamtlich geführten Wirtschaftsarchive – Unternehmensarchive, regionale Wirtschaftsarchive, Branchenarchive, Archive von Kammern und Verbandsarchive – bedingt naturgemäß auch gewisse Nuancierungen im Berufsbild der Wirtschaftsarchivare. Für das spezifische Berufs- und Erscheinungsbild des Wirtschaftsarchivars prägend ist die einfache Tatsache, daß es für Unternehmen in der Bundesrepublik Deutschland keine gesetzlich bindenden Vorschriften zur Einrichtung und Unterhaltung von Archiven gibt. Es muß also erst ein Boden bereitet sein oder bereitet werden für die Akzeptanz von Geschichte im Unternehmen und für die Notwendigkeit, archivwürdige Unterlagen dauerhaft zu sichern. Erfreulicherweise ist in den letzten Jahren zu konstatieren, daß zahlreiche Unternehmen der Bewahrung ihres industriellen und kulturellen Erbes größeres Gewicht beimessen als früher, wodurch den Archiven häufig hier neue Aufgaben zuwachsen, sei es in Form von kulturgeschichtlichen Sammlungen im Umfeld etwa der Produktpalette des Unternehmens oder im Aufbau und in der Betreuung firmeneigener Ausstellungen und Museen.[1] Und da reicht es bei weitem nicht aus, nur archivische Kernaufgaben wie Ordnung und Erschließung der Bestände wahrzunehmen.

1.4.2 Ausbildungssituation

Für den Beruf des Wirtschaftsarchivars gibt es weder ein fest umrissenes Berufsbild noch einen vorgeschriebenen bzw. institutionalisierten Ausbildungsgang. Wirtschafts-, Technik- und Sozialhistoriker, Kunsthistoriker aber auch Ingenieure und Naturwissenschaftler, gelernte Journalisten ebenso wie Absolventen der Archivschule Marburg oder der Fachhochschule Potsdam – sie alle sind heute in Wirtschaftsarchiven tätig.[2] Damit ist die Heterogenität der Berufsgruppe hinreichend beschrieben. Gelernte Archivare sind unter den Wirtschaftsarchivaren eher die Ausnahme, und es

[1] Kroker, Evelyn/Schwärzel, Renate: Zur aktuellen Situation des Wirtschaftsarchivwesens in der Bundesrepublik Deutschland, in: Archivmitteilungen 43, 1994, S. 1–5.

[2] Vgl. dazu auch Klein, Helmut E.: Historiker – ein Berufsbild im Wandel, Köln 1992.

sprechen alle Anzeichen dafür, daß sich dieser Sachverhalt auch nicht ändern wird. Ob die fehlende formalisierte Ausbildung stärker Chance oder Manko ist, sei dahingestellt.

Mit der 1957 gegründeten Vereinigung deutscher Wirtschaftsarchivare gibt es einen Interessenverband, der wegen der fehlenden archivarischen Vorbildung des überwiegenden Teils seiner Mitglieder von Anbeginn an die Aus- und Fortbildung in seiner Satzung verankert hat[3] und durch ein eigenes Vorstandsressort betreuen läßt. Seit 1961 führt die VdW eigene Lehrgänge durch. Auf einem einwöchigen Grundlehrgang zur „Einführung in das Wirtschaftsarchivwesen" bauen in der Regel drei- bis fünftägige Intensivkurse mit maximal 20 Personen auf, die gegenwärtig u.a. folgende Themen zum Gegenstand haben: Umgang mit Sammlungsgut und audiovisuellen Informationsträgern, Öffentlichkeitsarbeit, Ausstellungen und Videotraining, Grundlagen der Betriebswirtschaft, Bestandserhaltung und Restaurierung. Durchschnittlich werden zwei bis drei Lehrgänge im Jahr angeboten, die Fachreferenten kommen aus Wirtschaftsarchiven, Kommunal- und Staatsarchiven. Mit der Archivschule Marburg und der Fachhochschule Potsdam sind im Weiterbildungsbereich erste Kooperationsformen vereinbart, so zum Thema „EDV in Archiven" (Marburg) und „Grundlagen der Dokumentation für Wirtschaftsarchivare" (Potsdam).

1990 wurde mit der Fortbildungsakademie der Wirtschaft (FAW) in Köln und in Kooperation mit der Archivberatungsstelle Rheinland und der Gesellschaft für Unternehmensgeschichte erstmals extern eine einjährige Ausbildung zum Wirtschaftsarchivar begonnen. Finanziell getragen vom Fachvermittlungsdienst des Kölner Arbeitsamtes wurden drei Kurse zu je 20 Absolventen bis 1993 ausgebildet. Formale Ausbildungsvoraussetzungen waren: abgeschlossenes Geschichtsstudium im Haupt- oder Nebenfach, Arbeitslosigkeit, Höchstalter 35 Jahre. Die Kennzeichnung des zweiten Kurses 1991/92 als Fortbildung zum Wirtschaftsarchivar/Informationsmanager beinhaltete auch eine Gewichtsverlagerung der Lehrinhalte und des Ausbildungsplans, auf jeden Fall hatte die Orientierung auf die berufliche Praxis Priorität. Der Unterrichtsplan unterteilte sich in fünf Lehrbereiche: Archivwesen, Wirtschaft, Public Relations/Journalismus, Informationsvermittlung/Bürokommunikation und Präsentation. Zwei je achtwöchige Praktika waren integrale Bestandteile eines Kurses. Der größere Teil der Absolventen dieser Kurse hat inzwischen eine unbefristete Stelle gefunden, wenn auch nicht immer in einem Wirtschaftsarchiv. Wegen fehlender Mittel der Bundesanstalt für Arbeit werden diese Kurse leider zur Zeit nicht fortgeführt.

[3] Eyll, Klara van: 25 Jahre VdW: Bilanz – Standort – Perspektiven, in: Archiv und Wirtschaft 16, 1983, S. 85–96.

Auf dem Archivtag in Aachen 1991 haben die Gremienvertreter der Wirtschaftsarchivare für ein Ausbildungsmodell – ggf. mit anderen Archivsparten – plädiert, bei dem von einer gemeinsamen fachlichen Grundausbildung ausgegangen wird, die anschließend archivspartenspezifisch aufgestockt und erweitert und von umfassenden Praktika begleitet werden müßte.[4] Der integrierte Studiengang „Archiv-Bibliothek-Dokumentation" an der Fachhochschule Potsdam weist – wenn auch noch nicht für wissenschaftliche Archivare – in diese Richtung. Die jüngste Diskussion unter Staats- und Kommunalarchivaren, ob Archivare Historiker sein müssen oder gar sein dürfen,[5] stellt sich für Wirtschaftsarchivare in dieser Form gar nicht, weil die meisten Historiker sind oder als Geisteswissenschaftler anderer Fachdisziplinen historisch arbeiten. Wenn sie darüber hinaus ihre archivarischen Kernaufgaben – Erfassung, Übernahme, Bewertung und Erschließung der Archivalien – qualifiziert wahrnehmen, so wird das der Qualität und Effizienz ihrer Archive oder historischen Informationszentren nur zugute kommen. Im übrigen hängt es stark von der Zielsetzung des Archivträgers und der persönlichen Disposition des Wirtschaftsarchivars ab, in welchem Ausmaß wissenschaftliche Forschung im Archiv betrieben wird.[6]

1.4.3 Tätigkeitsfeld/Anforderungsprofil für Wirtschaftsarchivare

Seit Jahrzehnten sind die Begriffe Archiv und Archivar in der Öffentlichkeit eher negativ besetzt. In der Wirtschaft ist das viel stärker spürbar als bei der staatlichen Verwaltung oder in Kommunen. Ein Wirtschaftsarchiv, das sich nur auf die Verzeichnung von Akten und die Erstellung von Findbüchern beschränken würde, wäre sozusagen ein „auslaufendes Modell", die Schließung des Archivs vorprogrammiert, – und es gibt dafür aktuelle Beispiele.

Andererseits gewinnt der Informationsbereich in Unternehmen, Kammern und Verbänden zunehmend an Bedeutung – nicht zuletzt aus Wettbewerbsgründen. Der Mitwirkung am Informationsmanagement ihres Trägers dürfen sich Wirtschaftsarchive nicht verschließen. Die Akzeptanz der Wirtschaftsarchive wächst nur mit profundem und raschem Service, und

4 Pohlenz, Michael/Eyll, Klara van: Aktuelle Probleme der archivarischen Aus- und Weiterbildung – Aus der Sicht der Wirtschaftsarchivare, in: Der Archivar 44, 1991, Sp. 126f.

5 Moritz, Werner: Auf der Suche nach Identität. Orientierungsprobleme des archivarischen Berufsstandes und ihre Ursachen, in: Der Archivar 50, 1997, Sp. 238–246.

6 Köhne-Lindenlaub, Renate: Serviceleistungen contra Forschung? Zur Auswertungsproblematik aus der Sicht der Unternehmensarchive, in: Der Archivar 47, 1994, Sp. 64–67.

nur präsentable Ergebnisse zählen. Qualitätsmanagement und kundenorientierter Service müssen auf die Arbeit des Archivs übertragen werden. Es ist dem Stellenwert des Archivs im Unternehmen nicht abträglich, wenn es sich historisches Informationszentrum, Historische Dokumentation oder Unternehmensdokumentation nennt. Interne Serviceleistungen für die Rechtssicherung und Interessenwahrung gehören heute zu den vorrangigen Aufgaben, z.B. bei der Recherche über Altlasten, Gebäudenutzung, Patentfragen oder Arbeitsrechtsprobleme. Der andere große Tätigkeitsbereich sind die Serviceleistungen für PR-Zwecke. Die Mitwirkung an allen erdenklichen Formen der Unternehmenskultur, der corporate identity und des corporate design nimmt immer größeren Raum im Tätigkeitsspektrum ein. Im übrigen sind der Kreativität des Archivars keine Grenzen gesetzt, den Anspruch einzulösen, daß Wirtschaftsarchive das Gedächtnis der Wirtschaft sind.

Wenn heute ein Wirtschaftsarchiv zu besetzen ist, so ist nach gegenwärtigen Erfahrungen der Generalist gefragt, der Historiker, Organisator, Informationsmanager und Öffentlichkeitsarbeiter in einem ist.

In einem Bericht über den zweiten FAW-Lehrgang „Wirtschaftsarchivar"[7] ist das Anforderungsprofil genau so beschrieben, wie es vermutlich auch der Personalchef der Firma X für eine Ausschreibung in der Wochenzeitung „Die Zeit" formulieren würde: „Wissenschaftliche Hochschulausbildung, Erfahrungen auf dem Gebiet der modernen Informations- und Dokumentationstechnologie, Fähigkeit zur Öffentlichkeitsarbeit und zur Präsentation, betriebswirtschaftliches Know-how, archivfachliche Kompetenz und nicht zuletzt Kontaktfreude und eine ausgeprägte Leistungsorientierung." Im Einstellungsgespräch werden die „human factors" des Bewerbers, seine psychosoziale Disposition und Persönlichkeitsstruktur eine mindestens ebenso große Rolle spielen wie fachliche Qualifikation und Berufserfahrung. Dazu zählen Kommunikationsbereitschaft, Durchsetzungsvermögen, Kreativität, die Fähigkeit, in wirtschaftlichen Kategorien zu denken und Identifikationsbereitschaft mit den Unternehmenszielen des Trägers.

Das Berufsbild des Wirtschaftsarchivars hat seit Beginn der 70er Jahre einen beachtlichen Wandel durchgemacht. Dabei standen und stehen Professionalisierung im historischen wie auch im archivarischen Bereich im Vordergrund und eine zunehmende Akzeptanz im gesellschaftlichen Umfeld. Wirtschaftsarchivare sind nicht ausschließlich aber häufig für die Erhaltung ihrer Arbeitsplätze selbst verantwortlich, das unterscheidet sie von ihren Kollegen in den öffentlich-rechtlichen Archiven. Sie brauchen neben einem ausgeprägten Persönlichkeitsprofil ein hohes Maß an intellektueller

[7] Vgl. Der Archivar 46, 1993, Sp. 167.

Aufgeschlossenheit und eine vitale Neugier auf neue Lösungen alter Probleme. Informations- und Kulturmanagement auf historischem Fundament ist wohl die mittelfristige Zukunftsperspektive. Aber nur vordergründig mündet das Fazit der Bestandsaufnahme über das Berufsbild des Wirtschaftsarchivars in ein Paradoxon: Nur durch die Wahrnehmung nicht-archivarischer Aufgaben können Archive in der Wirtschaft langfristig überleben und Wirtschaftsarchivare kreativ und effizient tätig sein.

1.4.4 Kommunikationsstrukturen und archivische Vernetzung

Wie bereits im Zusammenhang mit der Aus- und Weiterbildung erwähnt, haben sich die Wirtschaftsarchivare in der Vereinigung deutscher Wirtschaftsarchivare e.V. (VdW) zusammengeschlossen. 1957 als überregionaler Interessenverband gegründet, ist die VdW auch heute der einzige Fachverband für das Archivwesen der Wirtschaft in der Bundesrepublik Deutschland und im deutschsprachigen Ausland. Sie hat rd. 120 korporative und über 200 persönliche Mitglieder. Bereits im 31. Jahrgang erscheint die von der VdW herausgegebene Fachzeitschrift „Archiv und Wirtschaft". Die jährlichen Arbeitstagungen dienen gleichermaßen der Fortbildung wie dem Erfahrungsaustausch zu aktuellen fachspezifischen Themen, die Referate werden in der Regel in „Archiv und Wirtschaft" veröffentlicht. Themen der letzten Arbeitstagungen waren u.a. Corporate Identity, Firmenjubiläen, audiovisuelle Medien und elektronische Speichermedien. Unternehmen, die ein Archiv einrichten wollen, erhalten von der VdW selbstverständlich kompetente fachliche Unterstützung bei der Planung und Kostenkalkulation, auf Wunsch auch Vorschläge zur personellen Besetzung.[8] Für die Kreditwirtschaft hat das Institut für bankhistorische Forschung in Frankfurt/M. gemeinsam mit der VdW „Leitlinien zur Errichtung von Archiven in der Kreditwirtschaft" herausgegeben. Vorgestellt werden u.a. Argumente zur Einrichtung eines Archivs, Grundzüge einer optimierten Schriftgutverwaltung, personelle und organisatorische Ausstattung, Fallbeispiele aus der Praxis.

Der Berufsverband der Archivare aller Archivsparten (Staats-, Kommunal-, Kirchen-, Adels-, Wirtschafts-, Parlaments- und Partei-, Presse- und Rundfunk- sowie Hochschul- und Literaturarchive) ist der 1946 gegründete Verein deutscher Archivare (VdA), dem gegenwärtig mehr als 2000 Mitglieder angehören. Innerhalb des VdA bilden die Archivare an Archiven der Wirtschaft eine eigene Fachgruppe. Die jährlichen Archivtage des VdA sind das archivspartenübergreifende Forum archivwissenschaftlicher

[8] Kroker, Evelyn: 40 Jahre Vereinigung deutscher Wirtschaftsarchivare e.V. – Versuch einer Standortbestimmung für das Archivwesen der Wirtschaft, in: Archiv und Wirtschaft 30, H. 3, 1997, S. 5–10.

und archivfachlicher Diskussion in Deutschland. Veröffentlichungsorgan des VdA ist die im 51. Jahrgang erscheinende Zeitschrift „Der Archivar".

Für den Berufsanfänger oder Berufsfremden in einem Unternehmens- oder Wirtschaftsarchiv gibt es – neben der Zugehörigkeit zu VdW und VdA – in seiner Nachbarschaft bzw. in seinem regionalen Umfeld mehrere Anlaufstellen für Rat und Kontakte, die zu nutzen nur empfohlen werden kann. In zahlreichen Großstädten und Industrieräumen existieren regionale Arbeitsgruppen der VdW mit regelmäßigen Zusammenkünften und einem engen kollegialen Erfahrungsaustausch.[9] Die in der Chemie tätigen Archivare haben sich innerhalb der VdW im „Arbeitskreis Chemie-Archivare" zusammengeschlossen, sie treffen sich einmal jährlich bei einem ihrer Unternehmen. Darüber hinaus arbeiten im Bundesarchiv, in den staatlichen Archiven, in den Kommunalarchiven kompetente, häufig auf einzelnen archivischen Arbeitsgebieten wie Bestandserhaltung, Mikroverfilmung und dergleichen fachlich besonders spezialisierte Kollegen, deren Rat einzuholen, man sich nicht scheuen sollte. Die Pflege kollegialer Nachbarschaft mit dem ortsansässigen Stadtarchiv ist ebenfalls dazu geeignet, das Netz archivischer Kommunikationsstrukturen enger zu knüpfen.

In den Bundesländern Nordrhein-Westfalen und Thüringen gibt es Archivberatungsstellen, die in der nichtstaatlichen Archivpflege tätig sind. Das rheinische Archiv- und Museumsamt und das Westfälische Archivamt veranstalten darüber hinaus eigene regionale Archivtage, die sich hervorragend für die Fortbildung eignen. Gleiches gilt für die regionalen Archivtage auch in anderen Bundesländern wie Sachsen, Thüringen oder Baden-Württemberg.

[9] Die jeweils aktuellen Adressen der Verantwortlichen befinden sich im Innenteil von „Archiv und Wirtschaft".

2. Das Archivgut der Wirtschaft

Von
Wilfried Reininghaus

2.1 Begriffliche Grundlagen

Archivgut der Wirtschaft wird einleitend definiert als die dauerhaft in Archiven aufbewahrte Überlieferung, die in privatwirtschaftlichen Unternehmungen, Kammern und Verbänden entstanden ist. Diese knappe Definition muß mehrfach erläutert werden.

Erstens: Der Begriff „Archivgut" umfaßt „Schriftgut" und „nichtschriftliche Überlieferung" in Form von Fotos, audiovisuellem Archivgut und elektronischen Informationsträgern. Der Begriff „Schriftgut" wird z.B. in einigen Archivgesetzen und Lehrbüchern verwendet und bezieht dabei auch nichtschriftliche Überlieferungsformen ein. Dies erscheint inkonsequent, zumal wir ausgangs des 20. Jahrhunderts in einer Zeit leben, in der die traditionellen Formen der Überlieferung erweitert und möglicherweise auch abgelöst werden durch immer neue Medien und Träger von Informationen. Das traditionelle alteuropäische Archivgut (Urkunden, Akten, Amts- und andere Bücher) wird schon seit dem 19. Jahrhundert durch Fotos und Tonträger, seit dem 20. Jahrhundert durch Filme ergänzt. Im Zeitalter fortschreitender Visualisierung von Informationen gewinnt dieses Archivgut immer neue Bedeutung, nicht zuletzt in und für Unternehmen. Elektronische Informationsträger und -netze verursachen in der Zeit, in der dies geschrieben wird, sogar einen Medienbruch. Es bedarf deshalb keiner prophetischen Gaben vorauszusagen, daß der Anteil elektronischer Medien am Archivgut nicht nur der Wirtschaft in Zukunft erheblich zunehmen wird, auch wenn momentan noch nicht genau abzusehen ist, wie die konkrete Gestalt elektronischer Archive aussehen wird.

Zweitens: Der Begriff „Archivgut" ist enger gefaßt als „Schriftgut" und „nichtschriftliche Überlieferung". Erst nach der archivischen Bewertung, Übernahme, Verzeichnung und Erschließung unter Anwendung bestandserhaltender Maßnahmen (vgl. S. 175–215) entsteht „Archivgut" im oben definierten Sinne. Das bedeutet, daß nicht das gesamte Schriftgut bzw. die nichtschriftliche Überlieferung zu Archivgut werden muß und in der Regel auch nicht wird. Es kann aber, je nach Überlieferungslage und nach der daraus resultierenden archivischen Entscheidung, jede schriftliche oder nichtschriftliche Überlieferung zu Archivgut werden. Deshalb wird in diesem Abschnitt auch eine möglichst breite Palette von Überlieferungsformen vorgestellt, denn wer nicht – zumindest tendenziell – die Gesamtheit des Vorhandenen kennt, kann keine sinnvolle Auswahl treffen.

Drittens: Die Konzentration auf privatwirtschaftliche Unternehmungen bedeutet den Verzicht auf die Überlieferung in planwirtschaftlich verfaßten Wirtschaftseinheiten. Bezogen auf Deutschland werden die verstaatlichten Betriebe der DDR und das in ihnen entstandene Archivgut nicht einbezogen. Über sie gibt es eigene Fachliteratur.[1] Die folgenden Ausführungen beziehen sich jedoch nicht nur auf Wirtschaftsarchive, denn die Überlieferung privater Unternehmungen gelangte in großer Zahl auch in Staats-, Kreis und Stadtarchive.[2]

Viertens: Nicht alle Branchen der Wirtschaft und nicht alle Varianten des Archivguts der Wirtschaft können hier berücksichtigt werden. Gemäß der rechtlichen Entwicklung wird im ersten Abschnitt die allgemein-europäische Ausformung des kaufmännischen Schriftguts zum Ausgang für die weitere Entwicklung in Deutschland, insbesondere für den Übergang vom Handels- zum Industriebetrieb, genommen. Nicht einbezogen wurde die Landwirtschaft, die freilich mit ihrem Schriftgut bei einfachen Aufzeichnungen dem hier kurz berücksichtigten handwerklichen Betrieb, in ihren großbetrieblichen Formen dem Handels- und Industriebetrieb nahekommt.[3] Es wäre lohnend, auf die Überlieferung in Banken und Sparkassen wegen ihrer allgemeinen volkswirtschaftlichen Bedeutung näher einzugehen. Doch liegt gerade für den kreditwirtschaftlichen Sektor eine umfangreiche eigene Fachliteratur vor, so daß auch hierauf an dieser Stelle verzichtet werden kann.[4]

[1] Neuss, Erich: Aktenkunde der Wirtschaft, Teil 1: Kapitalistische Wirtschaft, Berlin (Ost) 1954, Teil 2: Volkseigene Wirtschaft (1945–1952), Berlin (Ost) 1956; später fortlaufende Berichte in den „Archivmitteilungen“ sowie die Beschreibungen des Schriftguts der Wirtschaft in den amtlichen Druckschriften der Staatlichen Archivverwaltung.

[2] Vgl. den Nachweis in: Deutsche Wirtschaftsarchive – Nachweis historischer Quellen in Unternehmen, Kammern und Verbänden der Bundesrepublik Deutschland, hrsg. im Auftrag der Gesellschaft für Unternehmensgeschichte von Klara van Eyll u.a., Bd. 3: Bestände von Unternehmen, Kammern und Verbänden der Wirtschaft in öffentlichen Archiven der Bundesrepublik Deutschland, bearb. von Ulrike Duda, Stuttgart 1991.

[3] Vgl. Neuss Teil 1 (wie Anm. 1), S. 69–71.

[4] Im Gegensatz zur betriebswirtschaftlichen ist die facharchivische Behandlung des Kreditwesens freilich bisher wenig entwickelt; zu den Archiven der Kreditwirtschaft vgl. Deutsche Wirtschaftsarchive – Nachweis historischer Quellen in Unternehmen, Kammern und Verbänden der Bundesrepublik Deutschland, hrsg. im Auftrag der Gesellschaft für Unternehmensgeschichte von Klara van Eyll u.a., Bd. 2: Kreditwirtschaft, 2. Aufl., bearb. von Monika Pohle und Dagmar Golly-Junk, Stuttgart 1988.

2.2 Das Schriftgut der Unternehmen

2.2.1 Schriftgut der Rechnungsführung

Gesetzliche Vorschriften und geschichtliche Entwicklung

Heute legen das Handelsgesetzbuch (HGB) und ergänzende gesetzliche Vorschriften Normen fest für das Schriftgut von Unternehmen. Das HGB, zuletzt novelliert 1985, geht auf ein Sonderrecht zurück, das sich als Privatrecht in der beruflichen Praxis der Kaufleute seit dem Mittelalter entwickelte. Seit dem 15./16. Jahrhundert bezog in Deutschland das Kaufmannsrecht die Buchführung ein, insbesondere die Beweiskraft der verwendeten Geschäftsbücher. Teilweise wurde das Kaufmannsrecht in die Stadt- und Territorialrechte übernommen. Der französische Code de commerce, das preußische Allgemeine Landrecht von 1794 und das Allgemeine Deutsche Handelsgesetzbuch von 1861 (ADHGB) enthielten Aussagen zur Buchführung, ehe das zeitgleich mit dem Bürgerlichen Gesetzbuch am 1. Januar 1900 in Kraft getretene HGB Bestimmungen zum Schriftgut von Kaufleuten aufnahm, die in abgewandelter Form heute noch gelten. Deshalb sollen wesentliche Bestimmungen des HGB zitiert werden:

§ **38** (alt) Jeder Kaufmann ist verpflichtet, Bücher zu führen und in diesen seine Handelsgeschäfte und die Lage seines Vermögens nach den Grundsätzen ordnungsmäßiger Buchführung ersichtlich zu machen.

§ **39** Jeder Kaufmann hat beim Beginn seines Handelsgewerbes seine Grundstücke, seine Forderungen und Schulden, den Betrag seines baren Geldes und seine sonstigen Vermögensbestände genau zu verzeichnen, dabei den Wert der einzelnen Vermögensgegenstände anzugeben und einen das Verhältnis des Vermögens und der Schulden darstellenden Abschluß zu machen.

§ **44** Jeder Kaufmann ist verpflichtet, die folgenden Unterlagen geordnet aufzubewahren:
1. Handelsbücher, Inventare, Bilanzen sowie die zu ihrem Verständnis erforderlichen Arbeitsanweisungen und sonstigen Organisationsunterlagen
2. die empfangenen Handelsbriefe
3. Wiedergaben der abgesandten Handelsbriefe
4. Belege für Buchungen ...

§ **45** Im Laufe eines Rechtsstreits kann das Gericht auf Antrag oder von Amts wegen die Vorlegung der Handelsbücher einer Partei anordnen.

Die zitierten Grundsätze ordnungsmäßiger Buchführung des HGB geben keine Form vor. Der Gesetzgeber ließ sie offen. Möglich ist eine einfache oder eine doppelte Buchführung, die Zahl der Bücher ist nicht verbindlich. In unserem Jahrhundert mußten das HGB und seine Auslegung immer wieder der unternehmerischen Praxis angepaßt werden.

Trotz der Fortschreibung und des Wandels haben sich feste Regeln für die Buchführung herausgebildet. Auch dies hat mittelalterliche Wurzeln. Im Zentrum zahlloser Darstellungen zur kaufmännischen Aus- und Weiterbildung in der Neuzeit steht die doppelte Buchführung, die in Italien entstand. Einzelne Elemente der doppelten Buchführung (Kontenbildung, Unterscheidung zwischen Debitoren und Kreditoren, Bilanzen, Gewinn- und Verlustrechnung) lassen sich bis in das frühe 13. Jahrhundert zurückverfolgen.[5] Als Gesamtregelwerk herrschte die doppelte Buchführung bei italienischen Großkaufleuten seit etwa 1450 vor. Luca Pacioli beschrieb 1494 in seinem „Summa arithmetica" die Regeln der doppelten Buchführung. Sie hielten über Venedig und Antwerpen in Deutschland im 16. Jahrhundert Einzug, ohne daß sie allgemein für Kaufleute verbindlich wurden. In vielen Regionen war die doppelte Buchführung selbst bei Großhändlern im 18. Jahrhundert zwar bekannt, wurde aber wegen der Mühe bei der Bilanzierung nicht angewendet. Erst die handelsrechtlichen Vorschriften der großen Kodifikationen um 1800 zwangen die Kaufleute definitiv, zur doppelten Buchführung überzugehen.

Das Schriftgut der Buchführung

Die systematische Buchführung unterscheidet zwischen Haupt-, Vor-, Neben- und Hilfsbüchern.[6] Schon die Bezeichnungen lassen auf die Wertigkeit schließen. Allerdings muß als Merkmal schon der kaufmännischen Buchführung im mittelalterlichen Italien festgehalten werden, daß sie nicht mit einem Buch auskam. Hauptbücher sind für sich genommen oft wenig aussagekräftig, weil sie die Geschäftsvorfälle nur in reduzierter Form dokumentieren. Für die Überlieferung eines Unternehmens ist es deshalb geboten, das Hauptbuch im Zusammenhang mit allen anderen Büchern zu sehen. Eine Bewertung der erhaltenen Einzelbücher ist erst möglich, wenn die Gesamtmenge überblickt werden kann.

Nach § 39 HGB muß der Kaufmann bei Eröffnung seines Geschäfts eine Übersicht über sein Vermögen ablegen. Diese „Eröffnungsbilanz" hat alte Wurzeln, denn die mittelalterliche italienische Buchführung sah sie gleichfalls vor. Im Idealfall ist deshalb am Anfang eines Hauptbuchs die

[5] Vgl. Penndorf, Balduin: Geschichte der Buchhaltung in Deutschland, Leipzig 1913.

[6] Für das folgende vgl. Neuss Teil 1 (wie Anm. 1).

Bilanz eines Kaufmanns vor Beginn seiner geschäftlichen Aktivitäten zu finden. Freilich wurden oft für Bilanzen eigene Bücher vorgehalten, so daß in vielen Fällen die Eröffnungsbilanz fehlt.

Der Alltag eines Kaufmanns spiegelt sich vor allem im Memorial. Für jeden Geschäftsvorgang wird als Gedächtnisstütze ein Eintrag – und sei er noch so flüchtig – im Memorial festgehalten. Das Memorial „erzählt" alle Begleitumstände eines Geschäftes. Neben Memorial sind als Bezeichnungen für dieses erste Vorbuch bekannt: Prima nota, Strazze, Kladde, Brouillon.

Das Memorial kennt als Ordnung nur die Chronologie. Vor allem sind die vorkommenden Personen und Sachen noch nicht nach Kreditverhältnissen identifiziert. Dies geschieht im Journal, in dem die gegenüber dem Memorial schon knapper ausfallenden Eintragungen um Buchungssätze ergänzt werden, in denen Schuldner (Debitoren) und Gläubiger (Kreditoren) unterschieden werden durch Zusätze wie „Für" und „An", „Uns sollen" und „Wir sollen" bzw. „Soll" und „Haben".

Im Hauptbuch laufen die Informationen der Vorbücher zusammen. Es ist angelegt in Konten. Man unterscheidet zwischen Personen- und Sachkonten. Letztere gliedern sich in Kapital-, Kassa-, Waren-, Handlungsunkosten- und in das Gewinn- und Verlustkonto sowie sonstige, nach Bedarf gebildete Konten. In der klassischen Buchführung sind die Konten auf zwei gegenüberliegenden Seiten angelegt. Auf der linken Seite, im Soll, stehen die Debitoren oder Schuldner, rechts, im Haben, die Kreditoren oder Gläubiger.

Die doppelte Buchführung verdankt ihren Namen der Tatsache, daß jeder Geschäftsvorfall in Geld bewertet zweimal gebucht wird. Jede Buchung löst eine Gegenbuchung aus. Was Kaufmann A dem B schuldet, wird im Soll des A gebucht; was B dem A schuldet, wird im Haben des A gebucht. Im Hauptbuch des A findet sich deshalb im Soll z.B. die Warenlieferungen des A an B; wie diese Lieferungen finanziert werden, erscheint im Haben. Die Konten des Hauptbuchs werden in regelmäßigen Abständen „geschlossen". In vorindustrieller Zeit vergingen oft sechs Jahre und mehr, heute ist der jährliche Abschluß, die Bilanz, verbindlich.

Neben Memorial, Journal und Hauptbuch legten Kaufleute weitere Bücher an, von denen die wichtigsten hier vorgestellt werden sollen. Ein Register zum Hauptbuch entsteht als separates Buch, wenn der buchführende Kaufmann das Register der Personen- und Sachkonten aus praktischen Gründen getrennt organisiert. Das Register ist das wichtigste Findhilfsmittel für das Hauptbuch. Fehlt ein Register, muß der Archivar in Aktion treten.[7] In Kassabüchern werden die Bargeldbestände erfaßt, die par-

[7] Reininghaus, Wilfried: Jenseits der Akten und Urkunden: Archivalien in Buchform, in: Archivpflege in Westfalen und Lippe 26, 1986, S. 25–42, bes. S. 27.

allel im Journal erscheinen. Das Kassabuch wird entlastet durch weitere Hilfsbücher, die einzelnen Bereichen des Geschäftsbetriebes zuzuordnen sind: Gehaltsbücher, Fuhrbücher, Portobücher, Warenspesenbuch. Eine eigene Gruppe in der Reihe der Hilfsbücher bilden die Wechselbücher, die nach akzeptierten und eigenen Wechseln oder Verfallsdaten organisiert sind. Wareneingangs- oder -ausgangsbücher (Fakturenbücher) hielten die Bewegungen der Güter fest. Die Kommissionsbücher (auch Bestellbücher) verzeichnen eingehende Bestellungen mit mehr oder weniger genauen Beschreibungen der Wünsche der Kunden. Die Menge der Hilfsbücher war praktisch unbegrenzt, weil jeder Kaufmann je nach Beschaffenheit seines Geschäfts spezielle Aufzeichnungen anlegte.

Der Wandel der Geschäftsbücher vom 18. bis zum 20. Jahrhundert

Wie die Amtsbücher der öffentlichen Verwaltung unterlagen die Hauptbücher und die ihnen nachgeordneten Geschäftsbücher einem längerfristigen Wandel. Erstens ging der Informationsgehalt der Eintragungen in das Hauptbuch schon im Laufe des 18. Jahrhunderts immer mehr zurück. Im 19. Jahrhundert stehen in Hauptbüchern von Unternehmen, die auf Vor- und Nebenbüchern basierten, neben dem Geldbetrag nur noch Stichworte, die zwar auf das Journal verweisen, aber nicht mehr das zugrundeliegende Geschäft erkennen lassen. Das Hauptbuch degeneriert zur Sammlung von Durchlaufposten für die Bilanz. Folgerichtig traten andere Formen der Aufschreibung (Karteikarten, EDV) an seine Stelle (vgl. S. 69). Die Abkehr vom Hauptbuch wurde zweitens durch die Ausweitung der Geschäfte beschleunigt. In vorindustriellen Unternehmen waren bereits „Serienspaltungen" erforderlich. Die Kaufleute unterschieden in der Regel zuerst nach den Geschäftspartnern in einzelnen Regionen und legten mehrere Hauptbücher an. Theoretisch lieferten die Anleitungen zur Buchhaltung schon ausgangs des 18. Jahrhunderts Begründungen für eine „Zerlegung des Grundbuchs".[8] Konnte streng zwischen Lieferanten und Kunden unterschieden werden, lag die Unterteilung in Debitoren und Kreditoren nahe. In einem Exportgroßhandelshaus zerfiel z.B. 1913 die Überlieferung in 21 Bücher, die nach Ländern und Regionen, Einkauf und Verkauf differenziert waren.[9] Erst die Bilanz verzahnte dann alle Aufzeichnungen. Auch diese Ausdehnung erschwerte die Übersicht im Unternehmen und erforderte im 20. Jahrhundert neue Lösungen. Drittens verlangte der Übergang von Handels- auf Industriebetriebe eine Umorientierung der Buchführung. Theoretisch läßt sich zwar die Industrielle Rechnungslegung aus der älteren kaufmännischen Buchhaltung ableiten: Das Gewicht verlagerte

[8] Penndorf, Geschichte (wie Anm. 5), S. 201f.
[9] Schaubild: Reininghaus (wie Anm. 7), S. 35.

sich im Rahmen der Betriebs- oder Fabrikbuchhaltung[10] von den Hauptbüchern auf die Vor- und Nebenbücher. Die Praxis des Industriebetriebs höhlte jedoch seit dem frühen 19. Jahrhundert das überkommene System von Schriftlichkeit in Unternehmen aus, zumal die Buchform zwar als Memorialüberlieferung, nicht aber zur raschen Entscheidungsfindung in einem vielgliedrigen Unternehmen taugte. Weil die Vielzahl der in einem Großunternehmen zu regelnden und/oder in Geld oder Mengen zu messenden Vorgänge fast ins Unendliche wuchs, entstand ein Planungs- und Kontrollbedarf. Die Unternehmen gliederten sich in kaufmännische, produzierende, technische und/oder Personal-Abteilungen, die jeweils ihr eigenes Schriftgut anlegten. Bücher wurden durch anders organisierte Aufzeichnungen ersetzt. Die strenge Regelhaftigkeit, die die Buchhaltung als Spiegel der gesamten kaufmännischen Unternehmung durchzog, ging verloren, zumal jede Branche eigene Lösungsmodelle entwickelte. Gleichwohl blieben Geschäftsbücher als Medium erhalten, die Kenntnis über ihren Inhalt muß für den Archivar selbstverständlich sein, bevor er die Bewertung einzelner Gruppen vornimmt. Im folgenden werden ohne den Anspruch auf Vollständigkeit nach Funktionen und Abteilungen Typen von Geschäftsbüchern der Industrieunternehmen im 19./20. Jahrhundert aufgelistet. Zu den einzelnen Buchtypen können Vorbücher (oft als Kladden) oder weitere Aufzeichnungen bestehen, ohne daß dies weiter berücksichtigt wird.

Beschaffung und Lagerung
- Materialbücher
- Kohleverbrauchsbücher
- Bestellbücher
- Lagerbücher
- Wareneingangsbücher
- Wiegebücher

Planung und Abwicklung der Fertigung
- Betriebsbücher
- Prüfbücher
- Berichtsbücher
- Versandbücher
- Analysebücher
- Reparatur- und Revisionsbücher

[10] Neuss Teil 1 (wie Anm. 1), S. 75–78; Penndorf, Balduin: Fabrikbuchhaltung und ihr Zusammenhang mit Kalkulation und Statistik, Berlin 1924.

Absatz
- Kommissionsbücher
- Kalkulationsbücher
- Anfragebücher des Verkaufs
- Fakturenbücher
- Zollbücher

Finanzwesen
- Kassenbücher
- Scheckkopierbücher
- Wechselbücher

Personal- und Sozialwesen
- Arbeiterstammbücher
- Lohn-(-konto-, -kassen)bücher
- Schichtenbücher, -zettel
- Arbeitsnachweise
- Markenkontrollbücher
- Zeugnisbücher
- Beitragsbücher der Krankenkasse

Viertens: Unter den Versuchen, das System der doppelten Buchführung im Prinzip beizubehalten und es gleichzeitig zu reformieren, ist der Ansatz der „amerikanischen Buchhaltung" der folgenreichste gewesen.[11] Theoretiker der Buchführung entwickelten schon um 1800 Vorschläge, um Journal und Hauptbuch zusammenzufassen. Seit der Mitte des 19. Jahrhunderts sind „amerikanische Journale" in Deutschland nachzuweisen, um 1900 waren sie weit verbreitet, um 1920 bei mittleren und größeren Unternehmen vorherrschend. Die Geschäftsbücher wurden nicht mehr nach Konten, sondern in einem augenfälligen Querformat nach Zeilen und Spalten organisiert. Die Zeilen umfaßten die einzelnen Geschäftsvorfälle, die sich in zwei Spalten niederschlugen. Alle Spalten teilten sich als Tabellen in Soll und Haben. Pro Doppelblatt waren bis zu 25 Spalten vorgesehen, die den Positionen der Bilanz korrespondierten, z.B. Kassa, Waren, Wechsel, Kapital. Von Blatt zu Blatt wurden die Bestände und ihre Veränderungen übertragen. Damit ist der eine wesentliche Nutzen der amerikanischen Buchhaltung deutlich: Das Unternehmen erkannte schnell seine aktuelle Lage und mußte nicht umständlich Konten schließen. Der andere Vorteil war die

[11] Schär, J. F.: Variationen in der praktischen Verwendung des amerikanischen Journals, in: Zeitschrift für handelswissenschaftliche Forschung 1, 1906/07, S. 390ff.; Penndorf, Geschichte (wie Anm. 5), S. 197–201; Neuss Teil 1 (wie Anm. 1), S. 61.

Verschränkung von Journal und Hauptbuch. Nur noch eine Eintragung war nötig (Einschriftbuchhaltung).

Fünftens: Nach dem Ersten Weltkrieg hielten Maschinen in der Buchhaltung Einzug, gefördert durch die Massenhaftigkeit und Gleichförmigkeit der Buchungsvorgänge in Verbindung mit den Möglichkeiten der Schreibmaschine. Seit den 1920er Jahren riß bis in die Gegenwart die Kette von Veränderungsvorschlägen nicht ab.[12] Einige wichtige Trends sollen benannt werden:

- Der Buchverbund wurde aufgelöst zugunsten einer Loseblattsammlung, die nachträglich zu Büchern formiert werden
- Kontenkarteien ersetzen die Bücher
- Buchungs- und Lochkartenmaschinen werden seit 1925 eingesetzt; um 1970 sind sie allgemein verbreitet.

Einfache Buchführung

Der Faktor Zeit spielte schon bei den Kaufleuten der vorindustriellen Epoche eine Rolle. Viele wandten deshalb die doppelte Buchführung nicht an und beließen es bei der einfachen Buchführung. Sie gliederten die Eintragungen ebenfalls nach (Personen-)Konten und verwendeten Vor- und Nebenbücher, verzichteten aber auf Gegenbuchungen. Phasenweise liefen einfache und doppelte Buchführung nebeneinander. Letztere konnte z.B. für den Fernhandel reserviert werden, erstere für den Nahhandel. Je mehr Partner sich an einem Handelsunternehmen beteiligten und je weiter entfernt Kunden und Lieferanten saßen, um so eher wandte man die doppelte Buchführung an.

Handwerker oder Einzelhändler in Stadt und Land notierten vor dem 20. Jahrhundert ihre Geschäfte in der Regel in Anschreibebüchern, die Memorialen oder Journalen ähnlich waren.[13] Immer dann, wenn der Betrieb den Tausch von Waren oder Dienstleistungen gegen Geld oder Kredit erforderte, mußten auch Nicht-Kaufleute ihre Forderungen oder Schulden notieren. Oft unterblieb eine Trennung von Geschäftlichem und Privatem. In Anschreibebüchern sind deshalb auch Familienchroniken und Rechnungen des Privathaushaltes zu finden. In kleineren und mittleren Unternehmen eine Trennlinie zwischen geschäftlichem und privatem Schriftgut

[12] Neuss Teil 1 (wie Anm. 1), S. 63–68.

[13] Hierzu gibt es mittlerweile eine eigene Spezialliteratur: vgl. Ottenjann, Helmut/Wiegelmann, Günter (Hrsg.): Alte Tagebücher und Anschreibebücher. Quellen zum Alltag der ländlichen Bevölkerung in Nordwesteuropa, Münster 1982; Hopf-Droste, Marie-Luise: Katalog ländlicher Anschreibebücher aus Nordwestdeutschland, Münster 1989; Reininghaus, Wilfried: Anschreibebücher. Zu Problemen der Erfassung und Erschließung privaten Schriftguts, in: Der Archivar 42, 1989, Sp. 543–548.

(Haushaltsbücher, -rechnungen) zu ziehen, ist bis in das 20. Jahrhundert hinein kaum möglich. Nur dann, wenn Unternehmensformen gewählt wurden, die die persönliche Haftung ausschließen (AG, GmbH, GmbH & Co. KG), darf man klare Grenzen erwarten. Bei allen älteren Unternehmen gab es Mischformen zwischen Unternehmens- und Privatschriftgut.

Seit der Jahrhundertwende machte die Buchhaltung der Handwerker und Einzelhändler die Fortschritte der kaufmännischen, doppelten Buchführung mit. Der Trend zur Vereinfachung kam den kleineren und mittleren Betrieben entgegen. Ein amerikanisches Journal erreichte als „Geschäftsspiegel" 1935 die 10. Auflage. Die Reichsabgabenordnung von 1919 und die Verpflichtung von 1937, Wareneingangs- und -ausgangsbücher zu führen, paßten endgültig die handwerkliche der kaufmännischen Buchführung an. Die Steuerreformen der Weimarer Zeit, der Versuch, das Kleingewerbe staatlicher Kontrolle zu unterziehen, und die Bestrebungen der Handwerkskammern, über die Buchführung eine Modernisierung der handwerklichen Betriebe zu erreichen, waren für diese Entwicklung verantwortlich.

Der Jahresabschluß

Die Bilanz ist eine zeitpunktbezogene Gegenüberstellung von Vermögen und Kapital eines Unternehmens. Das Vermögen stellt als Gesamtheit aller im Unternehmen eingesetzten Wirtschaftsgüter und Geldmittel die Aktiva dar, das Kapital die Summe aller Schulden eines Unternehmens gegenüber Beteiligten und Gläubigern (G. Wöhe).

Entwicklungsgeschichtlich ist die Bilanz aus der Rechnungsführung hervorgegangen. Über das Bilanzkonto schließen alle Einzelkonten, indem deren Salden auf ein Bilanzkonto übertragen werden. Die Gewinn- und Verlustrechnung stellt sämtliche Aufwendungen den Erträgen einer Abrechnungsperiode gegenüber und ermittelt so den geschäftlichen Erfolg und dessen Quellen. Die Jahresschlußkonten können im Hauptbuch oder vergleichbaren Aufschreibungen stehen, aber auch in Bilanz- oder Geheimbücher übertragen werden. Das Geheimbuch kann neben der Bilanz die Kapitalkonten der Eigentümer enthalten. Es heißt so, weil es außerhalb des allgemeinen Kontors verschlossen aufbewahrt wurde.

Die Formvorschriften für Aktiengesellschaften prägen den Aufbau der Bilanz und der Gewinn- und Verlustrechnung. Die hier in Kurzform wiedergegebene Gliederung orientiert sich an Industrieunternehmen:

Aktivseite:

Anlagevermögen

- Sachanlagen (insbes. Grundstücke, Bauten, Maschinen, Ausstattung)
- Finanzanlagen (Beteiligungen, Wertpapiere)

Umlaufvermögen
- Vorräte
- Forderungen aus Lieferungen und Leistungen
- Kasse, Wechsel, Schecks

Passivseite:
Grundkapital
offene Rücklagen
kurzfristige Verbindlichkeiten (Wechsel, Buchschulden)
langfristige Verbindlichkeiten (Darlehen, Grundschulden)

Mit der Steuerreform vom 10. August 1925 schuf der Gesetzgeber die Möglichkeit, neben der (Handels-)Bilanz – bis dahin Gegenstand der Steuerveranlagung – zwei steuerrechtlich abgeänderte Bilanzen zu erstellen: die Vermögensteuerbilanz und die Körperschaftsteuerbilanz. Insbesondere in der Bewertung der stillen Reserven, die durch Abschreibungen entstehen können, unterscheiden sich die Steuerbilanzen von den Handelsbilanzen.[14]

Alle publizitätspflichtigen Unternehmen, insbesondere Aktiengesellschaften, Genossenschaften, Versicherungsunternehmen, Bausparkassen und Eigenbetriebe, müssen einen Geschäftsbericht vorlegen. Er ergänzt durch Lage- und Erläuterungsbericht die Bilanz und die Gewinn- und Verlustrechnung und hat die Aufgabe, die Organe des Unternehmens (Aufsichtsrat, Hauptversammlung o.ä.), Gesellschafter, Gläubiger und die Öffentlichkeit über den Geschäftsverlauf und die Lage des Unternehmens zu informieren. Das Aktiengesetz von 1937, dem die Aktienrechtsnovelle von 1931 vorausging, hat den Pflichtinhalt der Geschäftsberichte wesentlich erweitert, so daß nach 1931 sein Quellenwert steigt. Erwartet werden dürfen nach 1931/37 im Geschäftsbericht Informationen über Investitionen, Änderungen im Produktionsprogramm, Gründung von Filialen, Beteiligungen, Beschäftigungsstand und Auftragslage. Der Lagebericht kann durch einen Sozialbericht ergänzt werden. Darin sind enthalten: Belegschaftszahlen, Urlaubsregelung, innerbetriebliche Weiterbildung, Werkswohnungen, Erholungsheime, Pensions- und Unterstützungskassen.

[14] Spoerer, Mark: „Wahre Bilanzen!" Die Steuerbilanz als unternehmenshistorische Quelle, in: Zeitschrift für Unternehmensgeschichte 40, 1995, S. 158–179, 162f.; ausf. Spoerer, Mark: Von Scheingewinnen zum Rüstungsboom. Die Eigenkapitalrentabilität der deutschen Industrieaktiengesellschaften 1925–1941, Stuttgart 1996 (= Vierteljahrschrift für Sozial- und Wirtschaftsgeschichte. Beiheft 123), S. 127–145.

2.2.2 *Externer Schriftverkehr der Unternehmen*

Das Unternehmen nimmt Kontakt auf mit Dritten durch unterschiedliche Medien. Heute bietet sich dazu eine Fülle von technischen Möglichkeiten an. In älterer Zeit konzentrierte sich die nicht-mündliche Nachrichtenvermittlung im wesentlichen auf Korrespondenzen. Der wirtschaftliche und technische Fortschritt hat nicht nur den Schriftverkehr von Unternehmen ausgeweitet, sondern auch neue Formen und Funktionen geschaffen. Unverändert ist für ein erfolgreiches Wirtschaften in einer Marktwirtschaft die Kommunikation mit den Kunden notwendig.

Korrespondenzschriftgut

Falls Kaufleute oder ihre Bevollmächtigten nicht selbst den Weg zum entfernten Kunden (bzw. Lieferanten) suchten oder ihn auf einer Messe trafen, mußten sie ihm schreiben. Dies geschah in Form von Geschäftsbriefen. Unter den Kaufleuten Europas bürgerten sich im späten Mittelalter feste Regeln für das Abfassen der Geschäftsbriefe ein. Briefsteller sprachen seit dem 17. Jahrhundert Empfehlungen für den äußeren und inneren Aufbau der Handelskorrespondenz aus.[15] Die zeitgenössischen barocken Floskeln verschwanden allmählich und machten bis 1800 einem nüchternen Stil Platz. Das 19. und 20. Jahrhundert ist dann geprägt von einem ständigen Anschwellen der Korrespondenz. Hieraus entstand ein Mengenproblem. Es erforderte eine Schematisierung der Korrespondenz und ließ Formulare und Vordrucke als notwendig erscheinen. Vordrucke und Formulare erleichterten den Alltag im Kontor, förderten die rasche Erledigung der externen und internen Korrespondenz und gestalteten sie übersichtlicher. Im folgenden wird der Wandel der äußeren Gestalt der Geschäftsbriefe vom ausgehenden 18. Jahrhundert bis zur Gegenwart, sodann werden davon abweichende Sonderformen der externen Korrespondenz beschrieben. Schließlich ist die Organisation der gesamten ein- und ausgehenden Briefe darzustellen.

Die äußere Gestalt der Geschäftsbriefe im 19. und 20. Jahrhundert

Um 1800 beginnt ein Prozeß, in dem der handgeschriebene Geschäftsbrief abgelöst wird durch eine ganz oder teilweise gedruckte oder mechanisch erstellte Mitteilung.[16] Geschäftsdrucksachen waren bereits im 18. Jahrhun-

[15] Neuss Teil 1 (wie Anm. 1), S. 242ff.

[16] Vgl. Fabrik im Ornament. Ansichten auf Firmenbriefköpfen des 19. Jahrhunderts. Ausstellung des Landschaftsverbandes Westfalen-Lippe-Westfälisches Museumsamt- und der Stiftung Westfälisches Wirtschaftsarchiv Dortmund, Münster 1980 (darin vor allem die Aufsätze von Kurt Dröge, Susanne Henle und Claus Apel); Soeding-Harkort, Ellen: Firmenlithographien des 19. Jahrhunderts, in: Tradition 8, 1963, S. 112–121.

dert, vor allem in England, in Form von Etiketten, Visitenkarten und Preislisten aufgekommen. Es galt, dem persönlich unbekannten Geschäftspartner einen repräsentativen äußeren Eindruck zu vermitteln. Vor 1800 standen für die Herstellung von Geschäftsdrucksachen der Buchdruck und der Kupfertiefdruck zur Verfügung. Beide Verfahren waren anspruchsvoll, daher entsprechend teuer und eigneten sich nicht für die Massenproduktion. Die von Alois Senefelder 1796 begründete Lithographie ermöglichte gleichzeitig eine freiere bildliche Gestaltung und die Übernahme handgezeichneter Schriftformen und Schriftgrößen. Deshalb kam die Lithographie seit etwa 1820 in der Geschäftskorrespondenz zum Einsatz. Die kleinformatigen Abbildungen auf Rechnungs- und Wechselformularen verwiesen noch auf ältere kaufmännische Zeichen (z.B. Merkur, Anker, Schiff) oder schon auf Waren und Produkte. Seit den 1830er Jahren sind dann Abbildungen von Werksanlagen bekannt. Es bahnte sich ein Wandel an. Kaufmannssymbole und Gewerbezeichen traten fast völlig zurück und machten Platz für Ansichten der Produktionsstätten, die aus dem linken oberen Winkel in die Mitte gerückt und immer größer wurden, bis sie oft fast die Hälfte des Briefbogens einnahmen. Die Abbildung der Fabrik war seit 1845/50 nicht mehr mehr ein Anhängsel, sondern ein Repräsentationszeichen. Unternehmen präsentierten stolz ihre neuen Anlagen und druckten die auf Industrie- und Gewerbeausstellungen errungenen Medaillen auf ihren Briefbögen mit ab. Für die Komposition von Werksansicht, Medaillen, Schmuck- und Zierelemente gab es in der zweiten Hälfte des 19. Jahrhunderts eine Fülle von Variationen. Ästhetische Elemente konnten in den Vordergrund treten, die Präsentation der Fabrikanlagen durch Beiwerk ergänzt werden. Die Überfrachtung des Briefkopfs löste Gegenbewegungen aus. Um 1900 kamen zweckorientierte Kopfbalken auf, die Schriftelemente und graphische Schmuckelemente zu dekorativen Mustern ordneten. Es wurde als notwendig erkannt, Sachinformationen über die Firma aufzunehmen: Adresse, Telefon-, Kontonummer, Bankverbindung. Patente und Sortimente informierten schnell über die Leistungsfähigkeit des Absenders. Als linksbündige Leiste ließen sich alle Informationen zusammenfassen.

Die Formen der Geschäftsbriefe befanden sich in den ersten Jahrzehnten des 20. Jahrhunderts im Übergang. Illustrationen standen neben schlichten Briefköpfen. Letztere setzten sich durch und beschränkten sich bei immer sparsamer werdender Dekoration auf den allein Sachinformation vermittelnden Kopfbalken. Diesen Wandel begleitete eine Standardisierung der Korrespondenz. Bis um 1850 wurde der Brief vom Absender gefaltet, versiegelt und expediert. Die Versandadresse stand auf der Rückseite des Briefes. Die in England um 1820 erfundenen Briefumschläge mit Außenadresse kamen erst nach 1850 in Deutschland auf. Sie förderten noch keine Normierung der Briefe. Kaufleute bevorzugten Quartformate, Behörden schrieben auf Foliobögen. Erst der Deutsche Normenausschuß (DIN) legte 1922 für Briefbögen das bis heute verbindliche Format A 4 fest. Der zwischenzeitlich auch für Geschäftskorrespondenz aufgekommenen Postkarte wurde das Format A 6 zugewiesen.

Telegramme[17] und andere Telekommunikationsmittel sind eine Abwandlung des Briefes. Sie unterscheiden sich von herkömmlichen Briefen durch die fehlende Originalunterschrift. Obwohl die technische Entwicklung der 1980er und 1990er Jahre dem Brief durch elektronische Übermittlung (Telefax, Mailsysteme) zu einer Renaissance verholfen hat, ist er wegen des Telefons doch in seiner Bedeutung für die Nachrichtenübermittlung zurückgestuft.

Für die Analyse von Geschäftskorrespondenz ist es wichtig, nach Briefgattungen zu unterscheiden. Das absendende Unternehmen verfolgte mit seinen Briefen klar definierte Absichten. Rundschreiben und Zirkulare teilen Kunden, Lieferanten und Behörden die Eröffnung, Vergrößerung, Übergabe und/oder Verlegung des Geschäftes mit. Sie machen Mitteilung über den Wechsel der Inhaber und das Erteilen und Löschen von Prokuren. Zu unterscheiden ist vor allem zwischen der Korrespondenz der Einkaufs- und Verkaufsabteilung, die die gleichen Schritte durchlief: Anfrage, Angebot, Bestellung, Erkundigung und Auskunft, Auftragsbestätigung, Ausführungsanzeige, Rechnungserteilung, Zahlung, Zahlungsbestätigung, Mängelrüge, evtl. Mahnung. Für jeden Schritt der Korrespondenz sind Formvorschriften und Formulare entstanden, die hier nicht ausführlich behandelt werden können. Auch auf Sonderformen einzelner Branchen muß weitgehend verzichten werden. Einige Begriffserläuterungen müssen ausreichen. Mit Angeboten und Offerten wendet sich ein Unternehmen an seine Kunden. Die Vielfalt der Formen reicht von der Postkarte bis zu mehrseitigen Werbeschreiben (vgl. zu Werbeschriftgut S. 79ff.) oder einer Sammlung von Angebotszeichnungen (vgl. zu technischem Schriftgut S. 84f.). Rechnungen (Fakturen) sind schriftliche Forderungen für Arbeiten, Waren oder Dienstleistungen. Sie sind lange mit den Geschäftsbüchern verzahnt worden (z.B. durch Verweis auf fol. des Hauptbuches). Eine Quittung ist die schriftliche Bescheinigung darüber, daß eine Forderung richtig bezahlt ist. Für die begleitende Korrespondenz zur Warenbeförderung auf Schiene und Straße oder zur See sind Formvorschriften des HGB, vor allem zum Frachtbrief und zum Konnossement, zu beachten.

Die Korrespondenz mit Kreditinstituten hat einen zentralen Platz im Alltagsgeschäft von Unternehmen erobert. Der Konto(korrent)auszug ist

[17] Ältere Formen des Schriftguts der Nachrichtenübermittlung sind bei Neuss Teil 1 (wie Anm. 1), S. 165–172 nachgewiesen.

bis auf den heutigen Tag nichts anderes als Teil der Bankbuchhaltung: Die Bank weist dem Kunden seine Forderungen oder Schulden aus, die er gegenüber der Bank hat. Sie belegt dies durch Anlagen. Von der äußeren Gestalt her ist der Kontoauszug immer kürzer geworden, nachdem er um 1900 sich noch kaum vom üblichen Geschäftsbrief unterschied. Der bargeldlose Zahlungsverkehr hat Wechsel und Scheck in den Hintergrund treten lassen. Ein Wechsel ist eine kaufmännische Schuldurkunde, die durch Weitergabe in Umlauf gebracht werden kann. Termingebunden soll eine bestimmte Geldsumme gezahlt werden. Unter Kaufleuten war der Wechsel ein Tauschmittel wie das Geld. Der Scheck ist eine Anweisung des Ausstellers zur Zahlung einer Summe Geldes. In Deutschland fand der Scheck nach Verabschiedung des Scheck- bzw. Postscheckgesetzes 1908/09 als Zahlungsmittel große Verbreitung.

Die Organisation der kaufmännischen Korrespondenz in der Neuzeit

Die Bestimmungen des Handelsrechts, aber auch das Eigeninteresse der Kaufleute sorgten dafür, daß ein- und ausgehende Briefe aufbewahrt wurden. Laut Handelsrecht haben Geschäftsbriefe Beweiskraft. Aus ihrem Inhalt können Ansprüche gegen Dritte abgeleitet werden. Neben diesem rechtlichen Aspekt interessiert den Kaufmann auf Dauer, wie sich seine Geschäftsbeziehungen entwickeln. Die Sammlung der Briefe half, das Gedächtnis des Unternehmens zu organisieren.

Wie mußten nun Briefe und/oder deren Inhalt aufbewahrt werden? Von ausgehenden Briefen muß der Absender laut Handelsrecht Kopien anfertigen. In vorindustrieller Zeit legten Kaufleute wie Behörden Register an, in die sie Abschriften der ausgehenden Briefe eintrugen. Diese Briefkopierbücher[18] sind chronologisch angelegt. Ein vor- oder nachgeschalteter alphabetischer Index erschließt den Inhalt nach Briefempfängern. Einen großen Arbeitsanfall verursachten nicht nur Verzögerungen beim Abschreiben oder Kürzungen der Texte, sondern auch die Suche nach Vereinfachung. Kopierpressen boten seit der Mitte des 19. Jahrhunderts Lösungen an. Der mit spezieller Kopiertinte geschriebene Geschäftsbrief wurde auf ein Blatt Seidenpapier, Teil des nachträglich gebundenen Kopierbuches, gedruckt. Dieses umständliche Verfahren befriedigte nicht wirklich, die so kopierten Seiten sind heute oft nur noch schwer lesbar und dem Tintenfraß ausgesetzt. Kopierbuch und -presse wurden schließlich deshalb nach 1900 rasch durch Schreibmaschinendurchschläge ersetzt.

Für eingehende Briefe mußten andere Organisationsformen gefunden werden. Die in Behörden üblichen Eingangsregister oder -journale mit

[18] Neuss Teil 1 (wie Anm. 1), S. 195f.; zu Ausgangsregistern der Behörden vgl. Meisner, Heinrich Otto: Urkunden- und Aktenlehre der Neuzeit, Leipzig 1952, S. 51.

kurzer Inhaltsangabe des Briefeingangs wurden in der Wirtschaft erst vergleichsweise spät eingeführt.[19] Üblich war es lange, eingehende Briefe zu sammeln und geordnet in gebündelter Form abzulegen.[20] Der Kaufmann begann die Bearbeitung des Briefeingangs, indem er das Siegel erbrach und das Format durch zweimalige Faltung auf ein Drittel des Bogens reduzierte. Auf der Rückseite notierte er in der Regel das Eingangsdatum, den Ort und Namen des Absenders und einen Bearbeitungsvermerk. Der Vermerk verzahnte den Briefeingang mit den Vorbüchern der Buchführung und dem Briefkopierbuch. Für die Ablage war der Jahrgang das erste Ordnungsmerkmal. Als zweites Kriterium diente der Name oder der Ort des Absenders.

Büroreform – die Modernisierung der Korrespondenz und das Entstehen der Sachaktenregistratur

Briefeingang und -ausgang waren also getrennt. Je umfangreicher der Schriftverkehr und je größer die Unternehmen wurden, um so mehr wirkten Kräfte der Veränderung auf diese Aufbewahrungsform und Organisation der Korrespondenz ein. Signifikant ist der Wandel der gesetzlichen Vorschriften zwischen 1861 und 1900. Das ADHGB sah noch die Ordnung der Briefe in chronologischer Form vor, das HGB sprach nur noch von einer geordneten Aufbewahrung und überließ der Wirtschaft die Form der Ordnung. Zwischenzeitlich war die primäre Ordnung in chronologischer Abfolge und die Trennung von Eingangs- und Ausgangspost obsolet geworden: „Der Wegfall dieser Vorschrift machte der neuzeitlichen Briefablage den Weg frei".[21] Neben Korrespondenzserien konnten nun endgültig Sachakten treten, in denen nicht mehr das Datum, sondern der Sachbetreff erstes Ordnungsmittel war. Der produktionsorientierte Fabrikbetrieb hatte sich, nebenbei bemerkt, seit dem frühen 19. Jahrhundert längst fallweise Sachakten angelegt, z.B. wenn größere Objekte zu liefern anstanden (Bau und Aufstellung einer Dampfmaschine). Die Aufbewahrungsart der Sachakten unterschied sich zunächst noch nicht grundsätzlich von der der Briefe. Auch Briefe wurden horizontal in Gefachen gelagert, wie z.B. auf dem

[19] Bezeichnenderweise legte die Mechanische Werkstätte in Wetter (gegr. 1819) erst 1834, nach dem Übergang von Friedrich Harkort auf Heinrich Kamp, Briefeingangsregister als „moderne" Form der Kontororganisation an; vgl. Westfälisches Wirtschaftsarchiv Dortmund (WWA) F 1 Nr. 486–496; vgl. allgemein Neuss Teil 1 (wie Anm. 1), S. 298f.

[20] Dascher, Ottfried: Kaufmannsbriefe, in: Dascher, Ottfried/Reininghaus, Wilfried/Unverferth, Gabriele (Hrsg.): Soll und Haben. Geschichte und Geschichten aus dem Westfälischen Wirtschaftsarchiv, Dortmund 1991, S. 66f.

[21] Bott, Karl (Hrsg.): Der erfolgreiche Kaufmann. Ein gemeinverständliches Lehr- und Handbuch für Kaufmannswissen und Kaufmannspraxis, Hamburg 1929, S. 126.

bekannten Bild des Fuggerkontors zu sehen ist. Bei der liegenden Aufbewahrung wurden abgelegte Briefe, einzeln oder in Mappen, aufeinander geschichtet und später wie in Behörden zu fadengehefteten Akten organisiert. Dieses Verfahren geriet in die Kritik, weil „beim Herausnehmen einer Mappe der darübersitzende Stoß jedesmal in die Höhe gehoben werden muß ... Dadurch entsteht oft Unordnung in der Reihenfolge der Mappen und Arbeitsverlust durch Neuordnung".[22] Die „Erfindung" der Stehordner löste dieses Problem, wenngleich nicht alle Registraturen in der Wirtschaft von der Fadenheftung und der liegenden Aufbewahrung sofort abrückten. Beispielsweise lehnten noch 1938 das Rheinisch-Westfälische Kohlen-Syndikat und der Bergbau-Verein Stehordner ab.[23] Dennoch wurden Stehordner zu einem Merkmal der Büroreform. Hinter diesem Schlagwort der 1920er Jahre verbergen sich mehrere Entwicklungsstränge moderner Büroorganisation, die von den Behördenregistraturen aus der Privatwirtschaft übernommen wurden. Gemeinsames Merkmal moderner Registraturen bei der öffentlichen Hand und in der Wirtschaft war der Aktenplan zur vorausschauend angelegten, nach anfallenden Aufgaben gegliederten Aufstellung von Akten.[24] Großbetriebe beschäftigte schon damals die Frage nach zentraler und dezentraler Aktenführung.

Die Modernisierung und Rationalisierung der Büroorganisation in der Weimarer Zeit erschöpfte sich aber nicht in der Einführung von Aktenplänen und Stehordnern. Vielmehr veränderten mechanische Hilfsmittel grundlegend die Arbeitswelt in den Büros.[25] Die Zwischenkriegszeit ist deshalb mit Recht als der Beginn einer ‚zweiten Moderne' bezeichnet worden, in der die Zeit und die Kosten eine entscheidende Rolle spielten. Karteien erlaubten einen raschen Zugriff auf Informationen. Sie ersetzten z.B. Kunden- und Lieferantenregister und hielten auch in der Buchführung als Kontokarten Einzug. Die aus Amerika eingeführte Schreibmaschine beschleunigte und vereinfachte die Korrespondenz. Sie war auch Voraussetzung für Vervielfältigungsmaschinen, die Massenbriefe herstellten und mit Matrizen arbeiteten. Falz-, Adressier- und Frankiermaschinen ersetzten Hilfskräfte im Büro. Registriermaschinen erleichterten in vielen Branchen das Rechnen. Mit der Einführung von Lochkartenmaschinen nach dem Hollerith- oder nach anderen Verfahren bereiteten Großunternehmen seit etwa 1925 die heute allgemein üblich gewordenen Rechner vor. Sie er-

22 Bott (wie Anm. 21), S. 129.

23 Papritz, Johannes: Archivwissenschaft, Bd. 2: Teil II,2: Organisationsformen des Schriftguts in Kanzlei und Registratur, Marburg 1976, S. 342.

24 Menne-Haritz, Angelika: Schlüsselbegriffe der Archivterminologie. Lehrmaterialien für das Fach Archivwissenschaft, Marburg 1992 (= Veröffentlichungen der Archivschule Marburg – Institut für Archivwissenschaft. 20), S. 34.

25 Bott (wie Anm. 21), S. 122–147.

leichterten bei ihrer Einführung das Suchen, Wiederaufschreiben und Addieren.[26]

Korrespondenz mit staatlichen und kommunalen Instanzen

Bisher wurde nur die externe Korrespondenz eines Unternehmens mit anderen Unternehmen behandelt, Staat und Kommunen blieben ausgespart.[27] Der Handlungs- und Regulierungsbedarf des Staates in der modernen Welt führte jedoch zu einem ständig wachsenden Schriftverkehr zwischen Unternehmen und Behörden, die Fragen nach seiner Entstehung und Bewertung aufwerfen.

Im Bergbau machte der Staat aus fiskalischen Gründen seit dem Mittelalter seinen Einfluß geltend. Hier entstand eine branchenspezifische Form von Schriftlichkeit.[28] Von den sächsischen Bergordnungen gingen seit der Wende des 15. zum 16. Jahrhundert Formvorschriften für die Schriftlichkeit aus, die für Bergbauunternehmer verbindlich waren. Schürfscheine, Mutungszettel und Verleihungsurkunden waren die Grundlage für die Inbetriebnahme der Gruben. Die bergrechtliche Gewerkschaft mußte ein Gewerkenbuch führen, in das die Inhaber von Kuxen (Anteilsscheinen) eingetragen wurden.

Für die übrigen Wirtschaftszweige fielen weniger strenge Formvorschriften an. Die Praxis der landesherrlichen Privilegierung des merkantilistischen Zeitalters übernahm der wirtschaftsliberale Staat im frühen 19. Jahrhundert. In Preußen erhielten die Regierungen nach 1815 Abteilungen für Gewerbe-, Fabriken- und Handelssachen, die die Gewerbeaufsicht ausübten.[29] Diese Abteilungen vergrößerten ihren Aufgabenbereich im Laufe des 19. Jahrhunderts, in dem die Gewerbeordnung von 1845 und die des Norddeutschen Bundes von 1869 (vom Reich 1871 übernommen) dann des weiteren vorschrieben, für welche gewerbliche Anlagen Konzessions-

[26] Vgl. Kleinschmidt, Christian: Rationalisierung als Unternehmensstrategie. Die Eisen- und Stahlindustrie des Ruhrgebiets zwischen Jahrhundertwende und Weltwirtschaftskrise, Essen 1993.

[27] Dieser Aspekt bleibt auch in den Archivwissenschaften weitgehend unberücksichtigt. Da von einem Primat des Staates ausgegangen wird, beschränkt sich die Behandlung dieser Fragen auf die Schriftstücke der „Über- und Unterordnung", vgl. Meisner (wie Anm. 18), S. 27–42; bei Neuss Teil 1 (wie Anm. 1) kommt der Staat fast überhaupt nicht vor!

[28] Vgl. Kroker, Evelyn: Bergverwaltung, in: Jeserich, K. G. A. u.a. (Hrsg.): Deutsche Verwaltungsgeschichte, Bd. 3, Stuttgart 1984, S. 514–526; Reininghaus, Wilfried: Der märkische Steinkohlenbergbau und Brandenburg-Preußen. Ein Überblick über die Entwicklung bis 1770, in: Schilp, Thomas (Hrsg.): Das Muth-, Verleih- und Bestätigungsbuch 1170–1773, Dortmund 1993, S. 15–54, S. 42–45.

[29] Richtering, Helmut: Firmen- und wirtschaftsgeschichtliche Quellen in Staatsarchiven, Dortmund 1957.

anträge zu stellen waren. Hierzu mußten die Unternehmen Maschinen- und Baupläne einreichen. Seit 1831 unterlagen sie der Dampfkesselrevision.Vorgänger der in Preußen 1891 eingesetzten Gewerbeinspektoren (heute Gewerbeaufsichtsämter) waren seit 1853 Fabrikinspektoren. Sie überwachten zunächst die Einhaltung der Gesetze über Kinder- und Jugendarbeit, später erweiterten sie ihre Aufgaben auf weite Bereiche des Gewerberechts. Hierzu gehörte auch die Beaufsichtigung von Betriebskranken- und Pensionskassen. Die damit angesprochene staatliche Sozialgesetzgebung war nur einer der neuen Bereiche, aus dem zusätzlicher Schriftverkehr erwuchs. Seit 1861 war die Ausübung eines kaufmännischen Gewerbes abhängig von der antragsgebundenen Eintragung in das Handelsregister, das bei den zuständigen Amtsgerichten geführt wurde (vgl. gesellschaftsrechtliches Schriftgut, S. 81).

In der Zeit des Kaiserreichs und später nahm die Korrespondenz zwischen den Kommunen und Unternehmen zu, sei es, daß Städte und Gemeinden als untere staatliche Behörde tätig wurden, sei es, daß aus der kommunalen Leistungsverwaltung Schriftverkehr erwuchs. Hier soll nur auf die Frage der Besteuerung (mit zahlreichen neuen kommunalen Steuern der Weimarer Zeit) und die städtische Bauaufsicht hingewiesen werden. Je nach Gesellschaftsform sind bei Steuerakten die Grenzen zwischen privatem und Unternehmensschriftgut fließend.

Der Staat war Träger des gewerblichen Rechtsschutzes, der Unternehmen zur Wahrung ihrer Interessen zugute kam.[30] Das Warenzeichenschutzgesetz von 1874 – und die Folgegesetze – sicherten Unternehmen den alleinigen Gebrauch ihrer Symbole auf den nationalen und internationalen Märkten, falls sie die Eintragung in die Warenzeichenrolle beantragten. Das Patentrecht regelte den Schutz der gewerblich verwertbaren Erfindungen. Grundlage ist das Patentgesetz von 1877, das das Erteilungsverfahren für Patente regelte. Am Ende des Verfahrens steht die Eintragung in die Patentrolle. Hergeleitet aus dem Patent ist der Gebrauchsmuster- und der Geschmacksmusterschutz, der sich ebenfalls in Rollen niederschlägt.

Werbung

Älteste Werbemittel sind Musterbücher, definiert als Bestell- und Verkaufsbuch für Kaufleute und Fabrikanten.[31] Muster erscheinen zuerst im

[30] Neuss Teil 1 (wie Anm. 1), S. 172–181.
[31] Vgl. die Beiträge in: „Mein Feld ist die Welt“. Musterbücher und Kataloge 1784–1914. Eine Ausstellung der Stiftung Westfälisches Wirtschaftsarchiv Dortmund in Zusammenarbeit mit dem Westfälischen Museumsamt Münster, Dortmund 1984.

spätmittelalterlichen Textilhandel, als der Korrespondenz von Kaufleuten Tuchproben beigefügt wurden. Ein kleiner Schritt war es nur zu der Praxis, Tuchproben auf Karton aufzukleben und in Buchform zu organisieren. Dies konnte für den internen Gebrauch geschehen, spätestens seit dem 17. Jahrhundert versandten Kaufleute Tuchproben als Musterkarten an auswärtige Kunden. Musterkarten und -bücher dieser Art haben sich in der Textilindustrie bis heute erhalten. Andere Branchen mußten Musterbücher drucken. Eine Vorreiterrolle nahm England ein, das auch deutsche Kaufleute und Fabrikanten anregte, die zuerst handgezeichneten Musterbücher und dann seit etwa 1800 in Kupfer gestochene Musterkarten und -bücher als Absatzinstrument zu verwenden.

Preislisten (als Preiscourants in großen Handelszentren schon seit 1650 bekannt) ergänzten Musterbücher. Während die Preise oft variierten und deshalb jährlich neue Preislisten aufgelegt wurden, blieben die Musterbücher länger, oft über Jahrzehnte in Gebrauch. Der Übergang zum Fabrikbetrieb, die Ausdehnung des Marktes und der Einsatz neuer Drucktechniken wirkten auf die Werbung ein. Die Musterbücher bekamen eine immer professionellere Gestalt, seit der Mitte des 19. Jahrhunderts hießen sie überwiegend Kataloge. Sie umfaßten vollständig oder in Teilen die Produkte, die ein Unternehmer verkaufte, mit Abbildungen, Preisen, Referenzen und Zusatzinformationen wie Gebrauchsanweisungen.

Neue Formen des Absatzes in den USA führten zu neuen Formen der Werbung. Die Entfernung zwischen Anbietern und Nachfragern förderten den Versandkatalog und den Direktbezug bei Produzenten unter Ausschaltung des Zwischenhandels. Die schnell auch in Deutschland eingeführten Mail order-Kataloge der Versandhäuser lehnten sich unverkennbar an ältere Vorbilder an.

Für einzelne Marktsegmente und für einzelne Anlässe (Messen, Ausstellungen) wurden und werden neue Werbemittel entworfen. Nie war der Katalog das einzige Mittel, um Kunden zu informieren.[32] Zunehmend richteten sich die Werbemittel direkt an den Endverbraucher. Dies ist nicht zuletzt eine Frage der Marken- und Produktbindung der Konsumenten, die seitens der Unternehmen durch Marketinginstrumente nachhaltig gefördert wird. Die an Medien gebundene Werbung wurde im 18. Jahrhundert mit Inseraten in Zeitungen und Zeitschriften eröffnet. Plakate an Mauern, Wänden und Litfaßsäulen lösten sich im späten 19. Jahrhundert von den Druckvorlagen und verbreiteten sich von den Großstädten her allgemein. Schallplatten und Werbefilme waren seit der Zwischenkriegszeit Werbe-

[32] Köhne-Lindenlaub, Renate: Krupp und die Eisenbahn – Zur Werbung für einen Produktbereich der Maschinenbauindustrie in der zweiten Hälfte des 19. Jahrhunderts, in: Ellerbrock, Karl-Peter/Schuster, Marina (Hrsg.): 150 Jahre Köln-Mindener Eisenbahn, Essen 1997, S. 211–217.

träger, ehe im Fernsehzeitalter die Werbung in elektronischen Medien Vorrang vor der gedruckten Werbung gewann.

Schriftgut in Abhängigkeit vom Gesellschaftsrecht

Das Handelsrecht hat für die einzelnen Unternehmenstypen im 19. Jahrhundert verbindliche Formen und Schriftlichkeit vorgesehen. Der Gesellschaftsvertrag ist für die offene Handelsgesellschaft (oHG), die Kommanditgesellschaft (KG) und die Gesellschaft mit beschränkter Haftung (GmbH) konstitutiv. Organ der GmbH ist die Gesellschafterversammlung. Ihre Beschlüsse finden in Protokollen ihren Niederschlag. Für die Aktiengesellschaft (AG) haben sich seit 1838 (Gesetz über die Errichtung von Eisenbahn-Aktiengesellschaften) die gesetzlichen Vorschriften mehrfach modifiziert, ohne daß dies die Schriftlichkeit der AG wesentlich veränderte. Grundlage der AG ist die Satzung, in der mindestens Firma und Sitz der AG, Gegenstand des Unternehmens, Höhe des Grundkapitals und des Nennbetrags der Aktien, Bestellung und Zusammensetzung des Vorstandes und die Form der Veröffentlichung festgehalten sein müssen. Die Aktie ist ein Wertpapier, das einen auf eine bestimmte Summe Geldes lautenden Anteil am Grundkapital der AG verkörpert. Sie ist auf den Inhaber oder einen bestimmten Namen ausgestellt. Jeder Aktionär erhält für sein Recht auf Gewinnausschüttung Dividendenscheine. Nur bei Namensaktien sind Aktienbücher zu führen. Als Sonderform entstehen bei Gründung von Aktiengesellschaften Prospekte als Aufforderung, Aktien zu zeichnen. Die Gründung der Aktiengesellschaft bedarf der Prüfung des Gründungsherganges, über den ein besonderer Prüfbericht anzufertigen ist und der mit der Eintragung in das Handelsregister (Abt. B) angeschlossen wird. Von den Sitzungen der Gremien der AG (Hauptversammlung, Vorstand, Aufsichtsrat) sind Protokolle zu führen, die in der Frühzeit der Aktiengesellschaften in ein eigenes Protokollbuch eingetragen wurden. Über die Jahresresultate der AG sind Geschäftsberichte zu veröffentlichen.

2.2.3 Interner Schriftverkehr der Unternehmen

Die industrielle Entwicklung förderte das Größenwachstum von Unternehmen. Abzulesen ist dies u.a. an den Zahlen der Beschäftigten. Von 1907 bis 1950 ging der Anteil kleiner Betriebe mit bis zu zehn Beschäftigten von 38% auf 26% zurück. Dagegen stieg der Anteil der Arbeiter in Großbetrieben mit mehr als 200 Beschäftigten im gleichen Zeitraum von 21% auf 33%. Die Größe des Unternehmens hatte Konsequenzen für die interne Organisation: Persönliche, auf mündlichen Vereinbarungen beruhende Beziehungen zwischen Prinzipal und Arbeitern oder Angestellten in den mittleren und kleinen Betrieben traten in Großunternehmen zurück. Statt dessen wurden industrielle Verwaltungen aufgebaut, weil ansonsten mehrere hundert Menschen nicht effizient zusammenarbeiten konnten. Die Große Depression nach 1873 förderte außerdem die Ausprägung des internen Rechnungswesens. Um bei sinkenden Preisen konkurrieren zu können, mußte möglichst genau kalkuliert werden. Ohne schriftliche Aufzeichnungen über alle Vorgänge im Unternehmen war dies nicht möglich. Zugleich entwickelten sich die kaufmännische und technische Leitung des Unternehmens auseinander. Zwar oblag dem Kaufmann zunächst noch die Büroorganisation, doch entstand um 1900 ein Management im modernen Sinn, das die Unternehmen umfassend leitete. Generaldirektoren oder Vorstände und ihre Stäbe bildeten die Führungsebene. Unterhalb dieser Ebene setzten weitere organisatorische Prozesse ein. Das betrieblich-industrielle Rechnungswesen gewann im Dienste von Kalkulation und Kontrolle zunehmend an Eigengewicht gegenüber der kaufmännischen Buchführung. Im technischen Bereich kamen seit Beginn unseres Jahrhunderts aus Amerika unter dem Stichwort Taylorismus Impulse zur arbeitsteiligen Werkstattorganisation. Deutsche Unternehmen begannen noch vor dem Ersten Weltkrieg, nach diesem Vorbild ihre Verwaltungen zu modernisieren. Diese Bewegung setzt sich bis heute fort. Rationalisierung wurde vor allem in der Zwischenkriegszeit eine zentrale Unternehmensstrategie, um dem Kostendruck zu begegnen. Sie war verbunden mit dem Aufbau von Organisationsplänen, mit einer klar fixierten Verteilung von Funktionen und Befehlsgewalten, fortgeschriebenen Systemen der Selbstkostenberechnung und der Anwendung neuentwickelter betriebswirtschaftlicher Verfahren im Unternehmen. Parallel kamen neue Bürotechniken und -maschinen auf, beginnend mit dem Einsatz von Hollerithmaschinen in den 1920er Jahren.

Industrielle Verwaltung erfordert ein hohes Maß an Schriftlichkeit und damit an internem Schriftgut. Dessen Analyse muß wie im Bereich der staatlichen Verwaltung bei den hierarchischen Ebenen ansetzen. Zu unterscheiden sind der Einfachheit halber die Leitungsebene (Vorstand, Direktion oder Geschäftsführung) und die nachgeordneten Ebenen (die Gesamtheit der kaufmännischen und betrieblich-produzierenden Bereiche sowie der Sonderbereiche). Der Leitungsebene kommt aus archivischer Sicht zentrale Bedeutung zu. Bei ihr laufen alle wichtigen Informationen zusammen. Sie stellt auch die Verbindung zum Aufsichtsrat und zur Hauptversammlung her, denn sie muß dort berichten. Dem Vorstand obliegt es, durch Organisationsanweisungen und -pläne das Unternehmen zu gestalten. Ihn erreichen monatlich, vierteljährlich oder in anderen Fristen Berichte und Vorschläge aus den einzelnen Abteilungen. Die Betriebsstätten berichten z.B. über die ihnen unterstehenden Werkstattbereiche und deren Ausnutzung, Produktion, Bestände, Selbstkosten, Belegschaftszahlen und

Neuanschaffungen. Die Absatz- oder Marketingabteilung entwickelt Verkaufskonzepte und legt Statistiken über den Auftragsbestand und -eingang vor. Die Finanzabteilung stellt kurz- und mittelfristige Finanzpläne auf, berechnet den Liquiditätsstatus. Die Personalabteilung meldet den Stand der Belegschaft und führt die Lohn- und Gehaltsstatistik. Der Vorstand trifft aufgrund der ihm vorliegenden Informationen Entscheidungen oder delegiert sie. Seinen schriftlichen Niederschlag findet das in der Korrespondenz, in Anweisungen und Verfügungen. Er unterrichtet darüber die Mitarbeiter in Rundschreiben und Zirkularen und läßt durch Stabsabteilungen in Statistiken das Geschehen im Unternehmen zahlenmäßig erfassen.

Auf den unteren Ebenen des Unternehmens fällt eine Fülle von Schriftgut von im allgemeinen geringer Wertigkeit an. Vieles wird folgerichtig nur sehr kurzfristig aufbewahrt, z.B. Lieferscheine, Packzettel, Lagerkarten, Laborberichte, Störungsbücher, Wiegebücher. Auch bei höherwertigem Schriftgut ist aber stets notwendig, es nach seiner Funktion innerhalb des Unternehmens zu bewerten. Material (z.B. tägliche, monatliche, vierteljährliche Statistiken), das in größeren Zeitabständen zusammengefaßt wird, ist kassabel, wenn Zusammenfassungen vorliegen. Bei Gutachten und Berichten ist auf Doppelüberlieferung zu achten; meistens kann auf der unteren Ebene kassiert werden. Vor einer solchen Entscheidung sollte jedoch möglichst der Gesamtbestand auf allen Ebenen erfaßt werden.

Die Gestaltung des Sozial- und Personalbereichs und seine Schriftlichkeit war ursprünglich kaum Einwirkungen von außen unterworfen. Zu Beginn der Industrialisierung hielten Fabrikunternehmen außerhalb des Bergbaus nur wenige Sachverhalte fest: die geleisteten Arbeitstage und -stunden zur Berechnung des Lohns (Lohnbücher); der Eintritt und Austritt der Arbeiter (Arbeiterführungsbuch, -stammlisten); schriftliche Anweisungen über das Verhalten im Industriebetrieb (Fabrik- oder Arbeitsordnungen); Zahlungen in die Betriebskrankenkasse, falls es eine solche Kasse gab. Für Kontoristen und Angestellte galten andere Abrechnungsarten (Gehälterbücher).

Die seit 1850 allmählich zunehmenden staatlichen Eingriffe in die Sozialpolitik durch Kranken-, Alters- und Unfallversicherung verlangten der betrieblichen Sozialfürsorge zunehmend mehr Schriftlichkeit ab. Für die Sozialversicherung führen Unternehmen seit den 1920er Jahren eigene Hauptbücher. Freiwillige soziale Leistungen ergänzten die staatlich vorgeschriebenen, z.B. Pensionen und Renten, Werkswohnungen, Büchereien. In den Bereich der betrieblichen Sozialpolitik fallen auch die Werkszeitschriften, die in Deutschland seit den 1890er Jahren verbreitet sind.

2.2.4 Technisches Schriftgut

„Technisches Schriftgut“ kann in einem Unternehmen in vielfacher Form vorkommen.[33] Technische Sachverhalte beschäftigen nicht nur die Abteilungen Vorbereitung und Fertigung, Forschung und Entwicklung, sondern auch den Vorstand und die nichttechnischen Abteilungen. Der Vorstand hat z.B. Entscheidungen über technische Investitionen zu treffen, die Rechtsabteilung verwaltet Patente, die Werbeabteilung hält Informationen über die Produktentwicklung vor. Mittelbar können also in einem Unternehmen an vielen Stellen Quellen zur Technikgeschichte vorhanden sein. „Technisches Schriftgut“ in einem engeren Sinn fällt allerdings überwiegend bei der Vorbereitung und bei der Fertigung, bei der Forschungs- und Entwicklungsabteilung an. Es besteht zu einem erheblichen Teil nicht aus Akten oder Geschäftsbüchern, sondern aus Zeichnungen, Karten oder Plänen.

Als bildliche Kommunikationsmittel sind diese Quellen der Schrift ebenbürtig, jedoch von Archivaren, auch der Wirtschaft, lange vernachlässigt worden. Karten und Pläne sind schematisierte Darstellungen der Erdoberfläche in größeren oder kleineren Maßstäben. In Wirtschaftsarchiven kommen z.B. Pläne zu Betriebsanlagen, Karten zu Fundstellen von Mineralien, Katasterkarten u.ä. vor. Zeichnungen streifen den Bezug zur Kartographie ab. Sie sind objektbezogen und entstehen aus unterschiedlichen Motiven. Formal sind bei den Zeichnungen Ansichten und Risse zu unterscheiden. Ansichten sind perspektivische Darstellungen von Objekten (Gebäude, Maschinen). Risse kommen als Grundriß, Aufriß und in der Seitenansicht vor. Nach Entstehungsstufen ist zu differenzieren nach Skizzen, Entwurfszeichnungen und Konstruktionszeichnungen.

Der Maschinenbau ist eine Branche, in der technisches Schriftgut und technische Zeichnungen eine große Bedeutung erlangt haben und soll deshalb hier etwas näher beleuchtet werden, nicht ohne darauf zu verweisen, daß in jeder Branche technische Aufzeichnungen anfallen und unter Umständen völlig anders organisiert werden. Zu erinnern ist nur an die chemische Industrie mit der für sie zentralen Quellengruppe der Laborberichte. Im Maschinenbau wurde zu Beginn des vorigen Jahrhunderts überwiegend nach mündlichen Angaben gefertigt. Skizzen dienten der groben Orientierung innerhalb eines Betriebes und zwischen Kunden und Lieferanten. Konstruktion und Fertigung lagen in einer Hand. Um 1850 lösten sich

[33] Am Beispiel der Maschinenbaufabrik Wagner vgl. Reininghaus, Wilfried: Technische Registraturen im Maschinenbau. Überlegungen zu Organisationsgeschichte und archivischer Bewertung, in: Archiv und Wirtschaft 24, 1991, S. 51–56; vgl. auch Kroker, Evelyn: Archivalien zur Technik in Wirtschaftsarchiven, in: Archivpflege in Westfalen und Lippe 36, 1992, S. 33–36.

langsam „Technische Büros“ als Stabsstellen aus dem Produktionsprozeß. In ihnen waren Konstrukteure und Zeichner beschäftigt. Werkstattzeichnungen waren das wichtigste Kommunikationsmittel zwischen Konstrukteuren und Werkstatt. Sie wurden immer präziser. Die Konstrukteure machten Vorgaben, die die Werkstatt einzuhalten hatte. Sie beschränkten sich nicht nur auf die Fertigung, sondern legten den Kunden Offert- oder Angebotszeichnungen vor. In arbeitsteiligen Maschinenbau-Unternehmen wurden seit der Jahrhundertwende Verfahren notwendig zur Abstimmung zwischen kaufmännischer Abteilung, Konstruktion und Fertigung. Buchüberlieferungen und Zeichnungen, später Fotos ergänzten einander. Kommissionsbücher hielten die hereinkommenden Aufträge fest und wurden in den kaufmännischen Abteilungen geführt. Die Menge der pro Auftrag erstellten Zeichnungen vergrößerte sich in Abhängigkeit vom technischen Fortschritt zusehends. Seit 1910 erleichterte der elektrische Lichtpausapparat die Blaupauserei und ersetzte die primitiven Sonnenlichtpausen. Als zunächst internes Hilfsmittel, das später den Kunden zur Verfügung gestellt wurde, nahm die Stückliste eine immer wichtigere Rolle ein. Es sind darauf alle Einzelteile einer Anlage aufgeführt mit zusätzlichen Angaben. Die statischen Berechnungen sind technische Hilfsmittel zur Überprüfung der Tragfähigkeit. Alle Zeichnungen gelangten in die Zeichnungsregistraturen, die bei Reparaturaufträgen einen bequemen Rückgriff ermöglichten. Ordnungsmittel waren Zeichnungsnummernbücher, die alle für ein Objekt erstellten Zeichnungen erfaßten. Schon um 1910 ersetzten in einigen Unternehmen Karteien die Hilfsaufschreibungen in Buchform. Der Zeichnungsregistratur ging seit den 1920er Jahren eine Projektregistratur voran, in der alle Schritte vom Angebot bis zur Errichtung der Anlage dokumentiert sind.

2.3 Schriftgut der Kammern und Verbände sowie Nachlässe

Die (Industrie- und) Handelskammern führten bis weit in die Zeit des Kaiserreichs verglichen mit dem Staat nur wenige Akten. Erst nach 1880 setzte eine Professionalisierung im hauptamtlichen Dienst ein. Die zunehmende Beanspruchung durch den Staat (vor allem im Ersten Weltkrieg) und die Wahrnehmung der wirtschaftlichen Interessen ihrer Region ließ die Aktenmenge bei Handelskammern ansteigen. 1931 erschien erstmals ein vorausschauend angelegter Musteraktenplan für die Ordnung der Sachakten. Er ist bis heute fortgeschrieben und modifiziert worden. Neben den Sachakten verwalten die Industrie- und Handelskammern Serien- und Einzelfallakten (Prüfungen im Bildungsbereich, Akten zu Mitgliedsfirmen) sowie Beitragsbücher und -akten. Zentrale Rechtskraft besitzen die Protokolle der Vollversammlungen und der Präsidien als den obersten Organen der Kammern.

Die Akten der Handwerkskammern sind stärker als die der Industrie- und Handelskammern auf die Mitgliedsbetriebe ausgerichtet. Meister- und Gesellenrolle gehen ebenso auf gesetzlichen Auftrag zurück wie die Akten zur Innungsaufsicht.

Die großen und einflußreichen Verbände auf Reichsebene haben bereits im Kaiserreich umfassende Akten-Registraturen gebildet. Umgekehrt beschränkten sich kleine Verbände bis nach 1945 auf eine ehrenamtliche Akten- und Buchführung. Feste Regeln haben sich für die Schriftgutverwaltung der Verbände nicht eingebürgert. Wichtige Kommunikationsmittel für alle Verbände sind neben den Gremien (Vorstände, Beiräte) mit ihren Protokollen die Rundschreiben an die Mitglieder.

Unternehmensarchiven kommt eine wichtige Rolle bei der Bereitstellung von Material zur Verbandsgeschichte zu. Die in Unternehmensarchiven aufbewahrte Empfängerüberlieferung zu Verbänden, denen die Unternehmen als Mitglied angehörten, ersetzt oft verlorengegangenes Schriftgut der Verbände selbst. Wegen der oft wenig fachgerechten Registraturführung bei Verbänden muß mit großen Überlieferungsverlusten gerechnet werden.

Nachlässe von Einzelpersonen (Vorstandsmitglieder, bedeutende Techniker) haben oft als Ergänzung zu dem in Registraturen geordneten Schriftgut einen hohen Quellenwert. Sie können neben der geschäftlichen Korrespondenz auch aus privater Hand erwachsen, aber auch Geschäftsschriftgut enthalten, das aus Gründen des rascheren Zugriffs des Verantwortlichen nicht in die allgemeine Registratur integriert war (Handakten). Neben solchem aus dem Alltag erwachsenen Schriftgut sind in Hinterlassenschaften auch vom Nachlasser formierte Sammlungen zu wichtigen Ereignissen und Entwicklungen zu finden. Sie haben durch ihre spezifische Anordnung der Dokumente häufig einen eigenen, unverwechselbaren Wert und verdienen es, selbst dann aufbewahrt zu werden, wenn die in ihnen gespiegelten Informationen jeweils für sich genommen an anderen Stellen nachzulesen sind. Als unechte Nachlässe bezeichnen Archivare diejenigen Sammlungen, die sekundär und nachträglich zu einzelnen Personen durch Dritte angelegt wurden. Auch sie sind oft wertvoll, weil die in ihnen aufbewahrten Informationen ansonsten schwer oder gar nicht zugänglich wären.

2.4 Fotos und audiovisuelles Archivgut

2.4.1 Fotos

Eine Fotografie ist ein Bild, das durch das Belichten einer lichtempfindlichen chemischen Substanz in einer Kamera erzeugt wird.[34] Die lichtempfindliche Substanz ist in der Geschichte der Fotografie auf unterschiedlichen Trägern aufgebracht worden. Den Franzosen Nièpce und Daguerre gelang es 1837/39, die lichtempfindliche Lösung zu fixieren, ohne daß die sog. Daguerrotype zu kopieren war. Erst 1850 schaffte es der Engländer Talbot, kopierbare Fotos auf Papier anzufertigen. Seit dieser Zeit sind Negative und Positive zu unterscheiden.

Die Negative entstanden zunächst auf Glasplatten, bis etwa 1900 im nassen Kollodiumverfahren, seit 1870 – zunächst parallel – durch die Gelatinetrockenplatte. In der weiteren Entwicklung traten Zellulosebänder (Filme) neben die Glasplatten und ersetzten sie im 20. Jahrhundert weitgehend. Die Zellulose war in der Anfangsphase mit Nitraten versetzt und damit leicht brennbar. Dies erfordert noch heute beim Umgang mit alten Filmen archivische Vorsichtsmaßnahmen. Die späteren und heute noch üblichen Sicherheitsfilme aus Azetaten bzw. Polyester bannten die Brandgefahr.

Die Positive gab es zum einen von der Mitte des vorigen Jahrhunderts bis 1920 aus Albuminpapier mit einer Schicht. Es sah rotbraun, purpur oder schokoladenbraun aus, helle Partien waren oft gelblich. Positive mit zwei Schichten kommen bis heute als Gelatinesilberpapier in den Handel. Die Farbfotografie erzeugt seit 1936 Diapositive, seit 1938 Farbnegative und seit 1942 Farbpositive auf Papier. Technisch wird die Fotografie nicht nur vom Belichtungsobjekt, sondern auch von der Kamera und von der eingebauten Optik bestimmt. Die von George Eastman in den 1880er Jahren entwickelte Kamera vereinfachte das Fotografieren. Durch Druck auf den Auslöserknopf wurde der Film weitertransportiert. Die Umstellung auf das trockene Belichtungsverfahren (R. L. Maddox 1871) und die Fortschritte der Feinmechanik verkürzten die Belichtungszeit und machten verzerrungsfreie, scharfe Bilder möglich.

Der Verwendung der Fotografie im Unternehmen ging die Verwendung durch den Unternehmer voran. Die Fotografie war ein bürgerliches Medium. Das Publikum ließ sich bereits in den 1840er Jahren ablichten und

[34] Diesem Abschnitt liegt ein Skript zugrunde, das Evelyn Kroker, Bergbau-Archiv Bochum, und Friederike Reutter, Unternehmensarchiv der BASF, bei Fortbildungslehrgängen der VdW verwendeten. Weiterhin wurde benutzt Gernsheim, Helmut: Geschichte der Photographie. Die ersten hundert Jahre, Frankfurt/M. 1983.

bewahrte die Daguerrotypie auf. Als Teil von Familiennachlässen kommen deshalb Porträtaufnahmen ins Wirtschaftsarchiv.[35]

Die massenhafte industrielle Nutzung der Fotografie setzte im letzten Drittel des 19. Jahrhunderts ein. Unternehmen nutzten sie indessen schon früher. Bei Krupp ist der Einsatz von Fotos zu Repräsentations- und Werbezwecken seit 1861 nachweisbar, als das Unternehmen einen eigenen Fotografen beschäftigte und im Laufe der 1860er eine Photographische Anstalt einrichtete.[36] Motive der Fotos waren Panoramaansichten von den Produktionsstätten, bald auch einzelne Erzeugnisse und gebaute Anlagen, die in Musterbüchern zusammengestellt wurden.

Von der Repräsentationsfotografie ist die Dokumentationsfotografie zu unterscheiden. Erfüllten die Fotos in Musterbüchern externe Zwecke, so dienten sie aber auch frühzeitig als Beleg für gelieferte Maschinen. In einem Inventar für das Zeichenbüro von Krupp wurden 1879 neben knapp 8000 Lithographien 760 Fotografien aufgeführt. Fotografisch zu dokumentieren war neben der Produktion der Betrieb, z.B. Neu- und Umbauten oder Unglücke. Aus der Sammlung von Negativplatten entstanden seit etwa 1910 eigene Fotoarchive in Unternehmen. Die Fotografie wurde zunehmend gezielt als Mittel eingesetzt, um Sicherungsüberlieferungen zu schaffen und um das Mengenproblem zu lösen. Systematisch ist dann nach dem Zweiten Weltkrieg der Mikrofilm als wirtschaftliches Aufbewahrungsmittel für technische Zeichnungen eingeführt worden.

Eine andere Funktion erfüllten im Unternehmen die zu Alben organisierten Fotos von gebauten Anlagen. Sie stellten Referenzobjekte für interne und externe Zwecke zusammen und ähneln darin den Musterbüchern der Werbung.

Nicht nur Maschinen sondern auch Menschen waren Gegenstand der Werksfotografie. Auf den ältesten Fotos kamen Menschen bloß als Staffage vor, sie waren dem erstellten Produkt untergeordnet. Gruppenbilder, die seit etwa 1880 vorliegen, zeigen stolze Arbeiter mit ihren Werkzeugen, oft mit einem Schild, das ihre Abteilung ausweist. Der einzelne Arbeiter an seinem Arbeitsplatz wird erst seit der Jahrhundertwende, vermehrt in den 1920er Jahren thematisiert.[37] Nicht zufällig fallen in diesen Zeitraum höhe-

[35] Schambach, Karin: Photographie – ein bürgerliches Medium, in: Hein, Dieter/Schulz, Andreas (Hrsg.): Bürgerkultur im 19. Jahrhundert, München 1996, S. 66–81; vgl. die Beiträge von Lothar Gall, Karin Hartewig und Rudolf Herz in: Tenfelde, Klaus (Hrsg.): Bilder von Krupp. Fotografie und Geschichte im Industriezeitalter, München 1994.

[36] Dewitz, Bodo von: „Die Bilder sind nicht teuer und ich werde Quantitäten davon machen lassen!“ Zur Entstehungsgeschichte der Graphischen Anstalt, in: Tenfelde (wie Anm. 35), S. 41–66.

[37] Matz, Reinhard: Industriefotografie. Aus Firmenarchiven des Ruhrgebiets, Essen 1987.

re Qualifikationsanforderungen. In der Zwischenkriegszeit – vereinzelt, z.B. bei Krupp, auch schon früher – dokumentierte die Werksfotografie nicht nur Arbeitsplätze, sondern begann in großem Umfang, betriebliche Sozialpolitik bis hin zur Jubilar- oder Betriebsfeier bildlich darzustellen. Veröffentlichungsort dieser Fotos waren vor allem Werkszeitschriften. Neben dem internen Zweck fand die unternehmensbezogene Informationsfotografie Abnehmer in der Presse. Zunächst verwendeten illustrierte Wochenzeitschriften Fotos, seit den 1930er Jahren vereinzelt Tageszeitungen. Nach dem Zweiten Weltkrieg, als alle Printmedien, insbesondere Tageszeitungen, Fotos abdruckten, nahm die Bedeutung der Informationsfotografie für externe Zwecke zu.

Fotos kommen in unterschiedlicher Form in das Archiv. Bei einer organisch gewachsenen Überlieferung einer Unternehmenseinheit oder -abteilung (z.B. als Fotoplatten aus dem Planarchiv eines Maschinenbau-Unternehmens) ist die Provenienz klar erkennbar.[38] Sodann gibt es die Möglichkeit, daß die Provenienz zwar festzustellen ist, doch die Fotos mit anderem Archivgut vermischt sind. Abteilungen im Unternehmen wie die Bildstelle der Presseabteilung lassen es an der Ordnung der tagesaktuell erzeugten Fotos häufig fehlen. Der Entstehungszusammenhang wird nicht mehr ersichtlich. Es ist in solchen Fällen archivische Aufgabe, beim Ordnen und Verzeichnen korrigierend einzugreifen (vgl. S. 139–149).

2.4.2 Tonträger

1877 gab Thomas Edisons Phonograph erstmals auf Walzen aufgezeichnete Töne wieder. Die zehn Jahre später erfundene Schallplatte, abgespielt auf Grammophonen, setzte sich Mitte der 1920er Jahre definitiv durch. Die Schellackplatte wurde seit 1952 durch Vinylplatten ersetzt. Auf Magnetophonen konnten seit 1923 Töne festgehalten werden. Erst das Tonband führte in den fünfziger Jahren zum verbreiteten Einsatz dieses Tonträgers. Schallplatte und Tonband wurden bis heute durch Cassetten weitgehend vom Markt verdrängt. Die 1979 erstmals vorgestellte Compact Diskette (CD) hat sich durchgesetzt.[39]

Archive der Wirtschaft verwahren Tonträgerbestände, wenngleich in erheblich geringerem Umfang als Spezialschallarchive oder das Bundesarchiv.[40] Die Walzen, Platten und Tonbänder in Wirtschaftsarchiven gehen

[38] Reininghaus (wie Anm. 33).

[39] Schubert, Hans: Geschichte und konservatorische Behandlung von Schallplatten und Walzen, in: Archiv und Wirtschaft 19, 1986, S. 138–141.

[40] Wessel, Horst A.: Die Überlieferung audiovisueller Quellen in Archiven von Unternehmen, Kammern und Verbänden der Wirtschaft, in: Archiv und Wirtschaft 23, 1990, S. 154–158, bes. S. 158; Trumpp, Thomas: Zur Ordnung, Verzeichnung,

bis in das Jahr 1903 zurück. Sie sind aus drei Gründen entstanden. Unmittelbar mit den Unternehmen hängen Aufzeichnungen zusammen, die zu Werbezwecken und zur Tondokumentation besonderer Ereignisse (in Eigenregie oder als Mitschnitte aus dem Rundfunk) entstanden. In ihren Anfängen bediente sich die Oral History des Tonbandes bei der Befragung von Mitarbeitern. Seit dem Aufkommen des Videofilms geht die Verwendung von Tonträgern im Unternehmen zurück.

Die sachgerechte Lagerung und Nutzung von Tonträgern im Archiv erfordert besondere Vorkehrungen. Das Ausgangsmaterial (Walze, Platte oder Band) muß auf ein Mutterband überspielt und dieses wiederum auf eine eigens hergestellte Benutzerkassette übertragen werden. Tonträger reagieren äußerst empfindlich auf Verschmutzung und Umwelteinflüsse und bedürfen eines besonderen Schutzes.[41]

2.4.3 *Filme*

1895 fand die erste öffentliche Filmvorführung gegen Eintrittsgeld statt.[42] Im Ersten Weltkrieg gewann das Medium Film als Propaganda und als Lehrfilm an Bedeutung. In dieser Zeit entstanden Aufnahmen aus der Rüstungsindustrie.[43] 1917 wurde bei Krupp eine Kinematographische Anstalt eingerichtet, die für das Unternehmen und für fremde Auftraggeber (heute nicht mehr erhaltene) Filme produzierte.[44] In den Zwanziger Jahren kamen Industrie- oder Wirtschaftsfilme auf. Es handelte sich „um Werbe- oder Reklamefilme, Repräsentations- und technische Lehrfilme, die zur Kundenwerbung und Verbraucherinformation, zur Belehrung oder Unterhaltung von Mitarbeitern oder Kunden eingesetzt wurden“ (H. A. Wessel). Der Tonfilm, der sich 1930 international durchsetzte, vergrößerte auch die Möglichkeiten des Wirtschafts- oder Industriefilms. Walter Ruttmann ins-

Erhaltung und Restaurierung von Tonaufzeichnungen in Archiven, in: Der Archivar 40, 1987, Sp. 225–244.

41 Vgl. ausführlich dazu Trumpp (wie Anm. 40) sowie das Fachorgan „Das Schallarchiv“.

42 Allgemein Gregor, Ulrich/Patalas, Enno: Geschichte des Films, München 1973; Bucher, Peter: Der Film als Quelle. Audiovisuelle Medien in der deutschen Archiv- und Geschichtswissenschaft, in: Der Archivar 41, 1988, Sp. 497–524.

43 Wessel, Horst A.: Die Überlieferung von Filmquellen in Archiven von Institutionen, Verbänden und Kammern der Wirtschaft, in: Hofmann, Paul u.a. (Bearb.): Filmschätzen auf der Spur. Verzeichnis historischer Filmbestände in NRW, Düsseldorf 1994, S. 143–148, bes. S. 144; Wessel (wie Anm. 40).

44 Köhne-Lindenlaub, Renate: Filme von Krupp. Anmerkungen zu ihrer Entstehung, Nutzung und Überlieferung, in: Industriefilm – Medium und Quelle. Beispiele aus der Eisen- und Stahlindustrie, hrsg. von Manfred Rasch u.a., Essen 1997, S. 41–58.

zenierte mit der Ufa 1936/37 den Film „Mannesmann", den die Filmgeschichte zu den Klassikern der Neuen Sachlichkeit zählt.

Die Unternehmen in der jungen Bundesrepublik knüpften an die Vorkriegstraditionen an. Die Abteilungen für Öffentlichkeitsarbeit vergaben Aufträge, die vom Kurzfilm bis zum abendfüllenden Kulturfilm reichten. 1959 ließ die Industrie allein mehr als 1000 Dokumentarfilme produzieren. Der Industrie- und Wirtschaftsfilm gewann seine eigene Tradition. Bis zum Ende der Fünfziger Jahre herrschten Filme mit Spielhandlung vor, danach orientierte sich der Aufbau vieler Filme am Ablauf des Produktionsvorganges. In den frühen 1990er Jahren war die Zahl der Industriefilmproduktionen stark rückläufig.

Aus dieser Produktion insbesondere sind Filmbestände in die Archive der Wirtschaft gelangt. Eine Umfrage unter den Mitgliedern der VdW ergab 1989, daß 26 Wirtschaftsarchive Filmbestände verwahren. Eine erneute Umfrage unter Wirtschafts- und Gewerkschaftsarchiven in NRW ergab 1993, daß 30 Archive rund 4000 Videofilme sowie knapp 10000 16 mm- bzw. 35 mm-Filme besitzen.[45]

Filme sind Quellen für alle erdenklichen Fragestellungen der historischen Forschung. Seit Mitte der 1960er Jahre richtet sich das historische Interesse auch auf solche Filme, die über die politische Ereignisgeschichte hinausreichen. Hierzu gehören auch Industrie- und Werbefilme.[46] Mit dem Wandel in der filmarchivischen Bewertungspraxis gewinnen Archive der Wirtschaft an Bedeutung, wenngleich hier wie in anderen Archiven der Umgang mit der Quellengruppe Film schwerfiel. Dies hat nicht zum geringsten damit zu tun, daß nur wenige Archive über die Möglichkeiten zur fachgerechten Lagerung, Sicherung und Restaurierung von Filmen verfügen. Mittlerweile haben sich Standards für die archivische Sicherung von Filmen durchgesetzt. Es muß vermieden werden, daß die nur einmal vorhandenen Stücke durch Benutzung völlig zerstört werden. Im Bundesarchiv-Filmarchiv besteht das „Sicherungspaket" bei Tonfilmen aus Bild- und Tonnegativen, einem Duppositiv (Lavendel) und einer Arbeitskopie für Vorführzwecke. Zur Lagerung sind klimatisierte Räume erforderlich. Ältere Filme, bis zu Beginn der Fünfziger Jahre auf Nitrozellulose-Basis produziert, müssen auf den im Gegensatz dazu schwer entflammbaren Azetat- oder Sicherheitsfilm umkopiert werden.

[45] Wessel, Überlieferung von Filmquellen (wie Anm. 43), S. 145f.
[46] Bucher (wie Anm. 42), Sp. 511.

2.5 Elektronische Informationssysteme

2.5.1 Vorüberlegungen

Computer, definiert als programmierte elektronische Rechenanlagen mit Speicherfunktionen, hielten zuerst in den USA während der 1950er Jahre in größerer Zahl Einzug in Unternehmen und Verwaltungen.[47] Ein Ende der damals einsetzenden Entwicklung ist bis heute nicht abzusehen. Die Auswirkungen des technologischen Wandels auf Arbeitsgegenstand und Arbeitsweise der Archivare sind evident:

Erstens verändern sich die Informationsträger. Elektronische Datenträger ergänzen und/oder ersetzen das Papier und andere Medien.

Zweitens unterstützt und erweitert die Elektronische Datenverarbeitung (EDV) die herkömmlichen Verfahren der archivischen Erschließung und Verzeichnung.

Mit der EDV wurden die Archivare zunächst in den letztgenannten Bereichen vertraut gemacht. Seit den 1970er Jahren lernten sie, mit der EDV umzugehen. Der 48. Deutsche Archivtag in Würzburg 1973 befaßte sich mit „Automation und Automatisierbarkeit von Verwaltungsvorgängen".[48] Seitdem ist die Beschäftigung mit diesem Thema nicht abgerissen.[49] Freilich wurden selten die Fragen erörtert, ob nicht auch die elektronisch gespeicherten Daten Archivgut sein können und wie mit diesen, vom Papier und anderen Beschreibstoffen unterschiedlichen Informationsträgern umzugehen sei. Zur Mitte der 1990er Jahre ist der erste Teil der Frage positiv beantwortet, für den zweiten Teil gibt es viele, vor allem aus dem angelsächsischen Raum stammende Lösungsvorschläge, aber noch keinen Königspfad. Niemand kommt noch an den in der täglichen Praxis von Unternehmen und Verwaltungen benutzten elektronischen Archivierungssystemen vorbei. Sie zukünftig bewertend zu analysieren, muß ebenso Aufgabe der Archivare sein wie das Herausfinden von dauerhaften Aufbewahrungsformen. Da elektronische Datenträger im Bereich der Wirtschaft entstehen, gehören sie potentiell zum Archivgut der Wirtschaft.

[47] Die Geschichte der Computer bzw. der elektronischen Datenverarbeitung ist in der deutschen Literatur schlecht erforscht; vgl. aber Zemanek, Heinz: Weltmacht Computer, München 1991. Überblicke liefern die „Annals of the History of Computing", 1979ff.

[48] Druck der Referate von Hans Schepers, Horst Romeyk, Wolf Buchmann und Heinz Boberach in: Der Archivar 27, 1974, Sp. 173ff.

[49] Statt eines Nachweises vgl. in der Bibliographie den Abschnitt „Elektronische Datenverarbeitung". Die jüngere internationale Archivliteratur bei Erlandsson, Alf: Electronic Records Management: A Literature Review, ICA-Committee on Electronic Records, April 1996 (Mskr.).

In Deutschland kreisen die Diskussionen über die Bewertung und Speicherung elektronisch erzeugter Daten vor allem um solche Informationen, die im Bereich der öffentlichen Verwaltungen entstanden sind. Über das elektronische Schriftgut der Wirtschaft gab es bis 1996 hierzulande, aber auch in anderen europäischen Ländern[50] keine dem Verfasser bekanntgewordenen archivfachlichen Erörterungen, die in Quantität und Qualität den Überlegungen zum elektronischen Schriftgut der öffentlichen Verwaltung gleichgekommen wären. Diese Situation ist paradox vor dem Hintergrund der Schrittmacherfunktion der Privatwirtschaft im Bereich der EDV für den öffentlichen Sektor und verlangt nach einer Erklärung.

Mehrere Gründe sind anzuführen: Die Archivare der Wirtschaft haben offenbar noch geringeren Einfluß auf das aktuelle Informationsmanagement als Staats- und Stadtarchivare. Immerhin gelten für die Archive der öffentlichen Hand rechtliche Normen, die seit den 1980er Jahren in Archiv- und anderen Gesetzen vorgegeben sind und elektronische Informationsträger bereits einschließen. Mindestens theoretisch besteht eine Zugriffsmöglichkeit der Staatsarchive auf elektronische Informationsträger. Praktisch bereitet die davoneilende Informationstechnik in Unternehmen wie in Behörden den Archivaren Schwierigkeiten, ihren angestammten Aufgaben nachzukommen. Des weiteren gilt der Schutz des Eigentums im Bereich der Wirtschaft auch und erst recht für die in Unternehmen erzeugten Informationen, die nach Ablauf der vom Handelsrecht und anderen Gesetzen vorgesehenen Fristen gelöscht werden. Der Computer kam ja zuallererst beim Massengeschäft zum Einsatz. Über die mangelnde Archivwürdigkeit von Massenakten mit kurzen Aufbewahrungsfristen bestehen ja keine Zweifel.

Bei diesem Stand der Diskussion bleibt für das Vorhaben, über Archivgut der Wirtschaft zu schreiben, das in elektronischer Form vorliegt, kein anderer Weg, als erstens jene technische Entwicklung zu skizzieren, auf die Unternehmen bis etwa 1990 zurückgreifen konnten. Daran schließt sich zweitens eine Beschreibung der jüngsten Trends beim Einsatz von Informationstechnologien ein. Drittens ist nach den Schwerpunktaufgaben der Archivare (in allen Sparten) im Zeitalter elektronischer Medien zu fragen.

2.5.2 Etappen der Computerisierung

Zur Vorgeschichte des Computers gehören Automaten und Rechengeräte, die wirtschaftlich zuerst im Kontor eingesetzt wurden. Das zu Beginn unseres Jahrhunderts in der maschinellen Buchhaltung verwendete Hollerith-

[50] Ich danke meinem Kollegen Henrik Fode, Dänisches Wirtschaftsarchiv, Arhus, für die mitgeteilten Informationen.

verfahren kam erstmals 1890 bei der österreichischen Volkszählung zum Einsatz. Es basiert auf einem Zählgerät, das mit Lochkarten arbeitete. Die weitere Entwicklung des Computers hing von der Anwendung der Elektro- und Nachrichtentechnik ebenso ab wie von den Fortschritten der Mathematik. 1951 setzte die industrielle Fertigung von Großrechenanlagen ein. Nach Erfindung des Transistors 1947 ermöglichte es die Halbleitertechnik, die vorherrschenden Verstärkerröhren zu ersetzen und die Aggregate zu verkleinern. Die Miniaturisierung der Schaltkreise bis hin zum heute üblichen Mikrochip war eine Voraussetzung für den Siegeszug des Computers.

Beim Einsatz der Informationstechnologie in Unternehmen und Verwaltungen in Deutschland nach dem Zweiten Weltkrieg sind mehrere Brüche erkennbar.[51] Zunächst herrschten noch Instrumente nichtelektronischer Bauart (Lochkartenmaschinen) vor. Großrechenanlagen sorgten dann seit dem Ende der Fünfziger Jahre in Banken für die Automatisierung des standardisierten Mengengeschäfts. Während der 1960er Jahre setzte die gleichzeitige Nutzung eines Computers durch mehrere Anwender ein. Terminals wurden mit einer Datenzentrale verbunden. Die hohe Zeit der Datenfernverarbeitung waren die 1970er Jahre. Damals setzte sich die Elektronische Datenverarbeitung in Unternehmen und in der öffentlichen Verwaltung endgültig durch.[52] Als wichtige Bereiche sind das Lohn- und Gehaltswesen, Steuerangelegenheiten, das Haushalts-, Kassen- und Rechnungswesen zu nennen. Es entstanden erste „Datenbanken mit Strukturinformationen, die der Gewinnung von Planungs- und Führungsdaten dienten" (H. Romeyk).

Schon in diesem Stadium beeinflußte die Automatisierung der Datenverarbeitung die archivische Arbeit. Der Ausstoß von Papier aus dem Computer wuchs. Die alternativ zu diskutierenden Aufbewahrungsformen, vor allem auch der Ersatz des Urmaterials in der amtlichen Statistik durch Magnetbänder und **COM** (**C**omputer **O**utput on **M**icrofiche/-film) wurden mit ihren Vor- und Nachteilen diskutiert.[53] Aus Sicht der Archivare überwog die Einschätzung, daß elektronische Aufzeichnungen wegen ihres Informationsgehalts wertvoll waren, daß jedoch Handlungen und Entscheidungen der Provenienzbildner auf Papier und in Akten dokumentiert werden.[54]

[51] Über den Einsatz der EDV in der Deutschen Bank berichtet z.B. Büschgen, Hans E.: Die Deutsche Bank von 1957 bis zur Gegenwart, in: Die Deutsche Bank 1870–1995, München 1995, S. 579–877, bes. S. 599ff.

[52] Romeyk, Horst: EDV und Archive, 2. Aufl., Siegburg 1981, S. 44f.

[53] Vgl. Stahlschmidt, Rainer: Zur Archivierung des Datenmaterials der amtlichen Statistik in Nordrhein-Westfalen, Siegburg 1980, S. 21ff.

[54] Guide for Managing Electronic Records from an Archival Perspective. Consultation Draft, June 1996, p. 3 (Übersetzung des Verf.), desgl. auch für das folgende.

1981 bot IBM erstmals Personal Computer (PC) für den privaten Bedarf an. Gleichzeitig wurden die PC mit anwenderfreundlicher Software ausgestattet, die Textverarbeitung, Einsatz von Graphiken und weitere Anwendungen ermöglichten. Der Einsatz des PC bedeutete für das Archivwesen einen tiefen, grundlegenden Wandel. Großrechneranlagen ließen sich zentral steuern und lieferten Informationen, die zu kontrollieren dem Archivar noch möglich schien. Der PC führte zur Dezentralisierung und aus archivischer Sicht zur Unübersichtlichkeit. Er vervielfachte und beschleunigte die Daten- und Informationsverarbeitung in Verwaltungen und Unternehmen. Das „elektronische Büro" begann sich abzuzeichnen und wurde in den späteren 1980er Jahren mancherorts schon Realität. Vorher setzten sich noch elektronische Archivierungssysteme im Massengeschäft von Banken und Versicherungen durch.[55] Kosten für Aktentransport und Lagerung, die Vorteile einer vereinfachten Vorgangsbearbeitung, die zügige Bearbeitung von Kundenwünschen – all dies machte das elektronische Archiv unentbehrlich. Im technischen Bereich von Unternehmen kamen **C**(omputer) **A**(ssisted) **D**(esign)-Systeme zum Einsatz, die es seitdem ermöglichen, Konstruktionszeichnungen elektronisch „abzulegen". Ältere Plan- oder Mikrofilmarchive wurden entweder durch Scanner erfaßt und integriert oder als abgeschlossener Bestand in das Archiv integriert. Umfassende technische Dokumentationen für Großanlagen werden nicht mehr auf Papier, sondern auf optischen Speichermedien (vgl. S. 96) ausgeliefert.

2.5.3 Neueste Trends der Informationstechnologie

Eine systematische Analyse der jüngsten Trends der Informationstechnologie muß mit dem Informationsaustausch beginnen.[56]

(1.) Die Vernetzung von PCs untereinander begann in der Mitte der 1980er Jahre. Computer- und Telekommunikationssysteme fügten sich zu Netzwerken zusammen, zuerst in lokalen Rahmen (**L**ocal **A**rea **N**et), dann weltweit. Das Internet verband 1995 40 Millionen Anwender in 109 Ländern. Unternehmen und Einzelpersonen ist es möglich, zur gleichen Zeit an vielen Stellen auf der Erde tätig zu sein. Die weltweite Vernetzung verändert qua Beschleunigung nicht nur den Austausch, sondern auch die

[55] Gulbins, Jürgen/Seyfried, Markus/Strack-Zimmermann, Hans: Elektronische Archivierungssysteme. Image-Management-Systeme, Dokument-Management-Systeme, Berlin 1994, S. 275ff.

[56] Vgl. hierzu Dollar, Charles M.: Die Auswirkungen der Informationstechnologien auf archivische Prinzipien und Methoden, übers. und hrsg. von Angelika Menne-Haritz, Marburg 1992 (= Veröffentlichungen der Archivschule Marburg – Institut für Archivwissenschaft. 19), auch für das Folgende.

Entstehung von Informationen grundlegend. Weil es jedem Teilnehmer im Netz möglich ist, Mitteilungen, Texte, Dokumente und Software zu versenden, ist es oft nicht mehr möglich, den Entstehungszusammenhang zu rekonstruieren.

(2.) In der Informationserfassung trat an die Seite der Tastatureingaben zunehmend die optische Zeichenerkennung (**O**ptical **C**haracter **R**ecognition), die eigentlich kein neues Verfahren ist. Schon die Beleglesung im Großrechner-Verfahren der 1960er Jahren beruhte auf OCR-Verfahren. Aber erst der technische Fortschritt beschleunigte die Konversion von Zeichen auf optischen Speichermedien. Dabei werden Scanner (Kameras) eingesetzt, die neben Texten auch Graphiken erfassen. Relativ neu ist die Technologie der digitalen Bildverarbeitung. Sie erstellt eine elektronische Abbildung von schriftlichen Unterlagen und speichert sie digital im Computer. Digitalisierte Informationen können auf dem Rechner weiterbearbeitet werden.

(3.) Die Informationsverarbeitung nimmt in Dokumenten-Management-Systemen (DMS) dank der fast unbegrenzt wachsenden Speicherkapazitäten immer mehr Informationen elektronisch auf. Workflow-Systeme unterstützen die Vorgangsbearbeitung vom Posteingang über die Sachbearbeitung bis zum Versand elektronischer Post oder bis zur Ablage.

(4.) Bei Computeranwendungen geschah die Informationsspeicherung auf magnetischen Speichern: auf Bändern, Kassetten und Platten.[57] Als Neuentwicklung kamen optische Medien hinzu. Eine Aufzeichnungsoberfläche wird durch Laserstrahlen verändert. WORM-Platten (**W**rite-**O**nce-**R**ead-**M**any) werden einmal beschrieben und wiederholt gelesen. Sie sind unveränderbar. Die größte Speicherkapazität besitzt derzeit die CD-ROM (**C**ompact-**D**isc-**R**ead-**O**nly-**M**emory). Sie ist im 4,72 Inch-Format standardisiert und eignet sich für die Verbreitung großer Mengen von Informationen.

(5.) Die Symbiose von herkömmlich getrennten Informationsträgern von Text, Bild, Ton und Film, eingebettet in interaktive Programmabläufe, wird heute unter dem Schlagwort Multimedia zusammengefaßt.[58]

[57] Wettengel, Michael: Maschinenlesbare Datenträger: Zusammenstellung archivrelevanter Normen und Standards elektronischer Speichermedien, in: Der Archivar 48, 1995, Sp. 461–472; vgl. die Referate auf dem 63. Deutschen Archivtag in Berlin 1992, in: Der Archivar 46, 1993, Sp. 63ff. sowie die Referate auf dem 64. Deutschen Archivtag in Dresden 1994, in: Der Archivar 48, 1995, Sp. 63ff.

[58] Ich benutze Überlegungen meines Kollegen Frank M. Bischoff, Staatsarchiv Münster, Perspektiven der Sicherung und Nutzung von Archivgut. Zum Einsatz von Multimedia in Archiven, Dezember 1996.

2.5.4 Archivische Aufgaben im Zeitalter der Informationstechnologie

Die klassischen Aufgabenfelder der Archivare verändern sich angesichts des raschen Wandels der Informationstechnologien. Auch hierfür können nur einige markante Trends angegeben werden.

(1.) Die elektronischen Speichermedien veralten so rasch, daß die Bestandserhaltung ein, wenn nicht das zentrale Thema archivischer Arbeit werden wird. Von der Vorstellung, elektronisches Archivgut sei auf den originalen Datenträgern zu übernehmen, wird man sich angesichts der zyklischen Innovationsschübe verabschieden müssen. Die Haltbarkeit der Speichermedien entspricht nicht den Anforderungen dauerhafter Archivierung. Vielmehr werden Archive offene Systeme, die eine Aufwärtskonvertierung in andere Systeme ermöglichen, favorisieren müssen. Als eine mögliche Alternative zeichnet sich die hochauflösende Digitalisierung ab, bei der das digitale Bild über eine COM-Anlage auf Mikrofilm oder -fiche ausgegeben wird.[59]

(2.) Die Archivare müssen sich in die Entwicklung von Informationssystemen in den Verwaltungen und Unternehmen, die sie betreuen, einschalten. Nur bei einer frühzeitigen Einflußnahme auf die Wahl von Systemen können archivische Interessen artikuliert werden.[60] Denkbar ist die Entwicklung immanenter Arbeitsinstrumente, die eine automatische Erfassung elektronischer Akten ermöglicht. Kontextinformationen oder Metadaten vermitteln Informationen darüber, wie elektronische Systeme funktionieren. Das life cycle-Konzept amerikanischer Archivare sieht die vorarchivische Betreuung von Unterlagen von ihrer Entstehung an vor.

(3.) Die Bewertung und Verzeichnung elektronischen Archivguts ist in Deutschland kaum über Anfänge hinaus gekommen.[61] Die internationale Diskussion kreist um die Frage, ob nach Funktion (der Informationen erzeugenden Stelle) oder nach dem Inhalt der Informationen selbst bewertet werden soll. Zur Beschreibung wird verstärkt auf Metadaten zurückzugreifen sein, die die elektronische Umgebung der aufzubewahrenden Daten benennen.

(4.) Wie wird sich die archivische Öffentlichkeitsarbeit im Zeitalter elektronischer Medien verändern? Es wird zunehmend Wissenschaftler

[59] Vgl. dazu den Beitrag von Weber, Hartmut: Bestandserhaltung in diesem Band.

[60] Vgl. Wettengel, Michael/Hofman, Hans: Zur Bewahrung maschinenlesbarer Datenbestände in den Niederlanden. Das Projekt MLG des niederländischen Rijksarchiefdienstes und der Kommunalarchive von Amsterdam, Rotterdam, Den Haag und Utrecht, in: Der Archivar 48, 1995, Sp. 269–280.

[61] Erlandsson (wie Anm. 49), S. 42–49; Nabrings, Arie: Bewertung und Archivierung elektronischer Dateien, in: Der Archivar 46, 1993, Sp. 555–570; Wettengel, Michael: Technische Infrastruktur für die Archivierung von digitalen Datenbeständen, in: Mitteilungen aus dem Bundesarchiv 5, 1997, H. 1, S. 8–15.

geben, die an das weltweite Netz angeschlossen sind und direkt mit dem Archiv kommunizieren möchten, dessen Bestände sie benutzen wollen. Sie möchten diese Bestände mit ihren Methoden und technischen Hilfsmitteln befragen. Wenn die Archive weiterhin hand- oder maschinengeschriebene Findbücher anbieten, kommt die vom Benutzer gewünschte Kommunikation nicht zustande. Sowohl die Übertragung der alten als auch die Schaffung neuer Findmittel ist eine Aufgabe, die auf die Archivare zukommt.

3. Erfassen, Bewerten, Übernehmen

Von
Renate Köhne-Lindenlaub

3.1 Was ist wichtig?

3.1.1 Positionen in der Bewertungsdiskussion

Ein Archiv hat die Aufgabe, den Teil der organisch erwachsenen Überlieferung einer natürlichen oder juristischen Person zu übernehmen und für die Nutzung zu archivieren, der im laufenden Geschäftsverkehr nicht mehr benötigt wird und für die dauernde Aufbewahrung bestimmt ist. Die Entscheidung darüber, was dauernd aufzubewahren ist und damit Archivwert besitzt, treffen der Archivar oder die Archivarin, ggf. in Abstimmung mit der Stelle, bei der diese Überlieferung entstanden ist. Diese Entscheidung ist schwer zu treffen und zugleich irreversibel, denn einmal vernichtete Unterlagen können nicht wiederhergestellt werden. In der Regel gibt es auch keine Möglichkeit, die Bewertungsentscheidung dadurch zu umgehen, daß man alles aufhebt. In diesem Fall würde die Menge der Überlieferung das Archiv vor unlösbare personelle und räumliche Probleme stellen. Also gilt es, Klarheit darüber zu schaffen, was wichtig ist, um damit Hilfen für die praktische Bewertung zu gewinnen.

Eine Patentlösung für das Bewertungsproblem gibt es bisher nicht, obwohl sich Generationen von Archivaren mit dieser schwierigen Grundfrage der archivarischen Arbeit theoretisch und praktisch auseinandergesetzt haben.[1] Gleichwohl enthalten ihre Überlegungen und Lösungsvorschläge, die ja oft aus jahrelanger praktischer und theoretischer Beschäftigung mit diesem Fragenkomplex entstanden sind, eine Fülle wichtiger Anregungen und Hinweise, die zur gedanklichen Klärung der komplexen Problematik beitragen oder auch ganz praktische Hilfen für die Bewertungsarbeit geben. Daher ist es notwendig, auch und gerade in diesem Handbuch für die

[1] Vgl. u.a. die informativen Überblicke mit Hinweisen auf die zugehörige Literatur bei Uhl, Bodo: Der Wandel in der archivischen Bewertungsdiskussion, in: Der Archivar 43, 1990, Sp. 529–538; Uhl, Bodo: Die Geschichte der Bewertungsdiskussion: Wann gab es neue Fragestellungen und warum? in: Wettmann, Andrea (Hrsg.): Bilanz und Perspektiven archivischer Bewertung. Beiträge eines archivwissenschaftlichen Kolloquiums, Marburg 1994 (= Veröffentlichungen der Archivschule Marburg – Institut für Archivwissenschaft. 21), S. 11–35. Einen sehr guten, ausführlichen Überblick gibt auch Booms, Hans: Gesellschaftsordnung und Überlieferungsbildung. Zur Problematik archivischer Quellenbewertung, in: Archivalische Zeitschrift 68, 1972, S. 3–40.

Praxis die wichtigsten Positionen der Bewertungsdiskussion darzustellen, um dann zu sehen, welchen Nutzen sie für die Bewertung in Wirtschafts- und speziell in Unternehmensarchiven bringen können.

In der Auseinandersetzung lassen sich seit dem vorigen Jahrhundert zwei grundlegende, zentrale Fragen verfolgen, die bis heute engagiert und sehr kontrovers diskutiert werden: Setzen die forschenden Historiker die Maßstäbe für die Bewertung oder werden diese autonom von den Archivaren entwickelt. Und, damit zusammenhängend: Sind es eher die Inhalte oder eher die Herkunftszusammenhänge, also die Provenienzen, die die Bewertungsentscheidungen bestimmen.

Vor diesem Hintergrund wurde in den vergangenen Jahrzehnten in einer stärker theoretisch orientierten Diskussion nach abstrakten Maßstäben für die Bewertung gesucht. So unterschied 1958 Fritz Zimmermann in seiner Theorie einer archivalischen Wertlehre[2] den Archivwert in einen äußeren Archivwert, z.B. Materialwert, Kunst- oder Antiquitätswert, und in einen inneren Archivwert. Diesen letzteren definierte er aus der Nachfrage, ableitbar aus der Benutzerstatistik, aus praktischen, also Rechts- oder Verwaltungsinteressen sowie aus ideellen Interessen. Unter ideellen Interessen verstand er wissenschaftliche und sonstige Forschungsinteressen, die er dadurch eingrenzte, daß zugleich ein gewisses öffentliches Interesse an der Bearbeitung der jeweiligen Themen vorhanden sein müsse, damit sie einen Archivwert konstituieren könnten.

Ausgehend von der Struktur und Funktion des Aktenbildners formulierte dagegen Arthur Zechel 1965, der Archivar solle die Überlieferung nicht so erhalten, wie es sich der Historiker wünsche, sondern so, wie es dem eigenen, wesenhaften Gehalt dieser Überlieferung entspreche. Es gelte, in „modellgerechtem Ausschnitt", „in maßstabgerechter Verkleinerung ein zwar lückenhaftes, aber nicht bruchstückhaftes dokumentarisches Abbild" zu geben.[3] Für die Erarbeitung eines solchen modellgerechten Ausschnitts verließ sich Zechel nicht auf das so oft berufene Fingerspitzengefühl des Archivars, sondern verwies auf praktische Vorschläge von Johannes Papritz für eine „repräsentative Auswahl" aus gleichartigen Massenakten.[4]

Der Ansatz von Hans Booms aus dem Jahr 1972 dagegen strebte Unabhängigkeit von den wechselnden Forschungsrichtungen dadurch an, daß er

[2] Zimmermann, Fritz: Wesen und Ermittlung des Archivwertes. Zur Theorie einer archivalischen Wertlehre, in: Archivalische Zeitschrift 54, 1958, S. 103–122.

[3] Zechel, Arthur: Werttheorie und Kassation, in: Der Archivar 18, 1965, Sp. 1–16, hier Sp. 13.

[4] Zechel (wie Anm. 3), Sp. 14; sowie Papritz, Johannes: Methodik der archivischen Auslese und Kassation bei zwei Strukturtypen der Massenakten, in: Der Archivar 18, 1965, Sp. 117–132.

dem Archivar als Aufgabe setzte, in „positiver Wertauslese" mit den für die Archivierung ausgewählten Quellen ein gesamtgesellschaftliches Urbild der jeweiligen Zeit zu schaffen.[5] Ein ähnliches Ziel, wenn auch von anderer weltanschaulicher Position ausgehend, verfolgte das von der staatlichen Archivverwaltung der DDR herausgegebene Rahmendokumentationsprofil,[6] das die Bewertung – zumindest vom Ansatz her – eng in die weltanschaulich-politischen Ziele des Staates einband.

Seit 1990 erhielt die Bewertungsdiskussion verschiedene wichtige Impulse. Bodo Uhl[7] rief dazu auf, nicht länger nach einer allgemeingültigen Archivwerttheorie zu suchen, da dies erfolglos bleiben müsse, sondern vielmehr die formalen Kriterien für die Bewertung zu verbessern und zu verfeinern. Insbesondere solle sich der Archivar oder die Archivarin intensiver mit der Tätigkeit der verschiedenen Registraturbildner beschäftigen, da Archivgut das Produkt von Provenienzstellen sei. Um Mehrfachüberlieferungen zu vermeiden, sollten die Archivare vom bisherigen Besitzdenken Abschied nehmen, also Bewertungen archivübergreifend abstimmen und sich viel intensiver mit der behördlichen Schriftgutverwaltung und der allgemeinen Verwaltungspraxis beschäftigen. Sehr zutreffend formulierte er: „Bewertung muß auf provenienzbezogener Analyse beruhen, nur dadurch wird sie objektivierbar, erreicht sie Transparenz und Offenheit".[8] Die Zusammenführung der beiden deutschen Staaten schuf die Möglichkeit, das Rahmendokumentationsprofil der früheren DDR in Verbindung mit dem von Booms formulierten Bewertungsmodell fachlich unmittelbar zu diskutieren. In Gegenposition dazu richtete Angelika Menne-Haritz mit dem von ihr vehement vertretenen Bewertungsansatz von Theodore R. Schellenberg[9] den Blick ebenfalls intensiv auf Struktur und Funktion der Überlieferung produzierenden Stellen.[10]

[5] Booms (wie Anm. 1), S. 34–40.

[6] Vgl. hierzu u.a. Enders, Lieselott: Stand und Probleme der Ausarbeitung des Rahmendokumentationsprofils der Staatlichen Archivverwaltung der DDR, in: Archivmitteilungen 32, 1982, S. 173–175.

[7] Uhl, Der Wandel (wie Anm. 1), Sp. 535–538.

[8] Uhl, Die Geschichte (wie Anm. 1), S. 32 sowie Grundfragen der Bewertung von Verwaltungsschriftgut. Anstelle einer Besprechung von T.R. Schellenberg, in: Mitteilungen für die Archivpflege in Bayern, Sonderheft 9: Bewahren und Umgestalten. Walter Jaroschka zum 60. Geburtstag, München 1992, S. 275–286.

[9] Schellenberg, Theodore R.: Die Bewertung modernen Verwaltungsschriftguts, übers. und hrsg. von Angelika Menne-Haritz, Marburg 1990 (= Veröffentlichungen der Archivschule Marburg – Institut für Archivwissenschaft. 17).

[10] Die gegensätzlichen Positionen wurden u.a. diskutiert auf dem Kolloquium „Archivarische Bewertung in Deutschland – Bilanzen und Perspektiven", das vom 6.–8.3.1991 in der Humboldt-Universität zu Berlin stattfand. S. hierzu Archivmitteilungen 41, 1991, S. 101–130. Booms hat im Zusammenhang mit diesen Debat-

Nach Schellenberg entsteht die Überlieferung einer Stelle, also einer Person, Organisation oder Institution, aus ihren Handlungen, aus der Wahrnehmung ihrer Funktionen oder der Verfolgung ihrer Ziele.[11] Sie besitzt einen Primärwert, der im Zusammenhang mit ihren Handlungen steht und sich aus dem Zweck ableitet, für den sie ursprünglich entstanden ist. Darüber hinaus haben die Unterlagen einen Sekundärwert, der das langfristig aus ihnen nutzbare Wissen umfaßt. Dieses Wissen, der Sekundärwert also, setzt sich wiederum zusammen aus zwei Komplexen, den faktischen Informationen, z.B. über Institutionen, Personen, Orte, Ereignisse, Probleme und Bedingungen, mit denen die Stelle befaßt war und zweitens dem Nachweis oder der Evidenz über Organisationsstruktur und Funktionsweise der Stelle, bei der die Unterlagen entstanden sind.

Überlieferung
Entstehung und Wert[12]

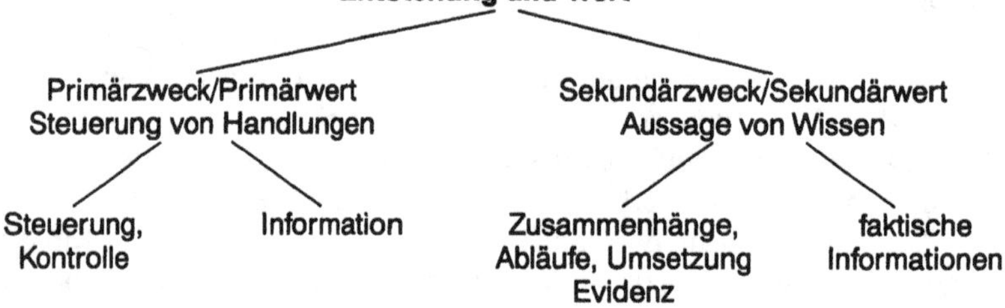

Diese letzteren Aussagen befinden sich zum einen in den Akten, die unmittelbar die Aufgaben, Organisation und Funktionsweise dieser Stelle be-

ten seinen Ansatz von 1972 stark relativiert, vgl. seinen Diskussionsbeitrag in: Archivmitteilungen 41, S. 127 sowie seinen Beitrag: Überlieferungsbildung: Keeping Archives as a Social and Political Activity in der kanadischen Fachzeitschrift Archivaria 33, Winter 1991/92, S. 25–33. Wohl ebenfalls noch nicht abgeschlossen ist m.E. die Diskussion darüber, welche Bedeutung die politisch-weltanschaulichen Aspekte des Rahmendokumentationsprofils in der praktischen Anwendung tatsächlich besaßen und in welchem Umfang es sinnvoll für die Bearbeitung des in der ehemaligen DDR entstandenen Schriftgutes herangezogen werden kann. Vgl. hierzu Brachmann, Botho: Engagement und Professionalität in der archivarischen Arbeit. Conditio sine qua non, in: Beck, Friedrich/Neitmann, Klaus (Hrsg.): Brandenburgische Landesgeschichte und Archivwissenschaft. Festschrift für Lieselott Enders zum 70. Geburtstag, Weimar 1997, S. 347–364.

11 Nach Schellenberg (wie Anm. 9) und Menne-Haritz, Angelika: Das Provenienzprinzip – ein Bewertungssurrogat? Neue Fragen einer alten Diskussion, in: Der Archivar 47, 1994, Sp. 229–252, bes. Sp. 252. Vgl. hierzu auch Uhl, Grundfragen (wie Anm. 8).

12 Nach Menne-Haritz (wie Anm. 11), Sp. 252.

treffen, zum anderen lassen sie sich aus allen Akten erschließen, hier allerdings oft nur mittelbar. So ist beispielsweise der Ablauf eines Entscheidungsprozesses oft nur an den Abzeichnungsparaphen an dem maßgeblichen Schriftstück zu erkennen und das nicht Zustandekommen eines Projekts lediglich daran, daß der entsprechende Vorgang abbricht, keine neuen Schriftstücke hinzugefügt werden.

Schellenberg empfiehlt nun den Archivaren bei der Bewertung von modernem Verwaltungsschriftgut ein zweigleisiges Vorgehen. Zum einen sollen sie nach einer genauen Analyse der Evidenzwerte eine „relativ kleine Anzahl von Akten" auswählen, die „alle signifikanten Fakten über die Existenz einer Behörde, ihre Tätigkeitsmuster, ihre Ziele bei den verschiedenen Aufgaben, ihre Verfahren und die Ergebnisse ihrer Aktivitäten" enthalten.[13] Zum anderen sollen sie in einem zweiten Schritt eine Analyse der Informationswerte durchführen. Sie betrifft, so Schellenberg, den weitaus umfangreicheren Teil der Überlieferung und umfaßt die Überprüfung von: 1. Einmaligkeit und Unikatcharakter, die Frage also, ob die jeweiligen Informationen in keiner anderen Quelle ebenso vollständig und gut zugänglich vorhanden sind und ob – bei Parallelüberlieferungen – diese Akte die angemessenste Überlieferungsform für die jeweilige Information ist.[14] 2. Die Form, wobei Schellenberg die Form der Informationen in den Akten, z.B. den Aggregierungsgrad, und die Form der Akten selbst meint, also ihre physische Beschaffenheit, ihren Ordnungs- und Erhaltungszustand sowie ihre Zugänglichkeit, z.B. ihre Lesbarkeit ohne besondere und teure technische Spezialhilfsmittel. 3. Die Bedeutung für die historische Forschung.

Parallel zu diesen Denkmodellen diskutierte und entwickelte man – veranlaßt durch die Zwangslage großer Aktenzugänge – auch ganz praktische Wege zur Reduzierung solcher Mengen. So wurden im Reichsarchiv zur Bewältigung der immensen Aktenmassen aus den kriegswirtschaftlichen Organisationen des Ersten Weltkrieges in den 1930er Jahren Bewertungsrichtlinien erarbeitet.[15] In den 1960er Jahren setzten intensive Diskussionen um die Bewertung gleichförmiger Massenakten ein,[16] die sich, teilweise in Zusammenarbeit mit den neu aufkommenden sozialwissenschaftlichen Forschungsdisziplinen u.a. intensiv mit dem Vorgehen bei der Gewinnung eines Samples, einer aussagefähigen Auswahl von Einzelstücken aus

13 Schellenberg (wie Anm. 9), S. 31.

14 Schellenberg (wie Anm. 9), S. 59–66, auch für das folgende.

15 Uhl, Der Wandel (wie Anm. 1), S. 20.

16 Papritz, Methodik (wie Anm. 4) sowie Papritz, Johannes: Zum Massenproblem der Archive, in: Der Archivar 17, 1964, Sp. 213–220.

gleichförmigen Massenakten befaßten.[17] Auch diese Ansätze sind in neuester Zeit wieder aufgenommen und weiterentwickelt worden.[18]

Bei den Wirtschaftsarchivaren, die in der noch jungen damaligen Vereinigung Deutscher Werks- und Wirtschaftsarchivare (VDWW) ein Diskussionsforum besaßen, nahm die Frage der Bewertung eine zentrale Position ein. Für die praktische Arbeit wurden die 1940 von Fritz Hellwig, dem damaligen Leiter des Saarwirtschaftsarchivs, entwickelten Vorschläge für die Aufbewahrungsfristen bei Schriftgut in der Wirtschaft mit herangezogen,[19] die das anfallende Schriftgut in drei Kategorien auflisteten: 1. Dauernd aufzubewahren (archivwürdig), 2. Von Fall zu Fall zu entscheiden (teilweise archivwürdig) und 3. Als Altpapier auszuscheidende Bestände (nach Ablauf der gesetzlichen Aufbewahrungsfristen zu kassieren).

Für die Jahrestagung 1969 der VDWW formulierte Lutz Hatzfeld in Verbindung mit seinem Hauptvortrag über „Bestandsabgrenzung, Wertermittlung und Kassation in Wirtschaftsarchiven" gemeinsam mit Gabriele Pichler Leitsätze für die Kassation in Wirtschaftsarchiven, die die Bestandsabgrenzung und Bestandsbildung als ersten Schritt der Bewertung betonten und für die Bestände seit 1945 in Anlehnung an die oben beschriebene Fachdiskussion die Auswahl eines repräsentativen, modellgerechten Bestandes aus der Gesamtüberlieferung vorschlugen.[20] Reinhard Thom be-

[17] Vgl. u.a. Leesch, Wolfgang: Sozialwissenschaft und Archive, in: Der Archivar 21, 1968, Sp.105–134.

[18] Merker, Otto: Zur Bildung archivischer Überlieferung. Unvorgreifliche praktische Gedanken aus Landessicht, in: Kahlenberg, Friedrich P. (Hrsg.): Aus der Arbeit der Archive. Beiträge zum Archivwesen, zur Quellenkunde und zur Geschichte. Festschrift für Hans Booms, Boppard 1989, S. 142–152; Eder-Stein, Irmtraut: Aktenstruktur und Samplebildung. Überlegungen zur Archivierung von massenhaft anfallenden Einzelfallakten am Beispiel von Akten der Justiz, in: Der Archivar 45, 1992, Sp. 561–572; Kluge, Arnd: Stichprobenverfahren zur archivischen Auswahl massenhaft gleichförmiger Einzelfallakten, in: Der Archivar 46, 1993, Sp. 541–556 sowie Kluge, Arnd: Chancen und Probleme statistischer Auswahlverfahren im Archiv, in: Archivpflege in Westfalen und Lippe 41, 1995, S. 26–30.

[19] Abgedruckt als Anlage I in: Bericht über den Zweiten Lehrgang für die Ausbildung der Werks- und Wirtschaftsarchivare am 7.–10.1.1963, im Auftrag der Vereinigung Deutscher Werks- und Wirtschaftsarchivare hrsg. von Arthur Zechel, als Manuskript vervielfältigt, Historisches Archiv Krupp, S1 A4.2-1963. Ein Exemplar des Papiers von 1940 findet sich in der Stiftung Westfälisches Wirtschaftsarchiv, K1 Nr. 3404, vgl. Reininghaus, Wilfried: Technische Registraturen im Maschinenbau. Überlegungen zu Organisationsgeschichte und archivischer Bewertung, in: Archiv und Wirtschaft 24, 1991, S. 51–56, hier S. 54.

[20] Hatzfeld, Lutz: Bestandsabgrenzung, Wertermittlung und Kassation in Wirtschaftsarchiven und: Leitsätze für die Kassation in Wirtschaftsarchiven, Diskussionsentwurf von Dr. Lutz Hatzfeld und Gabriele Pichler, in: Archiv und Wirtschaft 2, 1969, S. 16–24.

richtete am Beispiel des Rheinisch-Westfälischen Wirtschaftsarchivs über „Wertermittlung und Kassation in Kammerarchiven"[21] und Gabriele Pichler über „Kassation in Archiven der chemischen Industrie".[22] Zentrales Anliegen der Diskussionen in dieser Zeit war vor dem Hintergrund des theoretischen Konzepts von Arthur Zechel das zugleich auch von ihm geforderte Erarbeiten von branchen- bzw. archivtypbezogenen, präzisen Listen für die Archivierung und die Kassation von Schriftgut. Für die Eisen- und Stahlindustrie sollte dies auf der Basis einer 1962 von der Wirtschaftsvereinigung Eisen und Stahlindustrie herausgegebenen Publikation über die Schriftgutarten dieser Branche und ihre Aufbewahrungsfristen geschehen,[23] für die chemische Industrie legte Gabriele Pichler erste Vorschläge vor, die sich allerdings nicht auf Schriftguttypen, sondern auf wichtige Grundfakten zur Entwicklung von Chemieunternehmen bezogen.[24] In der Folgezeit kamen jedoch keine derartigen Archivierungs- bzw. Kassationslisten zustande, auch führte man diese fruchtbare und sachlich vielversprechende Diskussion zunächst nicht weiter.

Erst zehn Jahre später wurde das Thema – mit ganz praktischem Ansatz – wieder aufgegriffen. Auf der VdW-Arbeitstagung 1979 erarbeitete eine Arbeitsgruppe Stichworte zu Bewertungskriterien, Schriftgutarten, den wichtigsten Schriftgut produzierenden Abteilungen und zum Vorgehen bei Erfassung und Bewertung.[25] Ein Jahr später befaßte sich eine Arbeitsgruppe der VdW-Arbeitstagung in Essen mit dem Thema „Schriftgutarten – Entscheidungshilfe für die Bewertung" und entwickelte Kategorienlisten für die Bereiche Verwaltung, Fertigung und Absatz in Unternehmen.[26] Auf dem Archivtag in Heilbronn 1981 wurde dann in der Fachgruppensitzung der Wirtschaftsarchivare das Thema der Wertermittlung von Schriftgut der Wirtschaft erneut aufgegriffen. Für den Bereich des Kammerschriftguts verdeutlichte Gert Kollmer, daß die Kammern selbst für die eigene Nutzung nur relativ wenige, aber zentrale Unterlagen archiviert sehen wollten.

21 Archiv und Wirtschaft 2, 1969, S. 24–27.

22 Archiv und Wirtschaft 2, 1969, S. 27–34.

23 Wirtschaftsvereinigung Eisen- und Stahlindustrie, Betriebswirtschaftlicher Ausschuß (Hrsg.): Die Schriftgutarten der Eisen- und Stahlindustrie und ihre Aufbewahrungsfristen, Düsseldorf 1962. Eine grundlegende Überarbeitung durch Mitglieder des Ausschusses Organisation und Datenverarbeitung und des Ausschusses Revision erschien 1978: Die Aufbewahrungsfristen der Schriftgutarten in der Eisen- und Stahlindustrie, Düsseldorf 1978 (= Schriftenreihe der Wirtschaftsvereinigung Eisen- und Stahlindustrie zu allgemeinen Wirtschafts- und Rechtsfragen. 6).

24 Pichler, Gabriele: Kassation in Archiven der chemischen Industrie, in: Archiv und Wirtschaft 2, 1969, S. 27–34, hier S. 33–34.

25 Bericht von Manfred Simon, in: Archiv und Wirtschaft 12, 1979, S. 65–66.

26 Bericht von Lorenz Mikoletzky, in: Archiv und Wirtschaft 13, 1980, S. 67–68.

Für den großen verbleibenden Schriftgutkomplex richte sich die Bewertung nach dem ideellen Interesse, d.h. der Nutzung für wissenschaftliche Zwecke.[27] Dieses grenzte er, in Anlehnung an Fritz Zimmermann, dahingehend ein, daß ein öffentliches Interesse an den Forschungsergebnissen bestehen müsse. Otto Nübel setzte aus seinen Erfahrungen im Daimler-Benz-Archiv den Archivwert in enge Relation zum Gesamtbestand des Archivs und formulierte, basierend auf Hatzfeld und Ottnad, als Anhaltspunkte für die Wertermittlung die Rechtserheblichkeit, das Verwaltungsinteresse, den Nutzen für wissenschaftliche Zwecke, den „subsidiären Ausgleich" als Ersatz für verlorene Bestände und das „fachbezogene Selbstverständnis des Archivars".[28]

Wiederum fast zehn Jahre später befaßte sich die Arbeitstagung 1990 der VdW in Düsseldorf mit dem Rahmenthema: „Bewertung und Lagerung von Massenschriftgut aus Technik, Forschung und Verwaltung".[29] Gerade diese Tagung zeigte aber – und hier ist Edgar Lersch mit seiner damaligen konstruktiven Kritik voll zuzustimmen – daß generalisierende Lösungen für grundlegende Fachprobleme aus einzelnen Erfahrungsberichten nur dann entwickelt werden können, wenn diese mit Hilfe von systematischen Fragestellungen vergleichbar gemacht werden und wenn zudem auch die früheren Diskussionen zu diesem Thema in ihren wesentlichen Ergebnissen und realen Lösungshilfen mit einbezogen werden.

3.1.2 Ein differenzierendes Bewertungskonzept als Weg zur Erhaltung des Wichtigen

Betrachtet man die bisher geführte Bewertungsdiskussion, so ergeben sich ganz generell und auch für eine mögliche praktische Anwendung in Unternehmens- oder Wirtschaftsarchiven Probleme vor allem dann, wenn man einen dieser Wege isoliert und zugleich für alle Arten von Bewertungsentscheidungen anwenden will. So löst der sehr wichtige gedankliche Ansatz von Evidenz und Informationswert allein das Mengenproblem moderner Archive nicht, sondern verstärkt es eher noch, weil er den Blick des Bewertenden intensiver auf die Berücksichtigung der Handlungsprozesse richtet, als dies früher geschah: Speziell für die Bewertung von Massenschriftgut leistet er aber zunächst keine praktische Hilfe. Die sehr praxis-

[27] Kollmer, Gert: Die Wertermittlung von Schriftgut der Wirtschaft, Teil 1: Bericht aus der Sicht eines regionalen Wirtschaftsarchivs, in: Archiv und Wirtschaft 14, 1981, S. 62–65.

[28] Nübel, Otto: Die Wertermittlung von Schriftgut der Wirtschaft, Teil 2: Erfahrungsbericht aus der Sicht des Daimler-Benz-Archivs, in: Archiv und Wirtschaft 14, 1981, S. 66–69.

[29] Die Referate sind abgedruckt in: Archiv und Wirtschaft 24, 1991, S. 51–80.

bezogenen, hilfreichen Vorschläge für die Reduzierung von großen Beständen, die Schellenberg bei der Analyse des Informationswertes macht, werden leider bisher zu wenig in die Fachdiskussion mit einbezogen. Zudem geht es in den teilweise sehr engagiert geführten Auseinandersetzungen bei genauerem Hinsehen zuweilen weniger um das Bewertungsvorgehen selbst, als vielmehr um die generelle Streitfrage, ob und in welchem Ausmaß der Archivar zugleich als auswertender Historiker tätig sein soll.[30] Andererseits unterliegt die Bewertung nach Desideraten der wissenschaftlichen Forschung dem Wechsel der Forschungsschwerpunkte und Forschungsrichtungen. Zudem plädieren Wissenschaftler im Ernstfall eher dafür, alles aufzuheben und allenfalls das redundante Material zu vernichten,[31] geben also keine konkrete Hilfe für das Reduzieren großer Bestände. Listen von Schriftgutarten schließlich, für sich allein genommen, verführen zu einer stark inhaltsbezogenen Bewertung und beziehen damit die Überlieferung produzierenden Stellen in ihrer Gesamtfunktion zu wenig in die Entscheidung ein.

Es gilt also, Ansatzpunkte für die Bewertung zu finden, die einerseits die mit Recht erhobene Forderung erfüllen, wonach auch Organisationsstruktur und Funktionsweise, also die Evidenz, sich in der aufbewahrten Überlieferung spiegeln sollen, die aber andererseits mit dezidierter Konzentration auf das Wichtige eine tatsächliche Reduzierung der Überlieferungsmenge ermöglichen. Für diesen Ansatzpunkt wird ein Konzept empfohlen, das bei der Bewertung differenzierend vorgeht und das die verschiedenen Bewertungskriterien nebeneinander anwendet. Es entstand aus der praktischen Bewertungsarbeit im Historischen Archiv Krupp, stützt sich aber in der hier vorgelegten logischen Gesamtpräsentation auf Gedanken aus der fachlichen Bewertungsdiskussion, vor allem die von Theodore Schellenberg, Angelika Menne-Haritz und Bodo Uhl geforderte stärkere Einbeziehung von Organisation und Funktionsweise der Überlieferung produzierenden Stellen. In diesem Zusammenhang haben sich insbesondere die Ausführungen von Schellenberg zur Analyse von Evidenzwert und Informationswert – obwohl sie für Verwaltungsschriftgut aus Behörden entwickelt wurden – als tragfähig und hilfreich erwiesen.

Das differenzierende Bewertungskonzept ist primär für Unternehmensarchive gedacht, läßt sich aber, in mehr oder weniger modifizierter Weise, auch auf andere Archive anwenden.

[30] Vgl. hierzu beispielsweise Martin, Michael: Anmerkungen eines Kommunalarchivars zum Stand der aktuellen Bewertungsdiskussion in der Bundesrepublik, in: Archivpflege in Westfalen und Lippe 41, 1995, S. 4–7, bes. S. 6.

[31] So Peter Hüttenberger in seinem Vortrag „Gegenwärtige Forschungsansätze der Zeitgeschichte" auf dem Archivtag in Hamburg, in: Der Archivar 32, 1979, Sp. 23–34, hier Sp. 30.

Die Grundgedanken dabei sind:

1. Überlieferung, die aus Handlungen von Institutionen entstand, muß vorrangig im Zusammenhang mit der Organisation und Funktionsweise der Institution bewertet werden. Dies gilt in hohem Maße für Unternehmensarchive, da sich die Organisation von Unternehmen häufig ändert.

2. Die Überlieferung genau festgelegter, zentraler Stellen wird als Konzentrat der gesamten Aktivitäten des Unternehmens vollständig in das Archiv übernommen. Denn in jedem Unternehmen, wie auch in jeder anderen Institution, spiegelt die Überlieferung der zentralen Organisationseinheiten mit übergreifenden Leitungsfunktionen die wesentlichen Ereignisse, aber auch Abläufe und Zusammenhänge der Aktivitäten der gesamten Organisation. Mit den in dieser Weise vollständig übernommenen zentralen Beständen liegt auf jeden Fall eine Überlieferung mit übergreifendem, hohem Informationswert vor, die zugleich zu einem großen Teil bereits die Organisationsstruktur und Funktionsweise der Unternehmenstätigkeit dokumentiert und damit die Forderungen der Evidenzanalyse erfüllt. Ebenfalls vollständig, und zwar bereits bei ihrem Erscheinen, werden alle vom Unternehmen herausgegebenen Publikationen archiviert. Sie stellen zwar eine intentionell verfaßte und damit „gefärbte" Beschreibung der Unternehmensentwicklung dar, enthalten aber andererseits – für den schnellen Zugriff – die häufig gefragten faktischen Grunddaten z.B. zu Käufen, Verkäufen, Fusionen und Beteiligungen.

3. In einem zweiten Schritt setzt auf den hierarchisch folgenden Ebenen die Bewertung ein, die lediglich das Wichtige erhält und dabei die Menge der Überlieferung stark reduziert. Hier wird zunächst wieder die jeweilige organisatorische Einheit in ihrer Position und Funktion innerhalb des Gesamtgefüges eingeordnet. Aus dem Ergebnis dieser Einschätzung ergibt sich ein erstes Kriterium für die Bewertung. Anschließend werden, je nach Art der Überlieferung, formale und inhaltlich-systematische Kriterien und/oder Kriterien der internen und externen Nutzung für die Bewertung eingesetzt. Dieses differenzierende Bewertungskonzept (vgl. S. 109) besitzt die folgenden Vorteile:

- das Bewertungsverfahren wird durch die bewußte Entscheidung, zentrale Bestände komplett zu übernehmen, insgesamt vereinfacht
- an die Stelle des Streits um den einen Königsweg tritt bei der Bewertung nicht zentraler Überlieferung ein differenzierendes, auf den jeweiligen Bestand abgestimmtes Vorgehen.
- die gerade in Wirtschaftsarchiven oft praktizierte Bewertung nach überwiegend inhaltlichen Kriterien wird ergänzt durch eine stärker auf Zusammenhänge und Funktionen ausgerichtete Sichtweise.
- die Ansätze und Kriterien sollen dazu beitragen, daß die Bewertungsentscheidungen nicht ad hoc und intuitiv, sondern auf der Basis offen gelegter und damit nachvollziehbarer Kriterien getroffen werden.

Bewertung in Unternehmensarchiven

Vollständige Übernahme

Überlieferung der zentralen Stellen mit übergreifenden Leitungsfunktionen (Evidenz- und Informationswert)

Laufende Archivierung der Unternehmenspublikationen und offiziellen Verlautbarungen (Informationswert)

Reduzierte Übernahme = Erhalten des Wichtigen

Überlieferung der nicht zentralen Stellen (Informations- und Evidenzwert)

Bewerten nach der organisatorischen Gesamtfunktion

Formale und systematisch-inhaltliche Kriterien

Vertikaler und horizontaler Abgleich
- Hierarchie
- Redundanz (Vermeidung von Doppelüberlieferung)

Innere und äußere Form
- Aggregierungsgrad
- Erhaltungs- und Ordnungszustand
- Zugänglichkeit

Systematisch-inhaltliche Kriterien
- Aktenplan
- Aufbewahrungsfristen
- Archivierungslisten

Auswahlverfahren bei parallelen Massenakten
- Statistische Verfahren für repräsentativen Querschnitt
- Wertende Auswahl von Einzelfällen

Nachfrage als Kriterium

Interne Zwecke
- Rechtssicherung und Interessenwahrung
- Verkaufsförderung
- Technisches Know-how
- Unternehmenspolitik
- PR-Zwecke und Selbstdarstellung

Externe Zwecke
- Förderung von Wissenschaft und Kultur
- Privatinteressen Dritter

3.2 Das Erfassen

3.2.1 Analyse der Überlieferung produzierenden Stelle

Ausgangspunkt und Basis für die Tätigkeit des Archivars oder der Archivarin ist die gründliche Kenntnis der Überlieferung produzierenden Stelle bzw. Stellen in ihrer Funktion und organisatorischen Gesamtstruktur. Diese Analyse muß die gegenwärtige Situation und die geschichtliche Entwicklung umfassen. Die dafür nötigen Grundinformationen lassen sich im allgemeinen ohne besonderen Aufwand aus den Organigrammen oder Geschäftsverteilungsplänen sowie den Geschäfts- bzw. Tätigkeitsberichten und vielleicht noch den Rundschreiben ermitteln. Aus der Kenntnis der Gesamtstruktur können die einzelnen abliefernden Organisationseinheiten eingeordnet und in ihrer Funktion gewichtet werden. Damit kann jeweils analysiert werden, wer was wann warum tut und was damit bewirkt wird.

3.2.2 Erfassen der vorhandenen Altbestände

Bei der Neueinrichtung eines Archivs hat es sich als sinnvoll erwiesen, eine erste Bestandsaufnahme der vorhandenen Überlieferung durch ein Erfassungsrundschreiben (vgl. S. 111f.) vorzunehmen. Dieses Rundschreiben sollte klar und übersichtlich gestaltet und für den Bearbeiter durch vorgegebene Fragen mit Ankreuzen vorgegebener Antwortmöglichkeiten leicht und schnell auszufüllen sein. Ziel ist es dabei, einen schnellen und doch umfassenden Überblick über die bei den einzelnen Stellen vorhandene ältere Überlieferung zu erhalten. Darauf aufbauend kann das Archiv sein weiteres Vorgehen zielgerichtet planen und mit den meldenden Stellen Kontakt aufnehmen.

3.2.3 Organisatorische Sicherung der Archivarbeit

Ausgangspunkt und organisatorische Grundlage für die langfristige laufende Tätigkeit des Archivs ist ein Rundschreiben des Vorstandes oder der Geschäftsleitung, in dem die folgenden Punkte festgeschrieben sein sollten:

- Gründung/Existenz des Archivs, Festlegung seiner Aufgaben, des Zweckes (langfristige Rechtssicherung und Interessenwahrung sowie Dokumentation der Unternehmensgeschichte) in Verbindung damit, daß das Archiv in der Wahrnehmung dieser Aufgaben unterstützt werden muß. Dies geschieht in der folgenden Weise:
- Abgabe von je einem Exemplar aller neu erscheinenden Publikationen und Verlautbarungen der jeweiligen Unternehmensstelle (Aufnahme in die Verteiler).

(Firma)
Der Vorstand (Datum)

Rundschreiben Nr.

Zentrale Erfassung von älteren Firmenunterlagen

Für die Arbeit des Historischen Archivs sowie für die allgemeine Schriftgutverwaltung und Raumplanung im Konzern ist es sinnvoll, sämtliche älteren Firmenunterlagen zentral zu erfassen. Zunächst soll dies für die Zeit bis zum (Datum) geschehen.

Um eine Erfassung nach einheitlichen Kriterien zu gewährleisten, bitten wir Sie, Ihre Angaben unter Verwendung des beigefügten Erfassungsbogens zu machen. Hierbei sind – je nach Lagerung und/oder Sachzusammenhang – für die einzelnen Abteilungen, Büros o.ä. nach Möglichkeit gesonderte Erfassungsbögen auszufüllen.

Die ausgefüllten Erfassungsbögen werden bis zum (Datum) zurückerbeten an das Historische Archiv (Adresse). Für Rückfragen steht das Historische Archiv (Tel.- und/oder Fax-Nr.) zur Verfügung.

(Firma)

....
(Unterschriften)

Anlage

Verteiler:
Konzernleitung
Konzernunternehmen

Rundschreiben zur Erfassung älterer Unterlagen (Muster)

Bitte bis zum (Datum) zurücksenden an:
Historisches Archiv (Adresse)
Tel.-Nr. und/oder Fax-Nr.

Konzernleitung/
Abteilung :
Verwaltende Stelle:
Anschrift :
Bearbeiter :
Telefon :
Fax :
E-Mail :

Lagerungsort (Anschrift) :
Herkunft (Büro, Abt. o.ä.):
– Bitte jeweils einen Bogen ausfüllen –

Ungefähre Laufzeit	von	bis ....
Umfang (Angabe in belegten Regalmetern)	.... m	
Art	☐ Akten ☐ Urkunden ☐ Filme/Videos ☐ Zeichnungen/ Pläne ☐ Sonstiges:	☐ Geschäftsbücher ☐ Druckschriften ☐ Fotos ☐ andere Gegenstände
Inhalt	☐ Geschäftspolitik ☐ techn. Bereich ☐ Sonstiges:	☐ kaufmänn. Bereich ☐ Pers.-/Sozialbereich
Findmittel	☐ Registraturplan ☐ Kartei(en) ☐ Sonstiges:	☐ Listen/Verzeichnisse ☐ Keine
Kennzeichnung	☐ Nummern ☐ geordnet mit Signaturen	☐ Aktentitel ☐ ungekennzeichnet
Für den laufenden Geschäftsverkehr benötigt	☐ ja ☐ teilweise	☐ nein

....
(Datum) (Unterschrift des Bearbeiters)

Erfassungsbogen für Firmenunterlagen aus der Zeit bis ....

- Melde- bzw. Abgabepflicht für die Unterlagen, die im laufenden Geschäftsverkehr nicht mehr benötigt werden, sofern sie „archivverdächtig" bzw. „archivwürdig" sind. Eventuell kann dem Rundschreiben eine entsprechende Liste solcher Unterlagen beigefügt sein, die sich in ihren konkreten Angaben an allgemeine Vorschriften zur Aufbewahrung von Unterlagen anlehnt.[32] Empfohlen wird außerdem die Beifügung eines Formulars, auf dem die zur Abgabe an das Archiv bzw. zur Vernichtung anstehenden Unterlagen dem Archiv gemeldet werden. Darin müssen Spalten für Angaben über Umfang, Inhalt, Laufzeit und ggf. Aktenzeichen bzw. Registraturnummern vorgesehen sein.
- Vorsorge für die langfristige Sicherung und Nutzung elektronisch gespeicherter Daten. Speziell bei der Einrichtung elektronischer Bürosysteme und bei unternehmensinterner Vernetzung ist darauf zu achten, daß nicht nur die wichtigen abgeschlossenen Dokumente langfristig gesichert werden, sondern daß bei den bedeutsameren Angelegenheiten auch die Handlungsabläufe langfristig erkennbar bleiben.
- Bestimmung von Kontaktpersonen in den Abteilungen der Zentrale und in den Konzernunternehmen als Ansprechpartner für das Archiv.

3.2.4 Aufbau eines personellen Netzwerks für das Archiv

Bei Institutionen mit zentraler Aktenführung in einer Registratur lassen sich Bewertung und Übernahme durch Absprache mit dieser Stelle organisatorisch verhältnismäßig leicht abwickeln. Dagegen gibt es in einem weitgefächerten Konzern mit dezentraler Aktenführung sehr viele Ansprechpartner für das Archiv. Hier hat es sich als Hilfe erwiesen, wenn für die Abteilungen der Konzernzentrale und die einzelnen Konzernunternehmen Kontaktpersonen als Ansprechpartner für das Archiv benannt werden, die die Personen und Situationen vor Ort kennen und damit die Interessen des Archivs leichter wahrnehmen können. Sie sollen vor allem darauf achten, daß die nicht mehr benötigte Überlieferung nur in Abstimmung mit dem Archiv vernichtet wird.

Die Kontaktpersonen sollten mit der Arbeit des Archivs vertraut gemacht werden. Dies kann dadurch geschehen, daß man sie alle gemeinsam in Abständen zu „Archivtagungen" in das Archiv einlädt, um sie in das Gesamtspektrum der Archivarbeit einzuführen. Dabei sollte man ihnen vor allem zeigen, für welche Zwecke die Archivalien genutzt werden. Dies

[32] Aufbewahrungspflichten und -fristen nach Handels- und Steuerrecht. Schriftgut, Mikrofilm, EDV-Dokumentation. Hrsg. von der AWV-Arbeitsgemeinschaft für wirtschaftliche Verwaltung e.V. Erarbeitet vom AWV-Arbeitskreis „Aufbewahrungsfristen", 6. überarbeitete Auflage, Berlin 1992 (= AWV-Schrift. 09 155), sowie Wirtschaftsvereinigung, Die Schriftgutarten (wie Anm. 23).

kann durch anschauliche Beispiele von internen Anfragen und von Belegpublikationen aus verschiedenen Wissensbereichen geschehen. In Verbindung damit ist dann zu erläutern, wie die Unterlagen im Archiv bearbeitet und erschlossen werden müssen, damit sie in der vorgeführten Weise genutzt werden können. Über die Archivtagung sollte anschließend in der Mitarbeiterzeitung oder in sonstigen Publikationsorganen der internen Unternehmenskommunikation ausführlich berichtet werden.

3.2.5 Interne „Werbung" für das Archiv

Neben dem Rundschreiben sollte das Archiv intern für seine Arbeit werben. Ein Weg hierzu sind Artikel in der Mitarbeiterzeitung, in denen das Archiv mit seiner Arbeit vorgestellt oder auch Ereignisse aus der Geschichte des Archivträgers geschildert werden. Des weiteren kann die Beantwortung interner Anfragen mit Hinweisen darauf verbunden werden, daß das Archiv solche Anfragen in der Regel nur dann gut beantworten kann, wenn es die dafür notwendigen Unterlagen zuvor von den jeweiligen Stellen erhalten hat. Als Ziel ist anzustreben, daß möglichst viele Stellen

Aufruf zur Abgabe von Unterlagen in der Mitarbeiterzeitung des Historischen Firmenarchivs der F. Hoffmann-La Roche AG, Basel

Vorbereitung auf die Pensionierung: Stichwort „Arbeitsplatz"

Zu viel Papier?
Zu wenig Platz?
Altes Zeug?

Denken Sie an das Historische Firmenarchiv!

Wir nehmen Ihnen alles Material ab, das Ihnen für Ihre gegenwärtige oder zukünftige Funktion nur im Wege ist, und beurteilen, ob es ins Historische Firmenarchiv aufgenommen werden soll. Dabei kann es sich um folgendes handeln:

- Akten aller Art.
- Drucksachen, Bücher, Werbematerial.
- Gegenstände mit irgendeinem Firmen-Bezug.
- Büro- oder Labormaterial, technisches Material.
- Fotos, Folien, Diapositive.
- Audio- und Videobänder, Filme.

Im Historischen Firmenarchiv bleibt alles ‚auf ewig' und sicher aufgehoben und wiederauffindbar. Telefonanruf oder E-Mail genügt!

bei bevorstehenden Aussonderungen von Unterlagen ihr Vorgehen automatisch mit dem Archiv abstimmen.

3.2.6 Bestandsergänzung

Die jeweils organisch erwachsene Überlieferung gibt möglicherweise ein relativ vollständiges Bild der Tätigkeit dieser Stelle, aber sie vermittelt keinen Überblick über soziale Kontexte, wie beispielsweise das konkrete Arbeitsleben der Mitarbeiter. Hier hat es sich als wünschenswert erwiesen, die Bestände durch Unterlagen aus Privatbesitz zu ergänzen. Dies können z.B. in Unternehmen Fotos und Aufzeichnungen von Mitarbeitern über ihren Arbeitsalltag sein. Für sozialgeschichtliche Fragestellungen besitzen häufig auch die Unterlagen Bedeutung, die aus der Tätigkeit von betrieblichen oder betriebsnahen Vereinen entstanden sind. Die Übernahme könnte hier z.B., unter Wahrung der Besitzverhältnisse, im Rahmen eines Depositalvertrages geschehen.

3.3 Das Bewerten

3.3.1 Allgemeine Hinweise für das praktische Vorgehen

Aus arbeitsökonomischen Gründen sollte grundsätzlich versucht werden, möglichst viele Bewertungsentscheidungen im Archiv und nicht erst beim Einsatz vor Ort zu treffen. Dies kann im Idealfall in der Weise geschehen, daß das Archiv in Absprache mit einzelnen Abteilungen präzise Vorgaben entwickelt, welche Unterlagen aus dieser Abteilung als archivwürdig gelten und damit in Zukunft immer an das Archiv abgegeben werden sollen. Wenn das Archiv, wie dies im Rundschreiben vorgesehen sein könnte, aus dem Unternehmen präzise Listen von zur Abgabe anstehenden Unterlagen erhält, so lassen sich manchmal bereits anhand dieser Listen konkrete Bewertungsentscheidungen treffen.[33] Unklarheiten können dabei häufig durch ergänzende telefonische Rückfragen beseitigt werden. Gibt es solche Listen nicht, so sollte vorab geklärt werden, ob zu den angebotenen Unterlagen Aktenpläne oder Aktenlisten existieren, auf deren Basis man schon im Archiv mit der Vorauswahl beginnen kann.

Bei der abliefernden Stelle, vor Ort, sollte man noch einmal nach Aktenverzeichnissen, Listen o.ä. fahnden. Sind diese nicht vorhanden, so muß

[33] Ein ähnliches Vorgehen schlägt auch Hans-Dieter Kreikamp als Lösung für einzelne Bereiche vor, um der Schriftgutmengen Herr zu werden, vgl. Kreikamp, Hans-Dieter: Das Bewertungsmodell des Bundesarchivs – Federführung als Bewertungskriterium, in: Wettmann (wie Anm. 1), S. 83–87, hier S. 86–87.

zunächst versucht werden, Strukturen und Ordnungsprinzipien der vorliegenden Überlieferung zu erkennen. Bei Aktenführung ohne Aktenplan und Aktenzeichen bieten die Rückenbeschriftungen der Ordner und die Unternummern bei Serien von Ordnern mit dem gleichen Betreff oft schon eine wichtige Hilfe. Auf der Basis dieses ersten Überblicks sollte versucht werden, die vorhandenen Unterlagen in Gruppen zu strukturieren und diese Gruppen zu bewerten. Als sinnvoll hat es sich dabei erwiesen, die Entscheidung sofort nach klar abgegrenzten Bewertungskategorien vorzunehmen, z.B.

A eindeutig archivwürdige Unterlagen
B eindeutig nicht archivwürdige Unterlagen
C Grenzfälle, d.h. Unterlagen, die noch genauer auf ihre Archivwürdigkeit zu überprüfen sind
D grundsätzlich archivwürdige Unterlagen, die aber wegen ihrer großen Menge reduziert werden müssen.

Nach einer solchen Kategorisierung ist bei den Gruppen A und B, den eindeutig archivwürdigen und den eindeutig nicht archivwürdigen Unterlagen, keine Aktendurchsicht vor Ort mehr nötig. Die zeitaufwendige Einzelüberprüfung reduziert sich auf die Gruppen C und D. Außerdem gewinnt man bei diesem Verfahren relativ schnell einen ersten Überblick über die Mengen, die auf alle Fälle übernommen werden müssen und kann damit das weitere Vorgehen präziser planen.

Die Bewertung bei der abgebenden Stelle sollte nach Möglichkeit nur bis zur Tiefe von Aktengruppen oder allenfalls von Akten gehen. Blattweise Einzelkassationen innerhalb von Akten dagegen sollten aus Gründen der Arbeitsökonomie möglichst selten vorgenommen werden.

Grundsätzlich sollte angestrebt werden, daß die endgültige Aktenbewertung bei der abgebenden Stelle durchgeführt und abgeschlossen wird. Der von Fritz Zimmermann 1979 vorgeschlagene Weg,[34] Bestände von unklarem Archivwert zunächst in das Archiv zu übernehmen und später in einer „Nachkassation" zu bewerten, muß, hier ist Hartmut Weber zuzustimmen,[35] als unwirtschaftlich abgelehnt werden. Wenn man einen großen Bestand zunächst in das Archiv übernimmt, um ihn dort „in Ruhe" zu bewerten, so verursacht dies hohe und nicht vertretbare Kosten für den Transport in das Archiv, die Lagerung, die erneute Bearbeitung sowie die Vernichtung des nach der Bewertung ausgesonderten Teiles. Zudem wird Bewertungsarbeit vor Ort grundsätzlich zügiger durchgeführt. Im Archiv bleibt sie erfahrungsgemäß oft wegen anderer vordringlicher Arbeiten

[34] Zimmermann, Fritz: Theorie und Praxis der archivalischen Wertlehre, in: Archivalische Zeitschrift 75, 1979, S. 263–280, hier S. 272 und S. 277–279.

[35] Weber, Hartmut: Bewertung im Kontext der archivischen Fachaufgaben, in: Wettmann (wie Anm. 1), S. 63–81, hier S. 74–75 und S. 77.

zunächst einmal liegen, sehr schnell auch über Jahre hin. Viel ökonomischer ist es dagegen, die Bewertung auf alle Fälle sofort bei der abliefernden Stelle vorzunehmen, auch wenn dies vielleicht mehrere Tage in Anspruch nimmt. Dabei sollte versucht werden, die Kollegen und Kolleginnen der abliefernden Stelle theoretisch und eventuell auch praktisch in die Arbeit einzubeziehen. So könnte die Reduzierung eines großen Bestandes nach gemeinsam entwickelten und genau definierten Kriterien ggf. auch durch die dortigen Mitarbeiter vorgenommen werden.

Über die durchgeführte Bewertung ist ein Protokoll zu schreiben. Darin wird der gesamte Ablauf der Aktion geschildert und dann im einzelnen angegeben:

- welche Unterlagen insgesamt überprüft wurden, mit Kurzangaben über Herkunft, Inhalt, Art, Umfang und Laufzeit,
- nach welchen Kriterien die Bewertung vorgenommen wurde,
- welche Gruppen von Unterlagen als archivwürdig eingestuft wurden, wieder mit Kurzangaben über Herkunft, Inhalt, Art, Umfang und Laufzeit, sofern dies nicht in der Gesamtbeschreibung bereits geschehen ist.

Die Informationen aus dem Bewertungsprotokoll sollten später in die Vorbemerkung des zugehörigen Bestandsfindbuches mit aufgenommen werden, damit die Benutzer, aber auch die späteren Archivare wissen, wie der archivierte Bestand gebildet wurde.

3.3.2 Die vollständige Übernahme der zentralen Überlieferung

3.3.2.1 Zentrale Schriftgutbestände

Die Tätigkeit von Unternehmen und sonstigen Institutionen spiegelt sich konzentriert und querschnitthaft in der Überlieferung der Leitungsebene wider, denn man kann davon ausgehen, daß die „Normaltätigkeit" dort ebenso ihren Niederschlag findet wie außergewöhnliche Ereignisse. So besitzt im Archiv eines Familienunternehmens die Überlieferung der Inhaber vorrangige Bedeutung. Sie sollte vollständig in das Archiv übernommen werden, denn sie enthält, wenn die Inhaber sich an der Unternehmensführung beteiligen, wichtige Quellen zur Unternehmensentwicklung. Ähnlich aussagekräftig sind die Unterlagen aus dem Vorstands- bzw. Geschäftsleitungsbereich, d.h. aus den Sekretariaten der einzelnen Vorstände sowie ggf. aus dem zentral tätigen Gesamtvorstandsbüro. Sie umfassen Schriftwechsel, Protokolle der Sitzungen von Vorstand und Aufsichtsrat sowie die zugehörigen Anlagen und Berichte und sollten ebenfalls vollständig archiviert werden.

Neben den unmittelbar unternehmensbezogenen Aktivitäten sollte auch das Engagement von Inhabern und leitenden Managern in Parteien, Verbänden, kulturellen und sozialen Organisationen dokumentiert werden, da dies einen wichtigen Bestandteil der Geschichte der Inhaber und des Unternehmens in seinem politisch-kulturellen Umfeld darstellt. Dies erweist sich insbesondere dann als sinnvoll, wenn die Tätigkeit über die einfache Mitgliedschaft hinausgeht und das zugleich in den Akten belegt ist. Bloße Sammlungen von Tagungseinladungen und Rundschreiben dagegen müssen nicht unbedingt aufgehoben werden, da sie auch in den Archiven dieser Organisationen zu finden sind. Als archivwürdig einzustufen sind demgegenüber Korrespondenzen und Nachweise über finanzielle Zuwendungen an Parteien, Verbände, kulturelle und soziale Organisationen. Wenn sie nicht zentral verwaltet werden und damit in der zentralen Überlieferung dokumentiert sind, sollten die entsprechenden Unterlagen aus den dafür zuständigen sonstigen Abteilungen für das Archiv gesichert werden. Erfahrungsgemäß werden zu diesem Themenkomplex intern und extern häufig Fragen an das Archiv gerichtet.

Generell hat sich in der langjährigen praktischen Nutzung im Historischen Archiv Krupp gezeigt, daß die zentralen Bestände in einem Konzentrat die Gesamtheit der bedeutenden Ereignisse in der Unternehmensentwicklung widerspiegeln. Sie enthalten die wesentlichen Informationen zur Unternehmensentwicklung und können damit für einen großen Teil der Anfragen und Forschungsprojekte mit Gewinn herangezogen werden.[36] Zugleich geben diese Bestände, weil sie vollständig übernommen werden, ein Bild der Verfahrensabläufe und Zusammenhänge, zeigen also, wie das Unternehmen funktioniert. Da speziell in Unternehmen die Anweisungen „von oben nach unten" stets durch die Erfolgskontrolle der Wirtschaftlichkeit wieder nach oben zurückgekoppelt werden, kann man davon ausgehen, daß die zentrale Überlieferung ein hinreichendes Gesamtbild der Unternehmensaktivitäten auch im Hinblick auf den Erfolg der durchgeführten Handlungen vermitteln.

3.3.2.2 Unternehmenspublikationen und offizielle Verlautbarungen

In Unternehmen geht man oft davon aus, daß neue Ziele und Schwerpunkte der Unternehmenstätigkeit wesentlich dadurch erreicht werden können, daß Organisation und Zuständigkeiten verändert werden. Dies führt häufig zu Umorganisationen. Auch der gesamte Komplex der Unternehmenskäufe und -verkäufe, der Fusionen und Beteiligungen beeinflußt – je nach

[36] So auch, vom Standpunkt der Forschung aus, aber in seiner Meinung eher isoliert: Lindenlaub, Dieter: Was können Wirtschaftswissenschaft und Wirtschaftsarchive füreinander tun?, in: Archiv und Wirtschaft 17, 1984, S. 92–98, hier S. 97. Da künftiges Wissen und künftige Fragen (der Forschung R.K.) nicht vorhersehbar seien, müsse man nach einfachen, handhabbaren und pragmatischen Regeln vorgehen, also z.B. „nur Akten der Geschäftsführung oder solche Akten, die ihrem Inhalt nach Geschäftsführungsakten sein könnten, aufzubewahren und alles andere wegzuwerfen".

Art des Unternehmens – die Unternehmensstruktur und oftmals auch die innere Organisation.

Wegen dieser häufigen Veränderungen ist das Archiv intern besonders gefragt. Anfragen zu Rechtsverhältnissen, Fakten und Zahlen aus den Bereichen der Unternehmensorganisation und der Unternehmensentwicklung sind zahlreich. Sie betreffen oft auch Ereignisse, die erst wenige Jahre zurück liegen, ja aus der Sicht des Archivars zuweilen noch gar nicht als „historisch" anzusehen sind. Ebenso beziehen sich Anfragen von außerhalb häufig lediglich auf konkrete Daten. Die Fakten zu solchen Anfragen können vielfach ohne großen Aufwand in den Publikationen und offiziellen Verlautbarungen des Unternehmens ermittelt werden, den Geschäftsberichten und Werkszeitschriften, den Image- und Produktbroschüren sowie – als offiziellen Verlautbarungen – den Mitteilungen für die Presse und den internen Rundschreiben. Es ist also zweckmäßig, daß alle diese Publikationen und Verlautbarungen vollständig im Archiv vorliegen müssen. Sie sollen sinnvollerweise gleich bei ihrem Erscheinen in einem oder zwei Exemplaren an das Archiv gehen, das sich in die Verteiler aufnehmen lassen muß. Damit ist das Archiv stets sofort über organisatorische und personelle Veränderungen informiert. Es kann auch bei noch nicht so weit zurück liegenden Ereignissen Auskunft geben, und selbst bei den zuweilen schnellebigen Broschüren ist Vollständigkeit des Bestandes im Archiv gewährleistet. Außerdem spart man zeitaufwendige Bewertungsarbeit, da die in den Abteilungen oder Betrieben vorhandenen, jeweils unterschiedlichen Sammlungen von Rundschreiben oder Drucksachen später nicht mehr mit den schon im Archiv vorhandenen Sammlungen abgeglichen werden müssen.

Der Archivar oder die Archivarin sollte sich allerdings darüber im klaren sein, daß die kommentierenden Darstellungen der Unternehmensentwicklung in den offiziellen Publikationen und Verlautbarungen intentionell formuliert, also entsprechend den Unternehmensinteressen „gefärbt" sind.[37] Sie sollten daher nicht als Basis für Aussagen über Zusammenhänge, Hintergründe, Motive u.ä. dienen. Hier müssen vielmehr unbedingt die zugehörigen Akten mit herangezogen werden.

3.3.3 Das Erhalten des Wichtigen unterhalb der Leitungsebene

3.3.3.1 Bewerten nach der organisatorischen Gesamtfunktion

Auch als Vorbereitung für die Bewertung der Überlieferung nicht zentraler Stellen sollten die Archivare und Archivarinnen sich einen möglichst

[37] Hierauf hat besonders Dr. Bodo Uhl, Generaldirektion der Staatlichen Archive Bayerns, hingewiesen, dem ich für diese und weitere Anregungen herzlich danke.

genauen Einblick in Entstehung, Geschichte und Funktion der speziellen abliefernden Stelle verschaffen und dabei deren Bedeutung gewichtend in die organisatorische Struktur der gesamten Institution einordnen. Aus dieser Einordnung ergibt sich oft schon der Gesamtansatz für die folgende Bewertung, ob man eher alles, einen schmalen Querschnitt, herausragende Einzelstücke der Überlieferung oder eventuell auch gar nichts übernehmen wird.

Vollständig übernommen werden sollten – das sei in diesem Zusammenhang erwähnt – auf alle Fälle besonders alte Unterlagen, also solche, die vor einem jeweils festzulegenden Stichjahr entstanden. Das Gleiche gilt für die Überlieferung von Stellen besonderer Bedeutung. So sollten beispielsweise – gerade auch im Hinblick auf die derzeit geführten engagierten Diskussionen – die Unterlagen betreffend die Beschäftigung von Zwangsarbeitern im Zweiten Weltkrieg unbedingt vollständig archiviert werden.

Am Beispiel der zentralen Überlieferung wurde bereits deutlich, daß die Einordnung der Stellen in die Hierarchie des Konzerns Rückschlüsse auf die Wertigkeit der jeweiligen Überlieferung erlaubt. Die Unterlagen der Holding, der Konzern- oder Verbandszentrale sind in der Regel wichtiger als die der Konzernunternehmen oder der Verbandsaußenstellen, und bei einem Konzernunternehmen können die Akten der Geschäftsführung höher eingestuft werden als die der Abteilungen. In einem Unternehmen ist außerdem ganz generell zu berücksichtigen, daß die Akten der Leitungs- und Führungsgesellschaften meist stärker wirtschaftspolitisch ausgerichtet sind, während die Akten der Konzernunternehmen sich eher mit den Produkten, ihrer technischen Herstellung und ihrem Verkauf sowie den damit zusammenhängenden Problemen befassen.[38] Dabei wirkt sich die generelle Organisationsstruktur von Konzernen in der Weise auf die Akteninhalte aus, daß die Geschäftsleitungsakten der Konzernunternehmen wirtschafts- und unternehmenspolitisch umso inhaltsreicher werden, je selbständiger und eigenverantwortlicher diese Geschäftsleitungen agieren können. Das sollten der Archivar oder die Archivarin auf alle Fälle in die Bewertungsentscheidungen mit einbeziehen, wenn man auch in der Regel davon ausgehen kann, daß die Berichterstattung der Konzernunternehmen an die Konzernzentrale und die hier über diese Unternehmen entstandenen Akten schon wesentliche Informationen über die Konzernunternehmen enthalten.

Bei sehr großen, weitgefächerten Institutionen, z.B. Konzernen mit mehr als 100 Konzernunternehmen, ergibt sich zwangsläufig, daß der Archivar oder die Archivarin nicht mehr jede „archivverdächtige" Akte in jedem Konzernunternehmen einzeln bewerten können. Hier sollte, wie auch Dieter Krüger aus seiner Erfahrung mit den Massenakten des Bundesamtes

[38] So Hatzfeld (wie Anm. 20), S. 19.

für Wehrtechnik und Beschaffung vorschlägt,[39] die Bewertungsentscheidung von der Überlieferung selbst auf den Produzenten dieser Überlieferung verlagert werden. Damit ist die explizite Entscheidung gemeint, die gesamte Überlieferung bestimmter organisatorischer Einheiten gar nicht zu übernehmen und sich – im Falle eines Konzerns – auf die Konzernpublikationen und vor allem die konzentrierten Akten betreffend das Unternehmen in der Konzernleitung sowie die Berichte von dieser Stelle zu verlassen, die ja auf alle Fälle in der Konzernleitung vorhanden sind. Solche Entscheidungen werden im übrigen für weltweit agierende Konzerne, in denen sich die Konzernstruktur durch häufige Käufe und Verkäufe von Unternehmen ständig wandelt, in Zukunft noch unumgänglicher sein als bisher.

3.3.3.2 Bewerten nach formalen und systematisch-inhaltlichen Kriterien

Der vertikale und horizontale Abgleich: Vermeidung von Doppelüberlieferung

Robert Kretzschmar hat im Hinblick auf die Praxis der Bewertung prägnant formuliert: „Vor allem geht es doch jedem bewertenden Archivar zunächst einmal darum, Mehrfachüberlieferungen auszuschließen bzw. Unterlagen dort zu übernehmen, wo sie am aussagefähigsten sind. Es ist also der vertikale und der horizontale Abgleich, der methodisch bei jeder Bewertung erfolgen muß".[40] Dies entspricht dem Kriterium der Einmaligkeit, des Unikatcharakters von Archivalien bei Schellenberg.[41] Alle diese Forderungen sind heute aktueller denn je. Wenn die Zukunft wegen des teilweisen Übergangs auf elektronische Datenträger vielleicht zur räumlichen Reduzierung der Überlieferungsmengen führt, so sieht sich der Archivar heute, zumal in Unternehmen mit oft schlechter Aktenführung, auf der mittleren und unteren Ebene mit Massen von Aktenordnern aus der Zeit seit den 1950er Jahren konfrontiert, deren Handlungsinhalt hinter

[39] Krüger, Dieter: Ein Schriftgutkatalog für das Bundesamt für Wehrtechnik und Beschaffung. Ansätze zur Bewältigung des Massenproblems am Beispiel einer oberen Bundesbehörde, in: Der Archivar 43, 1990, Sp. 251–262, hier Sp. 252.

[40] Kretzschmar, Robert: Vertikale und horizontale Bewertung. Ein Projekt der staatlichen Archivverwaltung Baden-Württemberg, in: Der Archivar 49, 1996, Sp. 257–260, hier Sp. 258. Nach Abschluß des Manuskripts erschien: Kretzschmar, Robert (Hrsg.): Historische Überlieferung aus Verwaltungsunterlagen. Zur Praxis der archivischen Bewertung in Baden-Württemberg, Stuttgart 1997 (= Werkhefte der Staatlichen Archivverwaltung Baden-Württemberg. Serie A Landesarchivdirektion. 7), das in informativen Beiträgen die in Baden-Württemberg angewandten Bewertungsmethoden vorstellt und über zahlreiche durchgeführte Bewertungen berichtet. Speziell zum Projekt der vertikalen und horizontalen Bewertung befindet sich darin (S. 61–71) ein Beitrag von Udo Schäfer.

[41] Schellenberg (wie Anm. 9), S. 59–62.

dem übermäßigen Anteil von Fotokopien oft nur mit Mühe zu erkennen ist. Andererseits werden die ökonomischen Zwänge, die Einschränkungen der finanziellen, personellen und räumlichen Ausstattung, in allen Archiven immer schmerzhafter spürbar. So liegt es sicher im Interesse der Archivträger, wenn in den Archiven „mit einem Minimum an Informationsgut ein Maximum an Informationsgehalt und damit eine hohe Informationsdichte"[42] angestrebt wird. Dies entspricht darüber hinaus – so jedenfalls die Erfahrungen im Historischen Archiv Krupp – auch den Wünschen der Benutzer, die in der Regel an kompakten Unterlagen zu ihren Themen interessiert sind. Sie überprüfen oft nur ungern die einschlägigen Unterlagen aus mehreren parallel agierenden Abteilungen, wenn hierbei lediglich ein geringer Zugewinn an Wissen erreicht wird. Schließlich fehlt aber auch den Archivaren selbst bei Recherchen für interne Zwecke die Zeit zu solch aufwendiger und dabei unergiebiger Suche.

Im vertikalen Abgleich ist zunächst festzustellen, wo Unterlagen betreffend dieselbe Angelegenheit auf verschiedenen hierarchischen Ebenen entstanden sind. Dann muß entschieden werden, welche Akten archiviert werden sollen. Generell ist es wohl sinnvoll, die Überlieferung der weisunggebenden Stelle aufzuheben, jedoch sollten nach Möglichkeit die Akten der nachgeordneten Stelle kurz überprüft werden, ob darin so wichtige Zusatzinformationen enthalten sind, daß auch ihre Archivierung gerechtfertigt ist.

Im horizontalen Abgleich werden die aus der parallelen Bearbeitung einer Angelegenheit in gleichgeordneten Verwaltungseinheiten entstandenen Unterlagen überprüft, beispielsweise die in mehreren Zentralbereichen einer Konzernleitung erwachsenen Akten betreffend Unternehmensplanung oder Forschung und Entwicklung. Hier weist die Praxis des Bundesarchivs einen gangbaren Weg, wonach die Akten der jeweils federführenden Abteilung zu archivieren sind, weil sie „als geeignet betrachtet werden, in komprimierter Form alle relevanten Entscheidungsstationen" wiederzugeben.[43] Auch Kreikamp empfiehlt hierbei allerdings eine kurze Überprüfung der Akten auch aus den mitwirkenden Abteilungen.

Die Überprüfung der Doppelüberlieferung stellt den Archivar oder die Archivarin vor praktische Probleme. Zum einen kann sie in der Regel erst im Archiv vorgenommen werden, es müssen also in diesem Fall manchmal Aktengruppen übernommen werden, von denen man weiß, daß sie wahrscheinlich nicht auf Dauer aufbewahrt werden. Zum anderen gestaltet sich die Überprüfung oft dadurch schwierig, daß die genauen Inhalte der Akten – wenn Abgabelisten fehlen – erst durch die Verzeichnung bekannt wer-

[42] Kreikamp (wie Anm. 33), S. 84.
[43] Kreikamp (wie Anm. 33).

den, also zu einem Zeitpunkt, an dem sie bereits bearbeitet sind und eigentlich nicht mehr kassiert werden sollten. Hier kann eine kursorische EDV-Vorverzeichnung helfen, mögliche Doppelüberlieferungen vor der endgültigen archivischen Bearbeitung aufzuspüren.

Auch archivübergreifend sollte Mehrfachüberlieferung vermieden werden, beispielsweise dadurch, daß jedes Archiv nur die Druckerzeugnisse seines Archivträgers – aber diese vollständig – aufhebt. Innerhalb des Archivs sollten diese Druckerzeugnisse nur einmal und an einer Stelle archiviert werden. So werden im Historischen Archiv Krupp die Geschäftsberichte aus dem gesamten Konzern in einem Bestand fortlaufend archiviert und sind hier schnell und komprimiert greifbar. Bei der Bearbeitung von Akten werden die häufig darin enthaltenen Geschäftsberichte, sofern sie keine Bearbeitungsnachweise tragen, zu diesem Zentralbestand genommen, in die Akte wird ein Zettel mit Hinweis auf den Zentralbestand eingelegt, Mehrfachstücke werden vernichtet. Ein ähnliches Vorgehen hat sich bei den firmeneigenen Drucksachen bewährt und könnte sicher auch bei anderen in vielfachen Exemplaren vorhandenen Archivalientypen, z.B. bei Prüfungsberichten, angewandt werden.

Generell sollten der Archivar oder die Archivarin die Grenze für die zu übernehmenden Unterlagen möglichst eng an die Kernzuständigkeit des Archivs anlehnen. So hat Evelyn Kroker speziell für das Sammlungsgut zu Recht darauf hingewiesen, daß es nicht sinnvoll ist, „etwas zu sammeln, was außer dem ‚sammelwütigen' Archivar niemand sonst in dem von ihm verwalteten Archiv vermuten würde".[44]

Reduziert werden müssen wohl auch, trotz ihrer zentralen Bedeutung, die meist sehr umfangreichen Protokollserien von Aufsichtsrats- oder Vorstandssitzungen, wenn sie vielfach vorhanden sind. Hier sollte ebenfalls nach Möglichkeit nur eine vollständige Serie archiviert werden und zwar in der Regel die, die bei der hierarchisch höchsten Stelle erwachsen ist. Allerdings müssen die übrigen Serien sehr genau überprüft werden, damit auf alle Fälle die Stücke mit Bearbeitungsvermerken, Randnotizen u.ä. aufbewahrt werden können.

Die innere und äußere Form: Aggregierungsgrad, Erhaltungs- und Ordnungszustand, Zugänglichkeit

Schellenberg bezeichnet mit innerer Form den Grad, in dem die Informationen in den Unterlagen konzentriert sind,[45] also den Aggregierungsgrad der Informationen. Im Hinblick auf die bereits genannten ökonomischen

[44] Kroker, Evelyn: Überlegungen zur Bewertung von archivischem Sammlungsgut, in: Archiv und Wirtschaft 23, 1989, S. 59–62, hier S. 61.

[45] Schellenberg (wie Anm. 9), S. 62.

Zwänge in den Archiven, aber auch auf die Möglichkeit zur effizienten Nutzung der Archivalien, ist ihm in seiner Aussage zuzustimmen, „daß Akten, die Informationen in konzentrierter Form enthalten, am besten für die Archivierung geeignet sind“.[46] Der Archivar oder die Archivarin sollten also bei konkreten Bewertungsentscheidungen auch diesen Aspekt einbeziehen. So lassen zusammenfassende interne Abschlußberichte, z.B. über den Bau einer Anlage, ggf. den Einzelschriftwechsel entbehrlich werden. Beim Vorhandensein von ausführlichen Jahresberichten kann in der Regel auf die Vierteljahres-, Monats- oder gar Wochenberichte verzichtet werden.

Sehr hilfreich hat sich dieses Kriterium des Aggregierungsgrades auch für die Bewertung von umfangreichen Zeichnungsregistraturen erwiesen. So wurden bei einem Schiffbauunternehmen, auf Vorschlag der abgebenden Stelle, nur die Generalpläne der Schiffe übernommen und die sehr zahlreichen Detailpläne zu Schiffsteilen, Maschinen, Raumausstattung u.ä. kassiert. In ähnlicher Weise können bei den Plänen von Industrieanlagen die Grundrisse und Gesamtansichten archiviert, aber die Detailpläne kassiert werden, sofern diese nicht noch für die Aufrechterhaltung des Betriebes dieser Anlage benötigt werden. Es empfiehlt sich, dabei den Sachverstand der abgebenden Stelle heranzuziehen. Zu prüfen ist weiterhin, ob man Formen der Ersatzverfilmung von technischen Zeichnungen oder der elektronisch gespeicherten Informationen für die Archive nutzbar macht oder übernimmt.

Die äußere Form, also der Erhaltungs- und Ordnungszustand sowie die Zugänglichkeit müssen im Hinblick auf die drängenden ökonomischen Zwänge der Archive, aber auch auf die in den letzten Jahren stärker ins Blickfeld gerückte gesundheitsschädigende Wirkung z.B. mit Schimmelpilz befallener Akten stärker als Kriterium in die Bewertung einbezogen werden, als dies vielleicht bisher geschah. Das bedeutet konkret, daß der Aufwand für Restaurierung, Ordnung und Erschließung in angemessener Relation zur Aussagekraft dieser Unterlagen stehen muß. So ist zu überlegen, ob beispielsweise Akten mittlerer Bedeutung, die sehr stark verschmutzt sind und Wasserschäden haben, archiviert werden sollen, wenn sie nur mit sehr hohem Aufwand restauriert werden können. Vom Schimmelpilz befallene Akten sollten, wenn irgend möglich, gar nicht erst übernommen werden, weil hier die Gefahr des Übergreifens der Kontamination auf andere Archivalien zu groß ist.

In ähnlicher Weise sollte eine Übernahme ggf. gar nicht erst in Betracht gezogen werden, wenn schlecht und unsystematisch geführte Akten zweitrangiger Wertigkeit nur mit sehr großem personellen Aufwand archi-

[46] Schellenberg (wie Anm. 9), S. 63.

visch bearbeitet und vor allem für eine gezielte Benutzung hinreichend erschlossen werden können. In besonders hohem Maße gilt dies auch – wie Evelyn Kroker hervorhebt – für nicht beschriftete Fotos, die – wenn überhaupt – so nur mit unvertretbar hohem Arbeitsaufwand zu identifizieren sind.[47]

Bei nicht schriftlichen Informationsträgern muß schließlich in besonderem Maß in die Bewertung einbezogen werden, ob die technische Ausstattung vorhanden ist oder mit vertretbarem Aufwand beschafft werden kann, damit die Informationen überhaupt gelesen oder angesehen bzw. gehört werden können. Hier sollten bei audiovisuellen Quellen der Archivar oder die Archivarin ggf. versuchen, die notwendigen älteren Abspielgeräte gleich mit zu übernehmen.

Systematisch-inhaltliche Kriterien: Aktenplan, Aufbewahrungsfristen, Archivierungslisten

Aktenpläne enthalten die Vorgaben für eine geordnete, sachlich gegliederte und einheitliche Aktenführung. Werden in einer Institution alle Akten zentral oder Teile der Akten dezentral nach Aktenplänen geführt, so können der Archivar oder die Archivarin unter Berücksichtigung der gesamten entstandenen Überlieferung die Unterlagen gezielt auswählen, die für die dauernde Aufbewahrung in das Archiv übernommen werden sollen. Dies bietet sich vor allem für das Schriftgut der Industrie- und Handelskammern an.[48]

Die allgemeinen Aufbewahrungspflichten und -fristen nach Handels- und Steuerrecht[49] legen für Schriftgut, Mikrofilme und EDV-Dokumentationen verbindliche Regelungen über die Aufbewahrungsdauer fest. Diese Regelungen können ebenfalls Hilfen für die Bewertungsentscheidungen sein, z.B. in der Weise, daß alle Unterlagen, die 6 bzw. 10 Jahre aufzubewahren sind, auf jeden Fall auf ihre Archivwürdigkeit zu überprüfen sind. Auch kann auf der Basis dieser Regelungen mit den Kollegen der jeweiligen Stellen generell besprochen werden, daß bestimmte Schriftgutgruppen mit sehr kurzen Aufbewahrungsfristen dem Archiv gar nicht erst gemeldet werden müssen und andere Gruppen auf alle Fälle an das Archiv abgegeben werden. Derartige generelle Absprachen sind allerdings nur bei Stel-

[47] Kroker (wie Anm. 44), S. 61.

[48] Vgl. Kollmer (wie Anm. 27), S. 62–63. Eine Ausnahme sind hier die parallelen Massenakten betreffend Unternehmen, die als sog. Firmenakten in Kammern entstehen. Hierzu Reininghaus, Wilfried/Stremmel, Ralf/Pradler, Klaus: Unternehmens-, Firmen- und Betriebsakten der Kammern, die regionalen Wirtschaftsarchive und die Datenverarbeitung, in: Archivpflege in Westfalen und Lippe 42, 1995, S.39–42.

[49] Wie Anm. 32.

len mit sich gleichförmig wiederholenden Aufgaben und geordneter Aktenführung möglich, z.B. bei Abteilungen aus dem Bereich der Finanzen, Steuern und des Rechnungswesens. Bei Stellen mit vielfältigen, inhaltlich übergreifenden Funktionen wie z.B. der Rechtsabteilung oder der Öffentlichkeitsarbeit sollte dieses Verfahren nicht angewandt werden. Die Publikation über die allgemeinen Aufbewahrungsfristen umfaßt alle Branchen und ist alphabetisch nach Unterlagentypen geordnet, also für die Nutzung durch Archive recht unübersichtlich. Dagegen bietet die branchenbezogene Publikation betreffend die Aufbewahrungsfristen der Eisen- und Stahlindustrie[50] neben der alphabetischen Liste auch einen systematischen und damit klareren Überblick, wurde allerdings seit der revidierten Fassung von 1978 nicht mehr neu herausgegeben.

Einen Lösungsansatz für das Problem der Bewertung von Massenschriftgut nicht zentraler Provenienz sehen einige Kollegen aus anderen Archivsparten in einer stärkeren Formalisierung des Bewertungsverfahrens und in der Erarbeitung präziser Archivierungs- und Kassationslisten.[51] Es ist zu überlegen, ob im Bereich der Wirtschaftsarchivare die oben geschilderten Ansätze zur Ausarbeitung solcher Bewertungshilfen wieder aufgegriffen und zu einem konstruktiven Abschluß gebracht werden können.

Auswahlverfahren bei parallelen Massenakten: Statistische Verfahren für repräsentativen Querschnitt, wertende Auswahl von Einzelfällen

Viele Wirtschaftsarchivare oder -archivarinnen haben sich wohl schon in der konkreten Situation gesehen, einen Bestand von Tausenden oder Zehntausenden paralleler Massenakten reduzieren zu müssen, ein Problem, das sich den Archivaren aller Archivsparten in ähnlicher Weise stellt. Da auf keinen Fall alles aufgehoben werden kann, muß entschieden werden, welche Akten archiviert werden. Grundsätzlich ist hier Johannes Papritz, der sich in den 1960er Jahren mit dieser Frage beschäftigte, darin zuzustimmen, daß der Archivar versuchen solle, 1. Das „Besondere, Bedeutende, Wichtige, Einmalige, Auffällige" herauszusuchen und 2. „Das Typische zur Anschauung zu bringen".[52] Da die Auswertung derartiger Mas-

[50] Wie Anm. 23.

[51] So Krüger für Akten von Bundesbehörden (wie Anm. 39) und Kommunalarchivare, z.B. Specker, Hans Eugen: Empfehlungen der Arbeitsgemeinschaft Kommunalarchivare im Städtetag Baden-Württemberg zur Bewertung von Massenschriftgut in Kommunalverwaltungen. Einführung und Textabdruck, in: Der Archivar 43, 1990, Sp. 375–388. Außerdem Oppel, Hans D.: Erstellung von und Erfahrungen mit einem Bewertungskatalog für kommunale Akten im Stadtarchiv, in: Archivpflege in Westfalen und Lippe 41, 1995, S. 16–20.

[52] Papritz, Methodik (wie Anm. 4), Sp. 127.

senakten mit dem Vordringen der strukturalistisch und quantitativ orientierten wirtschafts- und sozialhistorischen Fragestellungen an Bedeutung gewann, bemühten sich, wie bereits eingangs erwähnt, in den 1960er und 1970er Jahren Archivare und Sozialwissenschaftler gemeinsam um Wege, wie statistische Auswahlmethoden auf die Reduzierung von Massenakten angewandt werden könnten. Diese Ansätze wurden in den vergangenen Jahren aus der Sicht einer Landesarchivverwaltung, des Bundesarchivs und eines Kommunalarchivs[53] aufgegriffen und mit ganz praktischem Bezug fortgeführt. Sie enthalten wichtige, auch für Wirtschaftsarchive nützliche Anregungen, die deshalb hier kurz vorgestellt werden.

- Grundsätzlich besteht bei Beständen paralleler Massenakten die Wahl zwischen zwei Auswahlprinzipien, dem repräsentativen Querschnitt und der wertenden Auswahl der für sich wichtigen Einzelfälle.[54] Der repräsentative Querschnitt, das Sample, wird archivwissenschaftlich als „Auswahl von Einzelstücken aus nicht systematisierbaren Massenakten mit parallelem Evidenzwert als Beispielen“ definiert.[55] Solche Akten sind beispielsweise die Personalakten der hierarchisch mittleren und unteren Mitarbeiterkategorien in Unternehmen. Bei der fachlichen Auseinandersetzung um die Wahl der richtigen statistischen Auswahlmethode hat sich als für die Praxis sinnvollster Weg der unmittelbar bestandsbezogene Ansatz erwiesen, der Samplebildung „als eine notwendige Folgerung aus bestimmten Aktenstrukturen, nicht eine Marotte von Forschungsrichtungen“ sieht.[56] Tatsächlich kommen die Erfahrungen aus einer Landesarchivverwaltung, dem Bundesarchiv und einem Kommunalarchiv zu ähnlichen Ergebnissen: Der repräsentative Querschnitt soll nicht durch Anwendung eines einzigen, überall gleichen Verfahrens gebildet werden, sondern in einer „wohlüberlegten, variantenreichen Bildung von Stichproben“.[57] Für jeden Bestand soll also neu entschieden werden, welches oder welche Verfahren angewandt werden. Dabei ist sicherzustellen,
- daß die ursprünglich vorhanden gewesene Gesamtmenge der Akten als Bezugsgröße bekannt bleibt,
- daß die Entscheidungs- und Bewertungskriterien festgehalten und an die Benutzer weitergegeben werden,
- daß ggf. nach unterschiedlichen Kriterien ausgewählte Aktengruppen für den Benutzer als solche erkenntlich bleiben.

[53] Merker, Eder-Stein und Kluge (wie Anm. 18).
[54] Eder-Stein (wie Anm. 18), Sp. 562.
[55] Menne-Haritz, Angelika: Schlüsselbegriffe der Archivterminologie. Lehrmaterialien für das Fach Archivwissenschaft, Marburg 1992 (= Veröffentlichungen der Archivschule Marburg – Institut für Archivwissenschaft. 20), S. 54.
[56] Eder-Stein (wie Anm. 18), Sp. 565.
[57] Merker (wie Anm. 18), S. 150.

Die wertende Auswahl ist bei parallel gebildeten, aber sachlich systematisierbaren Akten sinnvoll. Für diese Auswahl müssen jeweils bestandsbezogene sachliche Kriterien erarbeitet werden.

Beide Vorgehensweisen sollen nun anhand von Beispielen aus der Arbeit des Historischen Archivs Krupp noch etwas veranschaulicht werden.

Ein repräsentativer Querschnitt wurde bei der Bewertung von ca. 22 000 Personalakten von Tarifangestellten gebildet, zu denen die Personalstammkarten vollständig übernommen worden waren. Dabei wurden archiviert: jede 20. Akte, außerdem alle Akten mit einem vor 1914 liegenden Eintrittsdatum sowie alle auffällig umfangreichen Akten als Beispiele für besondere Fälle.

Eine wertende Auswahl wurde bei einem Bestand von ca. 1 000 Akten betreffend Lizenzen vorgenommen. Hier sollte das Profil des Bestandes in inhaltlicher, regionaler und zeitlicher Verteilung nach der Reduzierung erkennbar bleiben.[58] Um dies zu erreichen, wurde für jede Akte eine Karteikarte mit den Grunddaten aufgenommen. Diese Karteikarten wurden nach Produktgruppen, innerhalb der Produktgruppen nach regionalen Gesichtspunkten und innerhalb dieser Gruppen nach Art der Vertragspartner geordnet. Anschließend wurden auf Basis der so geordneten Kartei die Akten in jeder Gruppe um etwa 60% reduziert. Da die Kartei auf Dauer aufbewahrt wird, kann den Benutzern damit ein Bild des ursprünglichen Bestandes vermittelt werden.

Wertende Auswahl entsprechend der Bedeutung der Archivalieninhalte empfiehlt sich für Massenbestände von Fotos und Karten, außerdem beispielsweise auch für Akten betreffend Patente und Warenzeichen. Hier können vom Archivar oder der Archivarin Listen der technik- und unternehmensgeschichtlich bedeutsamen Inhalte erarbeitet werden, wobei es sich als hilfreich erwiesen hat, derartige Listen mit den Kollegen aus den zuständigen Fachabteilungen abzustimmen.

3.3.3.3 Bewerten nach der Nachfrage, dem internen und externen Nutzen

Die internen Zwecke besitzen bei Archiven, die einem bestimmten Träger zugeordnet sind, im allgemeinen ein starkes Gewicht, so insbesondere bei Unternehmensarchiven,[59] aber auch bei Verbands- und Kammerarchiven.

[58] Diese und weitere Nachbewertungen umfangreicher Archivbestände wurden von Andreas Zilt durchgeführt, dem ich für die in dem Zusammenhang geführten anregenden Diskussionen herzlich danke.

[59] Vgl. hierzu Köhne-Lindenlaub, Renate: Serviceleistung contra Forschung? Zur Auswertungsproblematik aus der Sicht der Unternehmensarchive, in: Der Archivar 47, 1994, Sp. 64–67. Zur Frage der Bewertung nach dem internen Nutzen danke ich meinem Kollegen im Krupp-Archiv, Dr. Heinfried Voß, für wichtige Diskussionen und Hinweise.

Bei regionalen Wirtschaftsarchiven und Branchenarchiven ist diese enge Einbindung dagegen in der Regel nicht so ausgeprägt. Für die Unternehmensarchive stellt demgemäß die interne Nutzung ein grundlegendes Kriterium für die Bewertung der Überlieferung dar. Sehr wichtige Informationen zu allen im folgenden genannten Zwecken enthalten bereits die ja auf alle Fälle in das Archiv übernommenen Quellen der zentralen Stellen sowie die Publikationen und Verlautbarungen des Unternehmens. Zusätzlich müssen nun der Archivar oder die Archivarin bei Unterlagen nicht zentraler Stellen überprüfen, für welche internen Zwecke die jeweils vorliegenden Unterlagen wichtig sein könnten.

Zur Rechtssicherung und Interessenwahrung wären demnach in das Archiv zu übernehmen: Verträge jeder Art, auch über den Erwerb oder die Veräußerung von Immobilien, ggf. mit den zugehörigen Karten und Plänen, außerdem Unterlagen über Fusionen, Unternehmenskäufe und -verkäufe, Beteiligungen und Joint Ventures. Akten betreffend bedeutende Prozesse aus allen Unternehmensbereichen sollten ebenfalls als archivwürdig eingestuft werden.

Für den Zweck Verkaufsförderung und technisches Know-how sind hervorzuheben: Unterlagen über Beziehungen zu Ländern oder wichtigen Kunden und hier vor allem über Großlieferungen einschließlich der zugehörigen technischen Unterlagen, über besondere Besuche von dort und über die jeweiligen Unternehmensvertretungen. Statistiken über Lieferungen in diese Länder oder an bestimmte Kunden sind ebenso von zentraler Bedeutung. Unterlagen betreffend Patente, Lizenzen, Gebrauchsmuster u.ä. sind ebenfalls wichtig, müssen aber bei sehr umfangreicher Überlieferung wertend reduziert werden. Zu erwähnen sind schließlich noch die Unterlagen über den Bau und Erhalt von Gebäuden, die, z.B. im Zusammenhang mit Instandsetzungen und Umbauarbeiten, erfahrungsgemäß oft gefragt werden.

Nutzungen des Archivs für unternehmenspolitische Zwecke sind nicht so häufig, jedoch wird zuweilen im Zusammenhang mit bevorstehenden wichtigen Entscheidungen seitens der Unternehmensleitung nach Beispielen für ähnliche Situationen in der Vergangenheit gefragt. Quellen hierzu finden sich in der Regel in den vollständig übernommenen zentralen Beständen. Dennoch sollte bei der Prüfung der Überlieferung aus den übrigen Bereichen unbedingt darauf geachtet werden, daß Unterlagen über die Vorbereitung und Durchführung besonderer Ereignisse mit in das Archiv übernommen werden. Hierbei kann es sich beispielsweise um Protokolle vorausgehender interner Besprechungen oder um Strategiepapiere und Wirtschaftlichkeitsberechnungen für Fusionen, Erwerb oder Verkauf von Unternehmen und Beteiligungen sowie auch um die Neuaufnahme bzw. Beendigung von Produktzweigen handeln.

Für Zwecke der Public Relations, der Selbstdarstellung und der Imageförderung werden Quellen aus Unternehmensarchiven meist sehr häufig herangezogen, da es sich anbietet, Präsentationen des Gesamtunternehmens oder von Einzelthemen in Broschüren, Ausstellungen und sonstigen Medien mit historischen Informationen „anzureichern". Gerade wegen der thematischen Nutzungsvielfalt läßt sich aber nur schwer eingrenzen, welche Unterlagen hierfür gebraucht werden könnten. Sehr hilfreich sind für viele Zwecke wieder die zentralen Quellen. Die häufig sehr umfangreiche Korrespondenz des Bereichs Öffentlichkeitsarbeit selbst kann reduziert werden. Archivwürdig sind aber auf jeden Fall die Unterlagen über herausragende Public Relations-Aktionen, Film- oder Videoproduktionen sowie über größere Projekte betreffend die Darstellung des Unternehmens und seiner Geschichte. Zusätzlich sollten Filme, Videos, Fotografien und sonstige audiovisuelle Quellen aus dem Unternehmen in das Archiv übernommen werden. Bei der Überprüfung von Schriftgut ist es sinnvoll, zusätzlich auf optisch schön gestaltete und damit „ausstellungsverdächtige" Stücke, z.B. Briefköpfe und Urkunden für Patente, Lizenzen und Gebrauchsmuster zu achten. Historische Postkarten mit Firmenbezug sind ebenso vielfältig zu nutzen wie Plakate, Produktverpackungen und ggf. produktnahe Werbegeschenke des Unternehmens. Sie sollten daher auch in das Archiv übernommen werden. Insgesamt kommt es für die Nutzung zu Zwecken der Public Relations darauf an, die reinen „Faktenquellen" durch illustrierende, optisch ansprechende Stücke zu ergänzen.

Bei der Nutzung für externe Zwecke erweist es sich ebenfalls als schwierig, Grenzen für die Archivwürdigkeit von Quellen zu ziehen, denn letztlich gibt es kaum ein Thema, das nicht irgendwann einmal wissenschaftlich erforscht werden könnte. Auch historische Ausstellungen werden in unserer Zeit des ausgeprägten Interesses für die Geschichte allenthalben und oft zu sehr vielfältigen Themen erarbeitet.

Es wurde bereits erwähnt, daß die Forschung selbst eher undurchführbar viele, als tatsächlich praktikable Vorgaben für die Bewertung zu geben imstande oder gewillt ist. Jedoch zeigt die Erfahrung, daß man mit der zentralen Überlieferung und mit den Unterlagen, die darüber hinaus für interne Zwecke archiviert wurden, einen großen Teil auch der Anfragen Dritter beantworten kann. Dem entspricht die Erfahrung auch einer Landesarchivverwaltung, wonach „Archivgut, das vorrangig aus Rechtsgründen zur dauernden Aufbewahrung ausgewählt wurde, auch für historische Forschungszwecke bedeutsam ist. Auf diese Weise läßt sich ein Grundstock an Archivgut bilden, dem für verschiedenste Zwecke bereits eine hohe, teilweise kumulierte Aussagekraft zukommt".[60] In Regionalarchiven steht,

[60] Merker (wie Anm. 18), S. 144.

wie Kollmer ausführt, die interne Nutzung nicht an so zentraler Stelle, so daß hier die Bewertung nach der Nutzung für wissenschaftliche Zwecke einen größeren Raum einnimmt.[61]

Es fällt schwer, die Wünsche der Privatinteressenten, z.B. der Hobbyforscher, Modellbauer und Fördervereine zur Erhaltung von technischen Denkmälern, Erzgruben u.ä. nach jeweils themenbezogenen Unterlagen in unserer wachsenden Freizeitgesellschaft noch in vollem Umfang zu erfüllen. Andererseits werden gerade die letztgenannten Gruppen oft von einem breiten Konsens der jeweiligen Öffentlichkeit getragen, so daß hier sogar das von Fritz Zimmermann für die Konstituierung eines Archivwertes geforderte öffentliche Interesse gegeben wäre.[62] So ist wohl zunächst weiterhin die Bewertung nach dem externen Nutzen in eine ziemlich freie Entscheidung des Archivars oder der Archivarin gestellt, die durch Kenntnis der wichtigen und neuen Forschungsrichtungen und Kontakte zu Lehrstühlen und Forschungseinrichtungen an Sicherheit gewinnen kann.

3.4 Das Übernehmen

3.4.1 Die praktische Durchführung der Übernahme

Der Transport der in das Archiv zu übernehmenden Unterlagen soll so geplant werden, daß vorhandene Ordnungsansätze erhalten bleiben, zusammengehörige Aktengruppen nicht auseinandergerissen werden. Sind Akten bereits mit laufenden Nummern versehen, so wird beim Einpacken mit den höchsten Nummern begonnen, damit man beim Auspacken mit den niedrigsten Nummern beginnen und so alle Akten der Reihe nach aufstellen kann.

Aus Gründen der Arbeitsökonomie sollte der Transport nach Möglichkeit so vorbereitet werden, daß das Einpacken unter Aufsicht der Kollegen der abgebenden Stelle geschieht, ein weiterer Einsatz des Archivars „vor Ort" also nicht nötig ist. Beispielsweise können die ausgewählten Stücke bei der Bewertung deutlich, ggf. auch durch farbige Aufkleber, für das Archiv gekennzeichnet oder auch separat aufgestellt werden. Zuweilen bedeutet es weniger Aufwand, sie bei der Bewertung schon selbst in Umzugskartons zu packen, als noch einmal zur abgebenden Stelle zu fahren. Beim Auspacken sollten die Unterlagen sofort in ihre endgültige Lagerungsreihenfolge gebracht werden. Soweit möglich sollte dabei der Einsatz von Möbelpackern oder sonstigen Hilfskräften vorgesehen werden.

[61] Kollmer (wie Anm. 27), bes. S. 63 und S. 65.
[62] Zimmermann (wie Anm. 2).

Jede Übernahme in das Archiv muß dokumentiert werden. Sinnvoll ist es, jeden Zugang in das Archiv durch eine Zugangsnummer eindeutig zu kennzeichnen. Hierbei sollten die Zugänge eines Jahres laufend durchgezählt werden, also 1/97, 2/97 usw. Praktisch sind Zugangsformulare, in die die wichtigsten Angaben über den jeweiligen Zugang eingetragen werden (vgl. S. 133). Sie werden im Doppel, mit Durchschrift ausgefüllt. Das Original wird in der Archivregistratur unter einem speziellen Aktenzeichen abgeheftet, so daß man hier, z.B. für den Jahresbericht, einen genauen Überblick über alle Zugänge in das Archiv hat. Die Durchschrift des Zugangsformulars wird im Magazin an den Beginn des betreffenden Bestandes gehängt bzw. bei kleinen Einzelzugängen dazu gelegt. Sie bleibt dort so lange, bis der Bestand oder das Einzelstück endgültig verzeichnet ist. Dabei muß die Zugangsnummer bei Beständen in der Vorbemerkung des Bestandsfindbuches, bei Einzelstücken in der Einzelverzeichnung, z.B. den Bemerkungen, auf Dauer festgehalten werden. Damit kann man langfristig auf den entsprechenden Archivvorgang zurückgreifen und rekonstruieren, wann und unter welchen Bedingungen der Bestand oder das Einzelstück in das Archiv kam.

3.4.2 Die Nutzung der Archivbestände vor der endgültigen Verzeichnung

Begrenzte Arbeitskapazitäten und eine starke Inanspruchnahme durch Serviceleistungen erlauben es den Archivaren und Archivarinnen oft nicht, die Bestände unmittelbar nach ihrer Übernahme in das Archiv zu verzeichnen. Um so sinnvoller ist es, nach Wegen zu suchen, wie noch nicht endgültig verzeichnete Bestände kontrolliert und nachvollziehbar benutzt werden können. Erste Voraussetzung hierfür sind Signaturen auf den einzelnen Archivalien, damit jedes Stück mit der Kombination von Bestandssignatur und dieser Einzelsignatur eindeutig identifiziert und zitiert werden kann. Numerierungen der abgebenden Stelle, auch Aktenzeichen oder Registraturnummern lassen sich verwenden, wenn sie nicht allzu kompliziert, das heißt vielstufig strukturiert sind. Bezeichnen diese Signaturen Aktengruppen, so müssen Unternummern für die Einzelakten angefügt werden.

Auch Aktenpläne oder Abgabelisten der abgebenden Stelle können oft gut als provisorische Findmittel verwendet werden, wobei ggf. in ihnen und auf den Akten die laufenden Einzelnummern für jede Archivalieneinheit nachzutragen sind. Sind die Archivalien so umfangreich, daß sie bei der endgültigen Bearbeitung in mehrere Einheiten mit verschiedenen Signaturen aufgeteilt werden (Beispiel dick gefüllte Stehordner), so sollten diese vorläufigen Einzelnummern den Zusatz v (= vorläufig) erhalten, damit man sie später von den endgültigen Signaturen unterscheiden kann. Die v-

Aktenzeichen des Archivs

....

Das Exemplar für das Magazin bitte mit der abgeknickten oberen Hälfte des Blattes an den Anfang des jeweiligen Bestandes an das Regal hängen.

Zugangsnummer	
Datum	
Aktenzeichen Historisches Archiv	
Abgebende Stelle	
Provenienz	
Archivalientyp Umfang	
Inhalt	
Zeitraum	
Verbleib Historisches Archiv (Signatur)	

Zugangsformular

Nummern werden beim endgültigen Verzeichnen als „Alte Archivsignaturen" mit festgehalten, damit können langfristig alle Benutzungen der Akten rekonstruiert werden. Wenn die Archivalien sich allerdings bei der Übernahme bereits in Mappen befinden, deren Umfang den Archivmappen entspricht, so sollten bereits die endgültigen Signaturen vergeben werden.

3.5 Ausblick: Das Bewerten und Archivieren elektronischer Datenbestände

Mit der Übernahme elektronisch gespeicherter Datenbestände in die Archive bzw. ihrer langfristigen (Mit-)Nutzung durch die Archive ergeben sich zahlreiche neue Notwendigkeiten und Probleme. Dieser Fragenkomplex ist bisher intensiv lediglich von ausländischen, insbesondere nordamerikanischen Fachkollegen diskutiert worden.[63] In der Bundesrepublik Deutschland hat Angelika Menne-Haritz vielfach nachdrücklich auf dieses Defizit in der deutschen Fachdiskussion hingewiesen und sich selbst theoretisch intensiv mit dem Themenkomplex Büroautomation und Schriftgutverwaltung befaßt.[64] Die Schnittstelle zur Schriftgutverwaltung war auch der Ansatz, unter dem mit Einbeziehung der Archivbelange für den Bereich der Industrie- und Handelskammern der Einstieg in das „papierlose Büro" generell sowie speziell für die Rundschreiben des Deutschen Industrie- und Handelstages an die Industrie- und Handelskammern vorbereitet wurde.[65] Auf die besonderen Probleme bei der Bewertung und Über-

[63] Ein Überblick findet sich bei Buchmann, Wolf: Archive und die elektronische Datenverarbeitung. Ein Diskussionsbeitrag zu den Folgen der Einführung einer neuen Technologie für die Archive, in: Kahlenberg (wie Anm. 18), S. 243–256. Vgl. auch Dollar, Charles M.: Die Auswirkungen der Informationstechnologien auf archivische Prinzipien und Methoden, übers. und hrsg. von Angelika Menne-Haritz, Marburg 1992 (= Veröffentlichungen der Archivschule Marburg – Institut für Archivwissenschaft. 19), bes. S. 73–79.

[64] Menne-Haritz, Angelika: Büroautomation und Schriftgutverwaltung. Der Stand der Entwicklung und Überlegungen zu den Konsequenzen für die Archive, in: Der Archivar 41, 1988, Sp. 365–386; Menne-Haritz, Angelika: Büroautomation und Schriftgutverwaltung. Stand der Entwicklung und Konsequenzen für die Archive, in: Der Archivar 43, 1990, Sp. 89–95; Menne-Haritz, Angelika: Akten, Vorgänge und elektronische Bürosysteme. Mit Handreichung für die Beratung von Behörden, Marburg 1996 (= Veröffentlichungen der Archivschule Marburg – Institut für Archivwissenschaft. 25).

[65] Vgl. den Bericht von Weise, Jürgen: Der Arbeitskreis „Archivierung" der Gesellschaft für Informationsverarbeitung mbH der Industrie- und Handelskammern: Bisherige Ergebnisse, in: Archiv und Wirtschaft 25, 1992, S. 95–100; ergänzend hierzu Slapio, Elisabeth: Rechtsfragen der papierlosen Archivierung, in: Archiv und Wirtschaft 25, 1992, S. 100–103.

nahme bzw. langfristigen (Mit-)Nutzung elektronischer Daten sind Wolf Buchmann[66] und – ausgehend von den praktischen Erfahrungen in einem Stadtarchiv – Arie Nabrings[67] mit zahlreichen anregenden Ideen eingegangen. Erst neuerdings wird die gesamte Thematik auch in Deutschland auf breiterer Basis und intensiver diskutiert, wie u.a. die Tagung des Arbeitskreises „Archivierung von Unterlagen aus elektronischen Systemen" im März 1997 zeigt.[68]

Es ist im Rahmen dieses Beitrags nicht möglich, die im Zusammenhang mit der Nutzung der EDV entstehenden und bisher aufgeworfenen Fragen erschöpfend oder auch nur einigermaßen hinreichend zu diskutieren. Jedoch soll versucht werden, als Ausblick wenigstens auf einige wichtige Punkte hinzuweisen:

- Bei Übernahme elektronischer Daten in das Archiv muß die langfristige Lesbarkeit im Hinblick auf die notwendige Hardware, aber auch auf die genaue Beschreibung der angewandten Systeme und Verfahren gewährleistet sein.
- Bereiche der gleichförmigen Aufgabenverwaltung, in Unternehmen z.B. Liegenschafts- und Personalverwaltung, sind bereits oder werden auf elektronische Medien verlegt. Dabei werden die Verfahren für Bearbeitung und Ablauf bei der Einführung des zugehörigen EDV-Systems festgelegt. Also müssen der Archivar oder die Archivarin bereits zu diesem Zeitpunkt erreichen, daß langfristig die Abgabe an oder die Mitnutzung durch das Archiv festgelegt wird.[69] Das Archiv muß hier also bereits zum Zeitpunkt der Entstehung der Information tätig werden. Sein Eingrei-

[66] Wie Anm. 63.

[67] Nabrings, Arie: Bewertung und Archivierung elektronischer Daten, in: Der Archivar 46, 1993, Sp. 555–570.

[68] Ein Bericht über die Tagung befindet sich in: Archivpflege in Westfalen und Lippe 45, 1997, S. 47–49; Bischoff, Frank M. (Hrsg.): Archivierung von Unterlagen aus digitalen Systemen. Beiträge zur Tagung im Staatsarchiv Münster 3.–4. März 1997, Münster 1997 (= Veröffentlichungen der staatlichen Archive des Landes Nordrhein-Westfalen. Reihe E: Beiträge zur Archivpraxis. 4); vgl. außerdem Wettengel, Michael: Technische Infrastruktur für die Archivierung von digitalen Datenbeständen. Anforderungen und Verfahrensweisen, in: Mitteilungen aus dem Bundesarchiv 5, 1997, H. 1, S. 8–15; sowie Sturm, Volker: Die Archivierung elektronischer Daten, in: Nimz, Brigitta (Red.): Aufgaben kommunaler Archive – Anspruch und Wirklichkeit – . Referate des 5. Fortbildungsseminars der Bundeskonferenz der Kommunalarchivare (BKK) vom 29. bis 31. Oktober 1996 in Wernigerode/Harz, Münster 1997 (= Texte und Untersuchungen zur Archivpflege. 9), S. 77–85. Im Juni 1997 erschien AWV – Arbeitsgemeinschaft für wirtschaftliche Verwaltung e.V. (Hrsg.): Einfluß von Informationstechnologien auf archivische Verfahren, Eschborn 1997 (= AWV-Schrift. 06 571).

[69] Vgl. hierzu mit Beispielen aus der städtischen Verwaltung Viersen Nabrings (wie Anm. 67).

fen, wenn die Daten nicht mehr benötigt werden, kann in den Fällen zu spät sein, wo die nicht mehr benötigten Daten schon gelöscht wurden.
- In ähnlicher Weise muß das Archiv von vornherein bei der elektronischen Bearbeitung und Verbreitung gleichförmiger Rundschreiben, Mitteilungen oder der Presseausschnittsammlung darauf hinwirken, daß es die Daten von Anbeginn an mit nutzen kann und daß diese langfristig erhalten und zugänglich bleiben.

Speziell zur Bewertungsproblematik hat Buchmann eine Reihe von anregenden und bedenkenswerten Hinweisen formuliert,[70] die hier kurz umrissen werden sollen:
- Da maschinenlesbare Daten aus DV-Anwendungen der Verwaltung keine statischen Dokumente, sondern immer Ergebnis eines Arbeitsprozesses sind, müssen der Archivar oder die Archivarin bei der Bewertung entscheiden, welchen Bearbeitungsstand einer Datei sie übernehmen. Möglicherweise sind die Vorstufen zu einem Ergebnis für das Archiv interessanter als das aggregierte Ergebnis selbst.
- Auf traditionelle Karteien oder Serien von Einzelfallakten kann nur nach einem Ordnungsmerkmal zugegriffen werden, wenn nicht besondere Erschließungsmaßnahmen getroffen werden. Eine maschinenlesbare Kartei ist ohne weitere Erschließung nach allen Feldern des Datensatzes auswertbar und kann dadurch für zusätzliche Nutzungen für die Forschung interessant werden.
- Die bisher geltenden Gründe, bei großen Karteien oder parallelen Massenakten nur einen ausgewähltem Teilbestand zu archivieren, gelten nicht mehr. Die Belastung des Archivs durch die Masse des Materials entfällt weitgehend, ebenso das Argument, daß durch Reduzierung auf eine repräsentative Auswahl der Bestand für den Benutzer überhaupt erst überschaubar und benutzbar wird, da maschinenlesbare Dateien auch maschinell für wissenschaftliche Fragestellungen lesbar sind.
- Statt der traditionellen stellen sich aber neue Fragen, z.B., was von einer Datei zu übernehmen ist, die täglich durch die Übernahme neuer und das Ausschleusen älterer Datensätze aktualisiert wird.

Gerade in Verbindung mit diesen letztgenannten Anmerkungen stellen sich jedoch einige kritische Überlegungen. Mit dem Wegfall des Raum- und Erschließungsproblems entfällt der Zwang zur Reduzierung der Überlieferungsmengen, es werden immense Mengen archivierter Daten entstehen. Hier ist aber zu Recht mit Merker zu fragen, „ob die Vielzahl der Archivbenutzer in der Lage ist, die dann immens angewachsene Menge archivierter Daten sowohl – unter Kosten – technisch zu bewältigen als

[70] Buchmann (wie Anm. 63), S. 254–255.

auch geistig zu durchdringen".[71] Ja, können denn die Archivare selbst dann noch mit diesen vielfältig entstandenen und zu benutzenden Beständen umgehen? Vielleicht muß man tatsächlich mit Uhl bei der Archivierung elektronischer Daten das Hauptproblem nicht in der Technik oder in den Kosten sehen, sondern in der „wachsenden Versuchung, angesichts des geringen Platzbedarfs dieser modernen Informationsträger ganz oder doch weitgehend auf eine Auslese zu verzichten". Dann wäre seiner Forderung zuzustimmen, wonach: „Nicht Miniaturisierung, sondern Informationsreduzierung unter qualitativer Verdichtung"[72] auch künftig und in verstärktem Maße die Aufgabe der Archivare bleiben muß.

[71] Merker (wie Anm. 18), S. 152.
[72] Uhl, Der Wandel (wie Anm. 1), Sp. 538.

4. Verzeichnen und Erschließen

4.1 Bestandsbildung und Tektonik des Archivs

Von
Evelyn Kroker

In der Abfolge der archivischen Ordnungs- und Erschließungsmaßnahmen steht die Bildung der Bestände an erster Stelle. Ein Bestand ist die Gesamtheit der einem bestimmten Ordnungsplan unterworfenen Archivalien, unabhängig davon, ob diese einheitlicher Herkunft sind oder nicht, ob es sich um Archivgut oder Sammlungsgut handelt. Ein Bestand, der nur Archivgut unter Wahrung des Entstehungszusammenhangs umfaßt, wird auch als Fonds bezeichnet.[1]

Maßgeblich für die Bildung und Abgrenzung eines Bestandes oder Fonds ist in der Regel die Provenienz, also die physische Herkunft der Unterlagen aus einer Organisationseinheit, die einen bestimmten Platz innerhalb einer – wie auch immer gegliederten – Unternehmens- oder Betriebsorganisation hat oder selbst das Unternehmen oder den Betrieb darstellt. Die Erhaltung oder Rekonstruktion des Herkunfts- und Wirkungszusammenhangs ist zentraler Grundsatz für die Bildung und Abgrenzung der Bestände. Das der Bestandsbildung zugrundeliegende Provenienzprinzip besagt, daß alle Akteneinheiten und Dokumente, die bei einer Überlieferung bildenden Stelle entstanden sind, im Archiv einen Bestand bilden. Solche Stellen können sowohl Unternehmen wie einzelne Werke, genausogut aber auch einzelne Abteilungen oder sonstige unternehmensbezogene Funktionseinheiten sein und selbstverständlich natürliche Personen (z.B. Bestand des Vorstandsvorsitzenden Dr. X).[2]

Gerade bei Archiven von Konzernen, deren Organisationsstruktur häufig großen Wandlungen unterworfen war und ist, kann es außerordentlich schwierig sein, zu entscheiden, wer im Einzelfall die Stelle ist, nach der die Bestandsbildung zu erfolgen hat. Es ist sicher zweckmäßig, bei großen Unternehmenskomplexen deren Zentralabteilungen, Hauptabteilungen, Fachabteilungen oder andere klar strukturierte Verwaltungsabteilungen der Bestandsbildung zugrundezulegen, wenn diese über einen längeren

1 Meisner, Heinrich Otto/Leesch, Wolfgang: Grundzüge einer deutschen Archivterminologie, in: Archivmitteilungen 4, 1960, S. 134–150, hier S. 136.

2 Enders, Gerhart: Archivverwaltungslehre, 3. Aufl., Berlin (Ost) 1968, S. 98–105; siehe auch Lexikon Archivwesen der DDR, 3. Aufl., Berlin (Ost) 1979, S. 86.

Zeitraum einigermaßen konstant geblieben sind oder sich gegen andere Unternehmensteile hinreichend klar abgrenzen lassen. Ständig wechselnde Besitzverhältnisse und damit verbunden organisatorische Veränderungen im Zusammenhang mit inneren Umstrukturierungen machen es jedoch gelegentlich schwer, das Provenienzprinzip sinnvoll anzuwenden. In diesem Fall sollten Unternehmensarchive nicht unbedingt alle Organisationsveränderungen des Unternehmens in der archivischen Ordnungsstruktur nachvollziehen. Entscheidungsleitendes Kriterium sollte hier vielmehr der gewachsene Schriftgutkörper, der übernommene Bestand selbst in seinem Zusammenhang sein. Beispielsweise sollten die Akten einer Abteilung als Bestand beisammen bleiben, wenn sie nach einer Umfirmierung dieser Abteilung fortgeführt wurden.

Artur Zechel, ehemaliger Leiter des Werksarchivs der Ilseder Hütte und Vorsitzender der VdW hatte in den 60er Jahren mit dem ökotopischen Prinzip (Ökotopie = Betriebsstätte) einen pragmatischen Ansatz vorgeschlagen, um den Wandel der Unternehmensorganisation bei der Bestandsbildung und die Ordnung der archivischen Struktur in den Unternehmensarchiven in den Griff zu bekommen.[3]

Das ökotopische Prinzip sieht in der Betriebs- und Verwaltungsstätte das konstanteste Element im Unternehmensaufbau und in der wirtschaftlichen Entwicklung eines Unternehmens. Tatsächlich können ja Aktienbesitz und Eigentumsverhältnisse eines Unternehmens oder Konzerns einem ständigen Wandel unterworfen sein. In ihrem Gefolge verändern sich Firmennamen, Rechtsformen und Organisationsstrukturen, wohingegen Betriebsstätten demgegenüber relativ konstant und stabil bleiben: Natürlich gilt dies für die produktionsorientierten Unternehmen im weitesten Sinne und nicht für Banken, Versicherungen und ähnliche Dienstleistungsunternehmen.

Gedanklich überwunden war mit den Überlegungen des Ilseder Werksarchivars auf jeden Fall die Dominanz des Pertinenzprinzips, nach dem Archive der Eisen- und Stahlindustrie – einem Vorschlag von Hedwig Behrens folgend – ihre Akten und Aktengruppen geordnet hatten und bei denen auf eine eigenständige Bestandsbildung nahezu gänzlich verzichtet worden war.[4] Der nach dem Pertinenzprinzip entworfene Archivplan umfaßte neun Hauptgruppen, die Zuordnung der Akten erfolgte nach einem einheitlichen Dezimalsystem. Mit der Sachbetreffszuordnung wurden or-

[3] Zechel, Artur: Grundfragen zur Theorie des Werksarchivs, in: Der Archivar 13, 1960, Sp. 435–452; siehe auch Provenienzprinzip und Wandel der Unternehmensorganisation, in: Archiv und Wirtschaft 4, 1990, S. 152–154.

[4] Vgl. dazu die grundlegenden Ausführungen bei Stremmel, Ralf: Im Spannungsfeld zwischen Staat und Wirtschaft. Werksarchivarbeit im Vereinigte-Stahlwerke-Konzern seit den 1930er Jahren, in: Der Archivar 50, 1997, Sp. 311–326.

ganisch gewachsene Provenienzen von Abteilungen, Sekretariaten, Verwaltungseinheiten und Betriebsstätten, ja, sogar Einzelakten willkürlich auseinandergerissen, Entscheidungsvorgänge zerstört, ganz abgesehen davon, daß der Zeitaufwand für das Zuordnen von Schriftstücken aus mehreren Akten des gleichen Vorgangs arbeitsökonomisch völlig unvertretbar ist.[5] Im Bergbau-Archiv in Bochum ist in jahrelanger mühevoller Arbeit der erfolgreiche, wenn auch sehr arbeitsaufwendige Versuch gewagt worden, nach Übernahme des Archivs der Gelsenkirchener Bergwerks AG die auseinandergerissenen Strukturen wieder zusammenzuführen.[6] Gesicherte Grundlage ist heute jedenfalls, daß auch die Archive der Wirtschaft – und hier insbesondere die Unternehmensarchive – ohne die Bildung einzelner Provenienzbestände als Grundlage für alle nachfolgenden Ordnungs- und Verzeichnungsarbeiten nicht auskommen, zumal die Erschließungshilfen, die die elektronische Datenverarbeitung bereithält, jegliche gewünschte sachthematische Aufschlüsselung ermöglichen.

Es kommt also bei der Bestandsbildung grundsätzlich darauf an, den durch die Herkunft des Registraturbildners/der Provenienzstelle bedingten Zusammenhang des Archivgutes zu gewährleisten. Die zur Bildung eines Bestandes erforderlichen Schritte sind:

1. Bestimmen der Provenienzstelle
2. Bilden des Bestandes
3. Bezeichnen des Bestandes.

Damit wird zugleich jeder neugebildete Bestand von anderen Beständen des Archivs abgegrenzt. Er wird für sich geordnet und verzeichnet und unterscheidet sich durch ein eigenes Findmittel und separate Lagerung von anderen Beständen. Eine getrennte Lagerung beispielsweise von überformatigen Geschäftsbüchern, Akten und Fotos eines Bestandes läuft dem Provenienzzusammenhang nicht zuwider, wenn die drei Archivaliengruppen im Findmittel inhaltlich zusammengeführt sind.

Als Kriterien für die Selbständigkeit einer Provenienzstelle können die juristische und/oder ökonomische Selbständigkeit gelten, genausogut aber auch organisatorische Geschlossenheit oder eine in der Hierarchie klar abgegrenzte Leitungsebene wie z.B. eine Zentralabteilung oder ein Vorstandssekretariat. Aber auch ganz pragmatische Überlegungen wie der Umfang der Überlieferung sollten in die Bestandsbildung mit eingehen. So

[5] Stremmel, Ralf/Rasch, Manfred (Bearb.): Findbuch zu den Beständen Vereinigte Stahlwerke AG und Bergbau- und Industriewerte GmbH, 2 Bde., Duisburg 1996 (= Veröffentlichungen aus dem Archiv der Thyssen AG. 1); Moos, Michael/Zilt, Andreas (Bearb.): Findbuch zum Bestand Friedrich Wilhelms-Hütte 1811–1969, Duisburg 1997 (= Veröffentlichungen aus dem Archiv der Thyssen AG. 2).

[6] Vgl. Bergbau-Archiv Bochum, Findbuch zum Bestand 55 (Gelsenkirchener Bergwerks AG, Essen).

gibt es ganz sicher eine mengenmäßige Untergrenze für die Bestandsbildung, die naturgemäß eine Ermessensentscheidung ist.[7] Aus vier einzelnen Schriftstücken aus dem Nachlaß eines Aufsichtsratsmitglieds wird man sicher keinen eigenen (Nachlaß-)Bestand bilden. Man sollte vielmehr die Dokumente entweder einer eigenen Bestandsgruppe „Kleine Erwerbungen" zuordnen, dem bereits vorhandenen Bestand des Unternehmens, in dem der Betreffende im Aufsichtsrat saß, beifügen oder dem Sammlungsgut eingliedern, wenn etwa nur eine Betriebsordnung, ein Zeugnis oder ein Mitgliedsausweis überliefert sind.

Die Bestandsbezeichnung deutet auch äußerlich die Zusammengehörigkeit der Archivalien an. Sie richtet sich grundsätzlich nach der Bezeichnung der Stelle, aus deren Tätigkeit das Archivgut erwachsen ist. Beim Einheitsbestand, also der Überlieferung nur eines Registraturbildners, bereitet sie keine Probleme. Der Archivar wählt hier die Bezeichnung, die diese Stelle über den größten Zeitraum, zur Zeit ihrer umfassendsten Tätigkeit oder auch zuletzt geführt hat. Bei zusammengefaßten Beständen, also solchen, die die Überlieferung mehrerer nebeneinander oder nacheinander bestehender Provenienzstellen vereinen, sollte man sich für eine Bestandsbezeichnung entscheiden, die entweder die Bezeichnungen aller Überlieferung bildenden Stellen umfaßt oder die historische Zusammengehörigkeit der Überlieferungsteile verdeutlichen hilft.

Neben der Bestandsbezeichnung erhält jeder Bestand zur eindeutigen Identifizierung und zur Erleichterung des Zitierens eine Bestandssignatur in numerischer oder alphanumerischer Form. In manchen Archiven wird die Stellung eines Bestandes im tektonischen Aufbau des Archivs in der Bestandssignatur deutlich, wobei Tektonik die Struktur aller Bestände des Archivs bedeutet. Das Westfälische Wirtschaftsarchiv in Dortmund beispielsweise ist in Anlehnung an die Arten der Provenienzstellen in fünf Bestandsgruppen gegliedert, die Bestände sind mit alphanumerischen Signaturen versehen: Die Firmenbestände tragen F-Signaturen (F1, F2 ...), die Kammerbestände K-Signaturen, Verbände V-, Nachlässe N- und Sammlungen S-Signaturen.[8] Diese mnemotechnischen Signaturen erlauben eine bequeme und übersichtliche Zitierweise.

Das Bergbau-Archiv Bochum vergibt seine Bestandssignaturen nach dem numerus currens des Eingangs, die Tektonik selbst ist an den Bestandssignaturen nicht erkennbar, wird aber aus der Gliederung der Beständebeschreibung in der Beständeübersicht deutlich. Die Tektonik im Bergbau-Archiv setzt sich aus vier Bestandsgruppen zusammen: Unternehmensbestände des Steinkohlenbergbaus, Unternehmensbestände des

[7] Enders (wie Anm. 2), S. 104.

[8] Dascher, Ottfried (Hrsg.): Das Westfälische Wirtschaftsarchiv und seine Bestände, München 1990.

Erzbergbaus, Bestände von Verbänden und Nachlässe.[9] Das Mercedes-Benz Archiv in Stuttgart trennt seine Überlieferung in das Unternehmensarchiv, das Technische Archiv und das Medienarchiv. Im Unternehmensarchiv sind alle nicht primär produktbezogenen Bestände – nach dem Provenienzprinzip geordnet – zusammengefaßt. Es sind vor allem Bestände der Vorstände. Das Technische Archiv ist pertinenzmäßig nach dem Produktionsprogramm gegliedert. Sammlungsgut wie Fotomaterial, Filmmaterial und Tondokumente befindet sich im Medienarchiv. Die Tektonik des Mercedes-Benz Archivs vermittelt ein umfangreicher, 1993 gedruckter Archivführer, der dem Benutzer einen ausgezeichneten Überblick über Aufbau und Struktur der Bestände vermittelt, es ist übrigens bisher die einzige in Buchform vorliegende Bestandsübersicht eines Unternehmensarchivs.[10] Die erste gedruckte Bestandsübersicht eines Wirtschaftsarchivs überhaupt hatte 1977 das Bergbau-Archiv vorgelegt. Die 1990 vom Westfälischen Wirtschaftsarchiv veröffentlichte voluminöse Bestandsübersicht darf als vorbildlich und richtungsweisend für das Archivwesen der Wirtschaft hinaus angesehen werden.[11] Beständeübersichten über die Archive der Wirtschaft in allerdings stark verkürzter Form enthält das im Auftrag der Gesellschaft für Unternehmensgeschichte herausgegebene und von Wirtschaftsarchivaren bereits in dritter Auflage bearbeitete Verzeichnis „Deutsche Wirtschaftsarchive".[12]

Für die Erschließung, d.h. die Ordnung und Verzeichnung von Beständen gibt es grundsätzlich zwei Vorgehensweisen, wobei diese Überlegungen auch unabhängig von der Art der bei der Verzeichnung eingesetzten EDV-Archivsoftware gelten. Man kann einen Bestand erst ordnen oder zumindest eine grobe Vorordnung erstellen oder man wendet das sog. Bärsche Prinzip an, wonach die Akten in willkürlicher Reihenfolge nach dem numerus currens verzeichnet werden und die Ordnung und Klassifikation erst anschließend erstellt wird. Die Entscheidung dieser Kernfrage, ob man einen Bestand vor Beginn der Verzeichnungsarbeiten erst ordnet oder zumindest vorordnet, ist im wesentlichen von zwei Faktoren abhängig: vom Zustand des übernommenen Schriftgutkörpers und von seiner Größe. Bei kleinen, überschaubaren und in sich abgeschlossenen Beständen – und vorausgesetzt, der nötige Raum zum Auslegen der Akten steht zur Verfü-

[9] Kroker, Evelyn: Das Bergbau-Archiv und seine Bestände, Bochum 1977 (= Schriften des Bergbau-Archivs. 1).
[10] Niemann, Harry: Das Mercedes-Benz Archiv. Archivführer, Stuttgart 1993.
[11] Dascher (wie Anm. 8).
[12] Deutsche Wirtschaftsarchive: Nachweis historischer Quellen in Unternehmen, Körperschaften öffentlichen Rechts (Kammern) und Verbänden der Bundesrepublik Deutschland, hrsg. im Auftrag der Gesellschaft für Unternehmensgeschichte von Klara van Eyll u.a., Bd. 1, 3. völlig neu bearb. Aufl. von Renate Schwärzel, Köln 1994.

gung – kann es zweckmäßig sein, zuerst eine Ordnung des Bestandes vorzunehmen. Vorgeordnete Bestände können die Verzeichnung enorm erleichtern. Bei vorgeordneten Beständen entsprechen in der Regel die Akten- oder Archivaliensignaturen der Reihenfolge der Lagerung im Regal.

Große Bestände mit mehreren hundert oder einigen Tausenden von Akten können dagegen aus arbeitsökonomischen Gründen nur nach dem „Bärschen Prinzip" geordnet werden. Dabei wird die zu verzeichnende Akte grundsätzlich nur einmal in die Hand genommen. Die Klassifikation wird nach dem Verzeichnen auf der Basis der Titelaufnahmen erstellt. Bei diesem Prinzip liegt der Bestand nach der Verzeichnung nach dem numerus currens im Regal, während im Findbuch die Titelaufnahmen entsprechend der Reihenfolge in der Klassifikation erscheinen. Bei den Einzelsignaturen treten hier aufgrund der nachträglich erarbeiteten Klassifikation Springnummern an die Stelle der laufenden Nummern.[13]

Zur inhaltlichen Ergänzung von Archivgut-Beständen empfiehlt sich das Sammeln von historisch wertvollen Dokumenten, z.B. Plakaten, Fotos, Geschäftsberichten u. dgl. mehr. Sie werden in eigenen Sammlungen zusammengefaßt, z.B. Presseausschnittsammlung, Plakatsammlung, Fotosammlung. Bestandsergänzende Sammlungen bestehen also aus zuständigkeitsfreiem Dokumentationsgut, das häufig gezielt erworben wird. Sie dienen der Abrundung des Archivgutes, helfen, Dokumentationslücken zu schließen und sind geeignet, das gesellschaftliche Umfeld eines Bestandes zu dokumentieren.

[13] Enders (wie Anm. 2), S. 120f.

4.2 Verzeichnen

Von
Wilfried Reininghaus
unter Mitarbeit von **Gabriele Unverferth** und **Ralf Stremmel**

4.2.1 Allgemeine Verzeichnungsgrundsätze

4.2.1.1 Verzeichnen im Zeitalter der EDV

Das Verzeichnen und das Ordnen von Archivgut gehören zum Kernbereich archivischer Tätigkeiten. Verzeichnung definieren wir als das Festhalten der äußeren und inneren Merkmale einzelner Einheiten von Archivgut, Ordnung im engeren Sinn[1] erstreckt sich auf die sachliche Gliederung (Klassifikation) der Titelaufnahme eines verzeichneten Bestandes im Findbuch. Im folgenden wird das Medium der Verzeichnung unberücksichtigt gelassen. Im Vor-EDV-Zeitalter verzeichneten Archivare mit der Hand und übertrugen die Ergebnisse ihrer Verzeichnungsarbeit in Repertorien oder auf Karteikarten, die zu Findbüchern (vgl. S. 169–174) formiert wurden. Das Verzeichnen mit Hilfe der Elektronischen Datenverarbeitung hat die dabei verwendeten logischen Erschließungsmethoden vorläufig noch nicht verändert. Die unten benannten Verzeichnungskriterien, die im wesentlichen vor dem verstärkten Einsatz der EDV in Archiven entwickelt wurden, lassen sich weitgehend auf Datenbank-Systeme übertragen, können also z.B. als Felder in der Maske einer Datenbank geführt werden. Einzelne Veränderungen in den archivischen Methoden durch die EDV lassen sich aber schon jetzt erkennen:
(1.) bei der Geschwindigkeit des Zugriffs auf einzelne Informationen über das verzeichnete Archivgut
(2.) beim Verhältnis zwischen dem Archivgut und den verzeichnenden Archivaren – mindestens in Teilbereichen
(3.) bei der „klassischen“ Abfolge der archivischen Arbeitsweise, die nach der Entstehung von Informationen einsetzt

Zu (1.): Die Erfassung von Verzeichnungsergebnissen in elektronischer Form erlaubt es, zu den gewünschten Informationen aus Findmitteln viel rascher vorzustoßen. Indizes können mit Hilfe von Textverarbeitungsprogrammen automatisch erstellt werden. Datenbanken gestatten den Einsatz immer ausgefeilterer Suchprogramme, Datenfernübertragungen (Internet

[1] Der Begriff Ordnen wird im Archivbereich mehrdeutig verwendet; hier ist nicht die physische Ordnung eines Bestandes im Magazin gemeint.

usw.) den Versand von Verzeichnungsergebnissen, ohne daß der Benutzer auch nur das Archiv betritt.

Zu (2.): Die Digitalisierung wirkt auf die Distanz zwischen Archivgut und Archivar ein. Am deutlichsten wird dies bei der Verzeichnung von Fotos. Zwar ließen sich schon früher auf Karteien Fotoreproduktion und Verzeichnung zusammenführen, doch wenn Repro und Verzeichnung elektronisch zusammengebracht werden, eröffnen sich völlig neue Perspektiven. Es ist aber zu bedenken, daß jede noch so gute Verzeichnung oder Beschreibung audiovisuellen Archivguts nicht die Ansicht selbst ersetzt.

Zu (3.): Die Flüchtigkeit der elektronischen Medien (u.a. wegen der Kürze der Innovationszyklen) verlangt in zunehmendem Maße Entscheidungen über die Archivwürdigkeit von Informationen schon bei ihrer Entstehung. Dies kehrt die Abfolge des archivischen Arbeitsprozesses tendenziell um. Bei der Archivierung digitaler Datenbestände wird das Protokoll über Form der Aufbewahrung (Angaben zu den Dateien) integraler Bestandteil der Verzeichnung. Möglicherweise steht die Bewertung und bald auch die Verzeichnung am Anfang und nicht am Ende der archivischen Arbeiten. Ob in Zukunft bei der Entstehung von Informationen gleichzeitig automatisch, durch künstliche Intelligenz prozeßgenerierte Bewertungs-, Ordnungs- und Verzeichnungselemente, mitgeliefert werden, bleibt abzuwarten.

4.2.1.2 Die Praxis des Verzeichnens

Die technische Entwicklung macht es nicht überflüssig, Verzeichnungsgrundsätze zu benennen. Vielmehr verlangt gerade das Informationszeitalter eine archivische Praxis, die sich reflektiert Rechenschaft über ihr eigenes Handeln ablegt.

Wer verzeichnet, vermittelt zwischen der Stelle, die Informationen erzeugt und/oder gesammelt hat, und deren späteren Benutzern. Der Archivar muß dabei auswählen, welche Nachrichten er weitergeben will. Er steht vor einem Dilemma: Zum einen kann er durch das Verzeichnen nicht das Archivgut vollständig abbilden, selbst durch eine Volledition oder durch quasi unbegrenzte Speichermöglichkeiten nicht. Zum anderen wird er über die Schlagworte im Titel und die Laufzeit hinaus ergänzende Informationen liefern wollen, weil er den Reichtum der Quelle präsentieren, dem Forscher die Arbeit erleichtern und bei Recherchen einen raschen Zugriff haben will. Das Verzeichnen ist daher eine verantwortungsvolle Arbeit, weil durch Weitergabe bzw. Nichtweitergabe von Informationen Wissensbildung und Forschung beeinflußt werden können.

Das Verfahren, das jeweils gewählt wird, hängt vom Wert und der äußeren Beschaffenheit des Archivguts ab. Nicht zuletzt beeinflussen auch Personalfragen die Verzeichnungsintensität. Ein Archiv mit nur einer Personalstelle muß seine Schwerpunkte beim Verzeichnen anders setzen als ein großes Haus. Unabhängig von der Zahl und Qualifikation der Mitarbeiter sind jedoch die einzelnen Archivaliengruppen unterschiedlich zu behandeln. Ein kaufmännisches Geschäftsbuch des 16. bis 18. Jahrhunderts wird anders erfaßt als eine Serienakte des 20. Jahrhunderts; Plakate, technische Zeichnungen oder Fotos verlangen andere Erschließungskriterien als Akten. Die nachfolgenden Verzeichnungsempfehlungen richten sich nach den einzelnen Archivaliengruppen. Vorweg sollen jedoch allgemein zu beachtende Grundsätze erörtert werden.

Die Verzeichnung hängt ab vom vorarchivischen Zustand. Vorhandene Aktenpläne erleichtern die Arbeit. Möglicherweise muß als ein Hilfsmittel die vorarchivische Ordnung gedanklich oder körperlich wiederhergestellt werden, um einen Bestand rascher erschließen zu können. Die Bewertung muß vor der Verzeichnung abgeschlossen sein, denn verzeichnet wird nur dauerhaft aufzubewahrendes Schriftgut. Die Verzeichnung setzt Kenntnisse der Geschichte des Provenienzbildners (Unternehmen, Verband, Kammer, Nachlasser usw.) voraus. Die Kenntnisse können für Verzeichnungen im Bereich der Wirtschaftsarchive z.B. durch Lektüre der Geschäftsberichte, Festschriften, Organisationsschemata oder Registraturpläne erworben werden. Nötigenfalls muß die Organisationsgeschichte des Provenienzbildners aus den Akten ergänzt werden. Beim Verzeichnen größerer Bestände wird sich der Bearbeiter einen Handapparat mit der Spezialliteratur aufbauen, um aufkommende Fragen schnell klären zu können.

Über die wichtigsten Schritte im Vorfeld und während der Verzeichnung muß der Verzeichnende Rechenschaft ablegen. Es ist sinnvoll, darüber ein Arbeitsprotokoll zu führen, das jederzeit Dritte den aktuellen Stand der Arbeiten erkennen läßt (vgl. S. 170). Über die Verzeichnung ist ein Schlußbericht zu verfassen.

4.2.1.3 Elemente der archivischen Verzeichnung

Im allgemeinen umfaßt eine Verzeichnungseinheit mindestens
1. die Signatur (Bestand und Archivaliennummer)
2. die Titelaufnahme
3. die Laufzeit

Mit einer Bestandssignatur wird eine Akteneinheit eindeutig in der Tektonik des Archivs lokalisiert. Sie zu vergeben, ist immer dann nötig, wenn ein Archiv Schriftgut aus mehr als einer Provenienz übernimmt.[2] Gewählt

[2] Die provenienzbildende Stelle selbst kann Teil der Signatur sein, z.B. im Geheimen Staatsarchiv (Stiftung Preußischer Kulturbesitz) in Berlin: II. Hauptabteilung (Generaldirektorium) Grafschaft Mark. Solche Signaturen sind allerdings unhandlich, deshalb sollten sie im Regelfall abgekürzt werden.

wird häufig eine Zahl, ein Buchstabe oder eine Kombination von beiden, um einen raschen Zugriff und ein leichtes Zitieren zu ermöglichen. Im Westfälischen Wirtschaftsarchiv (WWA) werden die Bestandsgruppen Firmen und Kammern mnemotechnisch mit den Buchstaben F bzw. K gekennzeichnet, innerhalb der Bestandsgruppe die einzelnen Bestände durchgezählt. K 1 ist die Bestandssignatur für die IHK Dortmund, K 2 für die IHK Bochum. Im Rheinisch-Westfälischen Wirtschaftsarchiv (RWWA) und im Bergbau-Archiv werden die Bestände ohne Unterschied auf Bestandsgruppen durchgezählt. Die Archivaliennummer ergänzt die Bestandssignatur. Sie bezieht sich eindeutig auf *eine* körperliche Archivalieneinheit im Magazin. Bei Serien- oder Sachakten, die unter einer Registraturnummer abgelegt waren, sind mehrere Einzelsignaturen zu vergeben. Die Signaturen müssen so eindeutig sein, daß der Benutzer nicht den Titel aufführen muß, um eine Archiveinheit zu bestellen.

Die Titelaufnahme einer durch Bestands- und Einzelsignatur eindeutig bestimmten Archivalieneinheit beschreibt diese näher und zwar in einer prägnanten Form. Reicht der Titel nicht aus, um den Inhalt adäquat zu erfassen, so sind weitere Angaben nötig (Enthält-, Darin-Vermerke). Den richtigen Titel zu bilden, gehört zu den scheinbar einfachen, tatsächlich aber schwierigen Geschäften des Archivars. Aus gut geführten Registraturen sollten eindeutige Titel möglichst übernommen werden. Sobald jedoch zwischen Entstehung des Schriftguts und der Verzeichnung größere zeitliche Abstände liegen, können selbst eindeutige alte Titel mißverständlich werden. Der Archivar setzt die zeitgenössische Bezeichnung des Schriftguts in eckige Klammern hinter den Titel, wenn es sinnvoll ist. Für alle weiteren Fragen wird auf die Beschreibung der Verzeichnung einzelner Schriftgutarten unten verwiesen.

Oft ist eine detaillierte Beschreibung des Inhalts einer Archivalieneinheit sinnvoll. Sie wird eingeleitet durch die Formel „Enthält:“. Die Zusätze („Enthält insbesondere:“, „Enthält vor allem:“, „Enthält unter anderem:“, „Enthält nur:“) können den Inhalt spezifizieren.[3] Danach folgt in stichwortartiger Aufzählung eine Beschreibung der Archivalie. Mit der Formulierung „Enthält nur:“ (meistens bei dünnen Akten) macht der Archivar klar, daß der Inhalt vollständig abgedeckt wird. „Enthält insbesondere“ und „Enthält vor allem“ zeigen an, daß der Inhalt der Akten zu etwa 80–90% erfaßt wird. „Enthält unter anderem“ verweist darauf, daß noch viele Unterlagen in der Archivalie vorhanden sind, die nicht systematisch erfaßt wurden.

Falls Unterlagen in Archivalien enthalten sind, die der Titel nicht vermuten läßt oder die formal besonders herausragen (Fotos, Karten, Druck-

[3] Abkürzungen hierfür einzuführen, ist sinnvoll: z.B. „Enth.“, „insbes.“, „v.a.“.

schrift usw.), sollte die inhaltliche Beschreibung mit der Wendung „Darin:" (in einigen Archiven auch „Intus:" oder „Darin auch:") eingeleitet werden. Dies geschieht zusätzlich zum „Enthält"-Vermerk:

K 5 Nr. 1701
Rhein-Weser-Elbe-Kanal
1905–1926
Enth. insbes.: Korrespondenz mit dem Ausschuß zur Förderung des Rhein-Weser-Elbe-Kanals und anderen Verbänden.
Darin: Wirtschafts-Zeitung der Handelskammer Magdeburg 3 (1919) Nr. 4/5.

Die Laufzeit umfaßt die Zeit zwischen dem ersten und dem letzten Datum eines Schriftstücks in der verzeichneten Archivalieneinheit. In der Regel wird man sich auf Jahreszahlen (z.B. 1860–1900) beschränken. Monats- und/oder Tagesangaben aufzunehmen ist notwendig, wenn die zu verzeichnende Akte in einer dichten chronologischen Serie steht, z.B. bei Rechnungs- und Korrespondenzserien. Beilagen oder Beweisstücke älteren Datums, die beigefügt sind, werden in runde Klammern vor das Anfangsjahr gesetzt, z.B. (1848) 1860–1900. Durch den Bearbeiter erschlossene Daten sind in eckige Klammern zu setzen, z.B. [1860]–1900. Größere Unterbrechungen von mehr als fünf Jahren zwischen Anfang und Ende einer Laufzeit sollten durch Aufspaltung der Gesamtlaufzeit kenntlich gemacht werden, z.B. *statt* 1860–1900: 1860–1870, 1885–1900.

Mit Bestands- und Einzelsignatur, Titelaufnahme und Laufzeit ist der Archivar den Mindestanforderungen bei der Verzeichnung nachgekommen. Weitere archivische Tätigkeiten können sich bei der Verzeichnung niederschlagen. Sperrfristen, die nicht ohne weiteres aus dem Titel abzuleiten sind (z.B. bei Sach- oder personenbezogenen Akten), sind auszuwerfen. Restaurierungsbedarf sollte unmittelbar beim Verzeichnen notiert werden, um das Archivgut sofort nach der Verzeichnung oder später der Restaurierungswerkstatt zuzuleiten. Ein Hinweis auf Ausstellungswürdigkeit einzelner Schriftstücke (z.B. illustrierte Briefköpfe oder illustrierte Prospekte in Sachakten) erspart bei späteren Recherchen Arbeit. Dem Historiker kommt der Archivar ein gutes Stück entgegen, wenn er den Quellenwert einer oder mehrerer Archivalieneinheiten festhält. Kommentare wie „Diese Akte enthält reiches Material zur Geschichte des Einzelhandels im Ruhrgebiet" bedürfen allerdings der Kenntnis des Forschungsstandes und sollten nicht unfundiert abgegeben werden. Bei Serien von Akten und Geschäftsbüchern kann die Angabe des Quellenwerts auch die genauere Einzelerfassung von gleichförmigen Inhalten ersetzen.

4.2.1.4 Die Verzeichnung von Sammlungsgut

Im folgenden wird nicht unterschieden, ob die Verzeichnungseinheit dem Archiv provenienzmäßig zugewachsen ist oder als Sammlungsgut in das Archiv kam. Insbesondere Plakate, Flugblätter, Fotos und Musterbücher können Sammlungsgut sein (vgl. S. 7) und obendrein wegen ihrer spezifischen Beschaffenheit getrennt gelagert werden. Die nachfolgenden Ausführungen vernachlässigen aus pragmatischen Gründen den Unterschied von Sammlungs- und Archivgut. Die Frage, wo und wie das Archivgut gelagert wird, wird nur dann berücksichtigt, wenn die Verzeichnungsmethoden Auswirkungen auf die Lagerung haben. Plakate, Flugblätter, technische Zeichnungen, Fotos und Musterbücher können in Archiven getrennt oder in einem Schriftgutverbund gelagert werden. Der Erhaltungszustand bestimmt jeweils, ob und wie die Archivalien konservatorisch behandelt werden müssen.

Neben dem genannten Sammlungs- bzw. Archivgut fallen in Archiven der Wirtschaft z.B. an: Wertpapiere, Karten und Pläne (neben dem technischen Schriftgut), Geld, Gemälde, Medaillen und Orden. Die Verzeichnung dieser Gruppen kann hier aus Raumgründen nicht behandelt werden.

4.2.2 Verzeichnung einzelner Archivaliengruppen

4.2.2.1 Akten[4]

Bei der Titelaufnahme sind ältere Begriffe durch geläufige Wortinhalte zu ersetzen. Zum Beispiel bedeutete am Ende des 19. Jahrhunderts „Verkehr" soviel wie heute Handel. Der „Verkehr mit Rußland" als Aktentitel ist also in „Handel mit Rußland" zu übersetzen, damit der Benutzer heute auf die richtige Fährte gesetzt wird. Zur Verdeutlichung kann der alte Titel [„Verkehr mit Rußland"] in eckigen Klammern festgehalten werden. Immer dann also, wenn der alte Aktentitel in die Irre führt oder zu unspezifisch ist, muß der Archivar eingreifen und einen neuen Titel bilden. Besondere Probleme werfen Akten mit der Außenaufschrift „Verschiedenes" auf. Vor der Einführung von Sachakten waren solche Titel üblich, bei Privaten sind sie es jetzt noch. Beim Verzeichnen ist dann ein Hauptinhalt festzustellen und die davon abweichende Überlieferung separat auszuwerfen.

[4] Papritz, Johannes: Die archivische Titelaufnahme bei Sachakten, Marburg 1967 u.ö. ist grundlegend, ohne daß sich der Verfasser dieses Abschnitts aus pragmatischen Gründen die letzten Feinheiten der Papritzschen „Lehre" zu eigen machen möchte.

Der Titel sollte erkennbar machen, welches Kriterium die Aktenbildung bestimmte: Handelt es sich um Serien-, Betreff- oder Einzelfallakten?

Serienakten enthalten chronologisch, alphabetisch, topographisch oder nach anderen Kriterien abgelegtes Schriftgut, das mit anderen Bänden zusammen eine Serie ausmacht. Im Titel ist das festzuhalten. Um bei unserem Beispiel zu bleiben:

K 1 Nr. 2300 Handel mit Rußland, Bd. 1: 1858–1860
K 1 Nr. 2301 Handel mit Rußland, Bd. 2: 1860–1867 usw.

Protokollserien bilden oft Rückgratüberlieferungen für einzelne Unternehmen, Verbände oder Kammern. Manche von ihnen haben außer den Protokollen des Aufsichtsrates oder Vorstandes kein anderes Schriftgut aufbewahrt. Wer sich nicht mit der Erschließung über Titel und Laufzeit begnügen will, kann die Tagesordnungspunkte der jeweiligen Sitzungen erfassen und vermittelt dadurch einen detaillierten Überblick über die Tätigkeit des Unternehmens oder Verbandes. Für den Deutschen (Industrie- und) Handelstag wurde über die Verzeichnung der Protokollserien in der Empfängerüberlieferung ein Teil der im Zweiten Weltkrieg untergegangenen Registratur rekonstruiert.[5]

Betreffakten (Sachakten) haben Registratoren gebildet, wenn sie Schriftgut zu mehreren Fällen in einer Akte formieren. Der gegenüber der Einzelfallakte erweiterte Inhalt ist durch den Enthält-Vermerk zu vertiefen, z.B.

K 1 Nr. 2303
Deutsche Konsulate in Rußland
1877–1900
Enth. insbes.: Brand des Konsulats in St. Petersburg (1877); Personal des Konsulats in Moskau (1878).

Einzelfallakten entstehen, wenn alle Schriftstücke, die sich auf einen Einzelfall beziehen, in einer Akte abgelegt werden. Lange Wortreihen, oft verbunden durch Genitive oder mündend in Nebensätze, können als Titel entstehen. Der Archivar beseitigt möglichst solchen Wildwuchs. Immer müssen jedoch ereignisbezogene Inhalte im Titel deutlich werden, z.B.:

K 1 Nr. 2302
Brand des deutschen Konsulats in St. Petersburg am 23. Mai 1877
1877.

[5] Reininghaus, Wilfried u.a. (Bearb.): Quellen zur Geschichte des Deutschen Industrie- und Handelstages in Kammerarchiven 1861 bis 1918, Bonn 1986.

Korrespondentenakten enthalten Briefwechsel (Briefeingänge und/oder -ausgänge einschließlich eventueller Anlagen) oft in Serienform. Drei Formen der Verzeichnung sind möglich.

Erstens: Die Verzeichnung hält nur den Serientypus und die Laufzeit fest:
F 1 Nr. 1001: Briefeingänge 1870, Bd. 1: A–K.
F 1 Nr. 1002: Briefeingänge 1870, Bd. 2: L–Z.

Zweitens: Die Verzeichnung nimmt alle Korrespondenzpartner mit Ort und Zahl der Briefe auf:
F 1 Nr. 1001: Briefeingänge 1870, Bd. 1: (A–K)
Enth.: Achenbach & Co., Siegen (23), G. H. von der Becke AG, Hemer (3) usw. Besonders hervorzuhebende Inhalte werden als Darin-Vermerk ausgeworfen, z.B.:
Darin: Militärpostkarten aus Paris (4); Erlebnisbericht des Kontoristen Schmitz über die Schlacht von Sedan (Mskr., 8 S.); zahlreiche illustrierte Briefköpfe.

Drittens: Zwischen den ersten beiden Verzeichnungsarten wird ein Kompromiß gewählt, indem Briefpartner nur in Auswahl (z.B. bei mehr als fünf Briefen pro Jahr) aufgeführt werden.[6]

Für eine intensive Verzeichnung spricht die dadurch erreichte und mitgeteilte detaillierte Kenntnis der eigenen Bestände. Sucht z.B. die Abteilung Öffentlichkeitsarbeit nach alten Briefen langjähriger Kunden, so kann sie rasch bedient werden. Als Gegenargument ist der hohe Zeitaufwand in Rechnung zu stellen, der bei der Intensiverschließung von Korrespondenzen anfällt.

Die Intensiverschließung von Akten bietet sich immer dann an, wenn sie historisch besonders wertvolles Material enthalten. Die analytische Erschließung der Akten des preußischen Handelsministeriums durch H. Buck setzte hierfür Maßstäbe.[7] Diese vierbändige Veröffentlichung liefert zugleich Hinweise, wann eine analytische Aktenverzeichnung sinnvoll ist, nämlich dann, wenn durch sie erstens ansonsten verlorene Überlieferungen dokumentiert oder zweitens Entscheidungsprozesse bei Provenienzbildnern transparent gemacht werden können. Analytische Verzeichnungen erleichtern auch Recherchen und dem Benutzer die Bestellung von Akten. Das WWA hat die Akten der westfälisch-lippischen Industrie- und

[6] Vgl. Reininghaus, Wilfried (Bearb.): Friedrich Harkort, Kamp & Co. Die Mechanische Werkstätte in Wetter und ihre Nachfolgefirmen [1780] 1819–1910. Inventar zum Bestand F 1, Bd. 2, Dortmund 1993 (= Veröffentlichungen der Stiftung Westfälisches Wirtschaftsarchiv. 18).

[7] Buck, Herbert (Bearb.): Zur Geschichte der Produktivkräfte und Produktionsverhältnisse in Preußen 1810–1933. Spezialinventar des Bestandes Preußisches Ministerium für Handel und Gewerbe, Bd. 1(in zwei Teilen)-3, Weimar 1960/1970.

Handelskammern vor 1950 analytisch erschlossen und kann so anderweitig verlorenes Firmen- und Verbandsschriftgut über die Empfängerüberlieferung in den Kammerakten rekonstruieren.[8]

Seit Beginn der 1840er Jahre wurden Briefköpfe mit Werksansichten, Medaillen und Produkten illustriert. Weil illustrierte Briefköpfe für die Zeit bis zur Mitte unseres Jahrhunderts eine wirtschafts- und technikgeschichtlich bedeutende Quelle sind, lohnt sich deren intensive Erschließung nach folgenden Kriterien (mit Beispiel)

Verzeichnung von Briefköpfen

1. Dargestelltes Unternehmen mit Ort: C. Blumhardt, (Wuppertal-)Vohwinkel-Simonshaus
2. Branche: Herstellung von Transportgeräten
3. Datum der Geschäftsdrucksache: 3.10.1896
4. Gestaltung der Geschäftsdrucksache: Werksansicht, Produkte (5), Wappen, graphischer Schmuck
5. Provenienz; WWA F 55 Nr. 532
6. Druckhaus: Lithographische Anstalt Heinr. Heede, (Wuppertal-)Barmen.

4.2.2.2 Geschäftsbücher[9]

Kaufmännische Geschäftsbücher kommen in älteren Unternehmen massenhaft vor. Die Übernahme in das Archiv geschieht oft ungeordnet. Bevor die Verzeichnung einsetzen kann, müssen die Bücher nach Typen sortiert werden (vgl. S.). Haupt-, Vor- und Nebenbücher müssen jeweils in eine zeitliche Reihenfolge (Serien) gebracht werden. Äußere Merkmale helfen dabei: Häufig sind Serienangaben auf dem Buchrücken vermerkt, z.B. Hauptbuch A, Briefkopierbuch XXVI usw. In diesem Stadium der Arbeiten müssen sowohl Serienspaltungen als auch inhaltliche Änderungen erkannt und festgehalten werden. Serienspaltungen treten ein, wenn ein Buch, das bisher sämtliche Geschäftsvorfälle umfaßte, in mehrere Bücher aufgespalten wird, z.B. wenn ein Handelshaus seine Bücher nach Absatzregionen aufteilt. Inhaltliche Änderungen betreffen z.B. die Umwandlung des Buchhaltungssystems. Sprünge von der einfachen zur doppelten Buchhaltung, von der doppelten zur amerikanischen Buchhaltung bedingen meistens auch einen Wandel in der äußeren Gestalt der Bücher. Ergebnis der vorläufigen Ordnung kann die Erfassung der Bücher in Listenform

[8] Erstmals Dascher, Ottfried/Vollmerhaus, Hans (Bearb.): Inventar zum Bestand K 2 IHK Bochum (1856–1944), 2 Bde., Dortmund 1971/1972 (= Veröffentlichungen der Stiftung Westfälisches Wirtschaftsarchiv. 2).

[9] Reininghaus, Wilfried: Jenseits der Akten und Urkunden – Archivalien in Buchform, in: Archivpflege in Westfalen und Lippe 26, 1986, S. 25–42.

sein, die bereits einige wichtige Angaben (Laufzeit, Seitenzahl) einschließt (vgl. das folgende Beispiel).

Signatur	Originalbezeichnung des Geschäftsbuches	Seitenzahl	Laufzeit
Briefkopierbücher			
1	ohne Titel	950	1750–1764
2	ohne Titel	855	1769–1774
...			
Hauptbücher			
3	„Dahiesiges" Hauptbuch[10]	776	1713–1724
4	Lübecker Hauptbuch	888	1729–1731
...			

Vorläufige Verzeichnung von Geschäftsbüchern des Handelshauses Harkort (WWA F 39)

Sind die Geschäftsbücher typologisch formiert, kann die genauere Erschließung einsetzen. Die Verzeichnung von Geschäftsbüchern umfaßt mindestens folgende Positionen:

1. Signatur
2. Titel
3. Laufzeit
4. Quellenwert
5. Technik

Der Titel ergibt sich aus der Zuordnung zu einem gängigen Geschäftsbuch-Typ, z.B. Hauptbuch, Journal, Memorial usw. Im Regelfall können zeitgenössische Titel übernommen werden. Sind Titel unverständlich und nicht über die Charakterisierung eindeutig zu bestimmen, muß der Archivar einen verständlichen Titel formulieren. Bei der Laufzeit sind die zeitlichen Horizonte der Buchführung zu bedenken: Die übliche Übertragung älterer Restposten bei Eröffnung neuer Bücher ist wie eine Vorprovenienz in Klammern zu setzen. Der Quellenwert oder die Charakterisierung ersetzt den Enthält-Vermerk der Aktenverzeichnung. Da Benutzer häufig mit Buchhaltungssystemen wenig vertraut sind, sollte der Archivar den Inhalt des Geschäftsbuchs gemeinverständlich in Worte fassen können, z.B. bei einem Hauptbuch die Handelswege und Haupthandelsgüter benennen. Die Rubrik Technik beschreibt die Formate (Breite × Höhe × Tiefe, An-

[10] Hauptbücher mit Geschäftspartnern in der näheren Umgebung der Kaufmannsfamilie Harkort.

zahl der Seiten (p./S.) oder Blätter (fol./Bll.), das Vorhandensein eines Registers, Einlagen (in vielen Geschäftsbüchern liegen Rechnungsbelege) und die Art des Einbandes.

Weitere Punkte der Verzeichnung können sich wahlweise anschließen. Die Beschreibung des Erhaltungszustandes ist für die Vorbereitung von Restaurierungsmaßnahmen wichtig. Die Formenkunde kann sich der Buchhaltungstechnik zuwenden, z.B. den Schluß der Rechnungslegung durch eine Bilanz festhalten. Die abweichende Dokumentation entspricht dem Darin-Vermerk bei der Aktenverzeichnung.

Signatur	F 39 Nr. 75
Titel	Dahiesiges Hauptbuch Nr. 2
Laufzeit	(1750) 1751–1764
Quellenwert	Konten (Debet, Credit) für Transaktionen von Waren, Dienstleistungen und Geld in der näheren Umgebung (einschließlich Köln, Wesel, Amsterdam); Schwerpunkt: Herstellung von Sensen und Messern; Handel mit Rohstahl und Roheisen, Leinsaat; Fuhrdienste.
Technik	21 × 32 × 12 cm; 555 fol.; Register beigebunden; Einlagen (2 Konzepte bei fol. 492); Pergament
Erhaltung	Bindung brüchig; einzelne Seiten des Registers lose
Formenkunde	Volltexte der Eintragungen; Schreiber meistens Johann Caspar Harkort III; keine Bilanz; Trennung der Waren- und Geldkonten
Abweichende Dokumentation	Konten für die gemeinsame Wolltuchmanufaktur mit Bernhard Moll in Hagen und die „Winterberger Sensenhandlung"
Register, Index	Register nach Vornamen (!); Indizierung der Konteninhaber (Name, Vorname, Ort, Beruf, Kurrenz, fol.), 1985

Beispiel für die Titelaufnahme eines Geschäftsbuches aus dem Bestand Johann Caspar Harkort, Hagen-Harkort, im WWA

Wie im Beispiel vermerkt, kann das Register Mängel aufweisen oder ganz fehlen. Der Archivar steht dann vor der Frage, ob er ergänzende Erschließungsformen wählt. Es bietet sich an, die Kontenform zu benutzen und jeden Konteninhaber und Sachkonten in einen Index zu übertragen. In unserem Beispiel sieht der Index wie folgt aus:

Ackersberg, Johann Peter; Sprockhövel; Messerschmied; 1751–1753; (F 39 Nr. 75, fol.) 252
Becker, Peter; Breckerfeld; Kaufmann; 1760–1763; (F 39 Nr. 75, fol.) 480

Nicht verschwiegen werden darf, daß die nachträgliche Indizierung eines Geschäftsbuches sehr zeitaufwendig ist. Sie sollte sich auf besonders wertvolle Geschäftsbücher bis 1800 konzentrieren. Je jünger Geschäftsbücher sind, um so weniger intensiv werden sie erschlossen.

4.2.2.3 Plakate, Flugblätter

Für Plakate und Flugblätter bieten sich zwei Verzeichnungsformen an: die Gruppen- und die Einzelverzeichnung. Die Gruppenverzeichnung wird bei ungünstigen personellen Verhältnissen zum Zuge kommen.[11] Dabei werden Plakate nach sachthematischen Kriterien zu Gruppen zusammengefaßt und gelagert. Es ergeben sich vier Möglichkeiten der Gruppierung und damit auch der Erschließung. Alle haben Vor- und Nachteile.

Plakate nach Formaten zu ordnen, hat konservatorische und Platz-Vorteile. Kleine und große Formate werden getrennt. Dem steht die Vermischung der Inhalte entgegen. Die Ordnung nach Zeitabschnitten bietet den Vorteil eines raschen Zugriffs auf Plakate als Bildquelle zu einer Epoche. Eine Ordnung nach Sachen wird oft damit gerechtfertigt, daß 80% der Nachfragen sachthematischer Natur sind. Allerdings entstehen bei sachthematischer Lagerung Probleme der Begriffsabgrenzung. Die Ordnung nach Herausgebern von Plakaten ist dem Archivar vertraut. Eine solche Gliederung bedarf jedoch einer sachthematischen Untergliederung.

Gegen die Gruppenverzeichnung von Plakaten spricht nicht zuletzt, daß Recherchen dann nur am Bestand selbst möglich sind. Dem Erhaltungszustand der Plakate ist dies abträglich. Wann immer es möglich und es sinnvoll ist, sollten deshalb Plakate einzeln verzeichnet werden.[12] Jedoch kann z.B. bei einem großen Konvolut von Werbeplakaten mit ähnlichen Motiven und Ankündigungstexten zu ein- und derselben Veranstaltung auf eine Einzelverzeichnung verzichtet werden.

Die Signatur wird innerhalb des Sammlungsbestandes nach numerus currens vergeben. Alte Signaturen werden für eine Konkordanz übernommen. Einen Titel zu vergeben, wirft oft Probleme auf. Als Hilfe bietet sich an, den Haupttext des Plakates zu übernehmen, falls Sachthemen oder Veranstaltungen nicht eindeutig festzumachen sind. Unter Herausgeber werden die Auftraggeber des Plakats oder Veranstalter notiert. Graphiker sollten, wenn ihr Name erscheint, erfaßt werden. Gleiches gilt für Drucker und Druckort. Unter Zeitpunkt wird das Erscheinungsjahr, das Datum der angekündigten Veranstaltung oder der Wahltermin ermittelt. Handlungs-

[11] Werner, Wolfgang: Erschließen von Plakatbeständen, in: Archivpflege in Westfalen und Lippe 28, 1988, S. 12–15.

[12] Stremmel, Ralf: Das Plakat im Archiv, in: Archivpflege in Westfalen und Lippe 39, 1994, S. 15–24; Farrenkopf, Michael/Kroker, Evelyn: Plakate als historische Quellen, in: Kroker, Evelyn (Hrsg.): „Wer zahlt die Zeche?“ Plakate und Flugblätter aus dem Bergbau-Archiv Bochum, Bochum 1995 (= Schriften des Bergbau-Archivs. 6), S. 8–12.

Signatur:	P 1023	Objekt: F*	Aktensignatur: 012/310
Größe:	30,3/21,3	Farbe: s-w	
Titel:	„Arbeiter, Angestellte, Beamte im vereinigten Wirtschaftsgebiet.“		
Datum/Zeit:	1948	Ort: /	
Anl./Ereignis:	Aufruf zum Streik (Arbeitsruhe), 12. November 1948		
Auftraggeber:	Der Gewerkschaftsrat des vereinigten Wirtschaftsgebietes, Hans Boeckler		
Druckerei:	W. Th. Webels, Essen		
Grafiker:	/		
Bemerkungen:	Dauerausstellung „Wer zahlt die Zeche?“		
* F = Flugblatt			

Beispiel aus dem Bergbau-Archiv Bochum für die Verzeichnung von Plakaten

orte anzugeben, ist für mehrzellige Archive notwendig. Die Kategorie formale Beschreibung ist den Formaten und der typisierten Wiedergabe von Bildinhalten (z.B. farbliche Gestaltung) vorbehalten. Die Provenienz benennt die Herkunft aus einem Bestand (Registraturbildner, abliefernde Institution/Person). Bemerkungen können u.a. notwendige Arbeitsschritte zur Datierung eines Plakats aufnehmen.

4.2.2.4 Musterbücher, Kataloge

Verzeichnete Musterbücher (zur Definition vgl. S.) bieten einen verbesserten Zugriff auf ein klassisches Absatzinstrument des eigenen oder fremden Unternehmens. Sie können in Kurz- und Langform erschlossen werden. Die Verzeichnung in Kurzform enthält

1. Signatur
2. Firma mit Ort
3. Branche
4. Datierung
5. Umfang
6. Charakterisierung

Die Signatur kann eine Firmenprovenienz oder einen separaten Sammlungsbestand betreffen. Die Firma dient der Erfassung des Unternehmens, das das Musterbuch herausgegeben hat, die (möglichst in standardisierten Begriffen erfaßte) Branche einer ersten Zuordnung, falls dies nicht aus der Firma hervorgeht. Die Datierung bereitet quellenbedingt Probleme. Vor 1914 sind Musterbücher und Kataloge selten eindeutig datiert. Sie sollten lange in Umlauf sein; Unternehmen verzichteten deshalb auf die Angabe von Jahreszahlen. Die Datierung muß dann anhand sekundärer Merkmale (z.B. graphische Gestaltung) erfolgen. Der Umfang gibt die Anzahl der Seiten sowie Einlagen an. Die Charakterisierung soll dem Benutzer Informationen liefern über die zu erwartenden Produkte, ihre Abbildungen und ihren Gebrauch. Sind Preislisten als Einlagen vorhanden, muß dies erwähnt werden.

Die Verzeichnung in Langform dürfte nur selten angewendet werden. Sie vertieft die Analyse der Kurzverzeichnung durch folgende Informationen:

7. Innen- und Außentitel des Musterbuches
8. Format
9. Einband
10. Sprachen
11. Drucker
12. enthaltene Produkte
13. sonstige Informationen (z.B. Fabrikansichten, abgebildete Medaillen).

4.2.2.5 Fotos

Es gibt drei Verfahren, um Fotos (zur Definition vgl. S. 87) zu ordnen.[13] Sie hängen auch von der Art des Zugangs ins Archiv ab. Fotos können im Verbund mit anderem Archivgut, z.B. in Akten, in das Archiv gelangen, jedoch auch als eigener Bestand organisiert sein, z.B. als Überlieferung der Presseabteilung oder der Nachlaß eines Fotografen. Schließlich kommen Fotos – einzeln oder in Verbünden – als Sammlungsgut in das Archiv.

Fotos müssen aus konservatorischen Gründen in der Regel getrennt von anderem Archivgut gelagert werden. Häufig bilden sie eigene Abteilungen im Magazin, wobei sie zusätzlich nach ihrer technischen Beschaffenheit (Glasplatten, Dias, Kleinbildnegative usw.) getrennt werden können. Für die Verzeichnung und Erschließung von Fotografien bieten sich die folgenden Möglichkeiten an: Erstens können Fotos innerhalb von Aktenbeständen verbleiben und dort verzeichnet werden, wenn dies aus konservatorischen Gründen vertretbar ist. Wenn sich die Herausnahme empfiehlt, so ist dies an der Entnahmestelle und bei der Verzeichnung der Fotos zu kenn-

[13] Zugrundgelegt wurden Romeyk, Horst: Bildliche Darstellungen. Archivarische Erschließung und quellenkritische Bewertung, Düsseldorf 1975; Schmid, Gerhard und Irmtraut: Archivische Bearbeitung von fotografischen Aufnahmen, in: Archivmitteilungen 15, 1965, S. 171–180; Klemig, Roland: Wie ordnet man 100 000 Bilder? Ordnungsprinzipien und Sachsystematik in Bildarchiven, in: Archiv und Wirtschaft 18, 1985, S. 123–129; Müther, Herwig: Fotografien in Archiven: Das Beispiel Historisches Archiv Krupp, in: Archiv und Wirtschaft 28, 1995, S. 51–58.

zeichnen. Durch Kopien kann die Verbindung zu dem Bestand, aus dem das Fotomaterial stammt, hergestellt werden.

Zweitens können Fotos – unabhängig von ihrer Provenienz – in sachthematisch geordneten Sammlungen zusammengefaßt und verzeichnet werden. Dies ist zwar benutzerfreundlich, doch erfordert es einen hohen Arbeitsaufwand beim Einordnen von größeren Neuzugängen. Bei der Verzeichnung sind Auftraggeber und Fotografen ebenso zu nennen wie die Inhaber des Copyrights. Wichtig sind die Entstehungszwecke. Entstehungsarten können z.B. sein: „amtliche" Aufnahmen (die Überlieferung von Presse- und Informationsstellen), aktuelle Berichterstattung (für die Mitarbeiter- oder Verbandszeitschrift), Werbematerial (PR-Fotos), Porträtaufnahmen (der Personalstelle), Amateuraufnahmen (z.B. von Betriebsausflügen).

Es ist sorgfältig zu prüfen, wer das Urheberrecht an Fotos besitzt, wobei dies im Einzelfall schwierig zu entscheiden sein kann. Um eine Nutzung von Fotos zum Schaden des Archivs zu verhindern, müssen auf den Fotos und ihren Verpackungen Rechte Dritter sichtbar vermerkt werden.

Es ist nicht erforderlich, jedes Foto einzeln zu verzeichnen. Eine Gruppenverzeichnung sollte allerdings nicht zu große Mengen zusammenfassen. Sie empfiehlt sich bei Ereignissen, die sachlich, örtlich, personell oder chronologisch eindeutig abzugrenzen sind: z.B.

> Besuch der japanischen Handelsdelegation im Werk Neustadt, 9.4.1960, 12 Fotos
> Vollversammlung der Industrie- und Handelskammer, 12.5.1965, verschiedene Einzelaufnahmen, 10 Fotos
> Fritz Berg, Präsident der SIHK Hagen, verschiedene Porträts, 5 Fotos, 1950–1970
> Neubau des Verwaltungsgebäudes 1960-1962, Einzelaufnahmen während der Bauarbeiten, 20 Fotos

Innerhalb der Gruppen müssen die einzelnen Fotos signiert werden, damit sie für Ausleihe, Abdruck usw. eindeutig identifizierbar sind.
Die Einzelverzeichnung umfaßt folgende Positionen:

1. Signatur
2. Altsignatur und Provenienz
3. Fotograf
4. technische Beschaffenheit
5. Datierung
6. Bildinhalt
7. Urheberrecht

Die Signatur gibt die laufende Nummer im Fotobestand an, die Altsignatur verweist bei herausgenommenen Bildern auf die Entnahmestelle und damit auf die Provenienz. Wenn einzelne Fotozugänge, z.B. aus privater

Hand, einem Sammlungsbestand zugewiesen werden, ist an dieser Stelle die Provenienz (der Fotograf, die abliefernde Person oder Firma usw.) zu nennen.

Die technische Beschaffenheit bezieht sich auf die Bildart: Fotoabzüge (Kontaktabzüge und Vergrößerungen mit Formatangaben, farbig oder schwarz-weiß), Negative (Glasplatten, Plan-, Kleinbildfilm), Vorhandensein von Reproduktionen.

Die Datierung ist möglichst genau mit Tag und Monat zu ermitteln. Annähernd bestimmte Datierung sind durch „ca.“, „um“, „vor“ oder „nach“ kenntlich zu machen. Die Behandlung nicht datierter Bilder wird unten beschrieben.

Unter dem Bildinhalt werden die Fotos beschrieben. Verwertet werden können dabei auch vorgegebene Texte (rückseitig aufgeklebt oder Unterschrift bei Veröffentlichung) bzw. handschriftliche Informationen, die vor der Bearbeitung im Archiv entstanden sind. Wichtig ist es, die Bildlegende auf Richtigkeit und Vollständigkeit zu überprüfen. Der Bildinhalt erfaßt die Kriterien Personen, Ereignisse, Raum und Sachen.

Bei Personenaufnahmen sind möglichst die Namen, die Stellung oder der Beruf des Abgebildeten und die Darstellungsform, Porträts und Einzelaufnahmen in bestimmten Situationen (bei Reden, Besichtigungen usw.) anzugeben. Bei Gruppenfotos sind der Entstehungszweck (das Ereignis) sowie ebenfalls die Darstellungsformen zu nennen. Bei Ereignissen muß festgehalten werden das Ereignis selbst, der Ort, an dem es stattfand, die Darstellungsform sowie die zu identifizierenden Personen. Die raumbezogene Verzeichnung von Fotos nennt die dargestellten Orte, Städte und Landschaften und bezeichnet sie nach Darstellungsformen näher. Darstellungsformen in diesem Bereich sind z.B. Außenansicht, Innenaufnahme, Gesamt-/Teil-/Detailansicht. Wichtig ist die genaue zeitliche Einordnung (vor bzw. nach bestimmten Ereignissen, im Bau, im Wiederaufbau usw.). Produkte sind z.B. in den Archiven von Unternehmen, die werben oder produzieren, ein bedeutsames Verzeichnungsmerkmal. Der abgebildete Gegenstand ist möglichst genau festzuhalten: die Produktbezeichnung, der Zeitpunkt der Produktion, der Kunde bzw. Auftraggeber.

Fotos sind häufig unbeschriftet und undatiert, die abgebildeten Personen, Orte und Sachen nicht identifizierbar. Wie geht der Archivar vor, um Zeitpunkt und Gegenstand der Aufnahme zu ermitteln? Zum einen liefert die Bildart erste Anhaltspunkte. Um banale Beispiele zu wählen: Glasplatten sind ebensowenig im späten 20. Jahrhundert zu erwarten wie Farbaufnahmen vor 1938. Bei der Datierung helfen dargestellte Moden, Baustile und -zustände, Verkehrsmittel, Hoheitszeichen. Die Ermittlung von Orten ist bei Außenaufnahmen anhand charakteristischer Bauten möglich. Personen können über biographische Hilfsmittel identifiziert werden. Ein unbekanntes Ereignis näher zu ermitteln, setzt die Auseinandersetzung mit bildimmanenten Kriterien voraus. Ist der regionale Bezug festzustellen, kann die Durchsicht der Tagespresse oder sonstiger Periodika weiterhelfen. Bei relativ gegenwartsnahen Aufnahmen sollten mitwirkende Personen über die Entstehung befragt werden. Das nachträgliche Zuordnen und Datieren nichtbeschrifteter Fotos ist immer eine äußerst zeitaufwendige Arbeit. Daher ist je nach Alter und vermutlichem historischem Wert der unbeschrifteten Fotos zu überlegen, ob sie kassiert werden können.

Einen Sonderfall bilden Fotoalben.[14] Verzeichnungstechnisch können sie alternativ wie Geschäftsbücher oder wie Fotos behandelt werden. Der Geschäftsbuchverzeichnung entspricht die Behandlung anhand der äußeren Merkmale (Formate; Umfang; Einband und Formierung der Fotos zum Album). Die in den Alben enthaltenen Fotos können als Gruppe oder einzeln verzeichnet werden. Die Gruppenverzeichnung bietet sich bei Alben zu einem Thema an. Einzelverzeichnung ist dann sinnvoll, wenn die Einzelfotos verschiedene Themen betreffen und einzeln auffindbar sein sollen. So ist beispielsweise sinnvoll, bei einem Album „Werksansichten 1892" die einzelnen Werkstätten separat zu verzeichnen, ebenso in einem Album „Wohlfahrtseinrichtungen" die einzelnen Wohnsiedlungen. Die Organisation der Fotos als Album legt die Gruppenverzeichnung nahe. Fotoalben mit Personen bereiten Identifizierungsprobleme, falls die Einzelpersonen nicht mit Unterschriften gekennzeichnet sind.

Vor Beginn der Verzeichnungsarbeiten an Fotos empfiehlt sich aus Gründen der Arbeitsökonomie und Effizienz eine Abwägung der Vor- und Nachteile der Methoden. Eine Einzelverzeichnung führt zum Anschwellen der Titelaufnahmen und erfordert großen zeitlichen und personellen Aufwand. Der Vorteil liegt im raschen Zugriff auf Einzelmotive. Die Gruppenverzeichnung führt zur häufigeren Einsicht in die Originale und erschwert den Zugriff auf Einzelmotive, beansprucht aber weniger Zeit und Personal. Um die Originale zu schonen, kann bei Fotoaufträgen jeweils ein Stammabzug für eine Arbeitskartei des Archivs angefertigt werden, die dann den schnellen Zugriff erlaubt. In Zukunft wird hier die digitale Bildspeicherung neue Wege öffnen.

4.2.2.6 Tonträger

Die Erschließung von Tonträgern muß die Bedingungen ihrer Aufbewahrung und Benutzung einbeziehen. Der einzelne Tonträger ist deshalb die zu verzeichnende Einheit, von der es jedoch drei materielle Formen gibt:

[14] Herz, Rudolf: Gesammelte Fotografien und fotografierte Erinnerungen. Eine Geschichte des Fotoalbums an Beispielen aus dem Krupp-Archiv, in: Tenfelde, Klaus (Hrsg.): Bilder von Krupp. Fotografie und Geschichte im Industriezeitalter, München 1994, S. 241–268.

das Ausgangsmaterial (Walze, Schallplatte, Tonband oder Kassette), das Sicherungs- oder Mutterband und die Benutzerkassette. Die im folgenden nach dem Vorbild des Bundesarchivs entwickelte Verzeichnungsmaske lehnt sich an Elemente der Verzeichnung von Fotos an, berücksichtigt jedoch zugleich die spezifischen Eigenschaften des Mediums.[15] Wegen der nötigen Quellenkritik ist die Prüfung der Vollständigkeit zu beachten.[16]

Verzeichnungsmaske für Tonträger
Quelle: Trumpp, Der Archivar 49 (1987), Sp. 237f.

1. Lagerungs-Signatur a) Ausgangsmaterial b) Mutterband c) Benutzerkassette	
2. Bestands-Signatur	
3. vorkommende Personen	
4. vorkommende Sachen	10. Dauer
5. vorkommende Orte	11. technischer Zustand
6. Datum (Aufnahmedatum)	12. Vollständigkeit
7. Hersteller	13. Überspielung
8. Zahl und Art der Tonträger (bei abweichendem Material)	14. weitere Bemerkungen 15. Zugang mit Akzessions-Nr.
9. Ablaufgeschwindigkeit	16. Abgebende Stelle

4.2.2.7 Filme

Die Erschließung filmischer Archivalien zerfällt bei Beachtung der Provenienz und des Entstehungszwecks in drei unterschiedliche Komplexe:
1. die formale filmtechnische Erschließung
2. die inhaltliche Erschließung des Films
3. die Beschreibung nach optischen und akustischen Gesichtspunkten

Hierzu hat das Historische Archiv Krupp Filmprüfbögen entwickelt, die eine standardisierte Einzelbearbeitung der Filme ermöglicht. Blatt 1 und 2 umfassen die formale filmtechnische Beschreibung, Blatt 3 beschreibt den Gesamtzustand, die notwendigen konservatorischen Maßnahmen und Kopierarbeiten, Blatt 4 benennt die an der Produktion des Films beteiligten Personen, analysiert den Inhalt und ermittelt weitere Quellen zur Geschichte des Films. Anschließend wird auf Blatt 5 vorläufig vermerkt, ob es sich um Sicherungs-, Vorführ- bzw. Verleihkopien oder um Videokopien

[15] Trumpp, Thomas: Zur Ordnung, Verzeichnung, Erhaltung und Restaurierung von Tonaufzeichnungen in Archiven, in: Der Archivar 49, 1987, Sp. 225–244.
[16] Niggemeier, Hannelies: Tonträger als historische Quellen. Möglichkeiten ihrer Manipulation, Verfälschungen und Fälschung und deren Erkennbarkeit, in: Der Archivar 28, 1975, Sp. 291–302.

handelt. Ein abschließender Gesamtbefund faßt alle Informationen zum Film und zu den vorgeschlagenen Arbeiten zusammen. Aus arbeitsökonomischen Gründen – um einen zweiten „Durchgang“ zu sparen – sollten die Angaben über konservatorische Maßnahmen und Kopierarbeiten nach Kategorien so genormt vermerkt werden, daß später mit Hilfe der EDV Seiten für die „dringliche“ oder „empfohlene“ Konservierung bzw. „dringliche“ oder „empfohlene“ Kopierarbeiten als Basis für die weitere Bearbeitung erstellt werden können.

Titelaufnahme von Filmen im Historischen Archiv Krupp (gekürzt)

Vollständiger Abdruck in: Köhne-Lindenlaub, Renate u.a.: Filmsicherung und Filmerschließung. Ein Projekt des Historischen Archivs Krupp, in: Industriefilm – Medium und Quelle. Beispiele aus der Eisen- und Stahlindustrie, hrsg. v. Manfred Rasch u.a., Essen 1997, S. 235–250.

Blatt 1

Signatur:		
Titel:		
Untertitel:		
Klassifikation:		
gemessene Länge:	m;	Minuten bei ____ Bilder/Sekunde
Laufzeit:		Datierung:
Produzent:		Auftraggeber:
Inhaber der Rechte:		
Materialart:		
Filmformat: (z.B. 16 oder 35 mm)		
Bildformat: 1:1 oder anderes		
Magnetband:		Cordband:
Farbe:		Ton:
Sprache:		
(bei Videos:	Format:	System)
Zugangs-Nr.		

Blatt 2

Trägermaterial: Sicherheitsfilm/Nitrofilm/nicht festzustellen
Streifen/Schrammen: ohne/wenig/störend; Anfang/Mitte/Ende
Oberfläche: nicht/leicht/stark verschmutzt; Anfang/Mitte/Ende
Klebestellen:
Perforation:
Ton:
Bild: Nachdunklung; Farbstich; ausgeblichen
Vollständigkeit

Blatt 3

Gesamtzustand:
Konservatorische Maßnahmen
dringlich, empfohlen, nicht nötig
Erledigung
Kopierarbeiten:
dringlich, empfohlen, nicht nötig
- Erstellen von Sicherungskopien
- Erstellen von Vorführ- / Verleihkopien

Blatt 4/5

Beteiligte/Mitarbeiter/innen	Kamera:
Leitung:	Schnitt:
Regie:	Musik:
Vorlage/Buch:	Inhaltliche Erschließung
Sprecher:	Prädikate/Festspielteilnahmen/Preise
Beratung:	Schriftliche Quellen
	Charakterisierung: Sicherungsstücke; Vorführ-, Verleih-, Videokopie
	Indexbegriffe: Autor, Person, Orte, Sachen

4.2.2.8 Technische Zeichnungen

Die Verzeichnung technischer Zeichnungen (zur Definition vgl. S. 84), wie sie in Registraturen und Archiven der Wirtschaft massenhaft vorkommen, ist bisher unter facharchivischen Gesichtspunkten kaum erörtert worden. Im folgenden wird auf die Methoden staatlicher Archive zur Titelaufnahme von Karten[17] zurückgegriffen und aufgrund eigener Erfahrung beim Umgang mit technischen Registraturen[18] modifiziert dargestellt.

Das Problem, ob eine Gruppen- oder Einzelverzeichnung angewandt werden soll, gewinnt bei technischen Zeichnungen eine besondere Qualität. Die einzelne Detailzeichnung ist eingebunden in einen größeren Projekt-Zusammenhang. Für einen einzelnen Auftrag, der durch eine Kommissions-Nummer eindeutig bestimmt ist, fallen oft mehrere hundert Detailzeichnungen an. Werden technische Zeichnungen aus intakten Registraturen übernommen, dann bietet sich die Gruppenverzeichnung als Mittel an, um mit vertretbarem Aufwand eine Übersicht zu schaffen. So lager-

[17] Engel, Franz: Über das Ordnen und Verzeichnen von historischen Karten und Plänen. Die Neuordnung der Kartenabteilung des Niedersächsischen Staatsarchivs in Hannover, Göttingen 1958; Papritz, Johannes: Die Kartentitelaufnahme im Archiv, 3. Aufl., Marburg 1977.

[18] Reininghaus, Wilfried: Technische Registraturen im Maschinenbau. Überlegungen zu Organisationsgeschichte und archivischer Bewertung, in: Archiv und Wirtschaft 24, 1991, S. 51–56.

ten bei der Werkzeugmaschinenfabrik Wagner in Dortmund über 100 000 Zeichnungen aus der Zeit von 1900 bis 1945, sortiert nach Teilen der Werkzeugmaschinen. Von 21 typischen Maschinen wurde je ein kompletter Zeichnungssatz übernommen und dieser in Gruppenverzeichnung erfaßt. Die Verzeichnung enthält z.B. folgende Einzelelemente:

1. Archivsignatur: F 3 Nr. 100.001
2. Objekt: Karusselldrehbank
3. Kunde: Deutsche Niles-Werke AG, Berlin
4. Datum: 1937
5. Typ-Nr.: KFRW 250
6. Maschinen-Nr.: 16024
7. Kommissions-Nr. 35.837
8. Anzahl der Zeichnungen: 51

Die hohe Einzelsignatur unseres Beispiels verweist in Verbindung mit der Bestands-Nummer darauf, daß die Zeichnungen im Archiv separat in Kartenschränken lagern. Die sechsstellige Nummer schließt Verwechslungen mit anderen Lagerungsorten aus. Das Objekt greift die übliche, z.B. in den Angebotskatalogen gebräuchliche Formulierung auf. Der Kunde wird mit seiner zeitgenössischen Firma und seinem Standort erfaßt. Beim Datum kann nach Bestell- oder Lieferdatum differenziert werden. Bei längerer Auslieferungszeit sind zwei Jahresangaben möglich. Typ-, Maschinen- und Kommissions-Nummern werden in Unternehmen vergeben, um hergestellte Produkte eindeutig zu beschreiben. Die Typ-Nummer weist eine Maschine dem Gesamtangebot des Unternehmens zu, die Maschinen-Nr. trägt die tatsächlich ausgelieferte Maschine und wird für Reparaturzwecke benötigt, die Kommissions-Nr. verzahnt technischen und kaufmännischen Betrieb.

Gruppenverzeichnungen können auch die Lagerungsverhältnisse beim Provenienzbildner widerspiegeln. Entschließt sich das Archiv, die Lagerung, z.B. in Rollen, beizubehalten, wird aus der Altsignatur (der Rollen-Nr.) eine Archivsignatur, unter der mehrere Zeichnungen zu finden sind. Vorhandene Findhilfsmittel können dann übernommen werden. Die Verzeichnung kann dann z.B. folgendes Aussehen haben:

1. Archivsignatur: F 83 Nr. 100.002
2. Altsignatur: Rolle 11
3. Objekte: Eisenbahnbrücken in Hagen, Schwerte, Gevelsberg
4. Kunde: Bergisch-Märkische Eisenbahn-Gesellschaft, Elberfeld
5. Datum: 1848–1866

[6.–9.wie oben 5.–8.].

Für alle bisher genannten technischen Zeichnungen sind auch Einzelverzeichnungen möglich. Ob sie sinnvoll sind, muß jedes Archiv im Rahmen seiner Arbeitsplanung entscheiden. Je älter ein Zeichnungsbestand und je weniger er vorgeordnet ist, um so eher ist die Einzelverzeichnung zu wählen. Die bei einer ausführlichen Einzelverzeichnung zu erfassenden Kriterien werden anhand des Bestandes F 100 Klöckner-Werke AG, Hütte Hagen-Haspe, im WWA aufgeführt, der ausschließlich technische Zeichnungen aus einer gestört erhaltenen Registraturordnung umfaßt:

1. Archivsignatur: F 100 Nr. 134
2. Altsignaturen: G 55; 603011
3. Titel: Bogenbrücke über die Stennertstraße in (Hagen-)Haspe, Bl. 5
4. Entstehungsstufe, Ausführungsart: Seitenansicht
5. Datum: September 1905
6. Maßstab: 1:20
7. Format (Breite × Höhe in cm); Erhaltungszustand: 96 × 52; Risse; Tesafilm
8. Hersteller (und deren Signaturen, falls vorhanden): Hein, Lehmann & Co. AG, Düsseldorf
9. weitere Einzelheiten (z.B. Zeichner): Zeichnungsbüro Westerhoff, Haspe

Die Altsignaturen erlauben einen Rückschluß auf die ehemalige Ordnung (hier: Lagerungsort und Kommissions-Nr.). Der Titel nimmt die Informationen der Vorlage auf, ebenso das Datum, das notfalls näher zu erschließen ist. Entstehungsstufen sind Skizzen, Entwürfe, Konzepte, Rein- und Nachzeichnung. Die Ausführungsart unterscheidet nach Ansichten, Grund- und Aufrissen, Lageplänen und Schnitten (vgl. S. 84). Der Maßstab vermittelt den Benutzern im Zusammenhang mit dem Format eine deutliche Vorstellung von der Größenordnung. Ältere Maßangaben sind deshalb umzurechnen. Durch die Verzeichnung des Herstellers werden Beziehungen des Provenienzbildners zu anderen Unternehmern festgehalten. Das Findbuch dieses Bestandes mit 183 Zeichnungen ist nach numerus currens angelegt und durch den Firmen- und Sachindex erschlossen.

Größere Bestände an technischen Zeichnungen können in verkürzter Form tabellarisch aufbereitet werden. Im WWA ist der 464 Zeichnungen umfassende Bestand F 77 (Ruhrkohle AG – Bergbau AG Westfalen) durch folgende Spalten erschlossen:

1. Archivsignatur: lfd. Nr. usw.
2. Titel (Architekt und Herstellerfirma werden ergänzend aufgeführt, wenn die Zeichnung nicht in der werkseigenen Bauabteilung entstand)
3. Entstehungsstufe und Ausführungsart in abgekürzter Form (z.B. A für Ansicht, L für Lageplan)
4. Maßstab 1: ....
5. Format
6. Datum
7. Altsignatur

Die Erfassung einzelner Zeichnungen füllt jeweils eine Zeile wie folgt aus, z.B.

(1)	(2)	(3)	(4)	(5)	(6)	(7)
302	Schachtanlage Gneisenau	L	1000	68×30	Aug. 1933	13000
283	Großsatteleisenbahnwagen (Orenstein & Koppel, Berlin)	A	20	85×41	7.4.1927	13026–006

4.3 Die Klassifikation und ihr Verhältnis zur Ordnung der Registratur

An die Verzeichnung schließen sich weitere archivische Arbeiten an. Das verzeichnete Archivgut muß nach sachlichen Kriterien geordnet und präsentiert, d.h. klassifiziert werden. Grundsätzlich ist die Klassifikation für jede Form von Archivgut möglich. Die folgenden Überlegungen beschränken sich auf Akten. Der zu klassifizierende Bestand sollte ein Mindestmaß an Einheiten aufweisen. Ein Klassifikationsschema bei weniger als 50 Einheiten anzulegen, wäre oft übertrieben.

Die Klassifikation eines Aktenbestandes gliedert diesen im Findbuch in mehrere sachlich zusammenhängende Gruppen, in denen sich die Kompetenzen und Aufgaben der Schriftgutbildner (Unternehmen, Kammern, Verbände und Personen) wiederfinden. Die Klassifikation berührt die Lagerung im Magazin nicht. Klassifikationsschemata zu Beständen lehnen sich an die vorgefundene Systematik der Registratur an, aus der das Schriftgut übernommen wurde. Je besser eine Registratur geführt worden ist, um so leichter wird nicht nur die Bewertung, sondern auch die Verzeichnung und spätere Ordnung des Schriftguts.

Das Klassifikationsschema eines Bestandes ist nie völlig deckungsgleich mit der Systematik in der Registratur:

Erstens wird es ganze Gruppen von Registraturgut geben, die nie oder nur in geringen Mengen archivisch übernommen werden.

Zweitens verändern sich Registraturen aus internen und externen Gründen. Registratursysteme wandeln sich, wie während der Büroreform besonders deutlich wurde. Wenn eine Registratur neue Sachverhalte aufnimmt, wird sie erweitert. Von außen wird oft tief in Registraturen und ihre Ordnung eingegriffen, z.B. wenn Unternehmen und Institutionen neu gegliedert oder ganz aufgelöst werden, z.B. bei Fusionen. Der oft rasche Aufgabenwandel in privatwirtschaftlichen Unternehmen sollte in Archiven der Wirtschaft zu Klassifikationsschemata mittlerer Reichweite führen, die flexibel zu handhaben sind. Aufgrund der betriebswirtschaftlichen Funktionen von Unternehmen lassen sich allgemeine Gliederungskriterien von Unternehmensbeständen aufstellen, die freilich von Fall zu Fall, von Branche zu Branche, modifiziert werden müssen. Als Beispiel sei ein solches Klassifikationsschema aufgeführt:

1. Unternehmensleitung, -organisation, Gründung
2. Geschäftsberichte
3. Finanzwesen, Bilanzen, betriebliche Buchhaltung
4. Produktion
5. Werbung, Export, Messen und Ausstellungen
6. Gebäude und Grundstücke
7. Personal- und Sozialwesen
8. Recht und Steuern
9. Mitgliedschaft in Verbänden und Kammern

Drittens kann nicht jede kurzfristige Organisationsänderung durch die Modifizierung in der Klassifikation aufgefangen werden. Ein Klassifikationsschema umfaßt möglicherweise mehrere Registraturschichten. Beispielsweise hat das Westfälische Wirtschaftsarchiv für die von ihm betreuten Archive der Industrie- und Handelskammern aufgrund der gesetzlichen Kompetenzen der Kammern ein aus der Musteraktenordnung von 1931 abgeleitetes Klassifikationsschema entwickelt, das der Verzeichnung aller Kammerbestände seit der Mitte des 19. Jahrhunderts zugrundeliegt und bis in die Gegenwart fortgeschrieben wird. Die Hauptgliederungspunkte sind:

1. Recht
2. Wirtschaftspolitik
3. Wirtschaftszweige
4. Verkehr
5. Außenhandel und Zollwesen
6. Öffentliche Finanzen und Steuern
7. Arbeit und Sozialpolitik
8. Bildung und Berufserziehung
9. Interne Organisation
10. Wirtschaftliche Interessenvertretungen

Viertens müssen tiefe, grundlegende Einschnitte als solche erkannt werden und unter Umständen Rückwirkungen auf die Tektonik haben. Bei unternehmensrechtlichen Änderungen sind oft neue Bestände anzulegen. Am gravierendsten sind Unternehmenszusammenschlüsse, die zu organisatorischen Veränderungen führen.

Fünftens ist zu berücksichtigen, daß in vielen Unternehmen überhaupt keine Registraturordnung besteht oder durch Kriegseinwirkungen verloren gegangen ist. Bei Vorständen oder in anderen Unternehmensbereichen werden häufig Handakten unorganisiert angelegt. Im Archiv sind dann in all diesen Fällen aufgrund einer Analyse der Akten während der Verzeichnung Anhaltspunkte zur Klassifikation zu sammeln. Bei der EDV-Verzeicnnung kann die Klassifikation ggf. schon vorab aus Rückentiteln, Abgabelisten u.ä. erarbeitet werden.

Klassifikationssysteme sollten sich im Regelfall des Dezimalsystems bedienen und in sich stimmig sein. Haupt- und Untergruppen müssen in einer logischen Ordnung stehen.

4.4 Arbeitsprotokoll und Schlußbericht

Aus dem Arbeitsprotokoll, das während der Verzeichnung und der sich daran anschließenden Arbeiten geführt wird (vgl. S. 170), erwächst der Schlußbericht. Er faßt die Arbeiten seit der Übernahme eines Bestandes zusammen und listet insbesondere auf:

1. Vorarchivischer Zustand und Bewertung
2. Nachweis der Kassationen
3. archivische Restaurierungsmaßnahmen und verbleibender Restaurierungsbedarf
4. vergebene Signaturen (Nr. 1-x) und ihre Verzahnung mit Altsignaturen (die Konkordanz)
5. Akten mit besonderen Sperrfristen
6. erste, vorläufige Charakterisierung des Quellenwertes des Bestandes einschließlich der ausstellungswürdigen Exponate (die Auswertung)
7. benutzte und weiterführende Literatur

4.5 Findmittel

Findmittel zu verzeichneten Beständen können sein: Karteikarten, Findbücher, elektronische Datenbanken. Wir konzentrieren uns im folgenden auf Findbücher (Inventare, Repertorien), die intern und extern genutzt werden können. Die interne Benutzung dient dem Archiv für Verwaltungs- und Auskunftszwecke, bei externer Benutzung wird das Findbuch Dritten (Benutzern) vorgelegt bzw. durch Drucklegung veröffentlicht. Zwischen Findbüchern in der externen und der internen Nutzung können Abweichungen auftreten, z.B. wenn in besonderen Fällen Findmittel zu gesperrten Akten den Benutzern nicht zugänglich gemacht werden sollen. Vollständige Findbücher werden nach Abschluß der Verzeichnungsarbeiten dem Provenienzbildner als Beleg für die archivische Arbeit übergeben.

Arbeitsprotokoll für die Bearbeitung von Archivbeständen

1. Name des Bearbeiters:

2. Zeitraum der Bearbeitung:

3. Bestandssignatur und
Bestandsname:

4. Umfang in lfd. m
   - bei Beginn der Bearbeitung:
   - nach Beendigung der Bearbeitung:

5. Laufzeit der Akten:

6. Anzahl der Verzeichnungseinheiten:

7. Allgemeine Beschreibung der Bearbeitung:

8. Kassation (Umfang, Stichworte zum Inhalt):
   - bereits kassiert

   - Vorschläge für spätere Kassation

9. Hinweise zur Provenienzstelle (Geschichte, Organisation, Zuständigkeit):

10. Klassifikation:
    - Schema
    - Angaben zur Entstehung/Erarbeitung der Klassifikation

Findbücher enthalten
1. das Gesamtinhaltsverzeichnis
2. das Vorwort des Bearbeiters
3. die Titelaufnahmen in klassifizierter Form
4. Indizes

Wesentliche Teile des Schlußberichts zu den Verzeichnungsarbeiten münden im Vorwort zum Findbuch. Das Vorwort soll den Benutzer über die Geschichte des Provenienzbildners (ein Unternehmen, eine Kammer, ein Verband), die hierzu vorhandenen Akten und die Bearbeitung des Bestandes im Archiv informieren. Eine auswertende Darstellung des Quellenwerts des verzeichneten Bestandes ist ebenso hilfreich wie ein Hinweis auf die wichtigste Literatur. Erreichbare Parallel- und Ergänzungsüberlieferungen sollten angegeben werden (vgl. Beständeübersicht des WWA).

Indizes erschließen die verzeichneten Akten. Sie können angelegt werden nach Orten, Personen, Institutionen und Sachen oder als Gesamtindex ohne Untergliederung. Für einen Gesamtindex spricht die Arbeitsökonomie. Für jeden Indexteil sind besondere Regeln zu beachten. Eingemeindete Orte sind heutigen Gebietskörperschaften zuzuweisen. Der Bearbeiter kann dies deutlich machen, indem er runde Klammern setzt, z.B. (Wuppertal-) Elberfeld. Unter Elberfeld ist dann auf Wuppertal zu verweisen. Bei entfernt liegenden kleinen Orten oder häufig vorkommenden Ortsnamen ist die Zuordnung zu einer größeren geographischen oder Verwaltungseinheit sinnvoll, z.B. Munkbrarup (Kreis Flensburg), Le Puy (Frankreich) oder Neuenkirchen (Kr. Steinfurt). Topographische Bezeichnungen (Rittergüter, Gehöfte usw.) müssen heutigen Gebietskörperschaften zugewiesen werden, z.B. Rutenborn (Gut, Schwerte-Geisecke).

Natürliche Personen werden in der Reihenfolge: Name (mit Geburtsnamen), Vorname (Rufname unterstrichen), ggf. Titel, Beruf und Lebensdaten in den Index aufgenommen, z.B.:
Harkort, *Friedrich* Wilhelm, Industrieller (1792-1880)
Harkort, geb. Märcker, Louise Catharina, Unternehmerin (1718-1795).

Juristische Personen, insbesondere Unternehmen, bieten bei zusammengesetzten Namen Probleme. Der erste in der Firma vorkommende Familienname bzw. das erste vorkommende Hauptwort sind nach vorne zu rücken. Bei Mehrfachnennungen ist mit Verweisungen zu arbeiten, z.B.:
Klein, Gebrüder, (Siegen-) Dahlbruch
Müller, Max, & Carl Meyer, Köln
Meyer, Carl siehe Müller, Max, & Carl Meyer
Neufeld, Carl, GmbH, Iserlohn
Aktiengesellschaft für Glasindustrie vorm. Friedrich Siemens , Dresden
Siemens, Friedrich siehe Aktiengesellschaft ...
Geläufige Abkürzungen sind in eckige Klammern zu setzen, z.B.
Aktiengesellschaft für Versorgungs-Unternehmen im Ennepe-Ruhr-Kreis [AVU], Gevelsberg
AVU siehe Aktiengesellschaft für Versorgungs-Unternehmen ...

Während Personen durch ihre Lebensdaten und Orte durch die Topographie eindeutig festgelegt sind, wandeln sich Sachbegriffe im Laufe der Zeit oder auch von Region zu Region. Deshalb sollten sich Archive im Rahmen der Verzeichnungsarbeiten auf einen Begriff für gleiche Sachen festlegen bzw. eine Liste für zu indizierende Sachbegriffe anlegen (Thesaurus). Solche Listen sollten regelmäßig überarbeitet werden, insbesondere im Hinblick auf die Ergänzung durch neue Begriffe. Z.B. rückte das Stichwort Umwelt seit etwa 1970 neu in den allgemeinen Sprachschatz.

Bei abgeschlossenen und ausgedruckten Findbüchern kann eine Konkordanz nachweisen, auf welchen Seiten im Findbuch die Signaturen des Bestandes oder Teilbestandes vorkommen.

BERGBAU-ARCHIV BOCHUM

FINDBUCH

zum Bestand 11:

Rheinpreußen AG für Bergbau und Chemie
Homberg (Niederrhein)

Januar 1995

Titelseite und Auszüge aus einem Findbuch

Inhaltsverzeichnis

Bestand 11

lfd. Nr.	Inhalt	Jahr	AS
664	Protokoll der Hauptversammlung vom 1. Juli 1964 mit dem Geschäftsbericht für das Jahr 1963	1963–1964	ZR H 64
665	Protokoll der Hauptversammlung vom 21.Dezember 1965 mit Bildung der Bergbau und Industrie GmbH Neumühl	1965	ZR H 65
666	Organschaftsvertrag zwischen Gewerkschaft Rheinpreußen und Gewerkschaft Neumühl vom 30. Oktober 1951 mit Änderungen von 1954, 1957 und 1962 Enthält: Schriftwechsel im Zuge der Vertragsabwicklung (Rheinpreußen übernimmt den gesamten Betrieb Neumühl auf eigene Rechnung)	1951–1962	o.AS
667	Umwandlung der Bergbau und Industrie AG Neumühl in eine GmbH Enthält v.a.: Vorbereitung der Stillegung Neumühl, Personalangelegenheiten, Abwicklung	1957–1962	VA 22
668	Umwandlung der Bergbau und Industrie Neumühl GmbH auf die Rheinpreußen AG Enthält: Fragen des günstigen Wechsels der Liquidation von Neumühl, Aufhebung des Bergeigentums, Abwicklung mit der Emschergenossenschaft	1965–1967	VA 23
669	Neuordnung der Beteiligungen der DEA (Deutsche Erdöl AG) an Neumühl und Rheinpreußen Enthält insbes.: Geschäftsbericht Neumühl; Gutachten über den Wert der Neumühler Aktien, Prüfung des Jahresabschlusses	1958 1962	VA 26

AS = Altsignatur

5. Bestandserhaltung

Von
Hartmut Weber

5.1 Bestandserhaltung als archivarische Fach- und Führungsaufgabe

Wie überall kommen auch bei der Wahrnehmung archivischer Aufgaben korrigierbare und unkorrigierbare Versäumnisse oder Fehler vor. Ein Übergabeverzeichnis, das bei einer eiligen Notübernahme nicht angefertigt werden konnte, läßt sich zu einem späteren Zeitpunkt rekonstruieren. Selbst eine Bewertung oder Nachbewertung kann nach der Übernahme erfolgen, läßt man Wirtschaftlichkeitsgesichtspunkte außer acht. Auch eine falsche oder unvollständige Titelaufnahme läßt sich später noch korrigieren. Nicht korrigierbar und unumkehrbar sind jedoch Versäumnisse bei der Überlieferungsbildung und bei der Bestandserhaltung.

Falsche Entscheidungen und Maßnahmen bei der Erhaltung der Bestände und – häufiger noch vorkommend – Unterlassungen und ein Konsumentenstandpunkt im Verhältnis zu den dem Archiv anvertrauten Unterlagen haben irreversible Folgen. Archivgut erhält sich nicht von selbst: Es verliert, wie alle organischen Materialien, über kurz oder lang seine Gebrauchsfähigkeit und zerfällt früher oder später. Die Lebenserwartung der traditionellen und neuen Materialien, aus denen die Informationsträger im Archiv bestehen, reduziert sich mit jedemTag. Diese Tendenz ist unumkehrbar. Steuerbar durch Maßnahmen der Bestandserhaltung ist nur das „früher oder später", wobei auch dabei die Maßnahmen eher in die Zukunft wirken, Versäumnisse der Vergangenheit als verpaßte Chancen nicht mehr korrigiert werden können.

Unter den archivischen Aufgaben kommt der Bestandserhaltung aber auch deshalb eine Schlüsselrolle zu, weil von der wirkungsvollen Wahrnehmung der konservatorischen Aufgabe abhängt, ob die Ziele archivischer Tätigkeit erreicht werden. Auch Wirtschaftsarchive gehen nicht mit Informationen um, die sich beliebig vom Informationsträger abtrennen lassen. Zum Wesen von Archivgut gehört, daß es in materialisierter Form vorliegt und als Authentikum nicht virtuell weiter bestehen kann, wenn die materielle Komponente untergeht. Wenn Archivgut nicht erhalten und zugänglich gehalten werden kann, ist es wenig sinnvoll, Bestände zu übernehmen und zu erschließen.

Auf vier Säulen ruht die wirkungsvolle Bestandserhaltung von Archivgut:

Bewertung
Schadensprävention
Instandsetzung
Konversion.

Die Bewertung stellt sicher, daß nur das erhalten wird, was von bleibendem Wert ist. Die vorbeugenden Maßnahmen verfolgen das Ziel, Archivgut vor Schäden zu bewahren und Rahmenbedingungen zu schaffen, unter denen die Archivalien möglichst lange zugänglich gehalten werden. Die Instandsetzung behebt mit abgesicherten Methoden der Restaurierung bereits eingetretene Schäden oder stellt mit konservierenden Verfahren die Gebrauchsfähigkeit wieder her. Die Konversion schließlich überträgt in Fällen, in denen fachliche Gründe dies zulassen, den bildlichen Informationsgehalt von Archivalien auf alterungsbeständige Informationsträger, wenn die Erhaltung der Originale nicht oder nicht wirtschaftlich möglich ist. Neben der Bewertung, die an anderer Stelle ausführlich behandelt wird, hat die präventive Bestandserhaltung die größte Wirkung und zugleich das günstigste Preisleistungsverhältnis. Umgekehrt ziehen Versäumnisse in diesem Bereich meist irreversible gravierende Schäden und hohe Kosten nach sich.

Zu den Maßnahmen der Schadensprävention gehören Archivbau, Archiveinrichtung, objektgerechte Klimatisierung, Lagerung und Verpackung, Bestandspflege, Schutzverfilmung und alle technischen und organisatorischen Vorkehrungen, die dem Schutz von Archivgut insbesondere bei der Benutzung und bei Präsentationen in Ausstellungen dienen. Bei der Erörterung der Unterbringung und Einrichtung von Archiven im nächsten Abschnitt werden auch Fragen angesprochen, die nicht unmittelbar mit der Bestandserhaltung verbunden sind, aber doch Einfluß auch auf diese Fachaufgabe haben. Wenn die baulichen Voraussetzungen für eine optimale Gestaltung archivischer Funktionsabläufe geschaffen sind, wirkt sich dies positiv auch auf die Bestandserhaltung aus.

5.2 Unterbringung und Einrichtung von Archiven

5.2.1 Allgemeine bauliche Anforderungen

5.2.1.1 Archivstandort und Baukonzeption

Kriterien für die Standortwahl eines Archivs sind Nähe zu den Stellen, die regelmäßig an das Archiv abliefern und eine verkehrsgünstige Lage für die

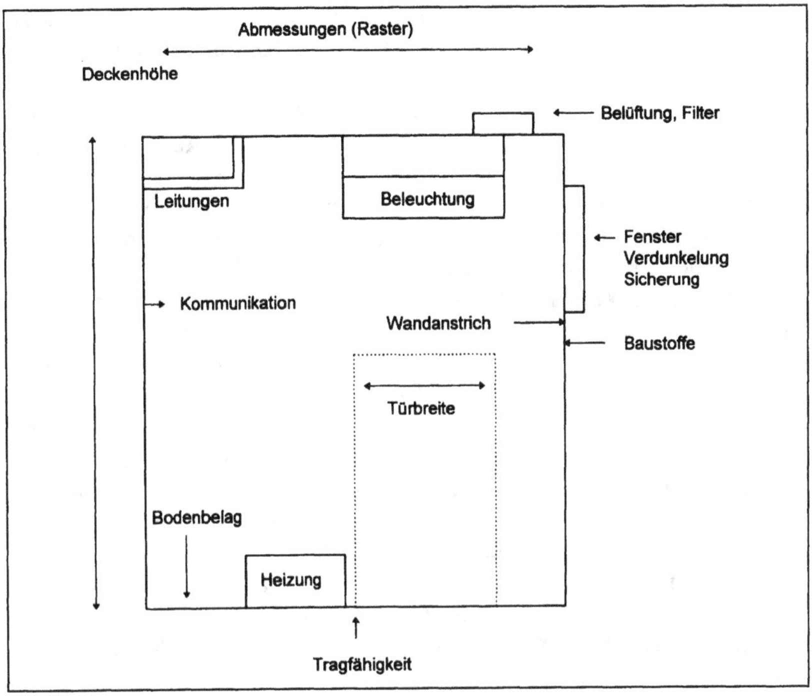

Bauliche Anforderungen an das Magazin

potentiellen Archivbenutzer aus dem Bereich des Unternehmens und von außerhalb. Verfügt ein Unternehmen über andere zentrale Dienstleistungseinrichtungen wie Bibliothek oder Fachdokumentation, so ist ein Standort in ihrer Nachbarschaft günstig. Zu brand- oder explosionsgefährdeten Anlagen sowie zu Anlagen mit Schadstoffemissionen sollte ein respektvoller Abstand gehalten werden. Zu meiden sind alle Orte, wo sich bei Hochwasser oder bei Schäden der Wasserversorgung oder -entsorgung Wasser in größeren Mengen sammeln könnte. Wünschenswert sind Erweiterungsmöglichkeiten am Archivstandort oder in unmittelbarer Nähe, weil aktive Archivtätigkeit zwangsläufig wachsenden Raumbedarf nach sich zieht.

Die genannten Kriterien können nur in seltenen Fällen alle erfüllt werden. Kompromisse bei der Standortwahl ziehen meist höhere bauliche Aufwendungen nach sich. So wird ein Archiv, das die Nähe zum pulsierenden Leben im Unternehmen sucht, diesen Standortvorteil oft mit dem Einbau einer wirkungsvollen Luftfilterung und möglicherweise mit der Notwendigkeit von Schallschutzeinrichtungen erkaufen müssen. Der ruhige Standort auf der grünen Wiese macht in der Regel einen höheren Aufwand an Sicherheits- und Kommunikationseinrichtungen erforderlich und zieht einen erweiterten Raumbedarf im Bereich von Sozialräumen und Aufenthaltsgelegenheiten für die Benutzer nach sich.

Die Konzeption zur Unterbringung eines Archivs hat zu berücksichtigen, ob für das Archiv ein Zweckbau errichtet werden kann oder ob vorhandene Gebäude für Archivzwecke adaptiert werden sollen, weiterhin, ob das Archiv zusammen mit anderen Unternehmensteilen oder allein unterzubringen ist. Im Falle eines Neubaus muß sich die Konzeption vor allem mit der Frage auseinandersetzen, ob das Archiv mit seinen unterschiedlichen Funktionsbereichen in einem oder in mehreren Baukörpern untergebracht wird.

Für eine kompakte Lösung in einem Baukörper sprechen kurze Wege und die Möglichkeit, Funktionsabläufe optimal zu gestalten. Kompaktlösungen sind wirtschaftlich, da sie einen geringen Grundflächenbedarf haben. Eine Kompaktlösung muß aber gut durchdacht und sorgfältig geplant werden, sind in einem solchen Fall doch unterschiedliche Deckenhöhen, unterschiedliche Anforderungen an die Belastung der Fußböden, unterschiedliche Klimazonen und unterschiedliche Zugangsberechtigungen baulich zu realisieren. Dies ist nur in einem für ein Archiv errichteten Zweckbau möglich. Kompaktlösungen gewähren dennoch in der Regel weniger hohe Sicherheit (Brand, Zugang für Unbefugte). Der wesentliche Nachteil solcher Lösungen aber ist die eingeschränkte Möglichkeit einer Erweiterung, wenn die Magazinkapazität erschöpft ist.

Die Unterbringung eines Archivs in mehreren Baukörpern hat den Vorteil einer einfacheren Realisierbarkeit auch bei Übernahme vorhandener Gebäude für Archivzwecke. Die Abtrennung des Magazins in einem gesonderten Baukörper hat Sicherheitsvorteile, was den Brandschutz und den Schutz vor unbefugtem Zugang betrifft. Eine spätere Erweiterung ist bei dieser Konzeption eher gegeben als beim Kompaktbau. Deckenbelastungen, Deckenhöhen und Klimazonen können bei getrennten Baukörpern den Funktionsbereichen klar zugeordnet werden, was sich als Kostenvorteil auswirkt. Bei solchen Lösungen entstehen aber meist längere Wege. Außerdem sind die Arbeitsabläufe nicht so optimal zu gestalten wie beim durchdachten Kompaktbau. In der Tendenz wird mehr Personal benötigt. Die bauliche Anbindung des Magazins an den Bereich Verwaltung/Nutzung ist bei solchen Lösungen die eigentliche Herausforderung für den Architekten.

5.2.1.2 Funktionale Grundanforderungen

Bei der Unterbringung muß angestrebt werden, die archivischen Funktionsbereiche wie Anlieferung, Reinigung, Vorordnung und Verpackung, Magazinierung, Werkstätten und Bearbeitung, Verwaltung und Bibliothek,

Benutzung sowie ggf. Ausstellungsräume baulich zu ordnen und zu integrieren. Alle Funktionen, auch die künftig anzustrebenden, sind in dem Raumprogramm umzusetzen. Dabei ist zu beachten, daß die Funktionsbereiche klar abgegrenzt werden, da unterschiedliche Zugangsberechtigungen bestehen. Ein Archiv soll einerseits offen sein, zum Besuch und zur Benutzung einladen, andererseits soll das Archivgut bestmöglich gesichert und vor unberechtigtem Zugriff geschützt werden. Magazin, Arbeitsräume der Archivare und alle Räume, in denen Archivalien bearbeitet werden oder lagern, sind dem nicht-öffentlichen Bereich zuzuordnen.

Eine Zugangsregelung ausschließlich über ständig verschlossene Türen und entsprechend differenzierte Schließberechtigungen zu treffen, bleibt im Hinblick auf die gewollte Offenheit des Öffentlichkeits- und Benutzungsbereichs unbefriedigend, abgesehen davon, daß sie rationelle Arbeitsabläufe behindert. Bei der räumlichen Umsetzung der archivischen Funktionen sind insbesondere folgende Wege sorgfältig zu planen und optimal zu gestalten:

- Der Weg der Archivalien von der Anlieferung über Reinigung, Vorordnung und Verpackung ins Magazin,
- der Weg der Archivalien vom Magazin in den Benutzungsbereich und schließlich
- der Weg des Benutzers zum Benutzerraum.

Kurze Wege von den Arbeitsräumen zum Magazin sind von Vorteil. Nebenräume, beispielsweise zur Materiallagerung in der Nähe der Arbeitsräume, wo dieses Material benötigt wird, dürfen ebenso wenig vergessen werden wie Toiletten auch im Benutzungsbereich.

Zwei weitere Aspekte dürfen bei der räumlichen Umsetzung archivischer Funktionen keinesfalls übersehen werden: einmal die in aller Regel kleine Zahl an Mitarbeitern im Archiv, die mitunter zu multifunktionalen Arbeitsplätzen zwingt, zum andern die Notwendigkeit, Mehrzwecknutzungen oder künftigen Erweiterungsmöglichkeiten durch flexibel zu nutzende Räume Rechnung zu tragen.

5.2.2 Anforderungen an zentrale Funktionsbereiche

5.2.2.1 Magazingestaltung

Das Magazin ist der empfindlichste Funktionsbereich des Archivs. Die Frage, ob ein Archiv in einem bestehenden Gebäude untergebracht werden kann, steht und fällt mit der Frage, ob dort ein Magazin fachgerecht eingerichtet und wirtschaftlich betrieben werden kann, was oft schon an den statischen Verhältnissen scheitert.

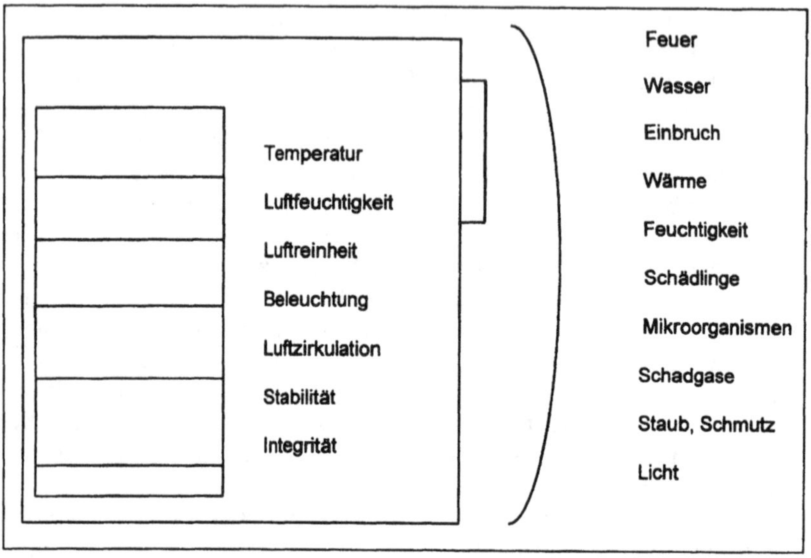

Erhaltungsaspekte im Magazin

Die Lagerung von Archivgut in Standregalen (oberster Fachboden in Griffhöhe) erfordert eine Bodenbelastbarkeit von 7,5 kN/m², bei ebenso hohen Fahrregalen sind 12,5 kN/m² gefordert. Ist diese Stabilität nicht gegeben, wird keine optimale Wirtschaftlichkeit bei der Lagerung erreicht. Bei einer Belastbarkeit unter 5,0 kN/m² soll ein Raum aus diesem Grund nicht mehr als Magazin genutzt werden.

Die Abmessungen der Magazinräume sollen einem Rasterprinzip in Abhängigkeit von der Regaltiefe und der Breite der Gänge zwischen den Regalen folgen. Die Deckenhöhe soll ca. 2,30 m betragen, die Hauptverkehrswege im Magazin müssen entsprechend den berufsgenossenschaftlichen Vorschriften mindestens 1,25 m breit sein, die Gänge zwischen den Regalen mindestens 0,75 m. Die Türbreite der Magazintüren (wie der Aufzüge) soll mindestens 1,10 m betragen. Das Magazin soll in allen seinen Teilen mit Aktenwagen befahren werden können, Stufen oder Türschwellen sind daher zu vermeiden.

Aus Gründen des Feuerschutzes sind Boden und Decken des Magazins in massiver Bauweise (F 90) auszuführen. Die hochbelastbaren Bodenbeläge müssen schwer entflammbar sein. Geeignet sind bestimmte Linoleumsorten oder einfache Anstriche des Zementbodens, ungeeignet PVC-Beläge oder textile Bodenbeläge. Im Einvernehmen mit der zuständigen Brandschutzbehörde sind die Magazine in Brandabschnitte einzuteilen und mit Rauchabzügen zu versehen. Die Brandabschnitte sollen nicht größer als 400 m² sein und sind durch feuerhemmende Wände und Türen (jeweils F 90) abzuteilen. Aufzüge und Treppenhäuser sind in feuerbeständigen Schächten unterzubringen. Um auch vorübergehend verlegte Stromanschlußkabel in Magazinen zu vermeiden, sollen Magazinräume mit Steckdosen für Reinigungsgeräte, Luftentfeuchter usw. versehen sein. Die Stromversorgung der Magazine muß durch einen zentralen Hauptschalter einfach zu deaktivieren sein und stets abgeschaltet werden, wenn im Magazin nicht gearbeitet wird, in jedem Fall aber nachts, übers Wochenende und an Feiertagen. An gut einsehbaren Stellen sind ausschließlich Pulverlöscher anzubringen. In Abhängigkeit von der Beurteilung eines Brandrisikos und des Risikos, daß ein Brand längere Zeit unbemerkt bleibt, sind Rauchmeldeanlagen (Ionisationssensoren) mit Feuerwehraufschaltung zu installieren (hohe Folgekosten!).

Gegen eindringendes Wasser (Hochwasser, Unwetter, Hagelschlag) ist das Magazin durch bauliche Vorkehrungen zu schützen. Die Verlegung von wasserführenden Leitungen aller Art innerhalb des Magazinbereichs muß unterbleiben. Lassen sich beispielsweise Heizungsleitungen nicht vermeiden, sollen diese konsequent vertikal geführt werden. Steuerungstechnisch ist in diesem Fall sicherzustellen, daß die Menge auslaufender Flüssigkeiten beschränkt wird. Unter wasserführenden Leitungen, die an der Decke verlaufen, sollen keine Regale aufgestellt oder aber über diesen Auffangwannen angebracht werden. Bei wassergefährdeten Magazinen sollen Bodenabläufe (mit Rückstauventil) eingebaut werden. Weiterhin soll in solchen Fällen die unterste Gefachebene der Regale grundsätzlich nicht belegt werden.

Zum Schutz vor Einbruch sollen Wände, Fenster und Türen ausreichend gesichert sein. Baulichen Maßnahmen einer passiven Einbruchsicherheit soll der Vorzug vor Einbruchmeldeanlagen gegeben werden, die nur mit direkter Polizeiaufschaltung sinnvoll sind und daher erhebliche Folgekosten nach sich ziehen.

Starke Einwirkung von Tageslicht ist unbedingt zu vermeiden. Ideal sind fensterlose Magazine oder kleine Fensteröffnungen. Bei größeren Fenstern ist das Tageslicht durch Jalousien oder anderen, möglichst außen vor den Fenstern angebrachten Lichtschutz zu dämpfen. Der Anteil des Tageslichts an besonders schädlichen ultravioletten Strahlen (UV) sollte zusätzlich durch Spezialglas oder entsprechende Beschichtung ausgefiltert werden. Die Regalachsen sollen senkrecht zu den Fensteröffnungen stehen. Die Dauerbeleuchtung soll, zwischen den Regalachsen gemessen, eine Intensität von 50 Lux nicht übersteigen. Die Beleuchtungsanlage soll mit UV-armen Leuchtmitteln ausgestattet werden und so geschaltet sein, daß bei Arbeiten im Magazin bei Bedarf eine Arbeitsbeleuchtung von ca. 150 Lux in jeweils nur einem Teil des Magazinraums gezielt zur Verfügung steht. Die Hinweise auf Fluchtwege und Notausgänge müssen auch bei Stromausfall deutlich erkennbar sein. Bei fensterlosen Magazinen ist eine netzunabhängige Notbeleuchtung gefordert. Ist dies nicht zu erreichen, muß neben jeder Magazintür eine batteriebetriebene Handlampe verfügbar sein.

5.2.2.2 Klimatisierung des Magazins

Die Haltbarkeit der in den Archiven verwahrten Informationsträger wird von endogenen Faktoren wie Ausgangsmaterialien und Herstellungsprozeß wesentlich bestimmt, aber auch von den Bedingungen, unter denen sie gelagert und genutzt werden. Für alle organischen Materialien, also auch für den Informationsträger Papier, gilt, daß ihre Lebensdauer wesentlich vom Klima, von der Temperatur und der Luftfeuchtigkeit abhängt. Als weitere Faktoren treten Einflüsse von schädlichen chemischen Substanzen wie Säuren oder säurebildenden Stoffen hinzu, die durch unmittelbaren Kontakt oder im gasförmigen Zustand durch die Umgebungsluft transportiert werden. Für die Archivarin oder den Archivar ist es wichtig zu begreifen, daß die durch endogene Faktoren vorgegebene potentielle Lebenserwartung des Archivguts durch Versäumnisse zwar mehr oder weniger deutlich verkürzt, nie aber nachträglich verlängert werden kann. Mehrere warme und feuchte Sommer im Magazin, eine längere Ausstellungsphase unter unzuträglichen Bedingungen oder monatelange „Aufenthalte" von Archivalien in Dienstzimmern sind nicht wiedergutzumachen, auch nicht durch anschließende Vollklimatisierung: Die Lebenslinie von Archivalien führt stets über zunehmenden Festigkeitsverlust in Richtung Zerfall. Diese Richtung kann durch präventive Maßnahmen nicht umgekehrt, allenfalls kann der Schadensfortschritt verlangsamt werden.

Archivgut gehört daher in ein sachgerecht ausgestattetes, sicheres und klimatisiertes Magazin, aus dem es nur herausgenommen wird, wenn und solange dies unbedingt erforderlich ist. Klimatisiert heißt nun nicht, daß mit einer aufwendigen Klimaanlage die gängige Anforderung der 18°C (±2°C) Temperatur und der 55% (±5%) relative Luftfeuchtigkeit über das ganze Jahr hinweg erreicht werden muß. Die Regel lautet zumindest für Archive, die überwiegend Papier, aber auch Fotografien und Filme verwahren: so kühl wie möglich und so trocken wie möglich. Es besteht also keine Veranlassung, die Temperatur in einem kühlen und trockenen Raum unbedingt auf 16° oder gar 18°C zu heben oder trockene Raumluft künstlich zu befeuchten, um 50% oder 55% relative Luftfeuchtigkeit zu erreichen. Mit Magazinräumen, in denen sich übers Jahr hinweg Luftfeuchtigkeiten in einer Spanne von 35% bis 60% und Temperaturen in einer Spannbreite von 11° bis 25°C ohne erheblichen Aufwand so einstellen, daß jahreszeitlich bedingte Temperatursprünge von mehr als 2°C und Veränderungen der relativen Luftfeuchtigkeit von mehr als 8% pro Tag vermieden werden, darf man recht zufrieden sein. Gefährlich dagegen sind relative Luftfeuchtigkeiten über 65%, da sie Schimmel- und Mikroorganismenbefall fördern und Insekten und sonstigen Kleinlebewesen, wie z.B. Silberfischchen, die notwendigen Existenzbedingungen gewährleisten. Für die Lagerung von fotografischen Farbmaterialien oder für Magnetbänder gelten abweichende Anforderungen, die der Spezialliteratur zu entnehmen sind.

Während die Folgen der Wechselbeanspruchung von Archivmaterialien zwischen den Klimaverhältnissen im Benutzerraum (oder Dienstzimmer) und im Magazin bei Unterlagen aus Papier eine geringere Rolle spielen als bisher angenommen, bleiben die Gefahren von Kontaktfeuchte und Kondenswasserbildung bestehen, wenn die Klimata von Magazin und Benutzerraum nicht aufeinander abgestimmt werden. Bei Temperaturdifferenzen zwischen Magazin und Benutzerraum bis zu 6°C ist normalerweise keine Zwischenkonditionierung erforderlich, wie sie bei größerer Differenz in Schritten von ca. 5°C notwendig ist.

Am sichersten, aber auch mit dem höchsten Investitions- und Folgeaufwand, wird eine objektgerechte Klimatisierung durch eine Vollklimaanlage erreicht, bei der Temperatur und Feuchtigkeit unabhängig voneinander geregelt werden können. Aus Kostengründen wie aus ökologischen Motiven versucht man im neueren Archivbau Vollklimaanlagen zu vermeiden und „natürliche Klimatisierung" anzuwenden oder nur mit Heizung und/oder Lüftung jeweils gezielt zu regeln. Solche Klimatisierungsmodelle wie das „Kölner Modell" oder das Modell einer „statischen Klimatisierung" des Landesarchivs Schleswig setzen bestimmte Bauweisen und Baustoffe, eine vollständige Austrocknung des Gebäudes vor Belegung und eine mit Sorgfalt vorgenommene regelmäßige Klimaüberwachung und gezielte Maßnahmen wie Lüften oder Aufheizen zum richtigen Zeitpunkt voraus. Elemente der natürlichen Klimatisierung wie ein Wandanstrich, der Feuchtigkeit durchläßt (keine Dispersionsfarben), darunter Kalkmörtelputz und Ziegelmauerwerk, können auch bei Adaptionen übernommen werden, um Feuchtigkeitsschwankungen abzupuffern. Ebenso können hierbei einfache Regeln, wie die, daß ein Magazin nach Norden ausgerichtet sein soll und daß Fenster an der Südseite möglichst ganz zu vermeiden sind, beachtet werden: Sie haben positive Effekte und sparen Kosten.

Soweit das Klimatisierungsmodell dies zuläßt, soll auf einen fünffachen Luftwechsel pro Stunde mit einem Anteil von 20% Frischluft geachtet werden. Schadstoffe in der Magazinluft sind zu vermeiden. Sie soll weniger als 1 $\mu g/m^3$ Schwefeldioxid, weniger als 5 $\mu g/m^3$ Stickoxid, weniger als 2 $\mu g/m^3$ Ozon, weniger als 0,2 $\mu g/m^3$ Chlor und weniger als 50 $\mu g/m^3$ Staubpartikel aufweisen.

5.2.2.3 Zugangsbereich

Die Aktenzugänge gehören erst ins Magazin, nachdem sie gereinigt, von Metall- und Plastikteilen sowie von Gummiringen befreit wurden und schließlich fachgerecht verpackt sind. Zur unverzichtbaren Grundausstattung eines Archivs gehören daher zwei getrennte Räume von jeweils ca. 20 m^2, die einerseits dem Anlieferungsbereich (mit Stauraum) und andererseits einander und dem Magazin funktional zugeordnet werden. Die Verkehrswege zwischen diesen Bereichen sollen frei von Stufen oder Türschwellen sein. Der Reinigungsraum soll mit einer Staubsauganlage (mit Mikrofilter), einem leicht zu reinigenden Arbeitstisch, mit Ablageregalen aus Metall und aus Gründen der Hygiene und Arbeitssicherheit mit Handwaschbecken ausgestattet sein. Ein Handwaschbecken soll auch der Verpackungsraum aufweisen, außerdem wiederum leicht zu reinigende Tische, Ablageregale aus Metall und Schubladenschränke für Verpackungsmaterial und Hilfsmittel. In Archiven, die über keine Werkstatt verfügen, kann der Verpackungsraum als sauberer und trockener Arbeitsraum für Bestandspflegemaßnahmen wie Lederpflege oder für kleinere Reparaturarbeiten an Archivalien zur Schadensbegrenzung benutzt werden.

5.2.3 Einrichtung und Ausstattung des Archivs

5.2.3.1 Regalausstattung

Zeitgemäße archivische Lagerungstechnik muß gewährleisten, daß das Archivgut sicher und übersichtlich verwahrt und rationell verwaltet werden kann. Die gesuchten Archivalien müssen schnell aufgefunden, einfach ausgehoben und zurückgelegt werden können. Die Zusammenhänge der Archivbestände müssen auch bei der Lagerung transparent bleiben, der Erhaltungszustand der Bestände muß auf einfache Weise kontrolliert werden können, und schließlich müssen die vorhandenen Flächen optimal ausgenutzt werden.

Unter Berücksichtigung der Tatsache, daß in Archiven relativ große Mengen von Material gelagert werden, auf die relativ wenig zugegriffen wird, ist die Lagerung in Regalen im Vergleich mit automatischen Lagerungssystemen nach wie vor die wirtschaftlichste Art der Verwahrung von Archivgut. Bei den gegenwärtigen Raumkosten sind Fahrregale mit Handantrieb trotz der höheren Investitionskosten wirtschaftlicher als Standregale.

Archivregale – die folgenden Aussagen gelten für Standregale wie Fahrregale gleichermaßen – sollen insbesondere aus Brandschutzgründen, aber auch wegen der höheren Wirkung von Reinigungs- und Desinfektionsmaßnahmen, aus hochwertigem Stahl sein, der korrosionsfrei mit einem wirkungsvollen Oberflächenschutz (auch die Schnittkanten) versehen ist. Sta-

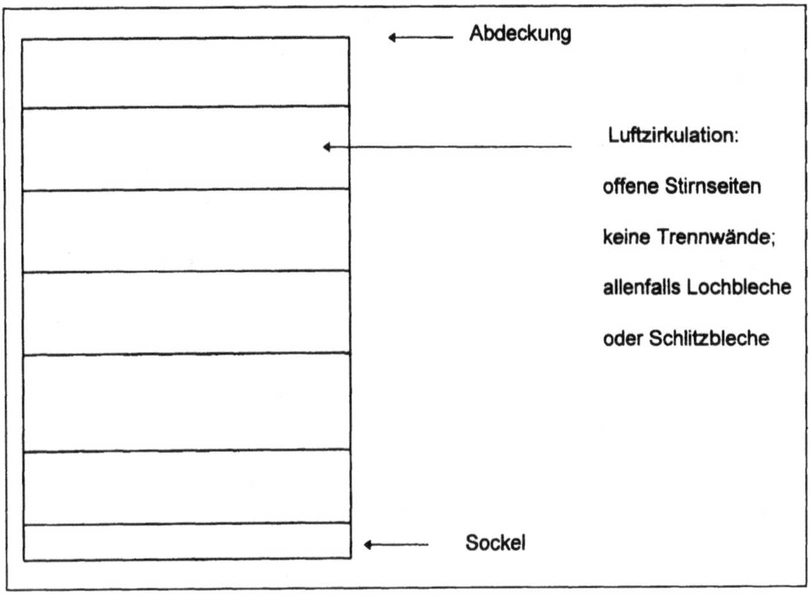

Erhaltungsaspekte bei den Regalen

tik und Bauweise müssen den Vorschriften der Berufsgenossenschaft entsprechen. Im Interesse einer wirkungsvollen Bestandserhaltung sollen Regale mit offenen Pfostenaufbauten eingesetzt werden, wobei Winkelpfosten, T-förmige und U-förmige Pfosten zu vermeiden sind, da sie das Lagergut beschädigen können. Den Anforderungen der Bestandserhaltung werden konisch verlaufende oder abgerundete Pfostenformen in besonderem Maße gerecht. Geschlossene Seiten-, Rück- oder Trennwände bei Doppelregalen sind zu vermeiden, da sie die Belüftung hemmen und bei geringem Funktionsnutzen nur Kosten verursachen. An ihrer Stelle sind verstellbare Seitenabweiser oder Durchrutschsicherungen zu verwenden. Sollen aus ästhetischen Gründen die Stirnseiten der Regale verkleidet werden, so sind Lochbleche zu verwenden. Die Entscheidung, inwieweit die Stabilisierung von Regalachsen durch Diagonalverstrebungen oder durch Querverstrebungen erreicht werden soll, hängt davon ab, in welchem Umfang bei Doppelregalen damit zu rechnen ist, daß für die Lagerung die gesamte Tiefe des Doppelregals zur Verfügung stehen muß.

Fachböden, die unabhängig voneinander und einfach verstellbar sein sollen, müssen für eine Tragkraft von in der Regel 0,8 kN/m^2 ausreichend stabil und korrosionsgeschützt sein. Sie müssen vorn und hinten, möglichst auch noch an beiden Seiten, Umbüge aufweisen, die mindestens dreifach nach innen abgekantet sind, um Beschädigung der Archivalien und Verletzungen des Personals durch scharfe Schnittkanten auszuschließen. Bei Doppelregalen sind die Fachböden mit einer (möglicherweise demontierbaren) hinteren Aufkantung zu versehen, die ein Durchrutschen des Lagerguts verhindert.

Die Regale sollen nur so hoch sein, daß Archivalien, die auf dem obersten tragenden Fachboden verwahrt werden, noch in Griffhöhe erreichbar sind und die Verwendung von Leitern vermieden werden kann. Die Fachböden sollen so tief sein, daß die eingelagerten Archivalien nicht überstehen. Die Regale sollen aus Staubschutzgründen eine Abdeckung haben. Um die Archivalien, die auf dem untersten Fachboden lagern, zu schützen, ist ein Sockel von ca. 10 cm Höhe erforderlich. Ist kein Sockel vorhanden, soll die Oberkante des untersten Fachbodens ca. 12 cm über dem Fußboden montiert werden.

Bei Fahrregalanlagen müssen die Schienen so ausgeführt sein, daß keine Stolperkanten und keine Kanäle entstehen, in denen etwa die Räder von Aktenwagen hängen bleiben können. Fahrregalanlagen sollen mit Ausnahme der Kästen für den Antrieb nicht verkleidet werden. Wenn dies, beispielsweise bei verschließbaren Anlagen, aus Sicherheitsgründen doch erforderlich ist, sollen Lochbleche verwendet werden, die eine gute Durchlüftung zulassen.

Für den Archivbetrieb haben sich handbetriebene Regalwagen mit einer Kraftübertragung über Kettenübersetzung bewährt. Einfache Schieberegale sind den Mitarbeitern kaum zuzumuten, kraftgetriebene Anlagen haben im Archiv ein ungünstiges Preisleistungsverhältnis, insbesondere im Hinblick auf die laufenden Kosten. Bei der Wahl von Antrieb und Übersetzungsverhältnis ist darauf zu achten, daß auch mit einem unbeladenen Regalwagen mehrere beladene Wagen verschoben werden können. Mit einer formschlüssigen Antriebstechnik (Prinzip der Zahnradbahn) ist dies eher zu erreichen als mit kraftschlüssigem Antrieb über Reibradsystem. Aus ergonomischen Gründen ist das Handrad oder der Drehstern zum manuellen Antrieb mit einem Drehknauf auszuführen, so daß die Bedienung mit einer Hand möglich ist.

Für spezielle Zwecke werden Regale in Sonderausführung angeboten, so Fahrregalwagen, die Kartenschränke aufnehmen können, Fachböden für die rutschfeste Aufnahme von Karteikästen oder Regaleinrichtungen für die Lagerung von Magnetbändern. Auf Wunsch werden Regale auch mit Zubehör wie Klapptischen an den Seiten, verstellbaren Buchstützen oder Rahmen für Beschriftungsetiketten ausgerüstet.

Trotz des anhaltenden Trends zur Fahrregalanlage können aus Gründen der Erhaltung nicht alle Archivalien derart rationell gelagert werden. Auch wenn die Gummipuffer den Aufprall beim Aneinanderstoßen der Regalwagen mindern, sind Erschütterungen nicht zu vermeiden. Stark beschädigte und fragile Archivalien oder sonst empfindliche Stücke, wie etwa durch Abrieb von Farben gefährdete illustrierte Objekte, sollen daher weiterhin in Standregalen verwahrt werden.

5.2.3.2 Anforderungen an sonstige Ausstattungsgegenstände

Für die Auswahl archivgerechter sonstiger Ausstattungsgegenstände gibt es folgende Kriterien: Sie sollen keine Schäden am Archivgut verursachen, weder in mechanischer Hinsicht noch durch von ihnen ausgehende schädliche Emissionen. Sie sollen stabil und lange gebrauchsfähig sein, sie sollen einfach zu reinigen und zu desinfizieren sein, insbesondere wenn sie mit Archivgut unmittelbar in Berührung kommen, und sie sollen rationelle Arbeitsabläufe unterstützen. Diese Kriterien sollen an einigen Beispielen erläutert werden.

So sollen Aktenwagen so dimensioniert sein, daß sie auch beladen von einer Person leicht bewegt werden können. Vorkehrungen gegen das Herabgleiten der Ladung sind ratsam. Alle Arbeitstische sollen glatte und leicht zu reinigende Oberflächen haben. Bei Schränken, selbst bei Stahl- und Sicherheitsschränken, ist für Dauerbelüftung durch Luftschlitze zu sorgen. Transportkisten aus Kunststoff sollen nicht aus PVC, sondern aus weichmacherfreien Materialien sein. Ein Kopiergerät, das wegen der trotz Filterung nicht zu vermeidenden Ozonbildung keinesfalls in Räumen aufgestellt sein darf, wo Archivalien längere Zeit lagern, muß über ein festes Vorlagenglas zur Auflage von Objekten verfügen. Vorlageneinzüge dürfen für Archivalien nicht verwendet werden.

5.3 Archivgut – Gefährdungspotential und Schadensursachen

Endogene und exogene Schadensfaktoren bedrohen Archivalien in ihrem Fortbestand. Die endogenen Schadensursachen, meist chemischen Ursprungs, sind im Material oder in der Herstellungsweise der Informationsträger oder der Schreibstoffe selbst angelegt; die exogenen Ursachen wirken als physikalische Phänomene von außen auf Informationsträger oder Schreibstoffe. Nicht selten sind Schäden auf ein Zusammenwirken endogener und exogener Faktoren zurückzuführen. Weltweit das zweifellos schlimmste Schadensphänomen ist dabei der endogene Papierzerfall.

Der starke Anstieg des Papierbedarfs seit der Mitte des 19. Jahrhunderts und die damit verbundene industrielle Papierfertigung erforderten neue Technologien, die für die Papierherstellung eine Revolution bedeuteten.

Zwei Faktoren waren es vor allem, die auch die Qualität des Papiers tiefgreifend beeinflußten: die saure Leimung des Papiers in der Masse mit einer Mischung aus Alaun (Aluminiumsulfat) und Baumharz und der Zusatz von billigem Holzschliff zum Faserbrei aus Hadern oder Zellstoff. Saure oder holzschliffhaltige Papiere altern besonders auffällig und schnell, vergilben oder verbräunen, werden spröde und brüchig. Wenn die schädlichen Einflüsse von Säure und Holzschliff in einem Papier zusammenkommen, verfärben sich solche Papiere innerhalb weniger Jahrzehnte, verspröden und zerbröseln bei der geringsten mechanischen Belastung. Vom endogenen Zerfall betroffene Bücher und Akten zerfallen schleichend, aber unaufhaltsam. Zutreffend wird dieser Zerfallsprozeß mit einem slow fire verglichen, einem unbemerkt und langsam vor sich hinschwelenden Brand in den Magazinen, der Kulturgut heimtückisch aufzehrt. So tragen die sauren oder holzschliffhaltigen Papiere den Keim der Zerstörung schon in sich – wie übrigens auch manche moderne Informationsträger wie Cellulosenitrat-Filme.

Endogen bedingt sind auch Schäden, die von bestimmten Schreibstoffen ausgehen, wie beispielsweise die zerstörerischen Auswirkungen des Tintenfraßes. Die allgemein in den Kanzleien bis ins 19. Jahrhundert verwendete Eisengallustinte, stabil gegen das Auswaschen und äußerst beständig gegen Ausbleichen, frißt sich, begünstigt durch Feuchtigkeit, auch durch haltbare Hadernpapiere und hinterläßt dort, wo Buchstaben oder Zeichnungen waren, klar abgegrenzte Löcher.

Schadensfortschritt und Geschwindigkeit des endogenen Zerfalls werden durch exogene Schadensfaktoren wie Wärme, Feuchtigkeit, oxidierende oder säurebildende Gase wesentlich beeinflußt. Wenn hohe Luftfeuchtigkeit und Hitze zusammentreffen und schlechte Luftqualität, etwa mit hohem Anteil an Schwefeldioxid, hinzutritt, werden die zerstörerischen Reaktionen, die den Abbau der Papierfestigkeit verursachen, wesentlich beschleunigt. Als Folge hoher Luftfeuchtigkeit und hoher Temperaturen können zusätzlich Pilze und andere Mikroorganismen sowie Schadinsekten ihr zerstörerisches Werk beginnen, insbesondere erwies sich die Kontamination mit Schimmelpilzen als dringlich zu lösendes Problem der Bestandserhaltung.

Der Papierzerfall und seine Folgen sind nicht die einzigen Schadensfaktoren, die die Bestände der Archive bedrohen. Brüchige und lappige Papiere, spröde Leder oder Pergamente, Risse, Löcher, Knicke, Verformungen von Bänden gehören heutzutage leider oft schon zum fast normalen, unabänderlichen Erscheinungsbild bei vielen älteren Büchern und Archivalien, auch in Wirtschaftsarchiven. Schmutz und Verfärbungen wie Flecken auf Schriftstücken, ein Vergilben oder Verbräunen des Papiers, ein Ausbleichen der Schrift sind, wenn sie über natürliche Alterungsspuren hinausgehen, beängstigende Alarmzeichen für schleichend zerfallendes Kulturgut. Angekohlte Akten, geschrumpfte Pergamente sowie zur Unkenntlichkeit verformte Wachssiegel zeugen von Kriegseinwirkungen oder sonstigen Brandkatastrophen.

Eine große Menge schwerwiegender Schäden ist aber auch auf anthropogene Ursachen zurückzuführen. Naturgemäß sind bei Kulturgut, das nach seiner Zweckbestimmung genutzt, angefaßt und in die Hand genommen wird, menschliches Unvermögen und Gedankenlosigkeit wesentliche Schadensursachen. Den Nutzern der Archive, den Veranstaltern von Ausstellungen, aber auch manchen im Umgang mit Kulturgut allzu unbekümmerten Archivaren muß immer wieder ins Bewußtsein gerufen werden, daß Archivalien kein Verbrauchsgut für eine oder wenige Generationen sind. Der Mensch läßt im Bestreben, Bücher, Handschriften oder Archivalien möglichst bequem oder rationell zu nutzen, häufig die erforderliche Sorgfalt vermissen. Wenn Risse, Knicke, Fettflecken, Kugelschreiberspuren, ausgebleichte Tinten, beschädigte oder verformte Buchrücken zu beklagen sind, müssen diese Schäden keinesfalls vorsätzlich verursacht worden sein. Ähnliches gilt für gutgemeinte, aber z.B. wenig fachmännisch mit Klebeband durchgeführte Selbstreparaturen, die in der Regel eher schaden als nützen. Schließlich hat auch die Präsentation von Archivalien in Ausstellungen ihre Schattenseiten: Dauerbeleuchtung, zumal mit Spotlights, langdauernde mechanische Belastung bei der gefälligen Darbietung empfindlicher Objekte, oft auch Transportschäden, hinterlassen irreversible Spuren auf den Exponaten.

5.4 Präventive Erhaltungsmaßnahmen

5.4.1 Schadensprävention durch die Verwendung alterungsbeständiger Materialien

Endogener Papierzerfall ist am wirkungsvollsten und zugleich am wirtschaftlichsten dadurch zu vermeiden, daß Papiere, die Säure und/oder Holzschliff enthalten, nicht verwendet werden. Die Unternehmensarchivare sollten daher im Unternehmen dafür werben, daß alterungsbeständige Papiere als Schreib- und Druckpapiere eingesetzt werden. Die Anforderungen an alterungsbeständige Papiere sind in der Norm DIN ISO 9706 definiert. Die wesentlichen Festlegungen sind neben Mindestanforderungen an die Festigkeit: säurefreier Zellstoff (oder Hadern), leicht alkalisch, frei von Holzschliff und mit Calciumcarbonat gepuffert. Derartige Papiere sind am Markt verfügbar und müssen, da ihre Produktion im ökonomischen und ökologischen Trend liegt, nicht teurer sein als saure Papiere.

Wenige Hersteller produzieren inzwischen auch Recyclingpapiere, welche die DIN ISO 9706 erfüllen, da zu ihrer Herstellung ausschließlich sortierte Zellstoffpapiere verwendet werden. Die gängigen Recyclingpapiere sind jedoch nicht archivgeeignet, da sie heute zum Teil zwar auch neutral oder leicht alkalisch hergestellt und mit Calciumcarbonat gepuffert werden, aber durchweg Holzschliff enthalten.

5.4.2 Lagerung und Verpackung

5.4.2.1 Anforderungen an das Verpackungsmaterial

Für Verpackungsmaterial gelten die Anforderungen an Unschädlichkeit und Alterungsbeständigkeit wie unter Ziff. 5.4.1 ausgeführt. Alle Verpackungsmaterialien aus Papier, Karton oder Pappe, die im unmittelbaren Kontakt mit Archivalien stehen, müssen die Normanforderungen der DIN ISO 9706 erfüllen. Dies gilt für alle Umschläge, Taschen oder Mappen aus Papier oder Karton. Bei Schachteln oder Behältern aus Pappe, in die in Umschläge usw. verpackte Schriftstücke oder Akten eingelegt werden, kann aus Gründen der Wirtschaftlichkeit ein Kompromiß gemacht werden: Da holzfreier Karton höheren Flächengewichts oder holzfreie Pappe derzeit noch relativ teuer sind, kann auf die Anforderung holzfrei verzichtet werden, wenn die Säurefreiheit und die Pufferung mit Calciumcarbonat gewährleistet sind und wenn die Archivalien in der Schachtel durch eine holzfreie Umverpackung aus Papier oder Karton nach DIN ISO 9706 geschützt sind.

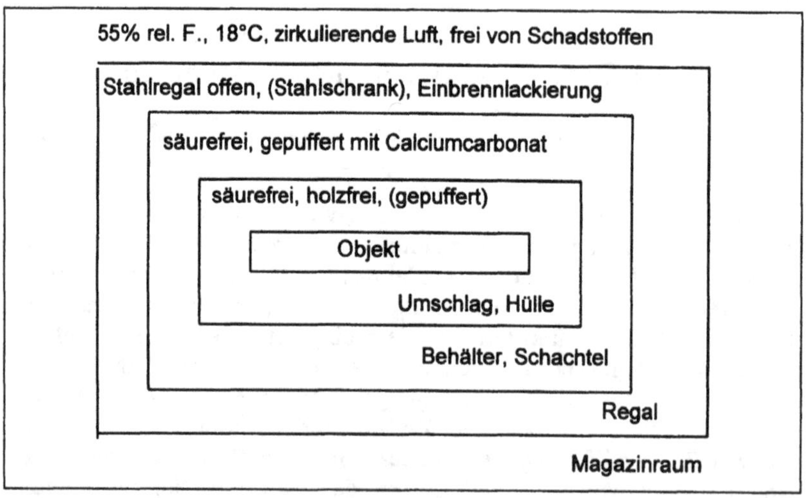

Verpackung und Lagerung von Archivalien

Archivalien	Verpackung	Lagerung
• Urkunden gefaltet	Taschen ggf. mit Frosch	Urkundenkästen, diese in Regalen
• Urkunden plangelegt	Umschläge, Mappen	Urkundenkästen
• auch sonst. Einzelschriftstücke	Polyesterhülle	Hängeschränke flache Schublade
• Aktenschriftgut	Archivkartons, Archivbehälter	liegend oder stehend im Regal
• Bände, Bücher	in der Regel unverpackt	stehend im Regal
• Karten, Pläne	Umschläge, Mappen	liegend in Schubladenschränken Vertikalschränke Hängevorrichtungen
• Fotografien	Umschläge	Schubladen (karteimäßig)
• Negative, Filme	Umschläge, Schachteln	Filmschränke
Alle Einschlagmaterialien müssen archivgeeignet sein!		

Verpackung und Lagerung von Archivalien

5.4.2.2 Verpackung und Lagerung von Akten

Alle Archivalien – mit Ausnahme von gut erhaltenen Geschäfts- bzw. Amtsbüchern – müssen archivgerecht verpackt werden. Verpackung schützt vor mechanischer Beschädigung, aber auch vor Schmutz und Staub. Sie schützt die Archivalien vor dem direkten Anfassen, schützt zumindest vorübergehend vor Folgen von Unachtsamkeit beim Umgang mit Flüssigkeiten, isoliert für kurze Zeit vor unzuträglicher Feuchtigkeit und Wärme und schützt vor Insekten und Kleinlebewesen. Verpackung erlaubt, Archivalien mit deutlicher Signatur und mit Eigentumsvermerk zu versehen, ohne die Originale selbst zu verunstalten. Verpackung gestattet eine übersichtliche Ordnung auch heterogenen Materials und unterschiedlicher Formate. Nicht zuletzt aber hat die Verpackung auch eine psychologische Wirkung: Mit sorgfältig verpackten Archivalien wird deren Wert und deren Schutzbedürftigkeit signalisiert. Auch nach dem Auspacken wird mit diesen mit höherer Sorgfalt umgegangen als mit unverpackten Objekten.

Verpackt werden nur gereinigte Akten, aus denen Metall, Kunststoff und andere Fremdkörper entfernt wurden. Unter Erhaltungsaspekten am wenigsten problematisch ist die Loseblattablage. Auch Akten aus Stehordnern oder Hängeheftern können im Archiv als Loseblattablage formiert werden. Die alte Ordnung kann, soweit nicht ohnehin vorhanden, durch Paginierung (mit Bleistift) festgehalten werden. Vorrichtungen, die unter Verwendung der ursprünglichen Heftlöcher die ursprüngliche Ordnung im Archiv beibehalten sollen, können zu mechanischen Schäden führen. Zur Schadensbegrenzung sollen diese Vorrichtungen selbst aus weichmacherfreiem Kunststoff sein.

Für die Verpackung, welche die Akten unmittelbar umschließt, können Umschläge aus alterungsbeständigem Papier (120–160 g/m^2) oder leichtem Karton (180–200 g/m^2) verwendet werden, etwas aufwendiger ist die Verpackung in Mappen (250–300 g/m^2). Taschen sind für die Verpackung weniger geeignet, da beim Entnehmen und Einstecken der aus mehreren Blättern bestehenden Akten mechanische Schäden vorprogrammiert sind. Die derart verpackten Akten werden in Archivschachteln (horizontale Lagerung) oder in Archivbehältern (vertikale Lagerung) aus geeigneter Pappe gelagert. Da „Archivkarton" in der Fachsprache eine Kartonqualität mit einem bestimmten Flächengewicht und definierten Haltbarkeitseigenschaften ist, wird dieser Begriff hier nicht verwendet, obwohl zahlreiche Wirtschaftsarchive die horizontale Lagerung in sog. „Archivkartons" mit Vorderklappe bevorzugen. Für die vertikale Lagerung in Archivbehältern spricht der rationelle Zugriff und die optimale Raumausnutzung. Um Stauchungen und Verformungen der so gelagerten Akten zu vermeiden, muß der Archivbehälter jeweils relativ dicht mit Akten bestückt werden, wobei säurefreie Wellpappe zum Auffüllen benutzt werden kann.

Die Signierung/Beschriftung der Umschläge, Mappen oder Archivbehälter soll mit alterungsbeständigen und unschädlichen Schreibstoffen vorgenommen werden. Geeignet sind Bleistifte, Tusche (auch Faserstifte auf Tusche-Basis) sowie für Stempel die Stempelfarbe der Deutschen Post (Metallstempel).

5.4.2.3 Lagerung von Geschäftsbüchern

Geschäftsbücher sollen wie alle Bände buchmäßig aufgestellt werden. Übergroße Bände werden, wenn die Regalfächer nicht auf die Größe eingestellt werden können, auf dem Rücken, nicht auf dem Schnitt gelagert. Die bessere Alternative bei großen und schweren Bänden ist eine liegende Aufbewahrung. Dabei können, wenn nicht empfindliche Einbände dagegen sprechen, auch zwei oder mehr Bände übereinander gestapelt werden.

Bände mit empfindlichen oder verzierten Einbänden sowie alle beschädigten Bände benötigen eine Schutzverpackung aus säure- und holzschlifffreier Pappe. Beschädigte Bände sollen bis zur Instandsetzung verpackt und vorzugsweise horizontal gelagert werden.

5.4.2.4 Verpackung und Lagerung von Einzelschriftstücken

Einzelschriftstücke können in Umschlägen oder Taschen (120-200 g/m²) oder leichten Mappen (200–300 g/m²) verpackt und diese in Archivschachteln oder Schubladenschränken gelagert werden.

5.4.2.5 Verpackung und Lagerung großformatiger Archivalien

Karten, Pläne, Plakate und andere großformatige Archivalien sollen einzeln in Umschläge oder Mappen aus Karton (250–300 g/m²) verpackt und auf der Verpackung beschriftet werden. Die Lagerung erfolgt bis zur Größe von DIN A 0 zweckmäßigerweise horizontal in Zeichnungsschränken mit flachen Schubladen. Für größere Objekte kommen Schränke mit vertikalen Hängemappen oder Hängeeinrichtungen in Frage. Übergroße Objekte sollen auf geeigneten Trägern hängend aufbewahrt werden. Diese hängende Aufbewahrung kann platzsparend in speziell ausgerüsteten Regalen (auch Fahrregalen) oder mit Hilfe eines Deckenschienen-Systems erfolgen. Eine gerollte Aufbewahrung übergroßer Objekte ist allenfalls akzeptabel, wenn das Objekt zusammen mit einem alterungsbeständigen Schutzpapier auf der beschrifteten/bedruckten Seite auf eine gepufferte Papprolle gerollt und in geeigneter Weise fixiert wird.

5.4.2.6 Verpackung und Lagerung von Fotografien und Filmen

Die Haltbarkeitserwartung von fotografischen Materialien ist einerseits von der Stabilität der lichtempfindlichen Schicht, andererseits von der Haltbarkeit des Trägers abhängig, auf den die Schicht aufgebracht ist. Dauerhaft haltbar sind nur korrekt verarbeitete Silberhalogenidschichten (schwarz-weiß) oder bestimmte, nach dem Farbbleichverfahren hergestellte Farbfilme. Als alterungsbeständige Trägermaterialien können nur Glasplatten und Polyesterfilme angesehen werden. Wenngleich Abzüge auf Barytpapier wesentlich haltbarer sind als solche auf Kunststoffpapier (PE), können sie doch nicht als alterungsbeständig gelten. Die geeignete Form der Archivierung sind Negative oder Positive auf Polyesterfilm. Für die Behandlung von fotografischen Materialien, die nach anderen Verfahren hergestellt wurden, wie Daguerrotypien, Cyanotypien oder Ferrotypien, sei auf die Spezialliteratur verwiesen.

Für die Langzeitaufbewahrung von fotografischen Materialien sind stabile klimatische Verhältnisse besonders wichtig. Abweichend von den

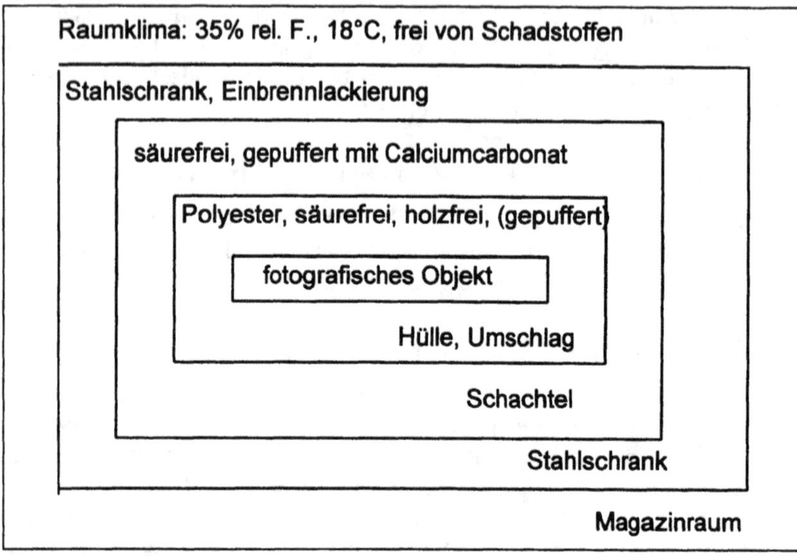

Erhaltungsbedingungen fotografischer Materialien

meist angegebenen Werten soll die relative Luftfeuchtigkeit nur 35% (±5%) betragen. Die fotografische Silberhalogenidemulsion reagiert empfindlicher als die üblichen Schreibstoffe und Informationsträger auf Luftschadstoffe. So soll bei entsprechender Belastung wenigstens der Raum, in dem fotografische Materialien gelagert werden, mit einer Aktivkohlefilterung versehen sein.

Fotografische Materialien sind staubfrei aufzubewahren, in der Regel also in geschlossenen Stahl- oder Schubladenschränken. Vor mechanischer Beschädigung und vor Licht, bedingt auch vor Schadstoffen und Feuchtigkeit, schützt eine Pappschachtel, die säurefrei, holzfrei und mit Calciumcarbonat gepuffert sein soll. Für die Hülle oder den Umschlag, in dem das fotografische Objekt, etwa ein Planfilmnegativ, zusätzlich zum Schutz vor direkter Berührung aufbewahrt wird, ist Material zu verwenden, das säure- und holzfrei mit einem hohen Anteil an Alphacellulose hergestellt wurde und das bei schwarz-weiß Material mit Calciumcarbonat gepuffert sein soll. Bei Farbmaterial, bei Albuminpapieren und bei Cyanotypien kommen nur ungepufferte Spezialpapiere in Frage, wie sie unter dem Handelsnamen „Silversafe“ zu erhalten sind. Für die Umschläge oder Hüllen dürfen auch Kunststoffe wie Polyester, Polypropylen oder Polyethylen, jeweils unbeschichtet, verwendet werden. Alle anderen Materialien, auch Pergaminpapiere, sind ungeeignet.

Gerollte Silberhalogenid-Mikrofilme auf Polyesterbasis – Diazo- oder Vesicularfilme sind ohnehin nicht längere Zeit haltbar – sollen mit einer Banderole aus dem Material wie oben beschrieben gesichert und in Pappschachteln aus einem entsprechenden Material aufbewahrt werden.

5.4.3 Bestandspflege und Maßnahmen zur Schadensbegrenzung

5.4.3.1 Pflege und Reinigung

Wenn die Akten verpackt sind und in einem Archivbehälter im Regal lagern, die Bände aufgestellt, die Karten und Pläne fachgerecht verpackt und gelagert sind und die Fotosammlung ebenso zweckmäßig gesichert ist, darf sich der Wirtschaftsarchivar zwar beruhigt zurücklehnen, aber nur für eine kurze Zeit: Der Bestand braucht Pflege. Die wesentlichen Elemente der Bestandspflege sind Kontrolle, Reinigung und Maßnahmen zur Schadensbegrenzung.

Zur Kontrolle gehört vor allem die regelmäßige Überwachung des Magazinklimas, insbesondere dann, wenn man auf Teilklimatisierung oder auf natürliche Magazinklimatisierung gesetzt hat. An festen Referenzpunkten im Magazin, aber auch an wechselnden Stellen soll wöchentlich mindestens zweimal mit Thermometern und Hygrometern Temperatur und Luftfeuchtigkeit gemessen und notiert werden. Im Prinzip genügen zur Feuchtigkeitsmessung einfache Haarhygrometer, komfortabler sind elektronische Kombinationsinstrumente, die Temperatur und Feuchtigkeit anzeigen. Thermohygrographen können beide Parameter über eine Woche kontinuierlich aufzeichnen und schließlich bieten sog. elektronische Datenlogger, die diese Werte über noch längere Zeiten kontinuierlich aufzeichnen, den höchsten Komfort. Alle diese Geräte müssen gemäß den Bedienungsanleitungen regelmäßig geeicht werden.

Selbstverständlich müssen aus den festgestellten Klimawerten Konsequenzen gezogen werden. Wenn höhere Luftfeuchtigkeiten im Magazin (über 65%) festgestellt wurden, sollen die Bestände aufmerksam beobachtet werden, um Schimmelbefall frühzeitig zu erkennen. Ob keimfähige Pilzsporen vorliegen, kann durch Fachleute schon in frühem Stadium festgestellt werden. Relativ einfach lassen sich Pilzsporen, aber auch andere Mikroorganismen mit Hilfe entsprechender Testsets nachweisen.

Luftschadstoffe lassen sich ebenfalls mit Prüffolien oder aufwendigeren Messungen qualitativ und quantitativ nachweisen. Diese auch relativ kostspieligen Messungen sind Fachleuten vorbehalten.

Magazine müssen regelmäßig gereinigt werden. Dazu gehört auch feuchtes Aufwischen mit einem leichten Desinfektionsmittel, wobei für die feuchte Reinigung der schnellen und vollständigen Trocknung wegen auf günstige klimatische Verhältnisse geachtet werden soll. Im übrigen sollen für die Reinigung Staubsauger mit Mikrofilter verwendet werden. Mit solchen sollen auch Bände und die Archivschachteln je nach Staubbelastung des Magazins in kürzeren oder längeren Abständen abgesaugt werden. Die Reinigung und Pflege von Ledereinbänden sollte in Absprache mit qualifizierten Restauratoren erfolgen.

Zur Bestandspflege gehört auch das konsequente Unterlassen von Handlungen, die dem Bestand schaden können. Daß im Magazin nicht gegessen, getrunken oder geraucht wird und daß dort keine Zimmerpflanzen gezogen werden oder sich Haustiere tummeln, dürfte selbstverständlich sein. In Arbeitszimmern und allen anderen Räumen, in denen Archivalien lagern oder mit Archivalien umgegangen wird, gelten diese Verbote im Prinzip entsprechend.

5.4.3.2 Maßnahmen zur Schadensbegrenzung

Bei der Magazinkontrolle sollten zumindest die Schäden notiert und Entscheidungen über Nutzungseinschränkungen getroffen werden. Spätestens zu diesem Zeitpunkt ist eine Schutzverfilmung oder wenigstens Schutzkopierung der ganzen Archivalieneinheit oder ggf. des Bestandes erforderlich, da festgestellte Schäden als Spitzen eines Eisbergs darauf hinweisen, daß im Umfeld des als schadhaft erkannten Stücks mit Sicherheit viele andere Stücke mit ähnlichen Schäden vorhanden sind. Bei verpackten Archivalien ist es zweckmäßig, einen Hinweis auf den beschädigten Inhalt auf der Verpackung anzubringen. Im Falle eines Verdachts auf Befall einzelner Archivalien von Schimmel oder Mikroorganismen müssen diese sofort von den anderen wirksam isoliert werden.

Selbstreparaturen von Archivalien wie das Schließen von Einrissen oder das Aufkleben abgetrennter Buchrücken sind problematisch, soweit sie nicht von zumindest angelernten Kräften mit geeignetem Japanpapier und Weizenkleister als Klebstoff durchgeführt werden. Vor der Verwendung von Selbstklebestreifen aller Art sei an dieser Stelle ausdrücklich gewarnt. Eine einfache und praktikable, wenn auch nicht gerade billige Methode ist die der Encapsulation. Beschädigte Schriftstücke werden dabei in vorgefertigte Polyesterhüllen eingelegt, die an einer Seite offen bleiben sollen. So ist das Schriftstück vor weiteren mechanischen Schäden geschützt, verfügt sogar über zusätzliche mechanische Festigkeit und kann so auch noch kopiert oder verfilmt werden, damit es künftig nicht mehr unmittelbar benutzt werden muß. Die Maßnahme hat vorläufigen Charakter und ist jederzeit reversibel, spätestens dann, wenn das beschädigte Schriftstück der fachgerechten Restaurierung zugeführt wird.

5.4.3.3 Notfallvorsorge

Eine besondere Form der Schadensbegrenzung ist die wirkungsvolle Notfallvorsorge. Die Rettungsdienste sind in erster Linie auf die Rettung von Menschen, nicht von Archivalien eingestellt. Dafür hat das Archiv Vorsorge zu treffen. Mit den Elementen der Notfallverhütung, der Planung für den Notfall und der Notfallbewältigung umfaßt die Notfallvorsorge vor allem organisatorische Maßnahmen. Die Notfallverhütung wird durch die oben geschilderten baulichen und einrichtungsmäßigen Vorkehrungen eines Magazins ebenso bestimmt wie durch organisatorische Präventivmaßnahmen, durch Bewußtseinsbildung und Schulung der Mitarbeiter und durch Kontrolle der Anweisungen zur Notfallverhütung. Ein Archiv, in dem ein generelles Rauchverbot durchgesetzt ist, hat ein geringeres Notfallrisiko als eines, in dem etwa in Arbeitszimmern geraucht werden darf. Die Notfallverhütung bedarf daher der Schwachstellenanalyse der jeweiligen örtlichen Gegebenheiten im Einzelfall und wirksamer Maßnahmen zur Beseitigung der Schwachstellen.

Die Planung für den Notfall umfaßt einen Alarmplan mit allen erforderlichen Adressen und Telefonnummern der Mitarbeiter, die im Notfall zu benachrichtigen sind, mit den Telefonnummern der Hilfsdienste (Feuerwehr, Rettungsdienste, Polizei, Stromversorgung, Wasser- und Gasversorgung, Aufzugsfirma). Weiterhin ist im Alarmplan festgehalten, wo sich Geräte und Material zur Bewältigung des Notfalls befinden, wo Kapazitäten zum Tiefgefrieren größerer Mengen von Archivalien zur Verfügung stehen und an welchem Ort sich die Archivmitarbeiter bei einem Notfall einfinden sollen. Die zweckmäßige Zusammenstellung von Materialien, Werkzeugen und Utensilien, die zur Schadensbegrenzung im Notfall wertvolle Dienste leisten, ist ein unverzichtbares Element der Notfallplanung. Der Notfall läßt keine Zeit, um Kunststoffbeutel für die portionsweise Verpackung wassergeschädigter Archivalien samt Verschlüssen, um Mullbinden für den Schutz empfindlicher Einbände, Fließpapiere, Etiketten, Blöcke, Bleistifte usw. zusammenzusuchen oder gar erst zu beschaffen. Eine Grundausstattung für diese Soforthilfe muß in jedem Archiv in einer Notfallbox vorhanden sein. Über den zweckmäßigen Inhalt informiert die Spezialliteratur, mit der sich der für die Notfallplanung Verantwortliche unbedingt beschäftigen sollte. Die Planung regelt Verantwortlichkeiten für den Notfall. Wichtig ist die Regelung der Arbeitsabläufe für den Fall der Räumung eines Magazins und der schnellen Verpackung wassergeschädigter Akten und Bände zum sofortigen Einfrieren, damit die tiefgefrorenen Archivalien anschließend mit Hilfe der Gefriertrocknung schonend getrocknet werden können. Die Gefriertrocknung ist heute das Instrument der Wahl bei der Notfallbewältigung. Zur Notfallbewältigung gehört weiterhin, daß man sich rechtzeitig unter Hinzuziehung der zuständigen Stellen im Unternehmen über Ausweichräume klar wird. Dabei darf man sich nicht beirren lassen: Notfallvorsorge ist ein undankbares Geschäft. Solange kein Notfall eintritt, wird man dabei eher Unverständnis oder leichten Spott ernten. Wenn der Notfall allerdings eintritt und keine Vorbereitungen getroffen wurden, wird zurecht Kritik laut, schlimmer noch, der vermeidbare Verlust wichtiger Unterlagen und historischer Quellen wird unvermeidbar.

5.4.4 Schutzmaßnahmen bei Nutzung und Ausstellung

5.4.4.1 Sorgfaltspflichten beim Ausheben und beim Transport

Wenn Archivalien gebraucht und benutzt werden, ist dies erfreulich und bestätigt die Archivarin oder den Archivar in der Bewertungsentscheidung. Meist kann man jedoch auch vom Aussehen der Archivalien auf die Nutzungsfrequenz schließen, was weniger erfreulich ist. Sind Schäden eingetreten, kann das auf mangelnde Sorgfalt beim Umgang mit den Archivalien durch den Benutzer oder etwa beim Kopieren einzelner Seiten, häufig aber auch auf Ausheben, Transport und Zurücklegen zurückzuführen sein.

In Archivbehältern fachgerecht verpackte Akten sind beim Ausheben, Transport und Zurücklegen hinreichend geschützt. Aushebe- und Transporteinheit sollte daher immer die komplette Schachtel oder der Behälter sein, nicht einzelne Akten. Wenn Archivschachteln mit horizontal liegenden Akten allerdings beim Herausnehmen aus dem Regal geneigt oder gekippt werden, besteht auch bei verpacktem Archivgut die Gefahr mechanischer Schäden. Die Schachteln müssen sich auch beim Transport und bei der Zwischenlagerung im Benutzerraum ständig in horizontaler Lage befinden. Wie Archivgut aller Art müssen auch Behälter oder Schachteln auf dem Transportwagen gegen Herabfallen gesichert sein. Generell gilt für Akten wie für alle Archivalien, daß grundsätzlich Transporthilfen wie Aktenwagen oder Tragekörbe verwendet werden sollen. Sind die Akten nicht in Behälter oder Schachteln verpackt, sondern nur mit Umschlagpapier versehen und gebündelt und stehen buchmäßig oder auf der langen Seite im Regal, muß dafür gesorgt werden, daß sie weder zu eng noch zu aufgelockert stehen und etwa durch Schräglage deformiert werden. Das Ausheben und Zurücklegen muß bei solcher Aufstellung besonders sorgfältig vorgenommen werden, besonders, wenn Aktenpakete verschnürt sind. Wo durch das Ausheben Lücken entstehen, müssen diese durch Buchstützen abgesichert oder mit Schaumstoff ausgefüllt werden.

An Geschäftsbüchern oder auch kleinformatigen Büchern der Bibliothek entstehen die typischen Schäden wie deformiertes oder eingerissenes Kapital (Zierband) oder abgerissene Rücken durch falsches Herausnehmen aus dem Regal. Bände hinter dem oberen Kapital zu greifen, um sie anzukippen oder gar am Kapital herauszuziehen, führt mit Sicherheit zu Schäden, ebenso ein Herausziehen durch Einsatz der Fingerspitzen oder Fingernägel im Klammergriff rechts und links in der Falte zwischen Rücken und Einbanddeckel. Stehen die Bücher zu eng, werden die zerstörerischen Kräfte bei diesen Manipulationen entsprechend höher. Ein Band sollte daher so aus dem Regal genommen werden, daß die benachbarten Bände etwas nach hinten geschoben werden, um den gewünschten Band im Klammergriff von Daumen und Handfläche an den Einbanddeckeln herauszuziehen. Ist dies nicht möglich, soll der Band von oben mit der ganzen Hand über den Kopfschnitt hinweg am Vorderschnitt gefaßt werden. Reicht dazu die Höhe des Regalfaches nicht aus, soll die flache Hand auf den Kopfschnitt gelegt werden, um dann den Band nach hinten so weit zu kippen, daß die andere Hand ihn im Klammergriff fassen kann. Zum fachgerechten Zurücklegen werden die benachbarten Bände etwas nach vorne gezogen, der einzustellende Band wird „eingelassen", d.h. dazwischen gestellt, worauf alle drei Bände bündig ins Regal geschoben werden. Im übrigen ist zu beachten, daß beim Transport auf dem Aktenwagen und bei der Zwischenlagerung im Benutzerraum nicht mehr als zwei bis drei Bände aufeinander liegen dürfen.

Beim Ausheben, Transport und Zurücklegen von großformatigen Vorlagen wie Karten, Plänen oder Plakaten muß besonders sorgfältig vorgegangen werden. Große Gefahr des Stauchens von Großformaten bei Manipulationen mit der Folge von Knicken und Einrissen besteht besonders bei unverpackt horizontal gelagerten Großformaten in Kartenschränken. Die Einzelverpackung der Objekte oder allenfalls das Einlegen von bis zu fünf Objekten in eine Mappe von entsprechendem Format, die dann als Einheit für Ausheben und Transport gilt, trägt auch hier wesentlich zur Begrenzung des Schadensrisikos bei. Für den Transport und die Nutzung sollen für unverpackte Großformate ohnehin stabile großformatige Mappen zur Verfügung stehen. Insbesondere bei (noch) mangelhaften Lagerungsbedingungen von Großformaten sollen zur Schadensvermeidung beim Ausheben und Zurücklegen zwei Personen zusammenarbeiten. Um den schonenden Zugriff zu einzelnen großformatigen Vorlagen in Kartenschränken zu verbessern, wurden zweckmäßige, wenn auch kostspielige, Systeme aus Schraubmappen mit Registern und einfahrbaren Aushebekeilen entwickelt. Im übrigen ist aber die beste Lösung zur Schonung gerade der Großformate eine rechtzeitige Schutzverfilmung. Die Auswahl der Objekte, die der Nutzer im Original zu sehen wünscht, kann durch Vorlage geeigneter Mikroformen in der Regel wirkungsvoll begrenzt werden.

Fotografische Objekte sollen grundsätzlich nur in geeigneter Verpackung in den Benutzerraum gelangen. Wo sich die Vorlage von Originalen durch Reproduktionen oder Duplikate vermeiden läßt, muß das geschehen. Originalnegative oder die Aufnahmefilme von Mikroverfilmungen dürfen in keinem Fall unmittelbar benutzt werden und sollen ständig im geeigneten Magazinklima verwahrt werden. Benutzungsduplikate müssen aber selbstverständlich auch sorgfältig behandelt werden, allein um für die aufgewendeten Kosten einen langfristigen Nutzen zu haben. Fotoabzüge dürfen nicht gestapelt werden, es sei denn, sie wären einzeln verpackt; schon Erschütterungen beim Transport, ein Verrutschen oder das neugierige Herausziehen eines Abzugs führen zwangsläufig zu Kratzern auf der Schicht.

Mit Sachverstand und Sorgfalt können beim Ausheben, Transportieren und Zurücklegen Fehler vermieden werden.

5.4.4.2 Möglichste Schonung bei der Nutzung

Kaum ein Benutzer wird es darauf anlegen, Archivalien bewußt zu beschädigen. Wenige Benutzer machen sich jedoch bewußt, daß es im wahrsten Wortsinn in ihrer Hand liegt, einerseits durch Unachtsamkeit Schäden zu verursachen oder das Entstehen von Schäden zu fördern, andererseits durch Sorgfalt Schäden zu verhindern und damit auf die Restlebenszeit der Archivalien positiv einzuwirken. Es sind die kleinen Dinge, die beim direkten Umgang mit Archivalien im Benutzerraum das Schadenspotential bestimmen: Hochgestapelte Archivalien auf dem Benutzertisch verführen dazu, daß doch einmal plötzlich Archivalien zu Schreibunterlagen werden oder der Benutzerarm beim Schreiben auf einer Akte liegt. Es soll auch schon Benutzer gegeben haben, die aus Platzmangel auf ihrem Arbeitstisch damit begannen, Archivgut auf dem Boden zu stapeln. Die gleichzeitige Ausgabe und Nutzung immer nur weniger Einheiten verhindert dies und trägt zur Übersichtlichkeit bei.

Daß der Benutzer in Archivalien keine Passagen anstreichen darf, Kommentierungen vornimmt oder gar radiert, dürfte selbstverständlich sein. Weniger selbstverständlich sind so einfache Regeln durchzusetzen wie die, daß sich der Benutzer die Hände wäscht, vor der Benutzung zum Schutz der Archivalien, danach zu seinem eigenen. Auch die Regel, am Benutzerplatz nur Bleistift zu benutzen, ist in den Lesesälen der Bibliotheken, in denen Unikate eingesehen werden, und in ausländischen Archiven konsequenter durchgesetzt als in deutschen Archiven. Hierzulande sieht man auch immer noch den Benutzer, der den Rücken eines Bandes schräg gegen die Tischkante lehnt oder der auf einer Karte oder einem Plan mit Pergaminpapier durchpaust. Selten schließen die Benutzer die Bände oder die Akten von selbst, wenn sie eine Pause einlegen oder sich längere Zeit einem anderen Stück widmen. Ohne daß es irgend jemandem nützt, wird den Archivalien so ein vermeidbarer Lichtschaden zugefügt, der übrigens

An unsere Benutzer

Archivalien können nur dann langfristig genutzt werden, wenn sie durch sachgemäße Behandlung möglichst dauerhaft erhalten bleiben. Daher bitten wir Sie um die Beachtung der folgenden Punkte:

1. Benutzerbezogene Hinweise:

- Bitte waschen Sie sich vor der Benutzung von Archivalien die Hände und verwenden Sie keine Handcremes.
- Zu Ihrem eigenen Schutz sollten Sie sich auch nach der Benutzung von Archivmaterial die Hände waschen.
- Bitte essen und trinken Sie nicht während der Arbeit mit Archivalien.

2. Archivalienbezogene Hinweise:

- Beim Blättern der Archivalien wenden Sie bitte vorsichtig Blatt für Blatt und befeuchten Sie dabei nicht die Finger. Achten Sie bitte darauf, daß keine Risse oder Knicke entstehen.
- Verändern Sie bitte die Ordnung der vorliegenden Archivalien nicht und nehmen Sie keine Dokumente aus den Archivalien heraus.
- Benutzen Sie die Archivalien bitte nicht als Schreibunterlage.
- Bitte verwenden Sie keine Gegenstände als Lesezeichen.
- Lichteinwirkung schadet den Archivalien. Dabei wird die Größe des Schadens maßgeblich durch die Dauer der Lichteinwirkung bestimmt. Bitte lassen Sie deshalb Archivalien, auch Fotos, nicht unnötig offen liegen und schließen Sie sie unbedingt vor Benutzungspausen.
- Für empfindliche Objekte stellt Ihnen das Archiv Handschuhe zur Verfügung. Vermeiden Sie daher das Berühren von Schrift, Zeichnungen, Fotos oder anderem fotografischen Material mit bloßen Fingern.
- Technische Schwierigkeiten beim Umgang mit Archivalien – wie beispielsweise das Öffnen verklebter Seiten – sind nur durch das Archivpersonal zu beheben.

Wir danken für Ihr Verständnis!

Merkblatt für Archivbenutzer

schon bei zwei Minuten „Belichtung“ im Benutzerraum höher ist als der, den eine Elektrokopie bewirkt.

Zumindest unerfahrene Benutzer, aber auch „erfahrene“ Benutzer mit einer Konsumentenhaltung („mich wird's schon noch aushalten“) sollten bei der Benutzerberatung auf die Verbote und Gebote im Benutzerraum aufmerksam gemacht werden (vgl. das Merkblatt, S. 201)

Sensibilisiert für sorgfältigen Umgang mit Archivalien wird der Benutzer auch dadurch, daß er im Benutzungsbereich Hilfen findet, die ihm die Benutzung erleichtern und gleichzeitig die Erhaltung der Objekte fördern. Solche sind beispielsweise modular aufgebaute Bücherstützen aus Schaumstoff zur Benutzung größerer oder empfindlicher Bände, Bleibänder (Gardinengeschäft), um störrische Seiten in aufgeschlagenem Zustand zu halten, Baumwollhandschuhe zur Benutzung besonders empfindlicher Stücke. Wenn ein Benutzer dünne Papierstreifen vorfindet, wird er darauf verzichten, seinen Schlüsselbund als Buchzeichen einzulegen, wenn zur Abdeckung der Akten in der Mittagspause geeignete Papiere im Lesesaal erhältlich sind, wird er problembewußt diese Möglichkeit nutzen. Nicht zu den geeigneten Benutzungshilfen gehört die Quarzlampe, mit deren Hilfe schwer lesbare Schriften entziffert werden können, gleichzeitig aber Papier und Schreibstoffe schwer geschädigt werden. Elektrokopien sind zwar unverzichtbare Benutzungshilfen, im Selbstbedienungsverfahren durch den Benutzer dürfen diese aber wegen der großen Gefahr mechanischer Beschädigungen nicht hergestellt werden.

Die meisten der genannten Gebote und Verbote im Umgang mit Archivalien gelten nicht nur im Benutzerraum, sondern für alle Mitarbeiter im Archiv. Der Gefahr, daß im selbstverständlichen Tagesgeschäft des Umgangs mit Archivalien das Bewußtsein für die besondere Sorgfalt, die der Umgang mit unikaler Überlieferung erfordert, sich abschleift oder verloren geht, muß wirksam gegengesteuert werden, nicht zuletzt durch das eigene Vorbild.

5.4.4.3 Schutzmaßnahmen bei Ausstellungen

Archivalien, die ausgestellt werden sollen, nehmen nicht plötzlich andere Materialeigenschaften an, sondern bleiben empfindlich gegen mechanische Beschädigungen, Wärme, Feuchtigkeit, Licht, Schadgase und Mikroorganismen. Im Prinzip gelten alle genannten Erhaltungsbedingungen auch für die Zeitdauer von Ausstellungen. Sie sind nur in Vitrinen eines Ausstellungsraums oder gar an den Wänden des Konferenzzimmers auf der Vorstandsetage sehr viel schlechter und nur mit sehr viel mehr Aufwand zu erfüllen, wenn dies überhaupt gelingt.

Ausstellungen sind der Erhaltung von Archivgut abträglich, das Schadenspotential läßt sich nur begrenzen. Auch unter den besten klimatischen

Verhältnissen bleibt Licht als Schadensfaktor bestehen, soll die Ausstellung ihren Zweck erfüllen. Daraus ergeben sich zwei Schlüsse:

- Nach Möglichkeit sollen keine Originale, sondern Reproduktionen oder gute Kopien ausgestellt werden. Die heutige Reproduktions-, Kopier- und Drucktechnik vermag dem Original täuschend ähnliche Faksimiles herzustellen, die sich zur Präsentation hervorragend eignen.
- Wenn auf Originale nicht verzichtet werden kann, dürfen diese nur so kurz wie möglich ausgestellt werden. In Dauerausstellungen gehören grundsätzlich keine Archivalien im Original.

Gegen Diebstahl und gegen mechanische Beschädigungen, aber auch gegen Staub und Verschmutzung sind Archivalien zunächst einmal hinter Glas zu bringen. Ein trennendes Glas, bei Stellwänden darf es auch Plexiglas sein, ist auch dann erforderlich, wenn Diebstahl nicht zu befürchten ist. Die bei Ausstellungen von Archivalien normalerweise verwendeten Tisch-, Wand- oder Standvitrinen sind staubdicht ausgeführt. In diesem Fall muß das den Archivalien zuträgliche Klima über die Klimatisierung des Ausstellungsraums eingestellt werden. Kostspieliger sind „dampfdichte“ Vitrinen. In diesen kann mit Hilfe spezieller Materialien zur Be- oder Entfeuchtung (beispielsweise Kieselgel) in Abhängigkeit von der Temperatur im Ausstellungsraum eine bestimmte Feuchtigkeit in der Vitrine relativ stabil gehalten werden. Noch teurer sind Klimavitrinen, sozusagen Vitrinen mit eingebauter Klimaanlage, die für bestimmte Werte von Temperatur und Feuchtigkeit in der Vitrine sorgt. Zur Überwachung des Klimas in Ausstellungsvitrinen haben sich netzunabhängige handliche Datenlogger bewährt.

Die häufig als „Schutzmaßnahme“ vorgenommene Rahmung von Ausstellungsstücken hinter Glas stellt keine wirkungsvolle Erhaltungsmaßnahme dar. Neuere naturwissenschaftliche Untersuchungen haben gezeigt, daß gerade im Rahmen unter mehr oder weniger dichtem Luftabschluß eine Atmosphäre hoher Schadstoffkonzentrationen entsteht, weil infolge des Lichteinfalls gasförmige Abbauprodukte des Papiers nicht entweichen können. Hinter Glas gerahmte Papiere zerfallen durch diesen autokatalytischen Effekt um so schneller.

Bei Ausstellungen am wenigsten beeinflußbar ist der Schadensfaktor Licht. Die fotochemischen Reaktionen wirken bei Schreibstoffen, Papier und fotografischen Farbmaterialien in gleicher Weise. Lichtempfindliche Farben, auch moderne Farbstofftinten können ausbleichen. Mischungen von Farben, die unterschiedlich lichtempfindlich sind, können sich dadurch in ihrer Farbwirkung vollkommen verändern. Unter Lichteinwirkung verblaßt eine weniger lichtempfindliche Komponente stärker als die stabilere. Holzschliffhaltige Papiere vergilben, verbräunen, werden brüchig und altern schneller, andere Papiere „schießen", d.h. sie werden heller. Die negative Wirkung des Lichts bestimmt sich aus dem Produkt von Lichtintensität (auch UV-Anteil) und Einwirkungszeit, wobei sich die Wirkung einzelner Belichtungen addiert. Der fotochemische Schadenseffekt, den eine fotografische Aufnahme oder das einmalige Kopieren mit einem Kopiergerät hat, entspricht ungefähr einer Ausstellungsdauer von zwei Minuten. Ungleich schädlicher sind daher Ausstellungszeiträume von Tagen oder Wochen, auch wenn die besonders energiereichen UV-Strahlen ausgefiltert würden. Die Lichtstrahlen, die man braucht, um die Archivalien zu betrachten, reichen für die negative Langzeitwirkung aus. Den Schaden kann man nur begrenzen durch eine möglichst kurze Ausstellungsdauer, durch Verzicht auf direkte Beleuchtung der Exponate mit dekorativem Punktlicht und durch konsequentes Verdunkeln des Ausstellungsraums oder des Vitrineninhalts immer dann, wenn keine Besucher da sind.

5.4.5 Schutzverfilmung als wirksame Erhaltungsmaßnahme

5.4.5.1 Einsatzmöglichkeiten der Schutzverfilmung

Nicht zuletzt wegen des hohen Aufwands für Restaurierung und Konservierung kommt neben der Originalerhaltung des Archivguts die Konversion beschädigter oder gefährdeter Unterlagen in Betracht. Der besondere Charakter von Archivalien erfordert eine bildliche Konversion, nicht nur eine codierte Umsetzung des Textes. Die bildliche Konversion von gefährdetem Archivgut auf Ersatzmedien zu Schutzzwecken und/oder zur dauerhaften Substitution der vom Zerfall bedrohten Schriftträger setzt Systeme voraus, die sich durch höchstmögliche Wiedergabequalität, durch Verfügbarkeit der Konversionsergebnisse über sehr lange Zeiträume sowie durch hohe Wirtschaftlichkeit auszeichnen. Traditionell werden dafür Mikrofilmsysteme genutzt, die bisher die genannten Anforderungen am besten erfüllen.

Die Schutzverfilmung als effektive und wirtschaftliche Maßnahme der Bestandserhaltung kann den Interessenkonflikt zwischen Schutz und Nutzung auflösen. Nach der Schutzverfilmung kann das Original im Magazin bleiben; im Benutzerraum werden stattdessen Aufnahmen des Originals auf Mikroformen vorgelegt. Durch rechtzeitige Schutzverfilmung wird so ein optimaler Schutz für das Original gewährleistet, gleichzeitig aber die Zugänglichkeit verbessert: Filmkopien sind einfach und kostengünstig zu vervielfältigen und erlauben dadurch eine Nutzung an beliebig vielen Stellen gleichzeitig. Verfilmung von Archivgut erreicht also Schutz und Nutzung gleichermaßen.

Mit der rechtzeitigen Schutzverfilmung und der konsequenten Einführung der Mikroformen in die Regelbenutzung werden außer irreparablen materiellen und ideellen Schäden sowie dem Werteverlust der Objekte auch personalintensive und kostenaufwendige Instandsetzungsmaßnahmen vermieden. Hat die Bestandserhaltung versagt und ist die vorbeugende Schutzverfilmung nicht rechtzeitig gelungen und das Objekt beschädigt, kommt die Verfilmung in Ergänzung der originalerhaltenden Instandsetzungsmaßnahmen der Konservierung oder Restaurierung in Betracht. Als Not- und Sofortmaßnahme bei ersten Schäden ermöglicht die ergänzende Schutzverfilmung, das Objekt auch während der Restaurierung zugänglich zu halten. Selbstverständlich hat sie eine Bedeutung über den Zeitpunkt der Wiederherstellung hinaus: Es wäre schlichtweg unvertretbar, das restaurierte Stück erneut in der Regelnutzung verbrauchen zu lassen. Schon um den Wert des Restaurierungsaufwandes zu sichern, ist allerspätestens nach der Restaurierung eine ergänzende Schutzverfilmung unerläßlich.

5.4.5.2 Welche Mikroformen für welche Objekte?

Traditionell wird in Archiven der unperforierte 35-mm-Rollfilm als Mikroform verwendet. Das gegenüber dem im Bereich von Banken und Industrie übliche größere Bildformat dieses Films erlaubt die Wiedergabe auch von handschriftlichen Vorlagen, die ein größeres Format als DIN A4, wie beispielsweise Folio, aufweisen, bei Verkleinerungsfaktoren zwischen 15–20fach in guter Qualität. Alle Akten und Geschäftsbücher, auch Druckschriften und Zeitungen können so objektgerecht und in guter Qualität aufgenommen werden. Selbst Karten und Pläne oder Plakate bis zu einem Format von 60×80 cm lassen sich auf dem 35-mm-Mikrofilm (Vollschritt-Aufnahme), eine hochwertige Mikrofilmkamera vorausgesetzt, gut abbilden. Für größere Vorlagen ist das Makrofiche geeignet, ein Mikroplanfilm im Format DIN A6, bei dem außer einer Titelleiste die ganze zur Verfügung stehende Aufnahmefläche für eine Aufnahme genutzt wird.

Archivgut wird bisher in den meisten Fällen schwarz-weiß verfilmt. Der üblicherweise verwendete Mikrofilm, ein sog. AHU-Film, hat ein hohes Auflösungsvermögen, ist panchromatisch, gibt also alle auf der Vorlage vorhandenen Farben in abgestuften Grautönen wieder, steilt aber den Kontrast zugleich auf. Für die Verfilmung von ausgesprochenen Halbtonvorlagen wie Fotografien oder illustrierten Druckschriften stehen Verfilmungsverfahren zur Verfügung, die Halbtöne fein abgestuft wiedergeben. Solche Mikrofilme können daher wegen ihres gleichzeitig hohen Auflösungsvermögens auch zur Sicherung oder Schutzverfilmung von Fotosammlungen eingesetzt werden, wobei sie bei hoher Qualität des Ergebnisses kostengünstiger sind als andere reprographische Verfahren. Für Archivgut mit Farbinformationen, die farbig wiedergegeben werden sollen, kommt die Farbmikroverfilmung auf 35-mm-Mikrorollfilm oder auf Makrofiche in Betracht. Seit einigen Jahren steht dafür ein Farbmikrofilm neuer Technologie (Farbbleichverfahren) zur Verfügung, der chromogenen Farbfilmen hinsichtlich der Wiedergabequalität (Auflösungsvermögen, Farbtreue), der Lichtbeständigkeit und der Farbstabilität sowie der prognostizierten Haltbarkeit deutlich überlegen ist.

Die Mikroverfilmung von Archivgut ist ein Massengeschäft. Die Übertragung von einem laufenden Meter Aktenschriftgut auf Mikrofilm erfordert, unter der Voraussetzung, daß, wie üblich, zwei Seiten auf einer Aufnahme aufgenommen werden, bis zu 10000 Aufnahmen. Der 35-mm-Rollfilm ist bei hoher Wiedergabequalität ein rationelles Aufnahmemedium. In aller Regel sind die Aufnahmen auf Rollfilm daher kostengünstiger herzustellen als Aufnahmen auf Mikroplanfilm („Mikrofiche"). Nachdem der Kostenfaktor beim Verfilmen neben der Vorbereitung vor allem durch die Aufnahmekosten, das Umblättern der Seiten unter dem Kameraobjektiv, bestimmt wird, muß es darum gehen, den Aufnahmeaufwand zu amortisieren. Dies bedeutet, daß darauf geachtet werden muß, die einmalige Verfilmung möglichst für mehrere Zwecke zu nutzen. Gerade dafür ist der 35-mm-Rollfilm ein optimales Ausgangsmedium. Vom Aufnahmefilm (in der Regel ein Negativ), der ohnehin nicht unmittelbar im Lesegerät oder Reader-Printer benutzt werden darf, können polaritätsgleiche oder in der Polarität umgekehrte Kopien auf alterungsbeständigem Silberhalogenidfilm hergestellt werden. Daneben lassen sich preisgünstigere Duplikate auf Diazo- oder Vesicularmaterial anfertigen. Diese Duplikate sind zwar nicht alterungsbeständig, reichen aber als Arbeitsfilm in der Nutzung aus. Die Duplikatfilme lassen sich auch „jacketieren", d.h. in glasklare Filmtaschen mit beschriftbarer Titelleiste (Jackets) im Format DIN A6 einbringen, um so einen Rollfilm in einen Mikroplanfilm umzuwandeln, der als benutzerfreundlicher gilt. Ein solcher Mikroplanfilm (Mikrofiche) läßt sich aber auch auf dem Weg der optischen Umzeichnung (Konvertierung) herstellen. Vom Rollfilm 35 mm lassen sich Arbeitskopien über Reader-Printer in guter Qualität oder Reproduktionen im fotografischen Verfahren herstellen. Schließlich eignet sich der Rollfilm als Ausgangsmedium, um die darauf abgebildeten Archivalien mit Hilfe von Mikrofilmscannern rationeller und kostengünstiger zu scannen, als dies vom Original möglich wäre.

5.4.5.3 Qualität und Haltbarkeit der Mikrofilme

Soll eine Mikroform, um den Zweck der Schutzverfilmung voll zu erreichen, ein Original, das künftig im Magazin bleiben soll, für den Benutzer ersetzen, muß dieser jede Information des Originals, die sich auf Film aufzeichnen läßt, auch wiederfinden. Die Wiedergabe soll also vollständig sein, sowohl, was die Wiedergabe aller Schriftstücke der verfilmten Akten oder aller Seiten eines Geschäftsbuchs betrifft, als auch, was die Bildelemente der einzelnen Vorlage bis zum Rand hin angeht. Die Wiedergabequalität wird von der Lesbarkeit (Auflösung, Wiedergabeschärfe) und von der abgestuften Wiedergabe von Grauwerten oder der tonwertrichtigen Wiedergabe von Farben bestimmt. Die Mindestanforderungen an die Wiedergabequalität sind in Normen niedergelegt (z.B. DIN ISO 6199, DIN 19051, Teil 21). Von einem Mikrofilm, der Schutzzwecken dienen soll und zugleich für die genannten Zusatznutzen geeignet ist, soll bei einem Verkleinerungsfaktor zwischen 15–20fach die Auflösung mindestens bei 120 Lp/mm (Linienpaaren/mm), gemessen mit dem ISO Testzeichen 2, liegen. Bei der Filmqualität sollte sich das Wirtschaftsarchiv nicht auf die Zusagen der Verfilmungsstelle verlassen, sondern Probeaufträge vergeben und deren Qualität kontrollieren. Selbstverständlich sollen auch alle während eines Verfilmungsprojekts hergestellten Mikrofilme auf ihre Qualität hin geprüft werden.

Unter Archivaren hält sich wohl kein Vorurteil hartnäckiger als das, wonach der Mikrofilm kein haltbares oder gar alterungsbeständiges Medium sei. Der schwierige Auftrag der Archivare, Informationsträger aller Art dauerhaft zu erhalten, bringt wohl eine berufsbedingte Skepsis neuen Medien gegenüber mit sich. Doch so neu ist der Mikrofilm als fotografisches Medium der Silberhalogenidtechnologie auch nicht. Fast gleichzeitig mit dem Aufkommen der fotografischen Verfahren schlug die Geburtsstunde des Mikrofilms. Aus der Sammlung Alexander von Humboldts sind Mikrobilder überliefert, die um die Mitte des 19. Jahrhunderts entstanden und sich heute noch für Reproduktionszwecke eignen.

Die Haltbarkeit des Mikrofilms wird einerseits von der fotografischen Silberhalogenid-Gelatine-Schicht, andererseits von der Filmunterlage bestimmt. Die Schicht ist empfindlich gegen Schadgase und bietet bei hoher Luftfeuchtigkeit einen Nährboden für Schimmelpilze und Mikroorganismen. Sie unterscheidet sich darin nicht wesentlich von anderen Informationsträgern aus organischen Stoffen wie dem Papier. Bei vorschriftsmäßiger Verarbeitung (auch dafür gibt es Normen) und Lagerung der Filme bestimmt sich die Haltbarkeit im wesentlichen von der Filmunterlage. Die bis ca. 1950 verwendete Filmbasis aus Cellulosenitrat ist in der Tat nicht dauerhaft haltbar und wegen der Möglichkeit der Selbstentzündung gefährlich. Die Filmunterlage, die diesen „Sprengstoff" ablöste, war ein Celluloseacetat (Triacetat), auch Sicherheitsfilm genannt, da von diesem keine Brandkatastrophen ausgehen konnten. Dieser Triacetatfilm, auch heute noch in vielen Archiven vorhanden, ist bei kühler, trockener Lagerung und guter Durchlüftung um die 200 bis 300 Jahre haltbar, bei schlechteren Bedingungen deutlich weniger lange. Er hat damit viel mit dem sauren Papier gemein. Alterungsbeständig wie alterungsbeständiges Papier oder gar Pergament sind aufwendigen Untersuchungen des amerikanischen Nationalarchivs zufolge nur Mikrofilme auf Polyesterbasis, wie sie seit den 1970er

Jahren verfügbar sind. Die Reißfestigkeit dieser Filme ist ein positiver Nebeneffekt.

Für Projekte der Schutzverfilmung sollten daher als Aufnahmefilme und als Duplikate, die für die Langzeitlagerung bestimmt sind, ausdrücklich nur Silberhalogenidfilme auf Polyesterbasis verwendet werden. Vorhandene Mikrofilme auf anderer Filmunterlage müssen in absehbarer Zeit auf Polyesterfilm dupliziert werden, was gegenüber einer Neuaufnahme eine Kostenersparnis von 60 bis 75% bedeutet.

Die Haltbarkeitserwartung der als Benutzerkopien verwendeten Diazo- oder Vesicularfilme liegt bei 100 Jahren, wenn sie nicht vorher durch häufigen Gebrauch ausbleichen oder mechanisch verschleißen.

5.4.5.4 Digitale Konversion als Alternative?

Auch in der neuen digitalen Medienwelt hat der Mikrofilm weiterhin seinen Platz. Bei der Konversion muß es ja darum gehen, problematische Informationsträger wie brüchiges Papier durch zuverlässige zu ersetzen und nicht durch solche, die im Laufe der Zeit noch mehr Probleme mit sich bringen. Im Gegensatz zu Systemen der elektronischen Bildspeicherung haben Mikrofilme als eine schon seit mehr als 150 Jahren eingeführte Technik den Vorteil, daß die analog auf Film gespeicherten Informationen stets dem menschlichen Auge unmittelbar zugänglich sind. Mikrofilmsysteme sind im Prinzip keinem grundlegenden technischen Wandel unterworfen und sind zudem offen für die neuen digitalen Systeme. Von Filmen kann rationeller gescannt werden als von den auf den Filmen gesicherten Originalen. In einer Informationswelt, in der nichts so schnell veraltet wie High-Tech-Systeme, stellt damit der Film die aufwärtskompatible Speicherform für die langen Zeiträume dar. Die Alternative der digitalen Welt heißt Reformatierung und Migration der – außergewöhnlich umfangreichen – Bilddateien, immer wenn eine neue Generation von Systemen oder Informationsträgern am Horizont steht, d.h. erfahrungsgemäß alle fünf bis zehn Jahre. Bei der in Archiven üblichen Zugriffsfrequenz wären solche aufwendigen technischen Maßnahmen unwirtschaftlich. Insofern ist die Verfilmung gefährdeter Bestände immer richtig, und es wäre kurzsichtig, für Zwecke der Bestandserhaltung auf digitale Langzeitspeicherung zu setzen.

Mit der wirtschaftlichen und zukunftssicheren Speicherform des Mikrofilms auf der sicheren Seite, sollen sich Archive aber auch der digitalen Welt nicht verschließen. Sekundäre Konversionen in digitalisierter Form können vollkommen neue Qualitäten der Zugänglichkeit bieten und damit neue Benutzerkreise ansprechen. Dazu müssen aber digitale Zugriffs- und Nutzungsformen mit zusätzlichem Personalaufwand auf dem Dokumentenlevel erschlossen werden, um tatsächlich für die neue Qualität eines automatischen Retrievals oder für Hypertext-Anwendungen zugänglich, sozusagen „clickable“ zu sein.

5.5 Restaurierung und Konservierung

5.5.1 Grundsätze der Instandsetzung von Archivgut

Eine Restaurierung von Archivgut ist keineswegs anzustreben. Anzustreben ist die Vermeidung von Schäden durch die genannten vorbeugenden Maßnahmen. Wenn beschädigtes Kulturgut aber instandgesetzt werden muß, hat dies fachgerecht zu geschehen. Für die Restaurierung von Archivalien hat die Fachethik unter dem Einfluß der Wissenschaft Grundsätze aufgestellt mit dem Ziel, die Originalsubstanz und das ursprüngliche Erscheinungsbild möglichst zu erhalten und bloße Renovierungen oder Rekonstruktionen zu vermeiden. Für den Historiker haben unscheinbare äußere und formale Spuren Evidenz. Solche Äußerlichkeiten sind oftmals die einzigen Hinweise auf einen besonderen Entstehungszusammenhang, eine besondere Rechtsqualität oder eine besondere Überlieferungsgeschichte eines Objekts. Diese unscheinbaren Spuren mit Informationswert dürfen nicht durch handwerkliche Eingriffe zerstört oder gestört werden.

Die Grundsätze der Restaurierung können daher wie folgt zusammengefaßt werden: Die zur Restaurierung verwendeten Materialien und Hilfsmittel müssen nachgewiesenermaßen unschädlich sein, es sollen nur identische oder ähnliche Materialien wie die vorhandenen verwendet werden. Die Eingriffe müssen reversibel sein, der Zustand vor dem Eingriff muß also jederzeit wieder hergestellt werden können. Das Erscheinungsbild ist zu bewahren, die Eingriffe müssen erkennbar sein, und der Restaurator muß vollständig offenlegen, was er gemacht und wie er es gemacht hat. Schließlich müssen die Eingriffe schriftlich und, wenn nötig, fotografisch dokumentiert werden. Mit Hilfe dieser Dokumentation müssen die Eingriffe für künftige Generationen von Restauratoren, aber auch für den Wissenschaftler, der das restaurierte Objekt künftig benutzt, auf Dauer transparent nachvollziehbar sein.

5.5.2 Methoden der Restaurierung und Konservierung

Eine wirkungsvolle und dennoch in die Substanz des Objekts kaum eingreifende Methode stellt die Trockenreinigung dar. Mit Pinsel oder Bürste, in hartnäckigeren Fällen mit Radierpulver, Radiergummi oder Radiermaschine werden die Papiere oder Pergamente vom Schmutz der Jahrhunderte befreit. Verkrusteter Schmutz oder alte Klebereste werden bei der Trockenreinigung vorsichtig mit dem Skalpell entfernt. Lassen sich

Schmutz oder Flecken nicht auf diese Weise trocken entfernen, werden die Papiere vorsichtig befeuchtet, um den Schmutz anzulösen oder regelrecht gewaschen. Zu Lösemitteln, Bleichmitteln oder zu sonstigen Chemikalien greifen Restauratoren nur ungern.

Wasser ist bei der Restaurierung und Konservierung von Papieren fast ein Wundermittel. Wasser reinigt, wäscht schädliche Abbauprodukte aus dem Papier aus und kann puffernde Substanzen in das Papier eintragen, um endogenen und exogenen Säureangriffen entgegenzuwirken. Gängige Schreibstoffe wie Druckerschwärze oder Eisengallustinte überstehen eine Naßbehandlung ohne weiteres. Andere Tinten, Tuschen oder Stempelfarben müssen vor dem Wässern fixiert werden. Nach der wäßrigen Behandlung erhalten die Papiere durch Nachleimen erneute Festigkeit, werden getrocknet und gepreßt. Besonders rationell lassen sich wäßrige Behandlungen mit einer Tauchbeckenanlage mit programmierbarem Transportsystem durchführen, in der größere Mengen gleichartiger Papierschäden synchron behandelt werden.

Bei wasserempfindlichen Papieren wie Pergaminpapier oder Papieren mit empfindlichen Schreibstoffen darf die Befeuchtung nur kontrolliert erfolgen. Nur Feuchtigkeit in dampfförmigem Zustand, nicht aber in flüssiger Form, darf auf das empfindliche Objekt einwirken. Das Wundermaterial, das diesen Effekt bewirkt, ist die Mikrofaser GORE-TEX, die von der Wetterbekleidung bekannt ist.

Auch bei solchen wasserempfindlichen Objekten kann eine Entsäuerung notwendig werden. In solchen Fällen oder auch bei Bänden, die zur Behandlung nicht aufwendig in Einzelblätter aufgelöst werden sollen, wird eine Sprühentsäuerung angewandt. Die puffernde Substanz wird dabei mit Hilfe eines leicht flüchtigen Lösemittels auf das Papier aufgebracht.

Risse im Papier werden mit Weizenkleister, erforderlichenfalls mit Hilfe von Japanpapier, einem sehr dünnen, transparenten, aber festen Hadernpapier geschlossen. Löcher im Papier, Abbrüche am Rand oder andere Fehlstellen können ebenfalls mit Weizenkleister und gerissenem Japan- oder stärkerem Hadernpapier manuell ausgeflickt werden. Die elegantere und zugleich rationellere Methode ist aber das Anfasern. Bei dieser Technik werden Löcher und Fehlstellen mit Papierfasern aus einer wäßrigen Fasersuspension geschlossen. Ausgefeilte Geräte unterstützen den Restaurator bei der Anfaserungstechnik und erlauben ein rationelles Arbeiten.

Eine andere Technik der rationellen Beseitigung von Löchern oder Fehlstellen im Papier oder zur Verfestigung brüchiger oder lappiger Papiere ist das Papierspalten. Beim Spaltverfahren, das bereits in der Mitte des 19. Jahrhunderts angewandt wurde, wird das nur Bruchteile eines Millimeters dünne geschädigte Papier in zwei Hälften gespalten, so daß Vorder- und Rückseite eines Blattes jeweils für sich als separates Blatt vorliegen.

Sodann wird zwischen die beiden Papierhälften ein sehr dünnes, aber hochfestes Papier als Stützpapier eingeklebt. Dem dafür verwendeten Klebstoff können Zusätze zur alkalischen Pufferung beigegeben werden. Ohne Veränderung der ursprünglichen Papieroberflächen erhält das Papier auf diese Weise seine ursprüngliche Festigkeit zurück oder gewinnt gar eine bessere Festigkeit. Die Papierstruktur der Oberflächen bleibt unverändert und selbst die Wasserzeichen bleiben sichtbar. Das Papierspaltverfahren hat dadurch eindeutige Vorteile gegenüber der Lamination mit Folien oder Japanpapier, die von Restauratoren mit guten Gründen abgelehnt wird.

Die Behandlung von Pergamenten, die bei Unternehmensarchiven eher bei Einbänden von Geschäftsbüchern als bei Pergamenturkunden vorkommt, ist schwierig, weil die an sich alterungsresistente Tierhaut auf Feuchtigkeit und Wärme heftiger und unberechenbarer reagiert als das eher homogene Material Papier. Das Glätten und das Spannen von verformten Pergamentblättern, wiederum in Verbindung mit kontrollierter Befeuchtung, erfordert viel Erfahrung und Geduld. Bei der Beseitigung von Rissen oder Löchern im Pergament geben die Restauratoren flexiblen Verbindungen statt einer flächigen Verklebung den Vorzug, da sich alte und neue Pergamente unterschiedlich und unberechenbar verhalten. So wird in solchen Fällen die Technik des Pergamentnähens angewandt, die durch spezielle Sticharten gewährleistet, daß sich die solcher Art verbundenen Pergamente unterschiedlich ausdehnen können, ohne sich zu verwerfen. Kleinere Fehlstellen oder Löcher im Pergament lassen sich durch eine der Anfaserungstechnik vergleichbare Methode mit Hilfe einer Suspension von Pergamentfasern beseitigen.

Wachssiegel werden in Unternehmensarchiven weniger vorkommen, eher Papiersiegel und aufgedrückte Siegel in Verbindung mit Siegellack. Dennoch sei der Vollständigkeit halber auch auf Techniken der Siegelrestaurierung hingewiesen. Die aus Bienenwachs und Beimischungen bestehenden Siegel, mit denen die Rechtskraft von Urkunden oder Verträgen bestätigt wurde, sind häufig verschmutzt. In vielen Fällen weisen sie aber auch kleinere oder größere Abbrüche auf – Schäden, die auch als Folge unsachgemäßen Umgangs bei der Benutzung auftreten. Neben der Reinigung steht bei der Siegelrestaurierung das manuelle Zusammenfügen zerbrochener Teile mit reinem Bienenwachs, die Absicherung von Bruchkanten oder die Ergänzung von Fehlstellen der Siegelschüssel im Mittelpunkt. Brüchige Siegel werden im Konservierungsgerät behandelt, wo Vakuum nach vorsichtiger Erwärmung winzige Risse und kleine Kanäle im Siegel schließt.

Einbandrestaurierung schließlich ist ebenfalls anspruchsvolle Handarbeit und individuell auf das jeweilige Objekt abgestellt. Sie setzt gründliche

Kenntnisse der historischen Einbandmaterialien und der in früheren Jahrhunderten angewandten Einbandtechniken voraus. Wenn sich die Schäden nicht durch Reparatur, wie Ankleben eines losen Rückens oder Rekonstruktion einer abhanden gekommenen Buchschließe, erledigen lassen, muß der Band aufwendig in seine Teile zerlegt werden. Die Einbanddecke wird vom Buchblock getrennt, der Buchblock wird für sich behandelt. Der vorgefundene Zustand wird genau protokolliert, so daß die vom Buchbinder der Entstehungszeit angewandten Heft- und Bindetechniken exakt nachvollzogen werden können. Die Einbanddecke wird für sich restauriert, wobei auch oft die Behandlung des erhaltenswerten alten Holzdeckels notwendig ist. Anschließend wird der Buchblock wieder eingehängt und die Bünde im Deckel verpflockt oder verklebt, je nachdem, wie sich der Buchbinder vor einigen Jahrzehnten oder Jahrhunderten entschieden hatte. Selbstverständlich wird auch das Kapital nicht aufgeklebt, sondern, falls erforderlich, in Handarbeit mühsam gestochen. Dabei geht die Restaurierung zwangsläufig in die Rekonstruktion über.

Die knappe Schilderung einiger wesentlicher Verfahren der Restaurierung von Archivgut hat sicherlich erkennen lassen, daß Restaurieren zeitaufwendig ist und dabei gut ausgebildetes, qualifiziertes Personal eingesetzt werden muß. Daraus ergibt sich zwangsläufig, daß Restaurierung sehr kostspielig ist.

5.5.3 Massenverfahren

In Anbetracht der unermeßlichen Menge beschädigter Archivalien und der hohen Behandlungskosten müssen bei der Restaurierung und Konservierung rationelle Verfahren und, wo immer möglich, Maschinen eingesetzt werden. Die Bekämpfung des endogenen Papierzerfalls hat den Schritt in industrielle Behandlungsverfahren nach mehr als 20-jähriger Forschung und Entwicklung bereits vollzogen. Die „Massenentsäuerung“ erlaubt in einem aufwendigen chemisch-physikalischen Prozeß, Bücher und Aktenbände im ganzen körbeweise zu behandeln. Bei dieser Behandlung wird die Restlebensdauer des sauren Papiers durch alkalische Pufferung um den Faktor drei gesteigert. Da mit dieser Massenentsäuerung bisher keine nennenswerte Festigkeitssteigerung verbunden ist, eignet sie sich nur für relativ neue Papiere, deren Festigkeit noch nicht merklich zurückgegangen ist. Eine Festigungskomponente bringt derzeit nur das vom Staatsarchiv Bückeburg entwickelte Massenkonservierungsverfahren ein, das in wäßrigem Behandlungsprozeß Schreibstoffe fixiert, Abbauprodukte auswäscht, alkalisch puffert und nachleimt. Dieses maschinelle Verfahren kann allerdings nur Einzelblätter verarbeiten.

Im Restaurierungsbereich ist, so unglaublich das klingen mag, allein das Papierspaltverfahren mechanisiert und automatisiert. In der Deutschen Bücherei in Leipzig bewältigt seit kurzem eine Maschine die diffizile Arbeit des Papierspaltens, klebt das Stützpapier ein, preßt und trocknet und soll demnächst auch automatisch ablösen und schneiden.

5.5.4 Outsourcing bei Erhaltungsmaßnahmen

Es versteht sich von selbst, daß die zuvor charakterisierten Massenverfahren von Wirtschaftsarchiven nur als Dienstleistungen eingekauft werden können, wie sicherlich von den meisten anderen Archiven auch. Auf diesen Trend richten sich auch Dienstleister ein. So werden die Dienstleistungen der Massenentsäuerung, der wäßrigen Massenkonservierung von Einzelblättern, bereits angeboten, wie übrigens auch die Gefriertrocknung wassergeschädigter Archivalien oder die Behandlung von Schimmelpilz oder Mikroorganismen befallener Archivalien mit Ethylenoxid. Auch das maschinelle Papierspaltverfahren wird wohl künftig im Service angeboten.

Die meisten Wirtschaftsarchive werden auch keine Restaurierungswerkstätten mit Fachpersonal unterhalten, um den Bereich der Papierrestaurierung abzudecken, in dem – leider – zweifellos Bedarf besteht. Auch diese Leistungen werden von gewerblichen Restaurierungswerkstätten angeboten, die, von unterschiedlicher Größe und Mitarbeiterzahl, teilweise ein breites Spektrum der geschilderten Restaurierungsverfahren beherrschen, teilweise sich auch auf einzelne Methoden oder Gattungen von Archivgut spezialisiert haben. Das Angebot an qualifizierten Restauratoren für Archiv- und Bibliotheksgut wird sich durch die vor einigen Jahren erfolgte Einrichtung von Ausbildungsgängen auf unterschiedlichem Niveau (Hochschule, Fachhochschule, Fachakademie) und durch entsprechende Fortbildungslehrgänge unter anderem für Buchbinder qualitativ wie quantitativ zunehmend verbessern. Die Professionalisierung auf diesem Gebiet und die Anstrengungen der Ausbildungseinrichtungen, eine Kompetenz auch im Bereich der präventiven Bestandserhaltung sowie Grundkenntnisse in Archiv- und Archivalienkunde zu vermitteln, wird dazu führen, daß entsprechend ausgebildete Diplomrestauratoren auch die Komplettberatung von Archiven im Service einschließlich Entwicklung eines maßgeschneiderten Konservierungsprogramms anbieten.

Leistungen der Restaurierung und Konservierung durch gewerblich tätige Restauratoren werden in der Regel aufgrund eines Kostenvoranschlags vergeben, den der Restaurator nach Untersuchung des zu restaurierenden Objekts abgibt. Dabei soll das Archiv darauf achten, daß der Schaden und die vorgesehenen Maßnahmen beschrieben und die Kosten aufgeschlüsselt werden. Im Gespräch mit dem jeweiligen Restaurator sollte sich das Archiv davon überzeugen, daß Einvernehmen über die oben genannten Grundsätze der Instandsetzung von Archivgut besteht. Sofern das Archiv für die Restaurierung und Konservierung keine eigenen Vorstellungen entwickeln möchte oder kann, sollten die unter Restauratoren bekannten „Blaubeurener Empfehlungen für die Restaurierung und Konservierung von Archiv- und Bibliotheksgut" zur Grundlage für die Durchführung des Auftrags gemacht werden. Im Zweifelsfall, oder wenn die angegebenen Kosten zu hoch erscheinen, sollte ein qualifizierter Kostenvoranschlag von einem weiteren Restaurator eingeholt werden. Aufschluß über Qualifikation und Zuverlässigkeit einzelner Restauratoren oder gewerblicher Betriebe läßt sich auch über Referenzen oder über kollegialen Informations- und Erfahrungsaustausch gewinnen.

In noch höherem Maße als im Restaurierungsbereich bietet sich den Archiven auf dem Gebiet der Mikroverfilmung und Weiterverarbeitung von Mikrofilmen ein Markt leistungsfähiger Servicefirmen. Die dichte Normung für die Herstellung von Mikrofilmen und die Möglichkeit, den Auftragsumfang von vornherein eher konkret beschreiben zu können, als dies bei der Vergabe von Restaurierungsleistungen möglich ist, gestaltet die Durchführung von Verfilmungsprojekten im Service vergleichsweise einfach. Im Interesse der Bestandserhaltung ist jedoch darauf zu achten, daß auch bei der Verfilmung pfleglich und sorgfältig mit den Archivalien umgegangen wird. Dabei ist auf bücher- und bandschonende Aufnahmevorrichtungen zu achten, wie sie heutzutage für die Verfilmung von Büchern, Bänden oder gehefteten Akten zur Verfügung stehen.

Schlußbemerkung

Bewertung, Prävention, Schutzverfilmung, Restaurierung und Konservierung – niemand kann heutzutage behaupten, gegen den Zerfall von Archivgut sei kein Kraut gewachsen. Alle lebensverlängernden Maßnahmen müssen aber aufeinander abgestimmt sein und zusammenwirken. Das Ergebnis dieses Zusammenwirkens wird allerdings vom schwächsten Glied in der Kette der Vorkehrungen und Maßnahmen bestimmt. Dem Bestandserhaltungsmanagement kommt daher eine zentrale Bedeutung zu. Bei der Bestandserhaltung kommt es weniger darauf an, daß das, was getan wird, richtig getan wird, sondern daß das Richtige getan wird. Wirkung und Effektivität sind in erster Linie gefragt und dann erst Effizienz. Bei knapper werdenden Ressourcen müssen alle Maßnahmen an ihrer Wirkung gemessen werden. Optimale Wirkung mit minimalem Einsatz zu erzielen, ist ein Gebot, das dem Massenproblem Rechnung trägt. Das ökonomische Prinzip muß auch bei der Bestandserhaltung zum Tragen kommen. Es geht darum, mit den gegebenen personellen und finanziellen Rahmenbedingungen so wirtschaftlich wie möglich umzugehen und optimale Wirkung zu erreichen. Gerade bei begrenzten Ressourcen gilt es genau zu überlegen, mit welchen Maßnahmen am meisten für die Erhaltung der Bestände zu erreichen ist. Aufbauend auf fachlich abgesicherten Grundlagen der Bestandserhaltung muß der Schritt getan werden zur am Effekt orientierten, rationellen Bestandserhaltung, der Schritt sozusagen zur Lean Preservation.

Die Wirkung begrenzter Ressourcen muß durch konsequente Zielorientierung und ein Mehr an Kreativität und wohlüberlegtem Handeln auf dem Weg dorthin gesteigert werden. Diesen Herausforderungen ist nur zu begegnen, wenn die Bestandserhaltung als anspruchsvolle archivarische Fach- und Führungsaufgabe angenommen wird. Einem einfallsreich gehandhabten und die Mitarbeiter motivierenden Management muß es gelingen, Bestandserhaltung wirkungsvoll in die bestehenden Fachaufgaben zu integrieren. Dabei muß jedem klar werden, daß Bestandserhaltung nicht etwa eine zusätzliche Aufgabe ist, sondern daß jeder an seiner Position im Archiv die Sorgfalt walten lassen muß, die zur Vermeidung von Schäden erforderlich ist und alles fördern soll, was der im Archivgut abgebildeten Überlieferung des Unternehmens eine Zukunft sichert.

6. Archivrecht[1]

Von

Andrea Korte-Böger

6.1 Das Eigentum an Archivalien

Der Eigentumsbegriff wird im Bürgerlichen Gesetzbuch (BGB) in den §§ 903ff. geregelt, zusätzlich wird das Eigentum durch Art. 14 Grundgesetz (GG) geschützt. Definiert wird das Eigentum als das umfassendste Recht an einer Sache, bis hin zum Recht auf seine Zerstörung; eine Einschränkung des Eigentumsrechtes ist nur aufgrund von Gesetzen möglich.

Das deutsche Recht kennt nur einen Eigentumsbegriff, d.h. gleichgültig, ob eine Sache einer Privatperson, einer juristischen Person oder der öffentlichen Hand gehört, gilt für alle derselbe Eigentumsbegriff; ein „höherwertiges Eigentum", z.B. für besonders ausgewiesene Kulturgüter, existiert nicht.

Das Schriftgut eines Registraturbildners, durch die dort Beschäftigten erstellt, entsteht in seinem Herrschaftsbereich und wächst ihm ständig als Eigentum zu.

6.1.1 Die Eigentumsaufgabe – Kassation

Zur Ausübung des Eigentumsrechtes gehört auch das Recht auf Vernichtung, in einem Archiv das Recht zur Kassation. Durch die Freigabe zur Kassation wird keine generelle Eigentumsaufgabe erklärt, sondern lediglich ein Eigentumsübertragungswillen an die mit der Durchführung der Aktenvernichtung beauftragte Person/Firma, die die anschließende Vernichtung mit einbezieht.

Falls zur Vernichtung bestimmte Akten bzw. Teile davon, die bereits die Räume des Archivs verlassen haben und in einem Aktenvernichtungskeller stehen, ohne Zustimmung des Archivs der Vernichtung entzogen und stattdessen von Dritten mitgenommen werden, sei es als privates Andenken, sei es zum Verkauf, kann das Archiv die Herausgabe verlangen.

[1] Gesetzestexte s. in der Auswahlbibliographie Archivrecht

6.1.2 Der Verlust des Eigentums

6.1.2.1 Der Diebstahl

An gestohlenen Archivalien bleibt das Eigentum des Bestohlenen – erst einmal – bestehen. Tauchen die vermißten Stücke eines Tages z.B. im Antiquitätenhandel oder bei einem Privatmann wieder auf und findet man keine gütliche Regelung, muß der Anspruch auf Herausgabe im Zivilprozeßweg geltend gemacht und die Herausgabe erklagt werden.

Voraussetzung für den prozessualen Erfolg ist, daß das Eigentumsrecht sicher bewiesen werden kann, eine Forderung, die sich häufig als recht schwierig zu erfüllen entpuppt. Beweiskraft hat natürlich eine eindeutige Stempelsignatur, der Nachweis im Findbuch reicht nur dann, wenn dort eine aussagekräftige Beschreibung mit Inhaltsangabe die Identifikation zweifelsfrei erlaubt. Die Beschreibung einer Urkunde in einem Urkundenbuch ist sicherlich ausreichend, wohingegen der Nachweis in Anmerkungen auch wiederum die Frage nach dem Umfang des Zitats und damit der eindeutigen Bestimmbarkeit offen läßt. Nicht ausreichend für den Herausgabeanspruch ist der abstrakte Provenienznachweis. Das bedeutet, daß Archivalien, die der Provenienz nach aus dem Archiv X stammen, für die man dort aber keinen Eigentumsnachweis führen kann, beim Anspruchsgegner verbleiben.

Für den im Rahmen eines Zivilprozesses geltend zu machenden Herausgabeanspruch hilft ein strafprozessuales Urteil nicht weiter. Der „Archivdieb" kann in seinem Strafprozeß wegen Diebstahls von Archivalien zu einer Geld- und/oder Freiheitsstrafe verurteilt werden, die Rückgabe des Eigentums ist im Urteilsspruch nicht mit eingeschlossen.

Bei der Verhaftung wird das Diebesgut durch die Staatsanwaltschaft zu Beweiszwecken beschlagnahmt. Gem. § 111k Strafprozeßordnung wird der durch die Straftat entzogene Gegenstand dem Verletzten zurückgegeben, auch hier obliegt dem Archiv aber der Nachweis, daß die gestohlene Archivalie zum Archivbestand gehört.

6.1.2.2 Verlust durch Ersitzung

Kommen abhandengekommene Archivalien in den Handel, kann das Archiv sein Eigentum durch Ersitzung verlieren (§ 937 BGB). Voraussetzung ist, daß der Erwerber gutgläubig die Sache erworben und 10 Jahre in Besitz hat.

Zum Beweis der Gutgläubigkeit beim Erwerb muß der Erwerber nachweisen, daß er eine gewisse Sorgfaltspflicht beachtet hat – dies wäre z.B. bei der Nichtbeachtung eines Eigentümerstempels zu verneinen. In den folgenden Jahren der Ersitzungsfrist darf keine Bösgläubigkeit eingetreten sein, d.h. er darf weder positiv von der Tatsache erfahren haben, daß er im

Besitz gestohlener Archivalien ist, noch darf er eine Vermutung darüber bekommen haben, die bei einer gewissen Sorgfaltspflicht der Überprüfung zum positiven Wissen hätte führen können.

Liegen diese Tatbestände vor, kann das Archiv keine Herausgabeansprüche mehr geltend machen, sein Eigentum ist untergegangen (§ 945 BGB). Beim gutgläubigen Erwerber hat sich nach 10 Jahren gutgläubigen Besitzes neues Eigentum begründet (§ 935, § 937 BGB).

6.1.2.3 Verlust durch Versteigerung

Das Eigentum an gestohlenen Archivalien kann auch durch eine öffentliche Versteigerung untergehen (§ 935 Abs. 2, § 383 Abs. 3 BGB).

Sinn dieser Regelung ist der Gedanke der Rechtssicherheit. Hat der Versteigerer die notwendige Sorgfaltspflicht bei der Annahme des zu versteigernden Gutes gewahrt, muß dem Ersteigerer die Sicherheit der Eigentumserlangung per Gesetz zugesichert werden, da ansonsten dieses Rechtsgeschäft uninteressant und zu risikoreich wäre.

Lediglich der Nachweis, daß der öffentlich bestellte Auktionator nicht selbst die Hammerschläge vorgenommen hat, sondern einer seiner Angestellten, revidiert den Eigentumsübergang, da ein Auktionator bei der Ausübung seines Amtes nicht rechtskräftig vertreten werden kann.

6.2 Benutzungsrecht

Das Recht auf Benutzung wird für die Archive der öffentlichen Hand durch Landesgesetze, für das Bundesarchiv durch das Bundesarchivgesetz geregelt. Kirchen sind zwar Körperschaften des öffentlichen Rechts, die Frage der Archivbenutzung wird aber nach innerkirchlichem Recht geregelt. Auch für Archive solcher Rechtsträger, deren Bestehen und Tätigkeit dem Privatrecht zuzuordnen ist, entfalten Archivgesetze keine Bindungswirkung.

Die Gesamtarbeit dieser „Privatarchive“, z.B. Unternehmens-, Partei-, Presse-, Familienarchive etc., wird durch das Privatrecht geregelt. Sie können als Eigentümer (§ 903 BGB) ihrer Bestände die Benutzung in ihrem Archiv nach Belieben gestatten, versagen oder auch mit Auflagen versehen. Weder Art. 14 Abs. 2 GG (Sozialbindung des Eigentums) noch das Grundrecht auf Informations- und Wissenschaftsfreiheit (Art. 5 Abs. 1, 3 GG) begründen private Informationsansprüche.

Im Rahmen der privaten Gestattungsfreiheit wird die Benutzung durch einen privatrechtlichen Vertrag geregelt. Die inhaltliche Ausgestaltung des Vertrages – der sog. Benutzungsordnung – bestimmt der Archivträger. Auch die Regelung von Sperrfristen ist Inhalt der Vertragsfreiheit. Dennoch sollen hier die Sperrfristen aus den Landesarchivgesetzen/dem Bundesarchivgesetz aufgezeigt werden, da sie sich als Beurteilungshilfe anbieten bei der Frage, nach welchen Zeitabläufen Archivalien zur Benutzung freigegeben werden können.

Die Sperrfristen differieren nicht nur aufgrund verschiedener Akteninhalte. Auch von Bundesland zu Bundesland werden unterschiedliche Zeiten vorgegeben.

Die Darstellung der unübersichtlichen Einzelregelungen erfolgt in Tabellenform. Bei den Sperrfristen wird unterschieden in:

Archivgut nicht personenbezogen, bei der Entstehung nicht zur Veröffentlichung bestimmt
Archivgut nicht personenbezogen, bei der Entstehung zur Geheimhaltung bestimmt
Archivgut personenbezogen, Todesdatum bekannt
Archivgut personenbezogen, Todesdatum unbekannt

Einige Sonderregelungen, die in der Tabelle aus Gründen der Übersichtlichkeit nicht miterfaßt wurden, sollen hier vorab aufgeführt werden.

Aus konservatorischen Gründen erlauben alle Archivgesetze die Benutzungsverweigerung. Ebenfalls besteht eine generelle Benutzungsverweigerung dann, wenn das Wohl der Bundesrepublik oder eines ihrer Länder gefährdet würde bzw. diesen wesentliche Nachteile erwachsen würden.

Überwiegend enthalten die einzelnen Archivgesetze eine Verlängerungsmöglichkeit der Sperrfristen um 20 oder 30 Jahre, deren Anordnung an das Vorliegen besonderer Voraussetzungen geknüpft wird.

Alle Gesetze lassen zudem die Verkürzung (mit Ausnahme des BArchG für Geheimhaltungsunterlagen, die 80 Jahre gesperrt sind) ohne zeitliche Minimalvorgabe zu. Dabei werden die Verkürzungsmöglichkeiten der Sperrfristen bei Archivgut mit personenbezogenen Daten an die Forderung geknüpft, die schutzwürdigen Belange des Betroffenen zu berücksichtigen, z.B. durch Anonymisierung der Daten oder das Einholen seiner Zustimmung zur Freigabe.

	Bund	Baden-Württemberg	Bayern	Berlin	Brandenburg	Bremen	Hamburg	Hessen	Niedersachsen	Nordrhein-Westfalen	Rheinland-Pfalz	Saar	Sachsen	Sachsen-Anhalt	Schleswig-Holstein	Thüringen
	§ 5	§ 6	Art. 10	§ 8	§ 10	§ 7	§ 5	§ 15	§ 5	§ 7	§ 3	§ 11	§ 10	§ 9	§ 9	§ 17
nicht personenbezogen, nicht zur Veröffentlichung bestimmt	30 +30	30 +20	30 +30	30	10 +20	30 +20	30 +20	30 +20	30	30 +20	30 +30	30 +20	30	30 +30	10	30 +30
nicht personenbezogen, Geheimhaltung bestimmt	80 +30	60 +20	60 +30	60	30 +20		60 +20	60 +20	50	60 +20	80 +30	80 +20	60	80 +30	30	60
personenbezogen, Todesdatum bekannt	30	10 +20	10 +30	10	10 +20	10	10 +20	10 +20	10	10 +20	30 +30	30 +20	10	30 +30	10	10 +20
personenbezogen, Todesdatum unbekannt	110	90 +20	90 +30	90	90	90	90 +20	100 +20	100	90 +20	110 +30	110 +20	100	110 +30	90	90 +20

Nachweis der Sperrfristen in den Archivgesetzen des Bundes und der Länder mit Jahresangaben

6.3 Rechte Dritter am Archivgut

Rechte Dritter am Archivgut können zu Einschränkungen in dessen Benutzbarkeit führen.

6.3.1 Das Urheberrecht

Im Archiv sind Nutzungsansprüche von Urhebern an ihren Werken zu berücksichtigen. Diese Verwertungsrechte, wie das Urheberrechtsgesetz (UrhG) in §§ 15–27 sie nennt und inhaltlich aufführt, können sowohl bei der archivarischen Arbeit als auch bei der Benutzung durch Dritte zu Beschränkungen führen.

Liegen Urheberrechte vor oder spricht eine Vermutung für ihr Vorhandensein, wird dem Archiv eine weitreichende Informationspflicht über den möglichen Inhaber und zu den Schutzfristen zugesprochen; dagegen ist es nicht Aufgabe des Archivs, die Einhaltung des Urheberrechts zu überwachen und durchzusetzen.

6.3.1.1 Inhalte und Wirkungen des UrhG

Die wichtigsten Vorschriften des UrhG sind:

„Die Urheber von Werken der Literatur, Wissenschaft und Kunst genießen für ihre Werke Schutz nach Maßgabe dieses Gesetzes." (§ 1 UrhG)

„Urheber ist der Schöpfer des Werkes." (§ 7 UrhG)

Der Urheber ist immer eine natürliche Person; haben mehrere Personen zur Schaffung des Werkes gemeinsam beigetragen, liegt eine Miturheberschaft vor.

„Werke im Sinne dieses Gesetzes sind nur persönliche geistige Schöpfungen." (§ 2 Abs. 2 UrhG)

Dazu gehören insbesondere: (§ 2 UrhG)

Sprachwerke (Schrift und Reden)
Werke der Musik
pantomimische Werke einschließlich Werke der Tanzkunst
Werke der bildenden Künste (auch Baukunst einschließlich Entwürfe)
Lichtbildwerke (künstlerische Fotografie)
Filmwerke
Darstellungen wissenschaftlicher oder technischer Art (Zeichnungen, Pläne, Karten, Skizzen, Tabellen, plastische Darstellungen)

Das Werk muß eine individuelle Schöpfung sein, die ein deutliches Überragen des Alltäglichen, des Handwerksmäßigen, der mechanisch-technischen Aneinanderreihung von Material und/oder Fakten aufweist. Eine Entscheidung des BGH vom 15.12.1978 definiert die Anforderungen folgendermaßen: „Die persönliche geistige Schöpfung des Urhebers muß aber in der Darstellung selbst, also in ihrer Formgestaltung liegen. Dagegen kommt es nicht ... auf den schöpferischen Gehalt des wissenschaftlichen oder technischen Inhalts der Darstellung an... Das wissenschaftliche und technische Gedankengut eines Werkes – die wissenschaftliche und technische Lehre als solche – ist nicht Gegenstand des Urheberrechtsschutzes."

„Das Urheberrecht schützt den Urheber in seinen geistigen und persönlichen Beziehungen zum Werk und in der Nutzung des Werkes." (§ 11 UrhG)

Das geistige Werk kann niemals die persönliche Beziehung zu seinem Schöpfer verlieren, da das Urheberrecht in seiner Gesamtheit unübertragbar ist (§ 29, Satz 2 UrhG). Lediglich die Nutzungsrechte kann der Urheber auf Dritte einzeln oder auch in der Gesamtheit (§§ 31ff. UrhG) übertragen. Der Urheber, der geistig schöpferisch tätige Mensch, soll in der wirtschaftlichen und persönlichen Nutzung (Verwertung) seines Werkes andauernd geschützt werden.

„Der Urheber hat das ausschließliche Recht, sein Werk in körperlicher Form zu verwerten; das Recht umfaßt insbesondere“ (§ 15 UrhG)
das Vervielfältigungsrecht (§ 16 UrhG)
das Verbreitungsrecht (§ 17 UrhG)
das Ausstellungsrecht (§ 18 UrhG ist zu beachten, aber auch § 58 UrhG)
das Vortrags-, Aufführungs- und Vorführungsrecht (§ 19 UrhG)
das Senderecht (§ 20 UrhG)
das Recht der Wiedergabe durch Bild- oder Tonträger (§ 21 UrhG)
das Recht der Wiedergabe von Funksendungen (§ 22 UrhG)
das Recht auf Übertragung der eigenen Verwertungsrechte:

„Der Urheber kann einem anderen das Recht einräumen, das Werk auf einzelne oder alle Nutzungsarten zu nutzen.“ (§§ 31–44 UrhG)

Da die Verwertungsrechte des UrhG Eigentum i.S.d. Art. 14 GG sind, gehen sie mit dem Tod des Urhebers auf seine Erben über.

„Das Urheberrecht erlischt 70 Jahre nach dem Tod des Urhebers.“ (§ 64 Abs. 1 UrhG) „Steht das Urheberrecht mehreren Miturhebern (§ 8) zu, so erlischt es 70 Jahre nach dem Todes des längstlebenden Miturhebers.“ (§ 65 UrhG) Die Schutzfrist beginnt/endet mit Ablauf des Kalenderjahres, in dem der Urheber verstorben ist.

6.3.1.2 Urheberrechtlich geschützte Werke im Archiv

Amtliche Werke

„Gesetze, Verordnungen, amtliche Erlasse und Bekanntmachungen sowie Entscheidungen und amtlich verfaßte Leitsätze zu Entscheidungen genießen keinen urheberrechtlichen Schutz.“ (§ 5 UrhG)

Für den Begriff des amtlichen Werkes kommt es nicht auf einen amtlichen Gegenstand an, sondern ein Amt muß erkennbar für den Inhalt verantwortlich zeichnen. Nicht ausreichend für die Klassifizierung als „amtliches Werk“ ist die Förderung der Arbeit mit öffentlichen Mitteln.

Aktengut

Die Tatsache, daß ein Schriftstück als Niederschlag amtlicher Tätigkeit, d.h. in einer Verwaltungsbehörde entstanden ist, steht seiner Anerkennung als Werk im Sinne des § 2 UrhG nicht entgegen. Voraussetzung ist lediglich, daß das amtliche Schriftstück, eventuell auch nur ein Teil desselben, eine individuelle, geistige Leistung darstellt.

Der größte Teil des in einer Verwaltung entstehenden Schriftgutes, z.B. Anträge, Bescheide, Aktenvermerke, Sachstandsberichte wird als Routinearbeit nicht die Tatbestandsmerkmale eines urheberrechtlich geschützten Werkes erfüllen. Es besteht aber Einigkeit darüber, daß z.B. Urteile, Gutachten, Situationsanalysen, aber auch Bauzeichnungen, Bebauungspläne, geographische Karten etc. aus einer Verwaltung durchaus die Qualität urheberrechtlich zu schützender Werke erreichen können.

Die Klassifizierung kann immer nur anhand des jeweils zur Beurteilung anstehenden Einzelfalles getroffen werden. Erfüllt der Aktenvorgang den Werksbegriff des Urheberrechts, genießt er – unbeschadet seiner Provenienz – den vollen Schutz des UrhG.

Gutachten

Bei Gutachten, Stellungnahmen etc. gelten die Festlegungen des BGH-Urteils vom 15.12.1978: Schützenswert ist die persönlich-geistige Schöpfung in der Art ihrer Darstellung.

Anwaltschriftsätze

Das BGH-Urteil vom 17.4.1986 betont auch hier wieder das Abweichen von der Routinearbeit des täglichen Anwaltschaffens hin zur „individuellen Eigenprägung" in Form der Einteilung und Darstellung des behandelten Stoffes als Voraussetzung eines urheberrechtlichen Schutzes.

Briefe

Bei Briefen ist für die Bejahung des Urheberrechts wiederum entscheidend, ob sich eine eigentümliche geistige Schöpfung aus der äußeren Formgebung oder dem originalen geistigen Inhalt des Briefes ergibt. Gewöhnliche Briefe des täglichen Lebens – abzuheben ist auf die Gesellschaftsschicht des Verfassers – sind ebensowenig geschützt, wie der Inhalt der Mitteilung. Aus diesem Grund verneinte z.B. das Reichsgericht bei einzelnen Briefen Richard Wagners den Werkcharakter (RGZ 41, S. 43ff.).

Da der Empfänger eines Briefes grundsätzlich das Eigentum an dem ihm zugesandten Brief (§ 929 BGB) erwirbt, klafft bei einem urheberrechtlich geschützten Brief Eigentums- und Urheberrecht auseinander. Sein Eigentum am Brief erlaubt es dem Empfänger auch, den Brief zu vernichten. Dem Verfasser eines urheberrechtlich geschützen Briefes bleibt gem. § 25 UrhG lediglich das Recht auf Zugang zu seinem Werk, d.h. der Urheber kann vom Briefempfänger verlangen, daß er ihm seinen Brief zugänglich macht. Hat der Urheber das Recht auf Zugang zu seinem Brief geltend gemacht, ruht das Recht des Eigentümers auf Vernichtung.

Für die Arbeit im Archiv bedeutet das, daß der Urheber (oder seine Erben) die Vorlage seines Briefes/seiner Briefe verlangen kann, auch wenn diese sich in einem für die Benutzung gesperrten Nachlaß befinden.

Technische Zeichnungen

Schutzfähig ist nur die Form der Darstellung, nicht der dargestellte Gegenstand. Allerdings muß bei der Form der Darstellung überhaupt ein Spielraum vorhanden sein, eine eigene Gestaltungsform zu entwickeln. Ist dies gegeben, muß davon in individueller Weise Gebrauch gemacht worden sein.

Eine Ausnahme räumt § 2 Abs. 1 Ziff. 4 UrhG ein. Danach sind bei „Werken der Baukunst" auch deren Entwürfe geschützt, d.h. hier kommt es bei der Bauzeichnung nicht auf die Form der Darstellung, sondern ausnahmsweise auf den dargestellten Gegenstand an.

Es bleibt aber zu beachten, daß es sich bei den Architektenplänen nicht um „Allerweltsentwürfe" handeln darf, sondern der Entwurf ein „Werk" zeitigen muß.

Fotografien

Das UrhG unterscheidet bei Fotografien zwischen Lichtbildwerken (§ 2 Abs. 1 Nr. 5) und Lichtbildern (§ 72 UrhG). Während dem Erschaffer eines Lichtbildwerks ein Urheberrecht eingeräumt wird, steht ihm an einem Lichtbild nur ein Leistungsschutzrecht zu. Da § 72 UrhG für die Inhalte des Leistungsschutzrechtes aber wiederum auf die der Lichtbildwerke gem. § 2 UrhG verweist, sind Lichtbildwerke und Lichtbilder urheberrechtlich – bis auf unterschiedliche Schutzfristen (§ 72 Abs. 3 UrhG) – gleichgestellt.

Lichtbildwerke sind nur die Fotografien, die durch künstlerische Gestaltungskraft – sei es bei der Motivwahl, sei es bei der Technik der Bearbeitung – individuelle Werke darstellen. Schutzfrist gem. UrhG: 70 Jahre nach dem Tod des Urhebers.

Lichtbilder sind alle übrigen Fotografien, also sowohl der „Schnappschuß" des Profis als auch das „Knipsbild" des Amateurs.

Schutzfrist gem. UrhG: 50 Jahre nach dem Erscheinen bzw. der Herstellung.

Die Unterscheidung von Schutzfristen bei nicht näher bestimmten Lichtbildern und Lichtbildern, die Dokumente der Zeitgeschichte sind, wurde 1995 im Zuge der EU-Richtlinien zur Harmonisierung der Schutzdauer des Urheberrechts und bestimmter verwandter Schutzrechte abgeschafft.

6.3.1.3 Die Kopierfreiheit (§ 53 UrhG)

Eine gewisse Einschränkung des Urheberrechts bringt § 53 UrhG, die sog. Kopierfreiheit. Zum privaten Gebrauch darf fast alles – Ausnahme: Datenverarbeitungsprogramme – kopiert werden. Das Anfertigen der Kopien darf auch in Auftrag gegeben werden, wobei die Vervielfältigung von Werken der bildenden Kunst, wozu auch Architektenpläne gehören, nur unentgeltlich erfolgen darf. Der Auftraggeber/die Auftraggeberin erwirbt das Eigentum an der jeweiligen Kopie.

Das Nutzungsrecht ist auf den privaten Gebrauch oder auf die Verwendung zu wissenschaftlichen Zwecken beschränkt. Besteht der wissenschaftliche Zweck in einer Publikation, so ist § 51 UrhG, das Zitiergebot für das urheberrechtlich geschützte Werk, zu beachten.

6.3.2 Das Leistungsschutzrecht

§ 70 UrhG beinhaltet ein sog. Leistungsschutzrecht für den Verfasser wissenschaftlicher Ausgaben:
„Ausgaben urheberrechtlich nicht geschützter Werke oder Texte werden in entsprechender Anwendung der Vorschriften des Ersten Teils geschützt, wenn sie das Ergebnis wissenschaftlich sichtender Tätigkeit darstellen und sich wesentlich von den bisher bekannten Ausgaben der Werke oder Texte unterscheiden."

Der Begriff „Werk" umfaßt die in § 2 Abs. 2 UrhG (s.o.) aufgeführten Beispiele, „Texte" sind Sprachgebilde, die nach Urheberrecht eigentlich nicht schutzfähig sind, z.B. alte Chroniken und Inschriften, aber auch Plädoyers oder Dialoge vor Gericht.

Durch den Hinweis auf die Vorschriften „des Ersten Teils" des UrhG wird der Verfasser dem Urheber gleichgesetzt, lediglich die Schutzfrist ist deutlich reduziert und beträgt nur 10 Jahre (§ 70 Abs. 3 UrhG).

6.3.3 Das Recht am eigenen Bild

Das Recht am eigenen Bild ist eine Ausprägung des allgemeinen Persönlichkeitsrechts; Rechtsgrundlage sind die als einzige noch in Geltung befindlichen §§ 22, 23 des Gesetzes über das Urheberrecht an Werken der bildenden Kunst und Fotografie von 1907 (KUG):

„Bildnisse dürfen nur mit Einwilligung des Abgebildeten verbreitet oder öffentlich zur Schau gestellt werden. Die Einwilligung gilt im Zweifel als erteilt, wenn der Abgebildete dafür, daß er sich abbilden ließ, eine Entlohnung erhielt. Nach dem Tode des Abgebildeten bedarf es bis zum Ablauf von 10 Jahren der Einwilligung der Angehörigen des Abgebildeten." (§ 22 KUG).

„Ohne die nach § 22 erforderliche Einwilligung dürfen verbreitet und zur Schau gestellt werden:

1. Bildnisse aus dem Bereich der Zeitgeschichte
2. Bilder, auf denen Personen nur als Beiwerk neben einer Landschaft oder sonstigen Örtlichkeit erscheinen

3. Bilder von Versammlungen, Aufzügen und ähnlichen Vorgängen, an denen die dargestellten Personen teilgenommen haben
4. Bildnisse, die nicht auf Bestellung angefertigt sind, sofern die Verbreitung oder Schaustellung einem höheren Interesse der Kunst dient

Die Befugnis erstreckt sich jedoch nicht auf eine Verbreitung und Schaustellung, durch die ein berechtigtes Interesse des Abgebildeten ... verletzt wird.“ (§ 23 KUG).

Für die Archivbenutzung ist die Benutzung von Personenbildern speziell durch § 23 Ziff. 1, 2 KUG gesetzlich legitimiert. Sie können aber durch Vorbehaltsrechte, z.B. aufgrund vertraglicher Vereinbarung beim Ankauf/ Depositalvertrag o.ä. eingeschränkt bzw. verändert werden.

6.3.4 Das Persönlichkeitsrecht

Ein weiteres, sehr breit gefaßtes Schutzrecht ist das Persönlichkeitsrecht (Art. 1, 2 GG, § 823 BGB).

Das Persönlichkeitsrecht definiert sich als einheitliches, umfassendes subjektives Recht auf Achtung und Entfaltung der Persönlichkeit (BGH 13, 334). Geschützt wird die Individualsphäre, d.h. die Bestimmung des Menschen in seiner Beziehung zur Umwelt, die Privatsphäre, die das gesamte private Leben einschließlich des Familienlebens umfaßt und die Intimsphäre, die die private Gedanken- und Gefühlswelt umfaßt, wie sie sich z.B. in Briefen oder Tagebuchaufzeichnungen konkretisiert. Die Intimsphäre genießt grundsätzlich absoluten Persönlichkeitsschutz, d.h. ohne Zustimmung des Betroffenen verbietet sich hier z.B. in einer Briefedition die Wiedergabe. Eine Verletzung berechtigt den Verletzten zu Schadensersatzansprüchen.

6.3.5 Technische Schutzrechte

Den technischen Schutzrechten – Patent, Gebrauchs- und Geschmacksmuster – ist gemeinsam, daß im Gegensatz zum Urheberrecht ein Schutz nur nach erfolgter Registrierung beim Deutschen Patentamt eintritt. Insgesamt werden die drei Schutzrechte wohl wenig Bedeutung im Archivwesen entfalten, da sie eine kürzere Schutzfrist gewähren als die für Archivalien üblichen Sperrfristen: Patente und Geschmacksmuster 20 Jahre, Gebrauchsmuster 8 Jahre, jeweils ab Anmeldung.

Für ein weiteres technisches Schutzrecht, das Warenzeichen, gilt die zeitliche Begrenzung aufgrund seiner unbegrenzten Verlängerbarkeit nicht. Warenzeichen sind im geschäftlichen Verkehr zur Unterscheidung von Waren und Dienstleistungen verwendete Zeichen und/oder Worte, die ebenfalls beim Deutschen Patentamt zur Eintragung in die Warenzeichenrolle angemeldet werden müssen. Ihr Schutz beschränkt sich allerdings auf den Gebrauch im geschäftlichen Verkehr; die Verwendung der geschützten Zeichen/Worte zu anderen Zwecken, z.B. in wissenschaftlichen Bereichen, ist dagegen zulässig.

6.4 Ansprüche des Urhebers bei Rechtsverletzungen

Die Ansprüche des Urhebers bzw. desjenigen, der die Nutzungsrechte innehat, richten sich nach §§ 97ff. UrhG. Ansprüche aus dem BGB kommen, bis auf die Forderungen aus ungerechtfertigter Bereicherung (§§ 812ff. BGB), nur subsidiär in Betracht.

„Wer das Urheberrecht oder ein anderes nach diesem Gesetz geschütztes Recht widerrechtlich verletzt, kann vom Verletzten auf Beseitigung der Beeinträchtigung, bei Wiederholungsgefahr auf Unterlassung und, wenn dem Verletzer Vorsatz oder Fahrlässigkeit zur Last fällt, auch auf Schadensersatz in Anspruch genommen werden. An Stelle des Schadensersatzes kann der Verletzte die Herausgabe des Gewinns, den der Verletzer durch die Verletzung des Rechts erzielt hat, und die Rechnungslegung über diesen Gewinn verlangen." (§ 97 Abs. 1 UrhG)

Der erste Halbsatz des vorgenannten § 97 UrhG zählt die Ansprüche des Urhebers auf, die dieser gegen einen Verletzer erheben kann, auch wenn dieser schuldlos gehandelt hat. Im Einzelnen sind dies: Der Unterlassungsanspruch, der – von der Rechtsprechung entwickelte – Auskunftsanspruch sowie der Beseitigungsanspruch. Ein Schadensersatzanspruch entsteht erst mit dem Nachweis schuldhaften Handelns.

6.4.1 Ansprüche gegen den schuldlos Handelnden

6.4.1.1 Der Anspruch auf Unterlassung (§ 97 UrhG)

Der Anspruch auf Unterlassung einer Verwertung gem § 97 UrhG setzt die vorangegangene Rechtsverletzung voraus sowie die Gefahr einer künftigen Wiederholung. Ist eine Verletzung eingetreten, kann sich der Verletzte gegen jeden in der Handlungskette richten, der an der Rechtsverletzung adäquat kausal mitgewirkt hat. Der Handlungsbegriff wird von der Rechtsprechung so weit gefaßt, daß hierzu gutgläubig getroffene Auskünfte ebenso zählen wie die gutgläubige Weitergabe von urheberrechtlich geschützten Werken.

Ein typisches Beispiel für einen Unterlassungsanspruch aus der archivischen Arbeit stellt die Untersagung einer Weiterbenutzung generell oder auch nur zu Publikationszwecken von Fotografien dar, die der Archivar

FREISTELLUNGSERKLÄRUNG

Die Benutzer des Bergbau-Archivs sind verpflichtet, bei der Verwertung von Filmen, Fotos, Dokumenten oder der aus dem Archivgut gewonnenen Erkenntnisse die Rechte Dritter, und insbesondere Urheber- und Persönlichkeitsrechte, zu beachten. Die Benutzer haben für die Verletzung solcher Rechte einzustehen und stellen das Bergbau-Archiv durch diese Erklärung von der Haftung bei Verletzung solcher Rechte frei.

Ausgehändigte Materialien, Druck- oder Bilderzeugnisse dürfen nur unter Wahrung des Urheber- und Persönlichkeitsrechts veröffentlicht oder vervielfältigt werden.

Bochum, den

....
Unterschrift

bisher gutgläubig zur Benutzung bereitgestellt hatte, da er die Rechte beim Archiv oder bereits untergegangen glaubte.

Die Rechtsprechung hält übrigens die bloße Verpflichtungserklärung des Verletzers, die verletzende Handlung zukünftig zu unterlassen, für keinen ausreichenden Schutz, sondern verlangt die Unterwerfung unter eine Konventionalstrafe im Falle einer Wiederholung.

Ist noch keine Rechtsverletzung eingetreten, steht diese als reale Drohung aber im Bereich des Möglichen, kann der Urheber gem § 97 UrhG analog auch vorsorglich auf Unterlassung klagen.

6.4.1.2 Der Anspruch auf Auskunft (§ 97 UrhG)

Um dem Urheber eine wirksame Verfolgung seiner Rechte zu ermöglichen, wurde von der Rechtsprechung zusätzlich der Anspruch auf Auskunftserteilung entwickelt. Dieser Anspruch richtet sich gegen jeden, der auch ohne schuldhaftes Handeln eine Rechtsverletzung begangen hat.

Um bei dem zuvor eingeführten Beispiel zu bleiben, entsteht durch den Auskunftsanspruch für den Archivar die Verpflichtung, dem Urheber mitzuteilen, wer und zu welchem Zweck die urheberrechtlich geschützten Fotografien benutzt hat. Hier zeigt sich dann die rechtliche Bedeutung eines Benutzerbuches.

6.4.1.3 Der Anspruch auf Beseitigung (§ 97 UrhG)

Der Anspruch auf Beseitigung einer Beeinträchtigung erfaßt die Fälle, in denen eine fortdauernde Gefährdung nicht durch bloße Unterlassung beendet werden kann. Zu diesem Anspruch finden sich in der Rechtsprechung Beispiele, in denen urheberrechtlich geschützte Werke nicht nur genutzt, sondern in irgendeiner Form um- und weitergestaltet wurden.

Hier wäre der Anspruch auf Unterlassung einer Nutzung nicht ausreichend, vielmehr soll auch die unerlaubte Veränderung unterbunden und rückgängig gemacht werden.

6.4.1.4 Die Abfindung in Geld (§101 UrhG)

Für den schuldlos Handelnden beinhaltet § 101 UrhG eine Ausnahme: Wenn die Durchsetzung der Ansprüche des Verletzten für ihn zu einem unverhältnismäßig hohen Schaden führen würde, ist dem Verletzten die Annahme einer Abfindung in Geld zuzumuten. Mit der Zahlung erwirbt der Betreffende das zuvor verletzte Nutzungsrecht im üblichen Umfang.

6.4.2 Ansprüche gegen den schuldhaft Handelnden: Anspruch auf Schadensersatz (§ 97 UrhG)

Ein Anspruch auf Schadensersatz entsteht nur dann, wenn dem Verletzer ein Verschulden vorzuwerfen ist. Eine schuldhafte Handlung setzt entweder vorsätzliches Handeln voraus: Der Handelnde weiß, daß er ein Recht verletzt oder nimmt eine Rechtsverletzung bewußt in Kauf; oder er handelt fahrlässig, indem er die ihm zur Verfügung stehenden Prüfungsmöglichkeiten nicht voll ausschöpfte, d.h. bei Anwendung der gebotenen Sorgfaltspflicht (§ 276 BGB) hätte er die Rechtsverletzung erkennen können.

Die Rechtsprechung stellt an die Sorgfaltspflicht strenge Anforderungen und verlangt von jedem, der ein Nutzungsrecht gebrauchen will, daß er sich über dessen Bestand Gewißheit verschafft. Das geht so weit, daß der potentielle Nutzer sich ggf. die Legitimation desjenigen zeigen lassen muß, der behauptet, über das Recht verfügen zu können.

Auch ein Rechtsirrtum entschuldigt nicht, und so verlangt die Rechtsprechung dann auch von demjenigen, der fremde Rechte zu verwerten gedenkt, daß er sich über einschlägige Rechtsfragen unterrichtet, höchstrichterliche Entscheidungen berücksichtigt und im Zweifelsfall nicht berechtigt ist, eigenmächtig die für ihn günstigste Beurteilung zugrunde zu legen.

Bei Publikationen wird die Prüfungspflicht auch auf den Herausgeber ausgedehnt, der sich vergewissern muß, daß das von ihm verlegte Werk nicht in irgendeiner Weise Rechte Dritter verletzt. Lediglich diejenigen, die nur Einrichtungen zur Verfügung stellen, mit denen Werknutzungen vorgenommen werden können, z.B. Kopierläden, können sich auf Ermahnungen beschränken, fremde Urheberrechte zu beachten und müssen keine eigenständigen Prüfungen durchführen.

Der Anspruch auf materiellen Schadensersatz verlangt, den Zustand wiederherzustellen, der bestehen würde, wenn die Rechtsverletzung nicht eingetreten wäre. Denkbar sind hier z.B. Forderungen von Einstampfen einer Publikation oder Austausch von Blättern o.ä. Sollte die Wiederherstellung des Zustands vor der Rechtsverletzung nicht mehr möglich sein, tritt ein Geldersatzanspruch ein. Dieser soll die erlittene Vermögenseinbuße ausgleichen und umfaßt daher auch den entgangenen Gewinn. Einfacher für die Berechnung ist es für den Verletzten, eine angemessene Lizenzgebühr für die Benutzung des ihm zustehenden Rechts zu verlangen. Als „angemessen" wird dabei in der Regel die übliche Vergütung angesehen.

Anspruch auf den Ersatz des immateriellen Schadens, auf das Schmerzensgeld, hat nur der Urheber selbst, nicht derjenige, der die Nutzungsrechte von diesem erworben hat. Die Entschädigung muß der Billigkeit entsprechen, wird aber nur bei wirklich schwerwiegenden Verletzungen zugesprochen. Ansonsten wird hier auf Unterlassungs- und Beseitigungsansprüche verwiesen.

6.4.3 Ansprüche aus anderen Gesetzen: Anspruch aus ungerechtfertigter Bereicherung (§§ 812ff. BGB)

Während die übrigen Schadensersatzansprüche gegenüber dem UrhG subsidiär sind, behalten die Ansprüche aus ungerechtfertigter Bereicherung besonders deshalb ihre Bedeutung, da sie auf Zahlung gerichtet sind, ohne ein schuldhaftes Handeln des Verletzers zu erfordern. D.h. selbst bei feststehender Schuldlosigkeit des Handelnden kann hier eine Entschädigung in Geld verlangt werden. Der Herausgabeanspruch der ungerechtfertigten Bereicherung kann sich allerdings nur auf die tatsächlich ersparten Kosten erstrecken und umfaßt nicht den Gewinn.

Lediglich in diesem Punkt ist der schuldlos Handelnde besser gestellt als der schuldhaft Handelnde, der einem Schadensersatzanspruch aus UrhG nachzukommen hat.

6.4.4 Die Verjährung (§ 102 UrhG)

„Alle Ansprüche wegen Verletzung des Urheberrechts oder eines anderen nach diesem Gesetz geschützen Rechts verjähren in 3 Jahren von dem Zeitpunkt an, in dem der Berechtigte von der Verletzung und der Person des Verpflichteten Kenntnis erlangt, ohne Rücksicht auf die Kenntnis in 30 Jahren von der Verletzung an."

7. Serviceleistungen und Öffentlichkeitsarbeit

Von

Mechthild Wolf

Der Bereich Serviceleistungen und Öffentlichkeitsarbeit ist unter den Aufgaben eines Wirtschaftsarchivs vermutlich derjenige, der am stärksten von den Gegebenheiten im jeweiligen Unternehmen abhängt. Die folgenden Ausführungen beschränken sich dennoch nicht auf einen Minimalkonsens, sondern wollen viele Möglichkeiten in der Arbeit des Archivs darstellen und sollten Anregung sein.

Zu den Aufgaben eines Wirtschaftsarchivs gehören neben der Übernahme von Beständen, ihrer Sichtung und Erfassung sowie der Erschließung und Bewahrung für die Zukunft ebenso die Auswertung, Umsetzung und Nutzbarmachung der archivierten Materialien. Die so im Archiv gebündelten Informationen über die Entwicklung des Unternehmens dienen zunächst betriebsinternen Erfordernissen und werden darüber hinaus für die Öffentlichkeit und zur Außendarstellung des Unternehmens eingesetzt.[1]

Dabei sollte sich das Archiv nicht nur auf Serviceleistungen beschränken – sie sind selbstverständlich –, sondern von sich aus anbieten und Eigeninitiative ergreifen. Denn wer kann besser als der Wirtschaftsarchivar erfassen, welche Informationsmöglichkeiten eine bis zur Gegenwart reichende konzernweite historische Dokumentation zu leisten vermag? Manfred Pohl nennt es: „‚zweckorientiertes Wissen' als wichtige Ressource eines Unternehmens".[2]

[1] Rau, Rudolf: Die Öffentlichkeitsarbeit des Unternehmens und das Firmenarchiv, in: Archiv und Wirtschaft 1, 1968, S. 112–115, S. 112: „Ein Firmenarchiv hat, wenn ich es richtig sehe, dem Unternehmen zu dienen, gleichgültig auf welchem Gebiet und in welcher Form. Man muß sogar sagen: Je vielfältiger die Mitgestaltung des Archivs an den verschiedensten Aktivitäten des Unternehmens ist – sei es auf dem Gebiet der Technik, der Organisation, im sozialen Bereich oder bei der Öffentlichkeitsarbeit, ja auch der Werbung – desto mehr belegt ein Archiv seine Existenzberechtigung und trägt dazu bei, daß der Gedanke des Archivwesens Verbreitung findet."

[2] Pohl, Manfred: Unternehmen und Geschichte, Mainz 1992, S. 65.

7.1 Interner Service

Zunächst hat die „laufende“ Arbeit des Unternehmens Vorrang. Interne Anfragen aus allen Bereichen wie z.B. der Firmenleitung, der Verwaltung, der Forschung, des Vertriebs, der Kundenbetreuung und der Produktion stehen im Vordergrund.[3] Wesentlich sind vor allem rasche und kompetente Antworten auf die Fragen, und sei es auch nur, daß auf Grund der Dokumenten- bzw. Quellenlage im Archiv eine Stellungnahme nicht möglich ist. Auf jeden Fall spielt Schnelligkeit eine zentrale Rolle, damit die Information z.B. in einen Entscheidungsprozeß eingearbeitet werden kann.

Neben einem gut erschlossenen Aktenarchiv ist es dabei wichtig und sinnvoll, daß auch die neuesten Ereignisse durch Auswertung bzw. EDV-Erfassung von Fakten z.B. aus Presse-Informationen, Firmenrundschreiben und -bekanntmachungen dokumentiert werden.[4] Wünschenswert sind die Einbeziehung von Vorstands- und Aufsichtsratsprotokollen und ihre Speicherung im Datenretrieval. Die Erfassung gerade dieser so wichtigen Unterlagen und ihre Nutzung als Informationsquelle muß allerdings unter besonderem Schutz erfolgen.

7.1.1 Beantwortung von Anfragen

Die Anfragen kommen mündlich oder schriftlich ins Archiv. Egal in welcher Form die Anfrage gestellt wird, sie sollte immer bestimmte Grundinformationen enthalten. Wenn diese nicht vorhanden sind, muß – um eine gute Beantwortung zu gewährleisten – nachgefragt werden. Zu den wesentlichen Informationen gehören:

– Wofür bzw. für wen, das heißt: Wird die Antwort für firmeninterne Zwecke benötigt oder wird sie z. B. in einer Presse-Information verwendet oder aber an eine externe Person/Stelle/Institution weitergegeben? Davon

[3] Wessel, Horst A.: Das Archivwesen der Wirtschaft und unternehmensgeschichtliche Forschung in Deutschland. Ergebnis und Ausblick, in: De bedrijven en hun geheugen, Verslag van de studiedag rond bedrijfsgeschiedenis, Antwerpen, 10 december 1993, Brüssel 1994 (= Algemeen Rijksarchief en Rijksarchief in de Provincien. Miscellanea archivistica studia. 60), o.S.: „Innerbetrieblich erfüllt das Unternehmensarchiv in erster Linie die Aufgabe der Beschaffung historischer Daten zum einen als Entscheidungshilfe für die Unternehmensleitung und zum anderen als Grundlage für die betriebliche Information sowie zur Verbesserung des Betriebsklimas.“

[4] Reichling, Carl A.: Wirtschaftsarchive und innerbetriebliche Information, in: Archiv und Wirtschaft 11, 1978, S. 46–52, S. 46: „Die Zielsetzung der meisten Wirtschaftsarchive ist zweifacher Natur; eine glückliche Mischung von historischer und aktueller Aufgabenstellung kann als zweckmäßigste Form angesehen werden.“

hängen nicht nur Formulierung und Inhalt, sondern gegebenfalls auch die Ausführlichkeit ab.
– Zeitliche Begrenzung: Der Zeitraum, auf den sich die Fragestellung bezieht, muß genau abgesteckt werden.
– Inhaltliche Begrenzung: Die Frage muß so präzisiert und der Schwerpunkt klar sein, daß sowohl überflüssige Informationen wie – damit verbunden – unnötige Mehrarbeit für das Archiv vermieden werden können. Deshalb ist es wichtig, hierüber wie über die anderen erwähnten Punkte möglichst mit der Person, die die Auskunft benötigt, zu sprechen und nicht mit Dritten. Außerdem kann es durchaus notwendig sein, während der Recherche Rücksprache über das weitere Vorgehen zu halten.
– Ist die Beigabe von Dokumenten in Form von Kopien erwünscht?
– Wann wird die Antwort benötigt? Zwar wird in jedem Fall eine schnelle Antwort angestrebt, für die eigene Arbeitsplanung kann es aber durchaus sinnvoll sein zu wissen, ob man einen zeitlichen Spielraum hat. Das ist gerade bei umfänglicheren Recherchen wichtig.

Übrigens ist es möglich, daß bereits zum Zeitpunkt der Fragestellung deutlich wird, daß noch andere Ansprechpartner – wie z.B. weitere Stellen im Haus, das Stadtarchiv oder andere Archive und Institutionen – zu empfehlen sind.

Nun zur Beantwortung der Anfrage: Der erste Arbeitsschritt sollte die Strukturierung und Systematisierung der eigenen Recherche sein. Das hilft, die Verhältnismäßigkeit zu wahren und den Arbeitsaufwand nach der Wichtigkeit der Anfrage zu richten. Sind einem die in der Frage vorkommenden Personen, Institutionen, Zeitumstände u.ä. bekannt? Wenn nicht, sollte man sich zunächst kundig machen. Das wird in der Regel nicht in Form aufwendigen Quellen- bzw. Aktenstudiums geschehen, sondern unter Nutzung allgemeinerer Nachschlagewerke, Sekundärmaterials und anderer Hilfsmittel.[5] Mit diesen Kenntnissen können in einem weiteren Schritt die im Archiv vorhandenen Quellen gewichtet und ausgewählt herangezogen werden. So wird man bei einer internen Auskunft über den Entwicklungsstand in einem speziellen Forschungsbereich nicht unbedingt auf den für die Öffentlichkeit bestimmten Geschäftsbericht zurückgreifen. Auch sollte man sich die Zeit, über die man recherchiert, mit ihren jeweiligen Besonderheiten vor Augen halten. Welche Akten und Informationsquellen können überhaupt erwartet werden und welchen Einfluß haben die Zeitumstände auf den Inhalt?[6]

[5] So helfen z.B. Telefonbücher bei der Aufschlüsselung von Abteilungskurzzeichen oder Lieferverzeichnisse bei der Zuordnung von Produkten.

[6] Produktionszahlen in Kriegsjahren z.B. können sich grundsätzlich von denen in Friedenszeiten unterscheiden. Das muß bei ihrer Bewertung entsprechend berücksichtigt werden.

Art und Umfang der Antwort hängen von den Bedürfnissen des Fragestellers ab. Es kann manchmal eine telefonische Auskunft genügen, in vielen Fällen dürfte jedoch die schriftliche Form die geeignetere sein, zunächst schon einmal, um inhaltliche Mißverständnisse auszuschließen, aber natürlich auch wegen des Umfangs der in der Antwort enthaltenen Information. Ob es sich um eine reine Faktenzusammenstellung, eine Aneinanderreihung von Belegen zu einem Thema oder aber um eine Ausarbeitung mit Berücksichtigung besonderer Sach- und Sinnzusammenhänge handeln wird, muß im Einzelfall entschieden werden und hängt sowohl vom Inhalt, aber auch wieder vom Zweck, für den der Fragesteller es braucht, ab.

Natürlich gibt es Anfragen, die nicht viel „Spielraum“ zulassen. Das ist z.B. die Frage nach dem Gründungsdatum eines Werkes, nach dem Alter eines bestimmten Produkts, nach dem Vorhandensein eines Vertrags oder einem Beteiligungsverhältnis und nach der Anzahl der Mitarbeiter in einem bestimmten Jahr. Schon anders ist es bei Chronologien sowie Zusammenstellungen und Auswertungen von Fakten zu besonderen Ereignissen und Anlässen wie Werks-, Produkt-, Firmen- und Personenjubiläen. Hier muß der größere Freiraum bei der Auswahl der verwendeten Informationen aber auch verbunden sein mit ihrer sorgfältigen und fundierten Gewichtung, um zu einer adäquaten Gesamtaussage zu kommen. Bei Grundstücksangelegenheiten und Bodensanierung, Patentfragen u.ä. kommt es auf eine klare Antwort mit guten Belegen an. Diese Antworten können von unmittelbarer finanzieller, juristischer oder auch politischer Bedeutung für das Unternehmen sein.

Doch nicht zuletzt kann es sich bei einer Anfrage auch um die Bitte nach Bild- und/oder Dokumentenmaterial handeln. Da man es möglichst vermeiden sollte, Originale herauszugeben, bedeutet das auch, sich – soweit keine eigene Fotostelle im Haus vorhanden – um einen Fotografen zu bemühen, der Verständnis und Kenntnis im Umgang mit alten Vorlagen hat und mit ihnen entsprechend sorgfältig umzugehen versteht.

Für das Archiv selbst kann es gerade bei Themenstellungen, die sich voraussichtlich in Zukunft wiederholen werden, sehr ökonomisch sein, die verwendeten Quellen genau aufzulisten und die entsprechenden Ausarbeitungen – sei es über ein Datenretrieval oder andere Findmittel – verfügbar zu halten. Es hilft nicht nur, Doppelarbeit zu vermeiden, sondern dient auch zur Dokumentation der eigenen Arbeit.

7.1.2 Betreuung von internen Benutzern

In manchen Fällen wird auch ein Mitarbeiter kommen, um zu einer Fragestellung selbst zu recherchieren. In der Regel wird man diesem internen

Benutzer fast uneingeschränkt alle im Archiv befindlichen Unterlagen zur Verfügung stellen und ihn auch das Datenretrieval oder andere Findmittel eigenständig einsehen lassen. Voraussetzung ist zunächst, daß sich der Archivar über den genauen Verwendungszweck informiert, nicht zuletzt, um eventuell eine sinnvolle Hilfestellung bei der Recherche geben zu können. Dazu kann zunächst eine gemeinsame Präzisierung oder Eingrenzung der Fragestellung sowie des Verwendungszwecks gehören. Daneben muß ermittelt werden, inwieweit der Benutzer erfahren im Recherchieren und im Umgang mit Quellen ist und ob er Grundkenntnisse zu dem Thema mitbringt. Hat er letztere nicht, so wird man ihm zunächst etwas Material zur Einführung geben. Aufgrund seiner Tätigkeit und Erfahrung kann der Archivar Hilfestellung geben sowohl bei der Auswahl des Quellenmaterials als auch mit Hinweisen auf dessen zum Teil unterschiedliche Aussagekraft. Ebenso wird unter Umständen ein gewisses Verständnis für die jeweilige Zeit, in der recherchiert wird, ihr Unterschied zur Gegenwart, vermittelt werden müssen. In manchen Fällen sollte man auch anbieten, daß das Archiv die Recherche selbst übernimmt. Das kann sinnvoll sein, wenn zu bestimmten Themen hier schon gearbeitet wurde oder aber absehbar ist, daß die Beantwortung so deutlich schneller möglich ist und damit dem Fragesteller und nicht zuletzt dem Archiv Zeit erspart werden kann.

7.1.3 Beiträge zu firmeneigenen Publikationen und Ausstellungen

Zu den Beiträgen zu firmeneigenen Publikationen im Rahmen des hausinternen Service gehören Einführungen bzw. die Übernahme einzelner Kapitel von Büchern, Broschüren, Prospekten etc., die von anderen Bereichen herausgegeben werden, aber auch Beiträge zur Bebilderung in Form von Fotos und Dokumenten. Gerade hier bietet sich für das Archiv die Möglichkeit, auf die Bestände aufmerksam zu machen, die sich besonders für solche Zwecke eignen und von deren Existenz im Hause oft nur wenig oder nichts bekannt ist. Dabei sind alte Fotos und Dokumente keinesfalls nur für geschichtlich orientierte Veröffentlichungen verwendbar, sondern können im Gegenteil als Stilmittel Aufmerksamkeit und Interesse in aktuellen Publikationen wie z.B. dem Geschäftsbericht wecken.

Auch zu firmeninternen Ausstellungen anderer Stellen im Unternehmen kann das Archiv mit Textbeiträgen sowie der Bereitstellung von Bild- und Dokumentenmaterial bzw. anderer Exponate herangezogen werden. Für Bild- und Dokumentenmaterial gilt hier wieder, was schon in Kapitel 7.1.1 erwähnt wurde: Es sollte soweit wie möglich mit guten Reproduktionen gearbeitet werden, da gerade bei Ausstellungen, die nicht schwerpunktmäßig historisch orientiert sind, konservatorische Aspekte bei der Auswahl von Beleuchtung, Sicherung der Ausstellungsgegenstände u.ä. oftmals ungenügend beachtet werden.

7.1.4 Gutachten, Beurteilungen, Stellungnahmen

Die Aufträge an ein Archiv, Gutachten, Beurteilungen und Stellungnahmen zu schreiben, werden sowohl von der Anzahl als auch vom Themenspektrum her in den einzelnen Unternehmen sehr unterschiedlich sein. Zu den gängigen Aufgabenstellungen gehören Überprüfung und Beurteilung von Textpassagen aus Fremdpublikationen, die sich mit der Entwicklung des eigenen Unternehmens befassen. Das bezieht sich auch auf Fernseh-, Zeitungs- und Hörfunkproduktionen und kann unter Umständen mit Vorschlägen zu einer Gegendarstellung verbunden sein. Man sollte sich auch nicht scheuen, von sich aus im Haus auf eventuelle Fehldarstellungen aufmerksam zu machen.

Ebenso sind im Unternehmen selbst entstandene Texte und besonders bei PR-Agenturen in Auftrag gegebene Broschüren u.ä. vom Archiv auf ihre historische Richtigkeit zu überprüfen. Dazu gehören Artikel für die Werkszeitung, Broschüren anderer Abteilungen, wissenschaftliche Aufsätze von Mitarbeitern für Periodika sowie Firmen-, Werks- und Produktgeschichten, die von Mitarbeitern verfaßt worden sind.

Daneben können auch Stellungnahmen über die Unterstützungs- oder Förderungswürdigkeit von Diplomarbeiten, Dissertationen oder anderen wissenschaftlichen Arbeiten angefordert werden. Da die meisten Unternehmen auch im kulturellen Bereich engagiert sind, kann ebenfalls hier das Archiv in seiner Funktion als „Kulturträger" Ansprechpartner sein und um Stellungnahmen gebeten werden: Soll ein Projekt, eine Ausstellung bzw. ein Katalog eines bestimmten Künstlers gefördert werden, das Unternehmen einer Vereinigung, Stiftung oder Institution beitreten? Da auch in diesem Bereich die Aufgabenstellungen so unterschiedlich sind, muß die Art der schriftlichen Antwort – ihr Umfang, inhaltlicher Schwerpunkt und ihre Formulierung – wieder gut auf den Verwendungszweck abgestimmt sein. Der wissenschaftliche Aufsatz eines Mitarbeiters für eine Fachzeitschrift, der Exkurse in historische Bereiche enthält, wird in erster Linie lediglich auf Richtigkeit der entsprechenden Fakten und Sinnzusammenhänge überprüft werden. Die Stellungnahme über den eventuellen Beitritt zu einer Vereinigung oder Stiftung erfordert jedoch unter Umständen eigenständige Recherchen über deren Ziele, Zweck, Seriosität, Arbeitsweise und vieles mehr, um eine aussagekräftige Beurteilung als Entscheidungsgrundlage liefern zu können.

7.1.5 Vortrags- und Redeentwürfe

Unter die Stichworte Vortrags- und Redeentwürfe fallen Ausarbeitungen von sehr unterschiedlichem Umfang. Sie reichen von Faktenzusammenstellungen über einzelne Textbausteine bis zu fertig formulierten Reden oder Vorträgen. Der Auftrag für einen entsprechenden Beitrag des Archivs geschieht aus den verschiedensten Anlässen wie z.B. Personenjubiläen, Ehrungen und Verleihung von Auszeichnungen, Festreden anläßlich des Jubiläums des Unternehmens oder einer Beteiligungsgesellschaft, Einweihungsfeierlichkeiten, Tischreden bei Treffen mit Geschäftspartnern, Reden für Empfänge von ausländischen Delegationen. Dazu können aber auch Vorträge mit rein wissenschaftlichem Charakter kommen, die häufig Recherchen in anderen Archiven und Instituten erforderlich machen. Bei Festreden und wissenschaftlichen Vorträgen wird zumeist erwartet, daß Bild- und Folienmaterial mit zur Verfügung gestellt wird.

Ein oft willkommener Service des Archivs ist es, wenn über eine angeforderte Faktenzusammenstellung hinaus bereits Formulierungsangebote in Form von Textbausteinen oder gar der ganzen Rede gemacht werden. Diese Eigeninitiativen des Archivs sind auch eine Möglichkeit zu zeigen, wozu ein Archiv fähig ist, und haben nebenbei den Effekt, daß es interessierten Mitarbeitern im Archiv Spaß macht und sie motiviert.

7.1.6 Angebote zu besonderen und aktuellen Ereignissen

Ebenfalls der Eigeninitiative des Archivs überlassen ist es, Angebote zu besonderen Ereignissen zu machen. Ein fast klassisches Beispiel ist die „Jubiläumsliste". Sie zählt für jeweils ein Kalenderjahr auf, was im Unternehmen in diesem Zeitraum vor zehn, zwanzig, fünfundzwanzig usw. Jahren geschehen ist und Anlaß für eine Feier oder Würdigung sein könnte. Es ist sinnvoll, die Liste breit gestreut und vor allem rechtzeitig im Unternehmen zu verteilen, möglichst vier bis fünf Monate vor Jahresende für das darauffolgende Jahr, um den einzelnen Stellen genügend Vorbereitungszeit zu lassen. Eine optisch ansprechende Aufbereitung – z.B. durch Bebilderung mit Fotos und Dokumenten – unterscheidet sie von der Flut des täglichen Papiers und erweckt Aufmerksamkeit. Dabei muß die Ausarbeitung keineswegs aufwendig produziert sein, Kopien mit einer farbigen Pappe als Deck- und Rückenblatt können genügen. Solche Jubiläumslisten, aber auch andere wichtige Fakten zur Geschichte des Unternehmens eignen sich ebenfalls, um in hausinterne Online-Computer-Datenbanken eingegeben und so einem erweiterten Kreis zugänglich gemacht zu werden.

Bei größeren Jubiläen oder solchen, die für das Unternehmen von besonderer Bedeutung sein könnten, sollte sich das Archiv möglichst früh an die zuständigen Stellen direkt wenden. Das kann in Form eines bloßen Hinweises geschehen oder aber verbunden sein mit konkreten Vorschlägen bzw. mit einer ausgearbeiteten Konzeption. Bei einem Firmenjubiläum muß der Archivar versuchen, schon bei den Vorüberlegungen, der Konzeption und den Vorbereitungen entscheidend mitwirken zu können.

Doch das Angebot kann sich auch auf Tagesereignisse beziehen. Liest man z.B. in der Tageszeitung oder in einer Presse-Information, daß das Unternehmen die Aufnahme einer Produktion oder die Eröffnung einer Filiale in einem Land plant, in dem es zur Zeit in dieser Form nicht aktiv ist, so wird es interessant sein festzustellen, ob es in früherer Zeit bereits geschäftliche Beziehungen gab. Ist man fündig geworden, kann man eine kurze Zusammenfassung über die Art der Beziehungen an die damit befaßte Stelle im Haus weitergeben, die die Information als Hintergrundwissen, im Gespräch mit Geschäftspartnern oder für Eröffnungsfeierlichkeiten nutzen kann. Man sollte die Wichtigkeit solcher Informationen nicht unterschätzen, sie können nämlich durchaus Verhandlungs- und sogar Entscheidungshilfen sein, denn Jahrzehnte zurückliegende Ereignisse sind häufig nicht mehr im Bewußtsein der jetzt verantwortlichen Personen.

Oftmals tauchen im aktuellen Bereich Fragen mit politischer oder gesellschaftlicher Brisanz auf, die auch kritische Themen aus der Vergangenheit berühren können. Eine entsprechende Vorbereitung z.B. in Form einer Faktenzusammenstellung oder grundsätzlichen Recherche aus dem Archiv kann dem Unternehmen im Bedarfsfall helfen, schnell und fundiert zu reagieren.

In das Angebot aus aktuellem Anlaß kann auch die Analyse und Bewertung von Entwicklungstrends gehören mit der Auswahl dessen, was sich in der Vergangenheit als bewährt erwiesen hat, um es zum Zweck der Unternehmenskontinuität in der Gegenwart und für die Zukunft bewahren und nutzen zu können.[7]

Denn die Geschichte fängt ja nicht bei jedem neu an, sondern baut auf Vorhandenem auf. Das gilt nicht nur für einzelne Personen, sondern auch für Institutionen und Unternehmen. Das Wissen über die Entwicklung eines Unternehmens kann der Unternehmensleitung z.B. dazu dienen, frühere Strategien, die sich als falsch erwiesen haben, aufzugeben und sich neue zu überlegen, um die Zukunft erfolgreicher zu gestalten. Zu solchen Entwicklungskonzepten sollen und können die Archive weit mehr beitragen als bisher angenommen.[8] Dazu muß aber der Informationsaustausch

[7] Dazu Pohl (wie Anm. 2), S. 83: „Hier in den Unternehmen scheint der Begriff ‚historische Information‘ jedoch auf den ersten Blick für das aktuelle Management kaum Nutzen zu bringen. Das aber ist ein Irrtum: Ohne den ‚Blick zurück‘ kann es keine Firmenkontinuität geben, kann es keine Analyse der historischen Hochs und Tiefs des Unternehmens geben mit der Schlußfolgerung für das künftige Verhalten, kann es kein fundiertes Krisenmanagement geben, kurzum vernachlässigt das Unternehmen die eigene Erfahrung, die zu erwerben teuer genug war."

[8] Rieder, Bernhard: Corporate Identity und Firmentraditionen, in: Archiv und Wirtschaft 26, 1993, S. 162–168, S. 167f.: „Nicht die chronologische Dokumentation und Interpretation der Unternehmensgeschichte ist hier gefragt, sondern die zielführende Analyse und Auswertung im Hinblick auf Herausforderungen, die

zwischen dem Archiv und denjenigen, welche die unternehmenspolitischen Entscheidungen zu treffen haben, noch weiter ausgebaut werden und das Verständnis für diesen speziellen Informationswert des Archivs gestärkt oder aber häufig überhaupt erst geweckt werden.[9]

7.2 Externer Service

Die Unternehmensarchive sollten sich als Dienstleistungsbetriebe verstehen, die ihre Bestände selbstverständlich auch für Interessenten außerhalb des Unternehmens zur Verfügung halten.[10] Diese kommen in der Regel aus staatlichen, kommunalen, wissenschaftlichen oder pädagogischen Institutionen, von Universitäten, den Medien, Vereinen, sind Publizisten und Privatpersonen, darunter gelegentlich Hobbyforscher und auch Schüler. Für den Umgang mit externen Anfragern und Benutzern gelten zwar weitgehend dieselben Hinweise, die unter den Stichwörtern interne Anfragen und Benutzer gegeben wurden, dennoch gibt es einige wesentliche Unterschiede, mit denen sich deswegen die folgenden beiden Abschnitte schwerpunktmäßig beschäftigen.

7.2.1 Beantwortung von Anfragen

Kommt eine Anfrage mündlich, so ist es in vielen Fällen ratsam, um eine schriftliche Formulierung und Präzisierung zu bitten. Einschränkungen muß man jedoch bei den Medien machen. Da diese in der Regel unter

sich dem Unternehmen aktuell und zukünftig stellen. Zielführende Analysen der Geschichte eines Unternehmens in diesem Sinne können mit hoher Wahrscheinlichkeit ‚Qualitäten' zutage fördern, denen in der heutigen Zeit ein hoher unmittelbarer Orientierungswert zukommt... Aus der Vergangenheit kann man zwar nicht lernen, was man für die Zukunft tun soll, wohl aber was man in der Zukunft zu beachten hat."

9 Pohl (wie Anm. 2), S. 84: „Ein Archiv kostet viel und bringt wenig. Daß diese Sichtweise falsch ist, wissen alle jene, die längst und kontinuierlich historische Informationen für ihre Unternehmenspolitik einsetzen. Kaufkräftige Nachfrage in größerem Umfang jedoch wird erst dann einsetzen, wenn ein ausreichend qualifiziertes Angebot an historischer Information vorhanden ist, angeboten wird und dadurch konkret nachgefragt werden kann. Hier nun tritt der bekannte Medienmarkteffekt auf: Erst wenn eine Information konkret auf dem Markt angeboten wird, wird sie auch nachgefragt."

10 Kroker, Evelyn: Business Archives in the Federal Republic of Germany, in: Business Archives – principles and practice. No. 65, May 1993, S. 51–60, S. 57: „The use of company archives by researchers forms an integral part of the external service function of archives and is naturally dependent on the one hand on the arrangement and exploitation of the archives, and on the other hand, on the attitude of management to this activity."

Zeitdruck arbeiten, wird sich eine schriftliche Anfrage nur in den seltensten Fällen realisieren lassen.

Bei externen Anfragen muß stärker auf Daten- und Kundenschutz, archivische Sperrfristen, die Geheimhaltungspflicht von neuen Forschungsergebnissen und Produktionsverfahren geachtet werden. Es wird häufig zweckmäßig sein, sich mit den entsprechenden Stellen im Haus – Rechtsabteilung, Volkswirtschaftliche Abteilung, Umweltschutzreferat, Öffentlichkeitsarbeit und bei Unternehmen mit Produktion auch mit den Betriebsleitern – in Verbindung zu setzen und abzustimmen. Diese Kontakte im Haus können für das Archiv den sehr nützlichen Nebeneffekt haben, umgekehrt ebenfalls rechtzeitig informiert und eingeschaltet zu werden.

Es kommt vor, daß Zweifel an der Seriosität der Absichten des Fragestellers oder der genannten Institution bestehen. In diesem Fall sollte sich der Archivar nicht scheuen, Nachforschungen anzustellen. Das kann eine simple Überprüfung der Adresse oder eine Nachfrage in anderen Archiven und sonstigen Institutionen sein.

Ganz allgemein ist im Umgang mit externen Benutzern jedoch Offenheit zu empfehlen, denn auch hiermit wird das Bild des Unternehmens nach außen geprägt.

7.2.2 Betreuung von externen Benutzern

Unter Umständen kann es sich bei der Bearbeitung einer externen Anfrage ergeben, daß ihre Beantwortung eines so eingehenden und umfangreichen Quellenstudiums bedarf, daß es im Sinne eines ökonomischen Arbeitens angebrachter ist, den Fragesteller zu ermuntern, selbst im Archiv zu recherchieren. Darüber hinaus bitten natürlich viele Interessenten direkt um Benutzung des Wirtschaftsarchivs.

Zunächst ist zu überprüfen, was an Unterlagen zu einem Thema überhaupt vorhanden ist. Auch wenn es danach gelegentlich zweifelhaft sein sollte, ob sich für den Fragesteller ein Besuch lohnt, zeigt die Erfahrung in diesen Fällen oft, daß der Benutzer durchaus auch in scheinbar dürftigen Materialien wichtige Ergänzungen zu seinen bisherigen Nachforschungen finden kann.

Die Betreuung der externen Benutzer unterscheidet sich wesentlich von der der internen Benutzer. In der Regel kann man voraussetzen, daß Externe versierter im Umgang mit Quellen sind. Das gilt zumindest für Studenten und Wissenschaftler. Auf jeden Fall hilft zu Beginn ein kurzes Gespräch über das Thema und den Stand der Arbeit, um damit gezielter geeignete Bestände an die Hand geben zu können. Darüber hinaus gewinnt man einen gewissen Eindruck von der Person und ihren Absichten, d.h. man kann sich von der Seriosität überzeugen, die schon bei der schriftli-

(Name des Archivs)

BENUTZUNGSORDNUNG

(entsprechend den Empfehlungen der Vereinigung deutscher Wirtschaftsarchivare e.V.)

1. Benutzungszweck

Soweit ein berechtigtes Interesse an der Benutzung glaubhaft gemacht wird, kann Archivgut auch Nichtbetriebsangehörigen zugänglich gemacht werden

1) für dienstliche Zwecke
2) für Zwecke der Wissenschaft und Forschung
3) für Zwecke von Bildung und Unterricht
4) zur Vorbereitung von Veröffentlichungen, z.B. durch Presse, Hörfunk, Film und Fernsehen
5) für private Zwecke

Die Benutzung bedarf der Genehmigung und setzt einen entsprechenden Antrag voraus. Ein Anspruch auf Benutzung besteht jedoch nicht.

2. Benutzungsantrag

1) Der Antrag auf Benutzungsgenehmigung ist schriftlich unter Verwendung eines Vordrucks bei der Archivleitung zu stellen. Dabei sind Angaben zur Person zu machen, der Benutzungszweck sowie der Gegenstand der Nachforschungen möglichst genau anzugeben
2) Der Archivbenutzer hat sich auf Verlangen auszuweisen

3. Benutzungsgenehmigung

1) Über den Benutzungsantrag entscheidet die Archivleitung, ggf. die Geschäftsleitung
2) Die Benutzungsgenehmigung kann unter Bedingungen und mit Auflagen erteilt werden
3) Die Benutzungsgenehmigung wird nur dem Antragsteller selbst und nur für den im Benutzungsantrag genannten Zweck erteilt
4) Die Archivbenutzung erfolgt in jederzeit widerruflicher Weise
5) Bei Verstoß gegen die Benutzungsordnung erlischt die Benutzungsgenehmigung

4. Art und Weise der Benutzung

1) Die Benutzung von Archivgut findet grundsätzlich in den Archivräumen unter Aufsicht statt
2) Die Mitnahme oder Zusendung von Archivalien, Büchern und Findmitteln ist grundsätzlich ausgeschlossen

3) Die Archivalien, Bücher und Findmittel sind mit größter Sorgfalt zu behandeln
4) Es ist untersagt, auf den Archivalien, Büchern und Findmitteln Vermerke, Striche oder Zeichen irgendwelcher Art anzubringen, Handpausen anzufertigen, sie als Schreibunterlagen zu verwenden oder sonst irgend etwas zu tun, was ihren Zustand verändert
5) An der Reihenfolge und Ordnung der Archivalien sowie an ihrer Signierung, ihrem Einband und ihrer Verpackung darf nichts geändert werden
6) Die Verwendung eigener technischer Hilfsmittel (z.B. Schreibmaschine, Sprechgerät, Computer, Rechenmaschine, Fotoapparat, Reproduktionsgerät) bedarf der Genehmigung der Archivleitung

5. Verwertung der Nachforschungsergebnisse

1) Die Nachforschungsergebnisse dürfen nur für das im Antrag angegebene Arbeitsthema verwendet werden
2) Der Genehmigung der Archivleitung bedürfen:
   2.1. sofern der Benutzer die Verwertung auf andere Weise beabsichtigt, als im Antrag angegeben
   2.2. die Weitergabe der Nachforschungsergebnisse an Dritte
   2.3. der Abdruck von Quellen des Archivs
3) Die benutzten Quellen des Archivs sind bei Veröffentlichungen nachzuweisen. Für die Zitierweise sind folgende Regeln verbindlich:
   a) Zitierweise im Anmerkungsapparat: ....
   b) Nachweis im Quellenverzeichnis: ....
4) Zur Vermeidung von Mißverständnissen und von rechtlichen Auseinandersetzungen sollte der Benutzer Teile der Arbeit, die auf Unterlagen des Archivs beruhen, vor der Veröffentlichung der Archivleitung vorlegen. Sofern erforderlich, hat der Benutzer sachliche Hinweise der Archivleitung auf Teile der Arbeit zu beachten, die sich auf das Unternehmen beziehen
5) Der Benutzer hat die Urheber- und Persönlichkeitsschutzrechte sowie den Schutz von berechtigten Interessen Dritter zu beachten
6) Der Benutzer überläßt dem Archiv unaufgefordert und kostenlos ein Belegexemplar seiner Arbeit - unabhängig von ihrer Veröffentlichung

6. Haftung

1) Das Archiv haftet nicht für Schäden, die dem Benutzer im Zusammenhang mit der Archivbenutzung entstehen
2) Der Benutzer haftet für die Verletzung von Urheber- und Persönlichkeitsschutzrechten sowie von berechtigten Interessen Dritter
3) Der Benutzer haftet für alle durch ihn im Archiv verursachten Schäden

....

(Ort, Datum) (Unterschrift der Archivleitung)

BENUTZUNGSANTRAG

für das (Name des Archivs)

(entsprechend den Empfehlungen der Vereinigung deutscher Wirtschafts-archivare e.V.)

Name, Vorname: ....

Beruf: ....

Staatsangehörigkeit: ....

Anschrift: ....

....

(ggf. hiesige Anschrift: ....

....)

Telefon: ....

Die Benutzung des Archivs dient

☐ dienstlichen ☐ wissenschaftlichen ☐ pädagogischen
☐ publizistischen ☐ privaten Zwecken

Thema der Arbeit: ....

....

Auftraggeber/wiss. Betreuer: ....

....

☐ Dissertation ☐ Diplomarbeit ☐ Staatsexamensarbeit
☐ Magisterarbeit ☐ Seminararbeit
☐ Sonstiges: ....

Ich erkläre, daß ich ein Exemplar der Benutzungsordnung des (Name des Archivs) erhalten/zur Kenntnis genommen habe und diese in allen Punkten als verbindlich anerkenne.

....
(Ort, Datum) (Unterschrift des Benutzers)

chen Beantwortung externer Anfragen – zumindest bei manchen Themenbereichen – eine Rolle spielte. So wird man auch hier gegebenenfalls die Unterlagen, die vorgelegt werden sollen, zunächst selbst durchschauen, damit Datenschutz, die Geheimhaltung von aktuellen Forschungsergebnissen und Produktionsverfahren, Kundenschutz etc. berücksichtigt werden.

Der Benutzer sollte eine Verpflichtungserklärung unterschreiben, die in jedem Fall Namen und Anschrift, die Hochschule, das Institut oder die Firma und ferner das genaue Thema, zu dem geforscht wird, enthält. In dieser Erklärung sollte auch ein Passus stehen, der den Benutzer verpflichtet, die Teile seiner Arbeit, die auf den Unterlagen des entsprechenden Wirtschaftsarchivs beruhen, diesem zur Überprüfung auf sachliche Richtigkeit vorzulegen. Auch ist es ratsam, sich über die Einhaltung von Persönlichkeits- und Urheberschutzrechten abzusichern und ein Belegexemplar der Arbeit für das Archiv zu erbitten.

Für die Möglichkeit zum Kopieren – dies geht allerdings nur dann, wenn dadurch kein Schaden an den Dokumenten entstehen kann – sind Benutzer dankbar. Ebenso, wenn sie ihre Laptops benutzen dürfen und ihnen während ihres Aufenthalts signalisiert wird, daß sie sich jederzeit mit Fragen an die Mitarbeiter des Archivs wenden können.

Insbesondere Wissenschaftlern, Diplomanden und Doktoranden sollte man möglichst großzügig Einsicht in historische Unterlagen geben, das fördert den guten Ruf des Wirtschaftsarchivs und damit auch des Unternehmens. Bei heiklen Themen bietet es nicht nur die Chance, Vorurteile abzubauen und Themen zu entschärfen, sondern fördert auch eine sachliche Auseinandersetzung und damit die Glaubwürdigkeit des Unternehmens.[11]

Viele Firmen lassen ihre Unternehmensgeschichte von einem oder auch mehreren Fremdautoren verfassen. Dem Archiv obliegt die Aufgabe, den Fremdautor zu unterstützen, ihm alle Akten zur Verfügung zu stellen und das eigene Wissen einzubringen. Von Unternehmensseite sollten keine Be-

[11] Simon, Christian: Das Unternehmensarchiv: Privatsache, PR-Instrument oder kulturelles Erbe der Allgemeinheit?, in: Archiv und Wirtschaft 28, 1995, S. 7–13, S. 12: „Ein offener Umgang mit der Frage der Zulassung zum Archiv kann das Image des Unternehmens wenigstens in einer kleinen Nische dieser Gesellschaft verbessern helfen, bei der kritisch forschenden Intelligenz. ‚1968' ist selbst längst Geschichte. Trotzdem gibt es noch und wieder Kollegen, die wie in alten Tagen Leichen in den Kellern der Unternehmen wittern, politische Leichen oder Umweltsünden. Sie haben die Tendenz, verweigerte Zugänge zu Unternehmensarchiven als Erfolge zu betrachten, denn sie beweisen ihnen, daß die Unternehmen tatsächlich etwas zu verbergen haben. Da darunter auch Journalisten sind, deren Artikel und Filmreports dann zu gequälten Mienen in den Direktionen führen, ist dies nicht ganz nebensächlich. In gewissen Fällen sollte es sich für das Unternehmen selbst auszahlen, wenn es in Analogie zum staatlichen Archiv auf jeden einigermaßen seriösen Benutzerwunsch eingeht."

ERKLÄRUNG

Von der Benutzungsordnung des Historischen Archivs Krupp habe ich Kenntnis genommen. Ich verpflichte mich, diese in allen Punkte zu beachten. Insbesondere übernehme ich die alleinige Verantwortung für die Wahrung von Persönlichkeits- und Urheberschutzrechten und verpflichte mich ferner, dem Historischen Archiv Krupp vor der Veröffentlichung die auf Unterlagen des Archivs beruhenden Teile der Arbeit vorzulegen. Sofern erforderlich, werde ich sachliche Richtigstellungen vornehmen.

Thema der Arbeit:

Zweck:

Ich bin damit einverstanden, daß mein Name, meine Adresse und mein Forschungsthema an Wissenschaftler weitergegeben werden, die zu einem ähnlichen Thema arbeiten

ja ☐ nein ☐

Villa Hügel
45133 Essen, den ....

....
Unterschrift

Name: ....
Adresse
– derzeit: ....
– ständig: ....
Universität: ....
Doktorvater/Betreuer:

Zitierweise

Historisches Archiv Krupp

Abkürzung für die Fußnoten:

HA Krupp, FAH Einzelsignatur
HA Krupp, WA Einzelsignatur
HA Krupp, S Einzelsignatur
HA Krupp, F Einzelsignatur
Analog bei den sonstigen Bestandssignaturen

Bitte alle Signaturen mit arabischen Ziffern schreiben

1 Exemplar erbitten wir zurück an:
Historisches Archiv Krupp, Villa Hügel, Hügel 1, 45133 Essen

E R K L Ä R U N G für die Benutzung von Fotografien und Filmen

Von der Benutzungsordnung des Historischen Archivs Krupp habe ich Kenntnis genommen. Ich verpflichte mich, diese in allen Punkten zu beachten. Insbesondere verpflichte ich mich, die Fotografien bzw. die davon angefertigten Reproduktionen und Filmausschnitte

- nur für den angegebenen Zweck zu verwenden
- nur mit Genehmigung des Historischen Archivs Krupp zu veröffentlichen bzw. zu zeigen und im Quellennachweis Historisches Archiv Krupp, Essen, anzugeben
- nicht an Dritte weiterzugeben.

Des weiteren verpflichte ich mich, dem Historischen Archiv Krupp unaufgefordert ein Belegexemplar der Publikationen bzw. Filme zuzusenden, in denen Fotos aus dem Archiv verwendet sind. Mir ist bekannt, daß die Rechte an den Fotografien und Filmausschnitten beim Historischen Archiv Krupp verbleiben.

Thema der Arbeit:

Zweck:

Ich bin damit einverstanden, daß mein Name, meine Adresse und mein Forschungsthema an Wissenschaftler weitergegeben werden, die zu einem ähnlichen Thema arbeiten

ja ☐ nein ☐

Villa Hügel
45133 Essen, den ....
Unterschrift

Name: ....
Adresse
– derzeit: ....
– ständig: ....
Universität: ....
Doktorvater/Betreuer: ....

Zitierweise

Historisches Archiv Krupp

Abkürzung für die Fußnoten:
HA Krupp, FAH Einzelsignatur
HA Krupp, WA Einzelsignatur
HA Krupp, S Einzelsignatur
HA Krupp, F Einzelsignatur

schränkungen und Auflagen in der Darstellung gemacht werden, wobei es allerdings auch hier selbstverständlich ist, daß der Schutz von Daten und Know-how sowie geltende Archivsperrfristen berücksichtigt werden. Manche Unternehmen neigen dazu, PR-Agenturen mit ihrer Unternehmensgeschichte zu beauftragen. Der Archivar sollte seinen ganzen Einfluß geltend machen, um das zu verhindern, denn die Voraussetzung für eine seriöse und wissenschaftliche Unternehmensgeschichtsschreibung – und das sollte sie auf jeden Fall sein – sind die Fähigkeit und die Bereitschaft zu gründlicher Recherche. Der Autor muß allgemein- und wirtschaftshistorisches Fachwissen besitzen und damit in der Lage sein, Ereignisse richtig einzuordnen und zu gewichten.

7.2.3 Beiträge zu externen Ausstellungen und Publikationen

Zu den Serviceleistungen eines Wirtschaftsarchivs gehört auch die Bereitstellung von Exponaten für Ausstellungen, die von externen Veranstaltern wie kommunalen Einrichtungen und anderen Institutionen oder von Unternehmen und Privatpersonen organisiert werden. Häufig wird es sich um Einzelexponate handeln, es kann aber auch die Bestückung eines ganzen Themenbereichs der Ausstellung gefragt sein. Bei entsprechend großen Beiträgen gehört unter Umständen die Beschriftung der Exponate nach Vorgabe der Ausstellungsleitung dazu. Gelegentlich soll das Archiv sogar einen Beitrag zum die Ausstellung begleitenden Katalog beisteuern. In Unternehmen mit „attraktiven“ Produkten – Autos, Dampfmaschinen, bekannte Kekse, Uhren und vieles mehr – kann das dem Archivar erhebliche Arbeit machen.

Des weiteren kommen hin und wieder auch Anfragen nach einem Textbeitrag zu Publikationen externer Stellen ins Unternehmensarchiv. Das kann ein Buch anläßlich eines Stadtjubiläums sein, in dem ausgewählte Firmen mit ihrer Geschichte beispielhaft die Entwicklung einer bestimmten Branche und ihres Einflusses auf die jeweilige Region illustrieren. Sehr häufig tritt auch ein Verlag mit dem Wunsch nach einem Beitrag für ein Sachbuch an das Unternehmen heran. Auch hier ist die Bandbreite der möglichen Themen sehr groß.

Historisches Archiv Krupp
Villa Hügel, Hügel 1
45133 Essen

LEIHVERTRAG

über die Leihe von Sammlungsobjekten zwischen dem Historischen Archiv Krupp als Verleiher und

als Entleiher.

Es wird folgender Vertrag geschlossen:

1. Der Verleiher verleiht dem Entleiher die in der Anlage genannten Sammlungsobjekte zu folgendem Zweck:

2. Die Leihe erfolgt für den Zeitraum vom

3. Der Entleiher ist nicht berechtigt, irgendwelche Veränderungen an den ausgeliehenen Objekten, wie Reparaturen, Instandsetzungen usw., vorzunehmen; der Entleiher verpflichtet sich jedoch, die Objekte in der in Museen üblichen Weise konservatorisch zu betreuen und zu pflegen.

4. Die Kosten für den Hin- und Rücktransport der Objekte trägt der Entleiher.

5. Der Entleiher verpflichtet sich, die Objekte für die Dauer der Leihgabe von Standort zu Standort gegen folgende Risiken zu versichern: Transport, Beschädigung durch Umstände aller Art, Feuer, Wasser, Diebstahl.

6. Exponate aus Papier oder Karton dürfen nur unter Glas ausgestellt und keiner direkten Sonnenbestrahlung ausgesetzt werden. Sie dürfen nicht durch Stecknadeln, Klebeband oder anderes beschädigt werden.

7. Die Versicherungswerte und etwaige Sonderbedingungen ergeben sich aus der Anlage. Den Abschluß einer Versicherung hat der Entleiher durch Vorlage der Versicherungsbestätigung nachzuweisen.

8. Der Entleiher ist verpflichtet, den Verleiher unverzüglich zu benachrichtigen, falls es zu einer Beschädigung oder einem Verlust der Objekte kommt.

9. Änderungen dieses Vertrages und zusätzliche Vereinbarungen zu diesem Vertrag bedürfen der Schriftform.

Entleiher: Verleiher:

Datum: Datum:

Anlage

7.3 Mitarbeiterinformation

Eine wichtige Aufgabe ist das Interessieren und Informieren der Mitarbeiter über die Entwicklung des Unternehmens. Herausgearbeitete historische Zusammenhänge bieten eine Chance, die Mitarbeiter am Gesamtprozeß der Entwicklung des Unternehmens Anteil nehmen zu lassen und können so zu einer stärkeren Identifikation beitragen. Für die Vermittlung stehen verschiedene Medien zur Verfügung.

7.3.1 Beiträge in der Mitarbeiterzeitung und Publikationen für Mitarbeiter

Die meisten Unternehmen geben eine Mitarbeiterzeitschrift heraus. Sie sollte für den Archivar eine leicht zugängliche Möglichkeit sein, über verschiedene historische Themen zu informieren. Das kann die Geschichte eines im Augenblick besonders wichtigen Produkts sein oder ein historischer Beitrag anläßlich der Eröffnung einer Filiale. Aber auch soziale Themen, die Entwicklung einzelner Abteilungen oder Geschäftszweige, Berichte über Forscher oder sonstige Persönlichkeiten des Unternehmens sind von Interesse. Dazu bedarf es keineswegs immer eines aktuellen Anlasses wie einer runden Jahreszahl oder eines Jubiläums. In Absprache mit der Redaktion ist es vielleicht sogar möglich, sich einen festen Platz in der Mitarbeiterzeitung zu sichern.

Auch über wertvolle Schenkungen oder besondere Abgaben ans Archiv läßt sich berichten. Ein entsprechender Artikel macht nicht nur auf die Bestände aufmerksam, sondern hat oft noch den Effekt, daß andere Stellen sich ebenfalls entschließen, „gehortete Schätze“ ans Archiv zu geben.

Die Reihe von Themenbeispielen ließe sich beliebig verlängern. Die Erfahrung zeigt, daß Mitarbeiter an historischen Themen, wenn sie spannend und optisch ansprechend gemacht sind, interessiert sind.

Interessant für viele Mitarbeiter ist auch eine rückblickende Zusammenstellung der Ereignisse und Vorkommnisse im Unternehmen im Laufe des letzten Jahres, denn längst nicht jedem Mitarbeiter sind Presse-Informationen und ähnliche Auskunftsmittel zugänglich.

Umfangreicher und arbeitsaufwendiger ist eine Geschichte des gesamten Unternehmens eigens für die Mitarbeiter. Die Schwerpunkte werden hier anders als in einer für die Öffentlichkeit bestimmten Publikation gesetzt. Man wird stärker auf einzelne Bereiche und individuelle Arbeitsplätze sowie ihre Bedeutung für das gesamte Unternehmen eingehen und so die verbindenden Elemente zwischen Mitarbeitern und Unternehmen stärker betonen.

Es gibt verschiedene Möglichkeiten, eine solche Unternehmensgeschichte zu präsentieren. Sie kann als Serie oder auch Beilage in der

Werkszeitung erscheinen, aber möglicherweise auch in Buchform. Die Unternehmensgeschichte als „Fortsetzungsroman" hat den Vorteil, daß viele Leser sich eher Zeit für die Lektüre einzeln präsentierter Abschnitte als für ein ganzes Buch nehmen. Für die „Extrabeilage" – also nicht in die Mitarbeiterzeitschrift eingeheftet – spricht, diese so leichter sammeln zu können. Das kann man noch unterstützen durch das Angebot, einen passenden Ordner oder eine Kassette zur Verfügung zu stellen und die Unternehmensgeschichte zum Abschluß mit einem Register zu versehen. Bei diesen Serien muß es sich nicht immer um eine Geschichte des gesamten Unternehmens handeln, es können auch Berichte zu bedeutenden Erfindern, Kaufleuten oder verschiedene Quelleneditionen sein.

7.3.2 Firmeninterne Vorträge

Firmeninterne Vorträge richten sich in der Regel an Auszubildende, Neueingestellte oder Mitarbeiter von Beteiligungen im In- und Ausland. Für Auszubildende und Neueingestellte ist die Personalabteilung der Ansprechpartner, wenn es darum geht, daß diesen die Geschichte des Unternehmens vorgestellt werden soll. Bei den oftmals üblichen Seminaren und Einführungsveranstaltungen für diese Personengruppen sollte eine Präsentation über das Unternehmen und seine Entwicklung obligatorisch sein.

Aber auch für einzelne Bereiche und Mitarbeitergruppen können sich im Rahmen von Kolloquien, Festveranstaltungen, Seminaren u.ä. Gelegenheiten ergeben, spezielle Themen aus der Unternehmensgeschichte vorzustellen. Auch hier wie schon beim Thema Beiträge für die Werkszeitung hängt viel von der Eigeninitiative des Archivars ab, denn es ist längst nicht immer selbstverständlich, daß die historische Seite in ein Programm mit einbezogen wird. Eine entsprechende Anregung wird aber oft dankbar angenommen.

7.3.3 Firmeninterne Ausstellungen

Firmeninterne Ausstellungen finden oftmals aus besonderen Anlässen statt. Zum Beispiel: 50 Jahre Hauptverwaltung, Markteinführung eines bestimmten Produkts vor 25 Jahren und andere Jahrestage, die sich auch auf Personen beziehen können. Etliche Themenbereiche, die für Ausstellungen in Frage kommen, bedürfen jedoch keines Anlasses, sondern entstehen aus der Initiative des Archivs oder aber auch auf Anregung anderer Bereiche: Mitarbeiter am Arbeitsplatz im Laufe der Zeit, Repräsentanz eines Unternehmens in einem bestimmten Land oder auch im gesamten Ausland usw.

Es mag banal klingen, aber Voraussetzung für eine Ausstellung ist, daß ausreichend Material dafür vorhanden ist. Schon bei der ersten Übersicht können sich auf Grund der Materialbasis Themenschwerpunkte herauskristallisieren, aber auch verschieben. Unter Umständen kann sich ein zunächst sehr interessant erscheinendes Thema unter diesem Aspekt auch als ungeeignet erweisen.

Wesentlich ist in jedem Fall – bevor man in die Detailplanung geht – ein gutes Gesamtkonzept, das schon sehr frühzeitig den möglichen Ausstellungsort und seine Gegebenheiten bzw. seine Möglichkeiten einbezieht. Bei der Wahl des Ausstellungsorts spielt dessen zentrale Lage eine sehr wichtige Rolle: Er sollte von möglichst vielen Mitarbeitern – im Idealfall ohne zusätzlichen Aufwand – frequentiert werden können. Diese Voraussetzung wird meist von Betriebsrestaurants oder Foyers erfüllt und ist so wesentlich, daß man gegebenenfalls eine Ausstellung kleiner gestaltet oder sich mit ungünstigeren Raumbedingungen arrangiert, als daß man die Ausstellung in einem zwar „schönen", aber abseits gelegenen und dadurch kaum besuchten Raum präsentiert. Die wenigsten Mitarbeiter können oder wollen viel zusätzliche Zeit für einen Ausstellungsbesuch aufwenden. Bei Einigen wird erst dadurch das Interesse geweckt, daß die Ausstellung sozusagen auf ihrem Weg liegt.

Das Ausstellungskonzept, das in der Regel präsentiert und genehmigt werden muß, sollte bereits eine grobe Einschätzung der Kosten enthalten. Auf Kostenfragen im Rahmen von Serviceleistungen und Öffentlichkeitsarbeit eines Wirtschaftsarchivs wird in einem gesonderten Abschnitt eingegangen. Günstig ist es in jedem Fall – schon allein wegen des großen Arbeitsaufwands für eine Ausstellung –, diese nicht nur an einem Ort zu zeigen, sondern sie durch möglichst viele Niederlassungen wandern zu lassen.

Auch alle weiteren Detailüberlegungen müssen stets die Platzsituation berücksichtigen. Das heißt: Ist die Ausstellung über mehrere Räume zu verteilen, oder wie kann sie – im Fall einer Wanderausstellung – an die unter Umständen sehr unterschiedlichen Örtlichkeiten angepaßt werden?

Steht der Inhalt der Ausstellung fest, so muß sich der Archivar mit der optischen Umsetzung befassen, selbst wenn die professionelle Ausführung sinnvollerweise einem Grafiker übergeben wird. Da die meisten Grafiker keine oder nur wenig Erfahrung und häufig auch geringes Einfühlungsvermögen bei der Umsetzung historischer Inhalte haben, helfen entsprechende Vorüberlegungen, einen Konsens zu finden.

Reproduktionen können heute so ausgezeichnet sein, daß man im Rahmen der Ausstellung auf die Verwendung von Orginaldokumenten weitgehend verzichten wird und damit ihre Schädigung z.B. durch dauernden starken Lichteinfall vermeidet.

Mit einem Katalog, auch einem erklärenden Faltblatt oder abrufbaren weiteren Informationen zum Thema per Computer – wenn machbar, auch mit Ausdruckmöglichkeit –, ferner Videos kann man den Gesamteindruck der Ausstellung intensivieren. Überhaupt sollte man sich nicht scheuen, ein animierendes und vielleicht auch spielerisches Element zu integrieren.

Die Ausstellung muß hinreichend im Haus bekanntgemacht werden. Wirksam ist es, den Vorstand zur Eröffnung einzuladen. Auch nach dem Aufbau bedarf die Ausstellung weiterer Betreuung: Einmal in technischer Hinsicht, das bedeutet regelmäßige Kontrollen, daß die Beleuchtung funktioniert, die Vitrinen und andere Schaustücke sich im tadellosen Zustand befinden und vieles mehr. Darüber hinaus ist es bei größeren Ausstellungen angebracht, Führungen anzusetzen und sie für das Programm von Besuchergruppen anzubieten.

Doch muß es sich nicht immer gleich um große Ausstellungen handeln. Bestehende Schauvitrinen in Filialen, Werken und Zweigniederlassungen lassen sich ebenfalls gelegentlich für historische Themen nutzen. Hier ist es dem Archivar überlassen, Themenvorschläge zu unterbreiten.

Wirtschaftsarchive, denen ein Museum angegliedert ist, haben in diesem Bereich sicherlich mehr Erfahrungen und auch Möglichkeiten. Da sich das Thema der Gestaltung eines Museums selbst nur wenigen Wirtschaftsarchiven stellt und zudem besonderer Kriterien und einer ausführlichen Darstellung bedarf, wird im Rahmen dieses Kapitels über Serviceleistungen und Öffentlichkeitsarbeit darauf nicht eingegangen.[12]

7.3.4 Informationen über das Archiv

Aber das Archiv sollte die Mitarbeiter nicht nur über die Entwicklung des Unternehmens informieren, sondern auch über die eigene Einrichtung und Arbeit. Neue, aber auch schon länger im Unternehmen tätige Mitarbeiter wissen nicht immer von seiner Existenz bzw. haben zumindest höchst selten eine Vorstellung davon, was ein Unternehmensarchiv genau macht und zu tun vermag. Zudem hängt die Qualität eines Archivs nicht zuletzt von den Beständen ab, die von den Mitarbeitern ans Archiv gegeben werden.

Ein Prospekt bietet die Möglichkeit, das Unternehmensarchiv knapp vorzustellen, was es ist, was es tut, welchen Service es anbietet, für wen es zuständig ist, welches Material es enthält und was archiviert und deshalb benötigt wird. Der Prospekt sollte auch das Angebot enthalten, bei der Vorbereitung der Aktenübergabe gemeinsam eine sach- und fachgerechte Selektion der Unterlagen vorzunehmen. Dazu müssen Adresse und der bzw. die jeweiligen Ansprechpartner genannt werden.[13]

[12] Der Autorin mangelt es zu diesem Thema zudem an Erfahrungen.

[13] Die eigene Erfahrung ist die, daß ein solcher Prospekt eine erstaunlich große Resonanz im Konzern erbracht hat, insbesondere auch bei ausländischen Beteiligungsgesellschaften.

7.4 Historische Öffentlichkeitsarbeit

Die Tradition eines Unternehmens wird auch im Rahmen seiner Außendarstellung eingesetzt, nicht nur aus Anlaß eines Jubiläums. Die Möglichkeiten dafür sind vielfältig und überschneiden sich gelegentlich mit denen der Mitarbeiterinformation, weil manches ebenso für diese wie für die Öffentlichkeit geeignet ist. Ohne finanziellen Aufwand realisierbar sind Vorträge sowie Artikel und Aufsätze in Zeitungen und Zeitschriften.

7.4.1 Vorträge

Vorträge außerhalb des Unternehmens können stattfinden im Rahmen von Veranstaltungen zur Stadtgeschichte, innerhalb wissenschaftlicher, kultureller oder sozialer Institutionen, in denen das Unternehmen, seine Gründer oder andere Persönlichkeiten besonders engagiert sind oder waren. Zumeist wenden sich zwar die Veranstalter selbst mit der Bitte um einen Vortrag an das Archiv, entsprechende Vorschläge von Seiten eines Archivars werden in der Regel aber auch gerne angenommen. Die Themenvielfalt ist groß, der Schwerpunkt eines Vortrags richtet sich vor allem nach dem Anlaß und dem Auditorium, vor dem er stattfindet. Das heißt, es muß sich längst nicht immer um die Darstellung der Unternehmensgeschichte handeln. In nahezu jedem Unternehmen lassen sich interessante Einzelthemen finden: das Engagement eines Firmengründers oder -mitglieds im sozialen oder politischen Bereich, als Gründer einer Stiftung, die architektonische oder lokalhistorische Besonderheit eines Firmen- oder Fabrikgebäudes, ein berühmter Architekt als sein Planer, das Unternehmen als Initiator von weitreichenden Veränderungen in der Produktionstechnik, der sozialen Betreuung seiner Mitarbeiter oder der Regelung der Altersversorgung und vieles mehr. Nicht wenige Unternehmen haben auch Einfluß im politischen und allgemein wirtschaftlichen Bereich gehabt, über den zu referieren sich lohnt.

7.4.2 Artikel und Aufsätze in Zeitungen und Zeitschriften

Bei größeren Jubiläen des Unternehmens, aber auch runden Geburts- oder Todestagen von Firmengründern, bedeutenden Erfindern oder Wissenschaftlern und besonderen Ereignissen, die von allgemeinerem Interesse sein könnten, wird das Archiv in Absprache mit der PR-Abteilung den örtlichen Zeitungen und dafür in Frage kommenden Zeitschriften aus diesem Anlaß einen entsprechenden Artikel anbieten. Auch hier ist die Themenvielfalt ähnlich groß wie bei den Vorträgen. Man sollte auf jeden Fall den „Charakter" der angesprochenen Zeitung oder Zeitschrift im Auge behalten, das heißt, eine kleinere, lokal orientierte Zeitung wird eher Artikel und Aufsätze mit entsprechenden Schwerpunkten annehmen, die überregionale Tageszeitung einer Großstadt ist mehr an Themen interessiert, die über den lokalen Bereich hinausgehen.[14]

Historisch orientierte Artikel und Aufsätze in Zeitungen und Zeitschriften tragen zum einen dazu bei, das Unternehmen in der Öffentlichkeit auch einmal von einer anderen Seite zu zeigen, als das Werbe- und Imagekampagnen tun, und sind geeignet, das Bild gegenüber einer auch kritischen Öffentlichkeit zu ergänzen.

Für den Archivar selbst haben sie noch folgenden, nicht zu vernachlässigenden Aspekt: Die Artikel sind unter arbeitsökonomischen Gesichtspunkten insofern sinnvoll, als er in der Regel zu den jeweiligen Anlässen bereits etwas für die Firmenzeitung, Presse-Informationen u.ä. geschrieben hat oder schreiben wird und sicherlich nur geringfügige Veränderungen nötig sind. Und so ist es dann auch nicht tragisch, wenn mal ein Artikel von den Zeitungen nicht genommen wird.

7.4.3 Unternehmensgeschichte in Buch- und Broschürenform

Als Ergänzung zu Imagebroschüren bietet sich eine knappe unternehmensgeschichtliche Publikation an, es kann auch eine Chronologie sein, die dem Kunden, der weiteren Öffentlichkeit, aber auch wieder den Mitarbeitern in kurzer Form einen Einblick in die Entwicklung des Unternehmens gibt. Zur Orientierung ist ein Register sehr zu empfehlen. Eine solche Chronik muß auch die jüngste Zeit und Veränderungen wie Reorganisationen und anderes mehr enthalten. Sie eignet sich für CD-Rom-Zwecke und könnte ins Internet eingespeist werden.

Viele Unternehmen legen aber auch Wert auf eine ausführliche Unternehmensgeschichte, die meistens im Hinblick auf ein Jubiläum geplant wird. Hier ist es sinnvoll, daß der Archivar möglichst frühzeitig eine eigene Konzeption entwickelt und der Firmenleitung unterbreitet. Ob sie letztendlich angenommen wird, liegt natürlich im Ermessen der Unternehmensleitung. Wird der Archivar mit dem Schreiben der Unternehmensgeschichte betraut, so müssen für ihn hinsichtlich der Freiheit in der Darstellung die gleichen Bedingungen gelten wie für einen externen Wissenschaftler, das heißt, daß ihm einerseits keinerlei Auflagen von Seiten der Firmenleitung gemacht werden, bedeutet aber andererseits auch die Verpflichtung, wissenschaftlichen Ansprüchen zu genügen.

Eine solche Unternehmensgeschichte wird zumeist einen Überblick über die gesamte Entwicklung des Unternehmens enthalten und muß als

[14] Aber auch diese Zeitungen haben in der Regel eine Lokal-Beilage.

seriöse Quelle nutzbar sein. Sie sollte Informationen geben, die sonst nicht zugänglich sind und möglichst lückenlos sein, also zwar an unternehmenspolitisch wesentlichen Entscheidungs- und Handlungsprozessen orientiert, dabei aber weder Fehlentscheidungen übergehen noch problematische Zeitabschnitte ausblenden. Die Unternehmensgeschichte darf keine reine Aufzählung von Fakten sein, sondern muß Entwicklungen nachvollziehbar machen, sie sollte das Unternehmen in seiner Gesamtheit, eingebettet in den zeitgeschichtlichen Zusammenhang und die Entwicklung der jeweiligen Branche, zeigen. Dazu gehören auch das Aufzeigen von Unternehmerpersönlichkeiten und Einblicke in das Sozialverhalten des Unternehmens.

Je weiter eine Unternehmensgeschichtsschreibung in die Gegenwart hineinreicht, um so vollständiger ist das Bild, das dem Leser vermittelt wird. Da jedoch zu einer Bewertung der jüngsten Zeit der nötige Abstand fehlt, wird sich deren Darstellung mehr an Fakten orientieren und muß freibleiben von firmenpolitisch beeinflußten „Trends" und aktuellen Einschätzungen, die eher zur Außendarstellung des Unternehmens im Rahmen der PR-Arbeit gehören.

Eine Unternehmensgeschichte wird in der Regel ein sehr weitgefächertes Publikum haben. Sie muß deshalb interessant und „spannend" gestaltet und dabei aber auch wissenschaftlich fundiert bzw. orientiert sein, d.h. zum Beispiel mit einem brauchbaren Anmerkungsapparat einschließlich genauer Quellenangabe versehen sein, so daß im Zweifelsfall dem Leser die Überprüfung einer Aussage möglich ist.

Damit der Adressat einer Unternehmensgeschichte auch zu ihrem Leser wird, sollte gerade in einer Zeit zunehmender Informationsflut zuerst ein äußerer, ein optischer Anreiz da sein, das Buch überhaupt in die Hand zu nehmen und aufzuschlagen. Dazu gehört zum Beispiel ein handliches Format. Neben einer ästhetisch ansprechenden Gestaltung und sorgfältigen Verarbeitung verführen eine schöne Bebilderung, ein gut lesbares Schriftbild, ein übersichtliches Inhaltsverzeichnis, das auf einen Blick die Struktur und den Aufbau klar macht, sowie ein Register zur „Schnellinformation" zum Blättern und damit vielleicht auch zum Lesen. Doch steht für eine Unternehmensgeschichte nicht nur das Medium Buch zur Verfügung.

7.4.4 Unternehmensgeschichte in visuellen Medien

Denkbar ist auch, daß sich ein Unternehmen für einen Film, eine CD-Rom, eine Präsentation im Internet oder aber für eine Ausstellung entscheidet. Letztere sollte von einem Katalog begleitet werden und den Besucher mit Hilfe von Videos, CD-ROM und zur Benutzung bereitstehenden Computern zur aktiven Teilnahme animieren: Informationen zur Unternehmensgeschichte, zur Entwicklung einzelner Produkte u.ä. können vom Besucher selbst abgerufen werden. Es ist sinnvoll, eine solche Ausstellung an einem der Allgemeinheit leicht und bequem zugänglichen Ort zu zeigen, der möglichst als Veranstaltungsraum bereits einen Namen hat. Ansonsten gelten hier im wesentlichen auch die anderen Punkte, die bereits unter dem Abschnitt interne Ausstellungen angeführt wurden.

7.5 Kostenfragen

Archive sind Dienstleistungsbetriebe und werden leider sehr häufig lediglich als Kostenverursacher angesehen. Dabei wird nicht berücksichtigt, daß sie indirekt sehr wohl zur Kostenminimierung oder gar -vermeidung beitragen können. Als Beispiel seien Rechts- oder Patentstreitigkeiten genannt, die mit Hilfe des im Archiv verfügbaren Materials zugunsten des Unternehmens entschieden werden können. In einigen Wirtschaftsunternehmen ist überlegt worden, die Serviceleistungen den internen Anfragern in Rechnung zu stellen. Da ein Teil der Anfragen jedoch nicht immer zwingend notwendig ist, sondern auf Grund des Interesses an historischen Zusammenhängen und Hintergrund- bzw. Zusatzinformationen kommt, kann das insofern problematisch werden, als viele Abteilungen dann wegen dieser Kosten auf die Inanspruchnahme des Archivs verzichten.

Jedes Archiv weiß, wie schwierig es ist, Geld für Aktivitäten zu bekommen, die man im Rahmen der internen und externen Öffentlichkeitsarbeit verwirklichen möchte. Wie das zu bewerkstelligen ist, muß jeder Archivar für sich selbst überlegen, weil die organisatorischen und strukturellen Bedingungen in den verschiedenen Unternehmen und Institutionen verschieden sind. Davon unabhängig gilt jedoch, je besser eine Sache vorbereitet ist, umso günstiger sind die Chancen für ihre Durchsetzung. Das soll an einem bereits erwähnten Beispiel aus der internen Öffentlichkeitsarbeit verdeutlicht werden: Das Archiv hat sich vorgenommen, eine Unternehmensgeschichte für die Mitarbeiter zu schreiben, die jedem in gedruckter Form zugänglich gemacht werden kann. Das ist ein bedeutender Kostenfaktor. Um die jeweiligen Stellen, die für die Genehmigung von Geldern zuständig sind, zu überzeugen und auch zu gewinnen, ist es ratsam, ein präzises inhaltliches Konzept vorzulegen, am besten bereits ein Probekapitel dazu, ebenso genaue Vorstellungen zur optischen Umsetzung – auch hier wieder mit einem konkreten Vorschlag in Form eines Layouts von einigen Seiten mit richtigem Text und passender Bebilderung – sowie selbstverständlich einem Kostenvoranschlag. Das macht zwar viel Arbeit, und es kann trotzdem passieren, daß das Projekt nicht zustandekommt, doch vermittelt das Ergebnis dieser umfänglichen Vorarbeit dem Entscheidungsträger eine bessere Vorstellung und erleichtert ihm eine – hoffentlich – positive Entscheidung.

8. Archivmanagement

Von
Hartmut Weber und **Renate Köhne-Lindenlaub**

8.1 Warum Archivmanagement? Das Archiv als unternehmerische Leistungseinheit

Archive wirtschaftlicher Unternehmen sind Bestandteil der Unternehmen. Ihre Arbeit und deren Ergebnisse, aber auch der dafür erforderliche Aufwand, werden in zunehmendem Maße unter ökonomischen Aspekten beurteilt. Daher ist es nötig, daß die Archivarinnen und Archivare ihre Tätigkeit selbst auch unter betriebswirtschaftlichen Betrachtungsweisen sehen. Zugleich können sie so die in der allgemeinen Managementlehre vorhandenen Denkansätze mit Gewinn für den Archivbereich nutzen.

Wenn man also ein Archiv unter betriebswirtschaftlichen Aspekten betrachtet, ja in diesem Sinne als unternehmerische Betriebseinheit auffaßt, so verfügt es als Input über Ressourcen wie Personal, Raum und Sachmittel sowie den Rohstoff der im laufenden Geschäftsverkehr nicht mehr benötigten Unterlagen des jeweiligen Unterhaltsträgers. Als Output stellt es Produkte her: die Serviceleistungen für seinen Unterhaltsträger und Außenstehende sowie das dafür nötige authentische und aussagekräftig verdichtete Archivgut und die Findmittel zu seiner Erschließung.

Wie in einem Unternehmen findet im Archiv Wertschöpfung statt. Der schlackenreiche Rohstoff der Unternehmensunterlagen, die zur Aufgabenerfüllung entbehrlich sind, wird durch die fachgerechte Bewertung und sachgerechte Erschließung im Entstehungszusammenhang zu aussagekräftigen authentischen Quellen von bleibendem Wert verdichtet, die das Erbringen der Serviceleistungen ermöglichen und damit dem Unternehmen, aber auch Außenstehenden, faßbaren Nutzen bringen.

Für Unternehmensarchive ist Archivmanagement besonders wichtig, weil sie als Servicestellen oft stark in die aktuelle Arbeit des Unternehmens eingebaut sind. Man erwartet von ihnen konkrete, termingebunden zu erbringende Dienstleistungen. Hinzu kommen die Anfragen von Außenstehenden, Benutzerbetreuung usw. Andererseits müssen in jedem Archiv, damit es langfristig funktionstüchtig bleibt, die erwähnten Kernaufgaben ausgeführt werden, also: Aktenbewertung und Aktenübernahme, Ordnung und Erschließung der Bestände. Da aber auch in den Unternehmensarchiven die Personalressourcen meist sehr knapp sind, wird es immer schwieriger, neben den aktuellen Serviceaufgaben die Archivierungsaufgaben noch in genügendem Umfang wahrzunehmen. Fleiß allein reicht nicht aus, um das strukturell immer vorhandene „zuviel" an Arbeit zu bewältigen: Kein Archivar wird wohl je mit seiner Arbeit fertig. Gezieltes Archivmanagement kann aber den Weg zu zielgerichteteren und damit zufriedenstellenderen Arbeitsergebnissen zeigen.

Für den planenden Umgang mit den Aktivitäten des Archivs sind die wichtigsten Kriterien die Effektivität und die Effizienz. Man sollte sich daher stets zunächst die beiden betriebswirtschaftlichen Leitfragen stellen:
- Tun wir die richtigen Dinge?
- Tun wir die Dinge richtig?

Dabei ist es wichtig, die Reihenfolge einzuhalten. Die Frage nach der Effektivität der Tätigkeiten, nach den Zielen, die mit der Arbeit im Archiv verfolgt werden, nach den Wirkungen, die sie erzeugen sollen, ist vorrangig zu beantworten. Wenn die Ziele dann klar sind, kommt es darauf an, sie zielstrebig und rationell zu erreichen. Damit ist die Frage des wirtschaftlichen Einsatzes der Ressourcen angesprochen. Effizienz allein genügt also nicht: Es geht nicht nur darum, das, was man tut, richtig zu tun, wichtiger ist, jeweils das Richtige zu tun.

8.2 Effektivität: Tun wir die richtigen Dinge? Ziele und Aufgaben der Archivarbeit

8.2.1 Ziele archivischer Tätigkeit

Was sind nun aber die Ziele archivischer Tätigkeit? Wie jedes Archiv ist auch ein Unternehmensarchiv in ein Zielsystem eingebunden. Die Ziele werden im wesentlichen vom Unternehmensinteresse oder von der Unternehmenspolitik vorgegeben. Typische Ziele sind solche wie Sicherung, Erhaltung und Nachweis der Unterlagen, auf die unter produktionsbezogenen oder rechtlichen Aspekten sowie zur Wahrung unternehmerischer Interessen wieder zugegriffen werden könnte. Weiterhin kommen Zielvorgaben des Unternehmens in Betracht wie Verankerung eines positiven Images des Unternehmens in der Öffentlichkeit durch Darstellung des Unternehmens und seiner Geschichte oder durch freizügigen Zugang zum Archivgut des Unternehmens durch Außenstehende. Diese der Transparenz dienende Duldung der Nutzung oder aktive Förderung von Wissenschaft und Forschung kann aber auch Teil einer unternehmerischen Zielsetzung sein, die im Unternehmen selbst positive Veränderungen wie Offenheit oder Kundenorientierung als Teil einer Unternehmenskultur bewirken will. Berechtigte Unternehmensziele können schließlich auch alle Maßnahmen sein, die den finanziellen Spielraum des Unternehmens selbst sichern sollen wie Rationalisierungsprogramme oder restriktives Kostenmanagement.

Weitere Zielvorgaben archivischer Tätigkeit entspringen dem archivwissenschaftlichen oder berufsethischen Konsens über die Aufgaben der Archive und die Art ihrer Durchführung. Dazu gehören Ziele wie Nachweis der Tätigkeit des Unternehmens und der wesentlichen Entscheidungsprozesse, Sicherung, Erschließung und Bereitstellung strukturierter und aussagekräftiger Quellen. Von der Archivleiterin oder dem Archivleiter treten weitere fach- oder interessenbestimmte Ziele hinzu wie Transparenz des Archivs durch Erarbeitung einer Gesamtübersicht über die Bestände, Attraktivität durch Erschließung eines für die Unternehmensgeschichte zentralen Bestandes, aber auch Ziele wie Ansehen des Archivs im Unternehmen oder Mehrung der dem Archiv zur Verfügung stehenden Ressourcen sowie zufriedene Nutzer und motivierte Mitarbeiter. Schließlich verfolgen die Mitarbeiter durchaus deckungsgleiche Ziele, aber auch das Ziel, im Archiv einen sicheren, interessanten und abwechslungsreichen Arbeitsplatz vorzufinden und/oder flexible Arbeitszeitregelungen in Anspruch nehmen zu können. Und nicht zuletzt haben die internen wie externen Nutzer und die sonstigen Kunden des Archivs das Ziel, im Archiv die für den jeweiligen Nutzungszweck dienlichen aussagekräftigen Archivalien und gute Arbeitsmöglichkeiten vorzufinden sowie kompetent, schnell und freundlich bedient zu werden.

Das Zielsystem für ein Unternehmensarchiv ist damit sicherlich nicht abschließend dargestellt. Da wünscht sich noch die Abteilung für Öffentlichkeitsarbeit Beiträge für eine Unternehmensschrift oder ein Lehrstuhlinhaber für Wirtschaftsgeschichte Archivführungen mit seinen Studenten oder die vorrangige Erschließung eines bestimmten Bestandes – und beide meinen, diese Leistungen zu erbringen, müßte ein vorrangiges Ziel des Archivs sein.

Die Leiterin oder der Leiter des Unternehmensarchivs muß die Ziele gewichten, muß untersuchen, welche Ziele sich zusammenfassen lassen und muß vor deren Umsetzung Prioritäten setzen. Allen Zielen eines solchen Zielsystems kann ein Archiv nicht entsprechen, zumindest nicht gleichzeitig. Bei der Prioritätensetzung und Arbeitsplanung lohnt es sich aber, sich diese teils konkurrierenden Ziele bewußt zu machen. Wenn Aufgaben so geplant und Leistungen so erbracht werden, daß damit möglichst viele wichtige Ziele gleichzeitig erreicht werden, ist dies vorteilhaft, sowohl für die Ressourcenplanung als auch für die Akzeptanz und Wirkung des Archivs. Umgekehrt verpuffen Aktivitäten wirkungslos, die sich vom jeweiligen Zielsystem nicht ableiten lassen.

8.2.2 Aufgaben

Die von den dargestellten Zielen abgeleiteten Aufgaben eines Unternehmensarchivs umfassen die archivischen Kernaufgaben sowie interne und externe Serviceleistungen.

Die archivischen Kernaufgaben sind im wesentlichen:
- Erfassen, Bewerten und Übernehmen der archivwürdigen Unterlagen des Unternehmens
- Ordnen und Erschließen dieser Unterlagen. Dies geschieht heute in den Unternehmensarchiven in der Regel mit Hilfe der EDV

Bei den Serviceleistungen sind in Unternehmen die internen Dienstleistungen stets als vorrangig anzusehen.

Interne Serviceleistungen umfassen:
- Serviceleistungen zur Rechtssicherung und Interessenwahrung des Unternehmens. Dies sind z.B. Recherchen zur Klärung von Rechtsverhältnissen bei Patentstreitigkeiten, bei der Frage des Unterhalts von alten Gas- und Wasserleitungen oder Brücken, Recherchen zu Altlastenfeststellungen und zu bautechnischen Fragen, z.B. bei der Restaurierung von Gebäuden
- Serviceleistungen für PR-Zwecke, zur Verankerung eines positiven Images des Unternehmens in der Öffentlichkeit, z.B. Mitarbeit an oder Eigengestaltung von Broschüren zur Unternehmensgeschichte oder Produktentwicklung, Ausarbeitungen über Beziehungen des Unternehmens zu einzelnen Ländern oder über wichtige Gedenktage, Mitarbeit an oder Eigengestaltung von Ausstellungen zu Themen aus der Unternehmensgeschichte
- je nach Zielvorgabe des Unternehmens auch Eigenforschungen zur Unternehmensgeschichte, Vorträge und Führungen für Gäste und Mitarbeiter und ähnliches mehr

Externe Serviceleistungen sind:
- die Betreuung von wissenschaftlichen Forschungsarbeiten; ggf. auch die Zusammenarbeit mit Lehrstuhlinhabern bei Forschungsprojekten, Archivführungen für Seminare u.ä.
- die Betreuung von sonstigen Publikationen, von Rundfunk- und Fernsehproduktionen
- die Mitarbeit an fremden Ausstellungen
- die Beantwortung der Anfragen von historisch interessierten Wissenschaftlern, Institutionen und Privatpersonen

Dieser ganze Komplex kann ein Reagieren auf die Wünsche Außenstehender sein oder auch Teil einer bewußten Zielvorgabe des Unternehmens, das die aktive Förderung von Wissenschaft und Forschung oder die Duldung der Nutzung sowie die Beantwortung der Anfragen der historisch interessierten Öffentlichkeit als Teil seiner Unternehmenskultur begreift.

8.2.3 Aufgabenprioritäten und ihre Umsetzung

Wie geht man nun am besten praktisch vor? Es wäre wohl wenig sinnvoll, mit der Arbeit irgendwo anzufangen in der – vergeblichen – Hoffnung, bei genügend Fleiß irgendwann einmal fertig zu werden. Das ist schon strukturell bei lebenden Archiven kaum möglich, weil ja immer wieder neue Bestände hinzukommen, die dann bearbeitet werden müssen. Auch das bloße Reagieren auf von außen gestellte Anforderungen, also z.B. das Beantworten der Anfragen und die Bewertung und Übernahme von Beständen, die sonst vernichtet würden, ist allein keine zufriedenstellende Lösung.

Ein vernünftiger Weg liegt vielmehr in der eigenständigen und dabei realistischen Planung der Aktivitäten, im Setzen von Prioritäten und im Formulieren von Arbeitsschritten und den anzustrebenden Arbeitsergebnissen.

Dabei ist es zunächst wichtig, sich einen Überblick über das gesamte tatsächliche Aufgabenspektrum zu verschaffen, denn man kann nur planen, was man weiß.

- Es gilt also, die ungefähre Art und Menge der anfallenden Serviceaufgaben zu erfassen. Besonders wichtig ist es dabei zu typisieren, also gleichartige und wiederkehrende Aufgaben und Anfragen festzustellen, damit man hier im späteren Schritt Rationalisierungsmöglichkeiten einplanen und durchführen kann.
- Des weiteren muß man einen Überblick über Art und Umfang der vorhandenen Bestände und vor allem ihren Bearbeitungszustand gewinnen. Dann sollte im Hinblick auf die Planung der Bearbeitung überlegt werden, welche Gruppen von Beständen für welche Art der Nutzung wichtig oder weniger wichtig sind. Hierbei sind die unterschiedlichen Nutzungsmöglichkeiten in die Bewertung mit einzubeziehen. Beispielsweise besitzen die Akten der Inhaber und Leitungsgremien sicher für die wissenschaftliche Forschung und die interne Nutzung hervorragende Bedeutung, während die Liegenschaftsakten andererseits vergleichsweise geringen Wert für die Forschung haben, aber bei Grundstücksverkäufen, Altlastenfeststellungen u.ä. von eminentem Wert für die interne Nutzung sein können.

Auf der Basis des Gesamtüberblicks sollten nun Prioritäten, Arbeitsschritte und die anzustrebenden Arbeitsergebnisse festgelegt werden.

- Für die Prioritätenplanung ist z.B. zu klären:
  Welche Serviceaufgaben sind vorrangig und mit größtem Aufwand und welche mit geringerem Aufwand, ggf. auch nicht so dringend zu erledigen?
  Welche Gruppe von Beständen muß vorrangig geordnet und verzeichnet werden? Hierbei kann es unterschiedliche Kriterien für die Entscheidung geben, z.B. die besonders häufige Nutzung bestimmter Akten für interne Zwecke oder die Notwendigkeit, eine Gruppe von Beständen für ein spezielles Forschungsprojekt vorrangig zu erschließen.
- Nun werden die Arbeitsvorhaben und die angestrebten Ergebnisse diesen Prioritäten entsprechend formuliert. Wichtig ist dabei, daß man unbedingt den Termin der Fertigstellung einplant. Vielen Archivarinnen und Archivaren ist zu wenig bewußt, wie knapp die Arbeitszeit inzwischen als Ressource geworden ist.
- Für geeignete – insbesondere komplexe – Aufgaben, die sich aus der Tagesarbeit des Archivs abheben, bietet sich als Organisationsform die Projektorganisation an. Ein Projekt ist als solches einmalig und von vornherein auf ein Ziel hin orientiert, hat eine eindeutige Aufgabenstellung, einen Anfang und ein Ende, zwingt zur Definition von Teilschritten, nutzt definierte Ressourcen, bleibt also überschaubar und transparent, und motiviert durch seinen innovativen Charakter. Die Zielvorgaben eines Projekts, neben den Sachzielen auf gleicher Ebene das Terminziel und das Ziel, den Kostenrahmen einzuhalten, zwingen in besonderem Maße zu verantwortungsbewußter Planung, Überwachung, Koordination und Steuerung. Projektorganisation ist für Aufgaben wie für die Erarbeitung einer Beständeübersicht, für Ausstellungen oder Publikationen, für die Einführung neuer (EDV-) Verfahren im Archiv oder für eine Sonderaktion zur Nachbewertung, Rückstandsbearbeitung oder zur systematischen Aussonderung im Unternehmen nach längerer Zurückhaltung hervorragend geeignet.
- Im Einzelfall ist beispielsweise zu überprüfen, ob man für Erschließungsprojekte die Finanzierung durch den Hauptnutzer, in der Regel den Schriftgutproduzenten, erreichen kann, so daß z.B. die Abteilung für Öffentlichkeitsarbeit einen Werkstudenten für die Verzeichnung der Videos bezahlt oder ein Konzernunternehmen den auf Zeit beschäftigten Mitarbeiter für die Verzeichnung der dort entstandenen Akten.

Insgesamt gesehen kommt es also darauf an, die Vielzahl der möglichen Tätigkeiten nach Prioritäten zu ordnen und dann klare und realistisch geplante Arbeitsvorhaben zu formulieren, die in der Durchführung erreicht werden können und müssen. Dies kann in dafür geeigneten Fällen auch in Projektorganisation geschehen.

8.3 Das Leistungsprogramm: Produkte kundenorientiert, qualitätsbewußt und ergebnisorientiert erbringen

8.3.1 Das Problem der Leistungsmessung: Von Meßzahlen zu Produkten

Kein verantwortungsbewußter und an wirtschaftlichem Erfolg orientierter Unternehmer käme auf die Idee, den Sinn seines Unternehmens darin zu sehen, möglichst viele Mitarbeiter einzustellen, möglichst große Raumkapazitäten vorzuhalten, Rohstoffe in Mengen zu horten und möglichst viele Sachmittel für diesen Betrieb bereitzustellen. Eine solche am Input orientierte Denkweise verfehlt den Zweck unternehmerischen Handelns. Wenn ein Archiv in gleicher Weise anstrebt, sich am Input zu orientieren, Mitarbeiter in möglichst großer Zahl zu beschäftigen, Magazinkapazitäten großzügig vorzuhalten, Archivgut in Massen zu übernehmen und finanzielle Mittel in großem Umfang zu verbrauchen, ist ihm zwar die Bewunderung der Kollegenschaft sicher, nicht aber eine Zukunftsperspektive in einem Unternehmen.

Archive neigen traditionell dazu, ihre Bedeutung am Input zu messen, an den Zahlen der verwahrten Archivalien in laufenden Metern, der Zahl der Mitarbeiter, der Größe des Raumangebots, insbesondere an Kapazitätsreserven und an Ausstattung mit Sachmitteln. Weitere übliche Daten des Leistungsvergleichs sind Benutzerzahlen und die Anzahl der beantworteten schriftlichen oder auch telefonischen Anfragen, die Menge der bewerteten und als Archivgut übernommenen Unterlagen, der erschlossenen Einheiten und der fertiggestellten Findbücher. Unter dem Aspekt der Sicherung und Erhaltung des Archivguts ist die Zahl der archivgerecht verpackten Archivalieneinheiten und die Zahl der restaurierten, konservierten oder schutzverfilmten Archivalien interessant. Weiterhin sind von zentralem Interesse die Zahlen der Benutzer, der Benutzertage (Benutzer × Verweiltage), der für interne wie externe Benutzer ausgehobenen Archivalien sowie der erledigten schriftlichen und telefonischen Anfragen einschließlich der Beratungen und Konsultationen im Unternehmensbereich.

Diese quantitativen Daten sind wichtig als Bestandteil der betrieblichen Statistik, und sie bieten die Möglichkeit, Archive in ihren Tätigkeiten in festgelegten Zeiträumen zu vergleichen. Wirklich aussagekräftig sind sie aber nur im Personal-Leistungs-Vergleich oder im Kosten-Leistungs-Vergleich, und sie sagen nichts aus über die Qualität der erbrachten Leistungen, der Produkte.

Unternehmen denken output-orientiert und damit in Produkten, die sich vermarkten lassen und so einen meßbaren Wert darstellen. Was sind aber Produkte von Archiven, von Unternehmensarchiven im besonderen?

Produkte von Archiven sind Einzelleistungen oder meist Ergebnisse einer Vielzahl von Einzelleistungen, die nach außen wirken. Konkret erzeugt ein Archiv Produkte wie Gutachten, schriftliche, mündliche und telefonische Auskünfte, Publikationen, Editionen, Präsentationen, daneben Findbücher, vielleicht eine Beständeübersicht und nicht zuletzt das zentrale und einzigartige Produkt der dauerhaften Zugänglichkeit zu aussagekräftigen Quellen. Konkret stehen in Unternehmensarchiven, wenn man sie als Gedächtnis der Unternehmen definiert, oft folgende Produkte im Vordergrund: Zusammenstellungen für interne Zwecke, z.B. über Firmengedenktage, Beziehungen zu einzelnen Ländern, Gestaltung von oder Mitarbeit an Broschüren und Ausstellungen, Vorträge und Führungen für Mitarbeiter und Gäste.

Wie ein Unternehmen tut ein Archiv gut daran, sich an seinem Output, an seinen Produkten zu orientieren. Die Frage ist nicht, was soll der Mitarbeiter, was soll ich als Archivar tun, die Frage ist, welches Ergebnis, welches Produkt wird angestrebt. Ziel ist nicht die Titelaufnahme, Ziel ist das fertige Findbuch. Eine solche Vorgehensweise hilft dazu, die Arbeit effektiv zu organisieren. Aus dem Zielsystem eines Archivs ergeben sich die Produkte, die nach außen wirken.

Die Produkte sind als gebündelte Leistungen zu beschreiben. Diese Leistungen wiederum sind die konkreten Arbeitsergebnisse, die sich aus den Aufgaben eines Archivs ableiten lassen. Und die Aufgaben schließlich sind die normativen Festlegungen, die sich aus vorgegebenem Auftrag und Zielen ergeben. Damit schließt sich der Kreis. Outputorientiertes Vorgehen prüft zwangsläufig doppelt, ob eine Arbeit dem Ziel archivischer Tätigkeit entspricht. Auf diese Weise können relativ risikolos Prioritäten gesetzt werden. Auch Blindleistungen werden so vermieden, wenn vom Ergebnis her gedacht und geplant wird.

Bei dieser Denkweise entstehen keine „unvollendeten" Zettelkästen oder sonstige „Erschließungsruinen" wie bei nur inputorientiertem Denken, das mitunter in erster Linie auf eine mehr oder weniger sinnvolle Beschäftigung der Mitarbeiter abzielt. Bei einem ergebnisorientierten Denken dagegen wird man sehr schnell feststellen, daß vorliegende Ergebnisse unterschiedlicher Leistungen nicht nur zu einem Produkt gebündelt werden können, sondern in anderen Kombinationen möglicherweise zusätzliche attraktive Produkte ergeben. Wenn mit den Teilleistungen Beständeabgrenzung und Beständebeschreibung eine Beständeübersicht als Produkt vorliegt, dann ist es nur ein kleiner Schritt zum attraktiven Produkt „Archivführer". Vorhandene Findbücher fördern die Produkte „Auskünfte", „Publikationen" und „Ausstellungen", wohingegen beispielsweise das Produkt „Auskünfte" ohne vorhandene Erschließungsleistungen herzustellen mit erheblichem Mehraufwand und Blindleistungen verbunden ist.

8.3.2 Serviceleistungen

Wie oben bereits angedeutet, sagen die quantitativen Aussagen noch lange nichts über die Qualität der Dienstleistung und damit über ein wesentliches Moment der Leistungen aus, die ein Archiv dem Unternehmen einerseits, der wissenschaftlichen Forschung und dem interessierten Bürger andererseits erbringt. Gerade Unternehmensarchive müssen für die unbedingte Orientierung der Dienstleistungsqualität an den Bedürfnissen und Interessen der „Kunden" im Sinne aller Partner des Archivs innerhalb und außerhalb des Unternehmens besonders aufgeschlossen sein. Darunter sind auch potentielle – vor allem interne – Kunden, deren Bedürfnisse nach marktwirtschaftlichen Gesichtspunkten zu wecken sind.

Die Qualität der Dienstleistung wird nach den Prinzipien des lean management nicht an einer Leistung gemessen, die nach der Einschätzung des Archivs geeignet ist, den angestrebten Zweck zu erfüllen. Vielmehr sind die Bedürfnisse der Kunden das Maß aller Dinge, also die Bedürfnisse der Benutzer aus dem Unternehmen wie der externen Benutzer. Unter dem Aspekt der Kundenorientierung werden Kriterien wie Komfortabilität der Benutzung, minimaler Zeit- und Kostenaufwand, Transparenz und Trefferquote der Findmittel, Verfügbarkeit einer kompetenten Fachkraft und Qualität der Beratung und der Arbeitsmöglichkeiten als Benutzer für die Qualitätsbeurteilung der Dienstleistung von Bedeutung sein. Nicht weniger relevant ist für den Kunden, ob eine Leistung dann verfügbar ist, wenn der Kunde sie haben will und wie schnell sie ihm zur Verfügung steht. Wie lange muß der Benutzer auf die bestellten Akten, die erwünschten Kopien oder die Beantwortung seiner Anfrage warten? Welcher Zeitraum vergeht, bis neu übernommene Unterlagen in vollem Umfang für interne und externe Anfragen genutzt werden können? Solche Kriterien beschreiben beispielhaft die Dienstleistungsqualität eines Archivs. Sie gehören neben Faktoren wie Bestandsqualität zu den Leistungsindikatoren eines modernen Archivs.

Die Zugänglichkeit zum Archivgut des Unternehmens durch Außenstehende macht heutzutage einen Teil der Unternehmenskultur aus und ist insofern eine Dienstleistung, die Archive zur Imageförderung des Unternehmens ebenso wahrzunehmen haben wie öffentlichkeitswirksame Präsentationen des Unternehmens und seiner Geschichte in Ausstellungen und Publikationen. Das Archiv eines Unternehmens hat seine Aktivitäten daher an den Bedürfnissen einer Vielzahl von Kunden in- und außerhalb des Unternehmens zu orientieren.

Wenn man die Kundenorientierung allerdings so stringent als obersten Maßstab setzt, entstehen bei knappen personellen Ressourcen mit Sicherheit Probleme. Gut bearbeitete Anfragen von Hobby-Forschern und privaten Interessierten führen über die Jahre dazu, daß die Zahl der Interessenten immer stärker wächst. Da andererseits die internen Serviceleistungen für das Unternehmen Vorrang haben und schließlich auch die Archivierungsarbeiten getan werden müssen, wird ein knapp besetztes Archiv an die Grenzen seiner Möglichkeiten stoßen. Dann ergibt sich die Frage, ob das Unternehmen bereit ist, der erhöhten Inanspruchnahme des Archivs von außen Rechnung zu tragen, z.B. durch Erweiterung der Personalausstattung. Die Entscheidung wird je nach der Art des Unternehmens unterschiedlich getroffen werden. So findet sich ein Unternehmen der Konsumgüterindustrie wahrscheinlich eher dazu bereit, mehr für das Archiv zu tun, weil die Anfragenden ja zugleich potentielle Kunden des Unternehmens sind. Dagegen hängt bei Unternehmen der Investitionsgüterindustrie die Entscheidung teilweise von anderen Kriterien ab. Aber auch hier kann das Archiv natürlich bewußt als Teil der Unternehmenskultur und als Instrument der Vertrauensgewinnung in der Öffentlichkeit gesehen werden.

8.3.3 Kernaufgaben

Auch im Bereich der archivischen Kernaufgaben sind eine Vielzahl von Einzelleistungen zu erbringen, bis ein Produkt steht. So bedingt das Produkt der dauerhaft zugänglichen aussagekräftigen Quellen aus der Kernaufgabe *Erfassen* den Besuch bei den Stellen, bei denen Schriftgut entsteht, die Analyse ihrer Aufgaben und die Suche nach den Hilfsmitteln der Schriftgutverwaltung. Die Kernaufgabe *Bewerten* trägt zu diesem Produkt die Leistungen der Autopsie der Unterlagen, der eingehenden Analyse auch unter dem Aspekt der Evidenz, des Abgleichs mit der Struktur der Kompetenzen im Unternehmen und die Entscheidung über den bleibenden Wert bei. Die Kernaufgabe *Übernehmen* trägt zum Produkt Leistungen wie Signaturvergabe, Reinigen, Entmetallisieren, Verpacken, Beschriften und Magazinieren bei.

Zur Frage der Klimatisierung, Pflege- und Schutzmaßnahmen sowie Maßnahmen der Konservierung und Restaurierung trägt die Kernaufgabe *Erhaltung* bei. Die Erschließung liefert mit dem unverzichtbaren Produkt „Findbuch" die Leistungen Beständeabgrenzung, Beständebeschreibung, Titelaufnahme, Ordnung, Gliederung, Indizes und Beschreibung der Kompetenz der Stelle, bei der das Schriftgut entstanden ist (auch in der historischen Dimension) dazu.

Im Bereich dieser klassischen archivischen Fachaufgaben besteht die Gefahr, daß trotz hohen Arbeitseinsatzes die Mengen nicht bewältigt werden. Um so wichtiger ist gerade hier die ergebnisbezogene und nutzungsorientierte Planung. Dies kann beispielsweise in der folgenden Weise geschehen:

- Vorab sollte man sich klar darüber werden, welches Ergebnis und welche Erschließungstiefe realistisch angestrebt werden können. Dies hängt natürlich vom Umfang der Bestände und der Menge des laufend zu erwartenden Zuwachses ab. Bei größeren Archiven mit gleichzeitig begrenzten Personalressourcen stellt sich oft nur die Alternative zwischen der optimalen Erschließung nur weniger oder der differenzierenden Erschließung möglichst vieler Bestände.
- Dabei ist zu berücksichtigen, daß der Einsatz der EDV die Voraussetzungen für die Arbeitsplanung grundsätzlich verändert. Wurden die früheren klassischen Findbücher mit den Arbeitsschritten: Titelaufnahme, Klassifizieren, Reinschrift des Findbuchs und Indizieren in der Regel einmalig und endgültig bearbeitet, so bietet der Einsatz der EDV und vor allem der damit verbundenen Indizierung auch schon bei kursorischer Verzeichnung relativ großen Suchkomfort. Hinzu kommt, daß die Findbücher später problemlos überarbeitet oder auch bei Benutzung der Akten laufend leicht ergänzt werden können. Dies erleichtert die Entscheidung für differenzierende oder auch angemessene Minimallösungen, die nicht unbedingt „zweitbeste“ sein müssen. Aus dieser veränderten Situation ergeben sich u.a. die folgenden Planungs- und Bearbeitungsmöglichkeiten:
- Bearbeitungsweisen unterschiedlicher Erschließungsintensität sollten durch die Archivarin oder den Archivar eingeplant werden. Akten aus den Inhaber- oder Vorstandssekretariaten sollten stets mit großer Intensität und Genauigkeit verzeichnet werden. Dagegen können Akten von Betrieben oder Abteilungen ggf. durchaus mit weniger Aufwand, auch durch Hilfskräfte verzeichnet werden.
- Praktikable Minimallösungen sollten für dennoch ausreichende Nutzungsmöglichkeit gefunden werden. Beispielsweise reicht es bei Personalakten für den schnellen Zugriff zunächst aus, wenn man nur den Namen und das Geburtsdatum über EDV aufnimmt. Dasselbe gilt für Beteiligungsakten, wenn man nur die Namen der Beteiligungsfirmen verzeichnet. Das sind nur vordergründig Notlösungen; genaues Verzeichnen wäre zweifellos besser, aber diese scheinbaren Notlösungen bringen mit dem schnellen EDV-Zugriff auf die Namen doch erheblich weiter als das unbegrenzte Warten auf die – vielleicht niemals kommende – Gelegenheit zum optimalen Verzeichnen.

8.4 Effizienz: Tun wir die Dinge richtig? Wirtschaftliches Erreichen der Ziele Optimierung der archivischen Verarbeitungskosten

8.4.1 Grundsätzliches

Zweifellos hat der Archivar neben seinen Fachaufgaben Managementaufgaben. So hat er menschliches Verhalten zielorientiert zu steuern, dafür Sorge zu tragen, daß die sachbezogenen Aufgabenstellungen zweckmäßig und rationell erfüllt werden und bei diesen Steuerungsaufgaben dispositive Entscheidungen zu treffen, indem er mit Ressourcen, mit Menschen und Sachmitteln, umgeht. Dabei ist es unerheblich, ob er eine Vielzahl von Mitarbeiterinnen oder Mitarbeitern anzuleiten hat oder in seinem Archiv mehr oder minder auf sich gestellt ist. Gerade beim Selbstmanagement der archivarischen „Einzelkämpferin" oder des „Einzelkämpfers" sind die Herausforderungen an Controlling, an konstruktive Selbstkritik und an die ständige Überprüfung, ob man denn auch die richtigen Dinge erledige, oder gar nur die Dinge richtig, besonders groß.

8.4.2 Ablauforganisation, Standardisierung

Um Ergebnisse im Sinne der Zielsetzung archivischer Tätigkeit rationell zu erreichen, müssen Ressourcen, nämlich Menschen, Einrichtungen und Sachmittel, in geeigneter Weise ausgewählt und zusammengestellt – also organisiert – werden.

Eine zweckmäßige Organisationsstruktur (Aufbauorganisation) als statische Komponente ist stark von der Zahl und Qualifikation der Mitarbeiter abhängig. Sie kann in einem Unternehmensarchiv von einer einfachen „Kammorganisation" bis zu einem „Stabliniensystem" mit zwei oder drei Hierarchieebenen reichen. Für die Ablauforganisation, die dynamische Komponente, lassen sich dagegen eher allgemeingültige Hinweise geben.

Auch in einem kleineren Archiv lohnt es sich, bei wiederkehrenden Arbeiten den zweckmäßigsten und wirtschaftlichsten Handlungsvollzug zu ermitteln und diesen durch Standardisierung zu sichern. Arbeiten mehrere Mitarbeiter zusammen, ist es um so zwingender, für eine bestmögliche Abstimmung des sachlichen Umfangs der Einzeltätigkeiten und der zeitlichen Arbeitsfolge zu sorgen. Die Bearbeitung von Archivalienzugängen mit Kollationierungsarbeiten, mit Reinigungs-, Verpackungs-, Signierarbeiten, mit der Erhebung möglicher Schäden und schließlich mit der Aufstellung im Magazin kann ebenso standardisiert werden wie die Erschließungstätigkeit mit ihren Teilleistungen oder andere archivische Tätigkeiten. Standardisierte und daher in ständig reproduzierbarer Weise ablaufende

Arbeitsverfahren sichern die Qualität des Ergebnisses, entlasten das Leitungspersonal, erlauben den Einsatz von Hilfskräften und steigern die Arbeitsleistung auch in quantitativer Weise. Sie sind besonders wichtig bei der Arbeit mit der EDV, weil hier die Ergebnisse der einzelnen Verzeichnungsarbeiten automatisch für das ganze Archiv zusammenfließen.

Standardisierte Bearbeitungsvorgänge sollten in schriftlichen Richtlinien festgehalten werden, die dann – je nach Bedarf – laufend weiter überarbeitet werden. Schriftliche Richtlinien können z.B. den häufig eingesetzten Mitarbeitern auf Zeit an die Hand gegeben werden. Damit läßt sich der Aufwand an fachlicher Einführung in die Arbeit und laufender Betreuung und Kontrolle ganz erheblich verringern.

Grundsätzlich sollte bei der Planung von Arbeitsabläufen immer überprüft werden, ob mit geringem Mehraufwand weitere Ziele mit erreicht werden können. So kann eine Übernahmeliste zugleich so geschrieben werden, daß sie als vorläufiges Findbuch verwendet werden kann. Mit Hilfe der EDV können praktisch ohne Mehrarbeit Arbeitslisten generiert werden, z.B. über dringlich zu restaurierende Akten. Grundsätzlich gilt, daß genaues Planen der Arbeitsschritte sich immer lohnt und spätere „Nacharbeit“ erspart.

Als wichtigster Grundsatz für die Gestaltung von Arbeitsabläufen ist zu beachten, daß sich die Organisation am Regelfall ausrichtet; für Sonderfälle und Ausnahmen werden keine Regelungen getroffen. Weiterhin sollen die Arbeitsschritte sinnvoll unter Beachtung der Kongruenz von Arbeitsqualität und Qualifikation der Mitarbeiter zusammengefaßt werden. Kontrollschritte um der Kontrolle willen, die also die Gesamtaufgabe nicht weiterbringen, sind zu vermeiden. Nicht zuletzt tragen optimal gestaltete Hilfsmittel, wie ergonomisch gestaltete Arbeitsplätze und die Arbeit unterstützende Geräte sowie zweckmäßige Formulare, zum reibungslosen Ablauf bei. Über den Erfolg der Standardisierung von Arbeitsverfahren entscheidet aber die aktive Mitwirkung der beteiligten Mitarbeiter bei der Konzeption solcher Regelabläufe in einem interaktiven Prozeß.

8.4.3 Mitarbeitermotivation

Die wichtigste Ressource ist auch im Archivbereich die Humanressource, der Mitarbeiter – oder – bei den bereits erwähnten Einzelkämpfern diese oder dieser selbst. Interessante Arbeit, die selbständig erledigt wird, die im Ergebnis und weniger während der Durchführung kontrolliert wird, trägt wesentlich zur Motivation bei. Gute Arbeitsergebnisse verdienen Anerkennung und Lob, ehrlich und ohne Übertreibung. Wenn Arbeiten abgeschlossen sind, soll man also die Zeit erübrigen, um sich darüber zunächst einmal ganz bewußt zu freuen. Was weniger gut ist, soll konkret angesprochen werden. Die Gründe für die weniger gute Arbeit verlangen Aufklärung und faire Erörterung.

Mitarbeiter müssen in die Verantwortung mit eingebunden werden. Die Ziele sollen daher nicht autoritär vorgegeben, sondern mit den Mitarbeitern vereinbart werden, auch was den Zeitrahmen für die Erledigung der mit den Zielen verbundenen Aufgaben betrifft. Vereinbarte Ziele und delegierte Aufgaben müssen eingefordert werden. Das Nachdenken über Verbesserungen der Qualität der Leistungen oder des Preisleistungsverhältnisses ist zu fördern. Allerdings sind nicht Ideen an sich zu prämieren, sondern die Durchführung. Eine wirklich gute Idee ist eine durchgeführte Idee, die durchgeführt bleibt. Verbesserungen, auch wenn sie nur in kleinen Schritten zu erreichen sind, sind wertvoll. Auch im Archivbereich geht es in Zeiten knapper werdender Ressourcen darum, nicht schneller zu laufen, sondern kürzere Wege zu finden. Hilfreich im Dilemma zwischen Serviceleistungen und Erfüllung der Kernaufgaben kann auch die klare Abgrenzung in personelle Zuständigkeiten sein. Damit erhält jeder Mitarbeiter seinen klaren Zuständigkeitsbereich, für den er verantwortlich ist.

Die Archivarbeit hat den großen Vorteil, daß man sich mit ihr stark identifizieren kann und der Nutzen – z.B. ein Findbuch für die langfristige Benutzung – ersichtlich ist.

Sehr zum ergebnisbezogenen Denken und zur Motivierung der Mitarbeiter bei der Verzeichnungsarbeit trägt der Einsatz der EDV bei. Verschwanden früher die Früchte langer und engagierter Verzeichnungsarbeit zunächst oft über Monate oder gar Jahre in Karteikästen, so sieht der Bearbeiter jetzt unmittelbar die ansprechenden und auch von anderen sofort zu nutzenden Ergebnisse seiner Arbeit.

8.4.4 Kostenplanung und Kostenkontrolle

Archivische Tätigkeit verschlingt Raumkosten und Sachkosten, vor allem aber Personalkosten. Kosten sind neben dem Output der Leistungen und Produkte und in Beziehung zu solchen für ein Unternehmen von zentralem Interesse. Von den Kosten und von ihrem Verhältnis zu den erwirtschafteten Ergebnissen, vom Preisleistungsverhältnis sozusagen, hängt nicht nur der Unternehmensgewinn, sondern in starkem Maße auch das Überleben eines Unternehmens ab. Berechtigte Unternehmensziele können daher auch alle Maßnahmen sein, die den finanziellen Spielraum des Unternehmens selbst sichern sollen, wie Rationalisierungsprogramme oder restriktives Kostenmanagement.

Archive von Unternehmen müssen sich in besonderem Maße an den Kostenaufwendungen, die sie verursachen, einerseits und am Nutzen, den sie dem Unternehmen bringen, andererseits messen lassen. Die in öffentlichen Archiven bisher eher üblichen Handlungs- und Beurteilungsprinzipien wie Ordnungsmäßigkeit, Normtreue oder kulturpolitischer Stellenwert treten bei Archiven der Wirtschaft zwangsläufig eher in den Hintergrund.

Das für die ökonomische Beurteilung archivischer Tätigkeit entscheidende Verhältnis zwischen Aufwand und Ertrag läßt sich auf zweierlei Art beeinflussen. Zum einen kann der Aufwand minimiert werden, mit dem ein bestimmter Ertrag zu erzielen ist. Zum anderen kann mit vorgegebenem Aufwand der Ertrag gesteigert werden. Managementvorgaben in der heutigen Zeit fordern meist beides zugleich, die Steigerung des Nutzens bei einer Minimierung des Aufwands nach dem ökonomisch fragwürdigen Minimaxprinzip.

Ein Archiv, das, wie eingangs empfohlen, zuerst nach der Effektivität des Handelns, dann nach der Effizienz fragt, bringt gute Voraussetzungen mit, wenn es auf dem Prüfstand des unternehmerischen Kosten-Nutzen-Denkens beurteilt wird. Effektiv ist, was wirkt und nützt, und zwar auch als Nutzen zu vermarkten ist und vom wichtigsten Kundenkreis abgenommen wird. Effizienz ist gegeben, wenn dieser Nutzen möglichst rationell und kostengünstig bereitzustellen ist. Unter diesen Aspekten sind auch die lieb gewordenen Aufgaben, die schon immer auf diese Weise erledigt worden sind, kritisch zu durchleuchten.

Grundvoraussetzung kostenbewußten Handelns ist, daß das Archiv den Aufwand archivischer Tätigkeiten nicht nur allgemein kennt oder in etwa abschätzen kann, sondern in Mark und Pfennig zu berechnen in der Lage ist. Sachkosten, Raumverbrauch und Personalaufwand einschließlich Personalnebenkosten müssen dazu auf die monetäre Kostenbasis zurückgeführt werden. Im Regelfall werden für die Umrechnungen Ansätze auf pauschalierter Basis herangezogen werden können, wie sie auch in anderen Unternehmensbereichen Verwendung finden.

Entscheidend für die Aussagekraft von Kostenberechnungen und damit auch für den Lerneffekt ist der Bezugspunkt. So ist der Bezug auf einen Zeitraum wie Jahr oder Monat wenig aussagekräftig. Sehr viel interessanter ist eine Kosten-Leistungsrechnung. Bei dieser Methode werden die Kosten für die Erstellung einer Leistung oder eines Produkts ermittelt, wobei Aussagekraft und Steuerungspotential zunehmen, je differenzierter die Kosten auch für Teilleistungen erfaßt werden. Wenn bekannt ist, daß sich die Gesamtkosten für die Erstellung eines Findbuchs auf rd. DM 40 000 (s. Beispiel) belaufen, läßt sich nicht nur der Aufwand für künftige Fälle besser planen. Sind Kosten für Teilleistungen transparent, ist auch Raum für Rationalisierungsüberlegungen.

Eine aussagekräftige Kosten-Leistungsrechnung setzt die Erfassung des Zeitbedarfs für die einzelnen Arbeitsschritte voraus. Diese ist nicht ständig

350 Std. (600 Titelaufnahmen)	DM	25 000,–
80 Std. Findbuchredaktion (mit Formulierung der Einleitung)	DM	8 000,–
40 Std. Indexbearbeitung	DM	3 000,–
50 Std. Schreib- und Erfassungsaufwand	DM	3 500,–
Vervielfältigung einschl. Sachkosten	DM	500,–
	DM	40 000,–

Kostenbeispiel für die Erstellung eines Findbuchs

und in jedem Einzelfall erforderlich, sondern kann aufgrund eigener zeitlich befristeter Erhebungen und/oder aufgrund übernommener Werte anderer Archive als abgesicherter Durchschnittswert für die jeweilige Teilleistung pauschal angesetzt werden.

Liegen genügend abgesicherte, auf Leistungen bezogene Kostenvorstellungen vor, ist das Archiv in der Lage, im Kosten-Leistungs-Vergleich mit anderen Archiven, aber auch bei der Beobachtung der Kostenentwicklung im eigenen Haus kostenbewußt zu reagieren.

Ein hervorragendes Steuerungsinstrument für die Kosten ist übrigens die Bewertung. Die Menge des übernommenen Archivguts beeinflußt unmittelbar die Kosten für Verwahrung, Erschließung und Erhaltung. Redundante Informationen kosten nur und sind nichts wert. Ein Mehraufwand bei der Bewertung erspart daher in besonderem Maße Kosten bei der Zugangsbearbeitung, bei der Erschließung und bei der Erhaltung von Unterlagen, die eigentlich nicht von bleibendem Wert sind.

Kostentransparenz und Kostenbewußtsein schafft auch die Voraussetzungen für einen positiven Nebeneffekt. Selten haben Organe oder Teile eines Unternehmens, die sich der Leistungen des Archivs bedienen, Vorstellungen von den Kosten, die sie damit verursachen. Sind die Kosten transparent, kann auch einem Vorstand mitgeteilt werden, welche Kosten die von ihm veranlaßte Recherche verursacht hat. Auf diese Weise werden die Entscheidungsträger im Unternehmen zweierlei feststellen: erstens, welchen Gegenwert an Leistungen das Archiv für die von ihm verbrauchten Ressourcen erbringt, und zweitens, daß das Archiv kostenbewußt handelt.

Auswahlbibliographie

Allgemeine und übergreifende Literatur

AWV – Arbeitsgemeinschaft für wirtschaftliche Verwaltung e.V. (Hrsg.): Einfluß von Informationstechnologien auf Archivierungsverfahren, Eschborn 1997 (= AWV-Schrift. 06 5 71).

Beck, Friedrich/Henning, Eckart (Hrsg.): Die archivalischen Quellen. Eine Einführung in ihre Benutzung, Weimar 1994 (= Veröffentlichungen des Brandenburgischen Landeshauptarchivs. 29).

Bischoff, Frank M. (Hrsg.): Archivierung von Unterlagen aus digitalen Systemen. Beiträge zur Tagung im Staatsarchiv Münster, Münster 1997 (= Veröffentlichungen der staatlichen Archive des Landes Nordrhein-Westfalen. Reihe E: Beiträge zur Archivpraxis. 4).

Brachmann, Botho u.a.: Archivwesen der Deutschen Demokratischen Republik. Theorie und Praxis, Berlin (Ost) 1984.

Buder, Marianne/Rehfeld, Werner/Seeger, Thomas (Hrsg.): Grundlagen der praktischen Information und Dokumentation. Ein Handbuch zur Einführung in die fachliche Informationsarbeit, 3. völlig neu gefaßte Ausgabe, 2 Bde., München 1990.

Business Archives. Studies and International Practices, hrsg. v. Committee on Business Archives of The International Council of Archives, München/New York 1983.

Dollar, Charles M.: Die Auswirkungen der Informationstechnologien auf archivische Prinzipien und Methoden, übers. und hrsg. von Angelika Menne-Haritz, Marburg 1992 (= Veröffentlichungen der Archivschule Marburg – Institut für Archivwissenschaft. 19).

Enders, Gerhart: Archivverwaltungslehre, 3. Aufl., Berlin (Ost) 1968.

Eyll, Klara van: Voraussetzungen und Entwicklungslinien von Wirtschaftsarchiven bis zum Zweiten Weltkrieg, Köln 1969 (= Schriften zur rheinisch-westfälischen Wirtschaftsgeschichte. 20).

Franz, Eckhart G.: Einführung in die Archivkunde, 4. überarb. Aufl., Darmstadt 1993.

Kahlenberg, Friedrich P. (Hrsg.): Aus der Arbeit der Archive. Beiträge zum Archivwesen, zur Quellenkunde und zur Geschichte. Festschrift für Hans Booms, Boppard 1989 (= Schriften des Bundesarchivs. 20).

Kellenbenz, Hermann: Firmenarchive und ihre Bedeutung für die europäische Wirtschafts- und Sozialgeschichte, in: Tradition 14, 1969, S. 1–20.

Krause, Friedhelm/Messerschmidt, Rolf: Handreichung zur kommunalen Archivpflege in Rheinland-Pfalz, Mainz 1994.

Kroker, Evelyn: Business Archives in the Federal Republic of Germany, in: Business Archives – principles and practice. No. 65, May 1993, S. 51–60.

Kroker, Evelyn/Schwärzel, Renate: Archive der Wirtschaft. Zur aktuellen Situation des Wirtschaftsarchivwesens in der Bundesrepublik Deutschland, in: Archivmitteilungen 43, 1994, S. 1–4.

Leitfaden für Archivare. Ratgeber für die praktische Arbeit in Verwaltungs-, Kreis- und Stadtarchiven, Berlin (Ost) 1988.

Lexikon Archivwesen der DDR, 3. Aufl., Berlin (Ost) 1979.

Menne-Haritz, Angelika: Schlüsselbegriffe der Archivterminologie. Lehrmaterialien für das Fach Archivwissenschaft, Marburg 1992 (= Veröffentlichungen der Archivschule Marburg – Institut für Archivwissenschaft. 20).

Neuss, Erich: Aktenkunde der Wirtschaft, Teil 1: Kapitalistische Wirtschaft, Berlin (Ost) 1954, Teil 2: Volkseigene Wirtschaft (1945–1952), Berlin (Ost) 1956.

Papritz, Johannes: Archivwissenschaft, 2. Aufl., Marburg 1983.

Reininghaus, Wilfried: Archivpflege in der Wirtschaft. Ein Bericht über aktuelle westfälische Erfahrungen, in: Der Archivar 48, 1995, Sp. 259–269.

Turton, Alison (Ed.): Managing Business Archives, Oxford 1991.

Beständeübersichten und veröffentlichte Findbücher von Wirtschaftsarchiven

Dascher, Ottfried (Hrsg.): Das Westfälische Wirtschaftsarchiv und seine Bestände, München 1990.

Dascher, Ottfried/Vollmerhaus, Hans (Bearb.): Inventar zum Bestand K 2 IHK Bochum (1856–1944), 2 Bde., Dortmund 1971/1972 (= Veröffentlichungen der Stiftung Westfälisches Wirtschaftsarchiv. 2).

Dascher, Ottfried/Vollmerhaus, Hans (Bearb.): Inventar zum Bestand K 3 IHK Bielefeld (1949–1933), Dortmund 1973 (= Veröffentlichungen der Stiftung Westfälisches Wirtschaftsarchiv. 3).

Dascher, Ottfried/Vollmerhaus, Hans (Bearb.): Inventar zum Bestand K 1 IHK Dortmund (1863–1931), 3 Bde., Dortmund 1976/1979 (= Veröffentlichungen der Stiftung Westfälisches Wirtschaftsarchiv. 9–11).

Deutsche Wirtschaftsarchive – Nachweis historischer Quellen in Unternehmen, Körperschaften öffentlichen Rechts (Kammern) und Verbänden der Bundesrepublik Deutschland, hrsg. im Auftrag der Gesellschaft für Unternehmensgeschichte von Klara van Eyll u.a., Bd. 1, 3. völlig neu bearb. Aufl., von Renate Schwärzel, Stuttgart 1994; Bd. 2: Kreditwirtschaft, 2. Aufl., bearb. von Monika Pohle und Dagmar Golly-Junk, Stuttgart 1988; Bd. 3: Bestände von Unternehmen, Unternehmern, Kammern und Verbänden der Wirtschaft in öffentlichen Archiven der Bundesrepublik Deutschland, bearb. von Ulrike Duda, Stuttgart 1991.

Industriefilm – Medium und Quelle. Beispiele aus der Eisen- und Stahlindustrie, hrsg. von Manfred Rasch u.a., Essen 1997.

Kroker, Evelyn: Das Bergbau-Archiv und seine Bestände, Bochum 1977 (= Schriften des Bergbau-Archivs. 1).

Kroker, Evelyn: Das Bergbau-Archiv und seine Bestände. Kurzführer, 2. Aufl., Bochum 1994 (= Schriften des Bergbau-Archivs. 5).

Kroker, Evelyn/Ragenfeld, Norma von: Findbuch zum Bestand 33: Rheinisch-Westfälisches Kohlen-Syndikat 1893–1945, Bochum 1980 (= Schriften des Bergbau-Archivs. 3).

Moos, Michael/Zilt, Andreas (Bearb.): Findbuch zum Bestand Friedrich Wilhelms-Hütte (1811–1969), Duisburg 1997 (= Veröffentlichungen aus dem Archiv der Thyssen AG. 2).

Niemann, Harry: Das Mercedes-Benz Archiv. Archivführer, Stuttgart 1993.

Reininghaus, Wilfried: Das Archiv der Familie und Firma Johann Caspar Harkort zu Hagen-Harkorten im Westfälischen Wirtschaftsarchiv Dortmund, Münster 1991 (= Inventare der nichtstaatlichen Archive Westfalens. Neue Folge. 11).

Reininghaus, Wilfried: Friedrich Harkort, Kamp & Co. – Die Mechanische Werkstätte in Wetter. Inventar zum Bestand F 1, 2 Bde., Dortmund 1993 (= Veröffentlichungen der Stiftung Westfälisches Wirtschaftsarchiv. 17–18).

Reininghaus, Wilfried/Plaum Bernd D.: Die Handelskammer Münster und ihr Archiv 1854–1926. Inventar zum Bestand K 5, Dortmund 1993 (= Veröffentlichungen der Stiftung Westfälisches Wirtschaftsarchiv. 19).

Stremmel, Ralf/Rasch, Manfred (Bearb.): Findbuch zu den Beständen Vereinigte Stahlwerke AG und Bergbau- und Industriewerte GmbH, 2 Bde., Duisburg 1996 (= Veröffentlichungen aus dem Archiv der Thyssen AG. 1).

Archive und andere Dokumentationsbereiche

Archiv – Bibliothek – Dokumentation. Tradierte Grenzen und neue Perspektiven, in: Der Archivar 42, 1989, Sp. 524–544.

Biermann, Alfons W. (Hrsg.): Vom Elfenbeinturm zur Fußgängerzone. Drei Jahrzehnte deutsche Museumsentwicklung. Versuch einer Standortbestimmung, Opladen 1996 (= Schriften des Rheinischen Museumsamtes. 61).

Buder, Marianne/Rehfeld, Werner/Seeger, Thomas (Hrsg.): Grundlagen der praktischen Information und Dokumentation. Ein Handbuch zur Einführung in die fachliche Informationsarbeit, 3. völlig neu gefaßte Ausgabe, 2 Bde., München 1990 (= DGD-Schriftenreihe. 9).

Gottmann, Günther: Zum Bildungsauftrag eines technikgeschichtlichen Museums, in: Spickernagel, Ellen/Walbe, Brigitte (Hrsg.): Das Museum. Lernort contra Musentempel, 3. Aufl., Gießen 1979, S. 32–35.

Kroker, Evelyn: Überlegungen zur Bewertung von archivischem Sammlungsgut, in: Archiv und Wirtschaft 23, 1989, S. 59–62.

Kuhn, Annette/Schneider, Gerhard (Hrsg.): Geschichte lernen im Museum, Düsseldorf 1978 (= Geschichtsdidaktik. 3).

Laisiepen, Klaus/Lutterbeck, Ernst/Meyer-Uhlenried, Karl-Heinrich: Grundlagen der praktischen Information und Dokumentation. Eine Einführung, 2. Aufl., München 1980 (= DGD – Schriftenreihe. 1).

Leonhardt, Holm A.: Was ist Bibliotheks-, was Archiv- und Museumsgut? Ein Beitrag zur Kategorisierung von Dokumentationsgut und -institutionen, in: Der Archivar 42, 1989, Sp. 214–224.

Menne-Haritz, Angelika: Schlüsselbegriffe der Archivterminologie. Lehrmaterialien für das Fach Archivwissenschaft, Marburg 1992 (= Veröffentlichungen der Archivschule Marburg – Institut für Archivwissenschaft. 20).

Mikus, Anne/Schwärzel, Renate: Firmenmuseen in Deutschland. Von Automobilen bis Zuckerdosen, hrsg. von der Vereinigung deutscher Wirtschaftsarchivare e.V., Bremen 1996.

Nimz, Brigitta : Addition, Integration und Separation. Die Beziehungen zwischen der Archiv- und der Bibliothekswissenschaft, in: Der Archivar 50, 1997, Sp. 325–334.

Rogalla v. Bieberstein, Johannes: Archiv, Bibliothek und Museum als Dokumentationsbereiche. Einheit und gegenseitige Abgrenzung, Pullach 1975 (= Bibliothekspraxis. 16).

Rumschöttel, Hermann: Die Sicht der Archivare, in: Archiv – Bibliothek – Dokumentation. Tradierte Grenzen und neue Perspektiven, in: Der Archivar 42, 1989, Sp. 537–544.

Spickernagel, Ellen/Walbe, Brigitte (Hrsg.): Das Museum. Lernort contra Musentempel, 3. Aufl., Gießen 1979.

Unternehmensorganisation

Bleicher, Knut: Unternehmensentwicklung und organisatorische Gestaltung, Stuttgart/New York 1979 (= UTB-Taschenbücher. 749).

Borchardt, Knut: Die industrielle Revolution in Deutschland 1750 – 1914, in: Die Entwicklung der industriellen Gesellschaften, Stuttgart/New York 1985 (= Europäische Wirtschaftsgeschichte. The Fontana Economic History of Europe in 5 Bänden, hrsg. von Carlo M. Cipolla, Deutsche Ausgabe von Knut Borchardt. 4), S. 135–202.

Chandler, Alfred D.: The Visible Hand, Cambridge/Mass. 1984.

Feldenkirchen, Wilfried: Big Business in Interwar Germany – Organizational Innovation at Vst, IG Farben and Siemens, in: Business History Review 61, 1987, S. 417–451.

Heitger, Barbara /Boos, Frank (Hrsg.): Organisation als Erfolgsfaktor. Praxis der Organisation – Organisation der Praxis, Wien 1994.

Henning, Friedrich Wilhelm: Das industrialisierte Deutschland 1914 bis 1992, 8. Aufl., Paderborn 1993.

Henning, Friedrich Wilhelm: Die Industrialisierung in Deutschland 1800 bis 1914, 9. Aufl., Paderborn 1995.

Kocka, Jürgen: Industrielles Management. Konzeption und Modelle in Deutschland vor 1914, in: Vierteljahrschrift für Wirtschafts- und Sozialgeschichte 56, 1969, S. 332–372.

Milkereit, Gertrud: Fusion, Unternehmensstruktur und Firmenorganisation als aktuelle werksarchivische Probleme, in: Der Archivar 26, 1973, Sp. 81–94.

Raiser, Thomas: Das Unternehmen als Organisation. Kritik und Erneuerung der juristischen Unternehmenslehre, Berlin 1969.

Bewertung

Archivarische Bewertung in Deutschland – Bilanzen und Perspektiven, in: Archivmitteilungen 41, 1991, S. 101–130.

AWV-Arbeitsgemeinschaft für wirtschaftliche Verwaltung e.V. (Hrsg.): Aufbewahrungspflichten und -fristen nach Handels- und Steuerrecht. Schriftgut, Mikrofilm, EDV-Dokumentation, 6. Aufl., Berlin 1992.

Bewertung und Lagerung von Massenschriftgut aus Technik, Forschung und Verwaltung. VdW-Arbeitstagung 1990, in: Archiv und Wirtschaft 24, 1991, S. 51–82.

Bewertung von Schriftgut. 8. Deutsch-Niederländisches Archivsymposium, in: Archivpflege in Westfalen und Lippe 41, 1995, S. 1–35.

Booms, Hans: Gesellschaftsordnung und Überlieferungsbildung. Zur Problematik archivischer Quellenbewertung, in: Archivalische Zeitschrift 68, 1972, S. 3–40.

Brachmann, Botho: Engagement und Professionalität in der archivarischen Arbeit. Conditio sine qua non, in: Brandenburgische Landesgeschichte und Archivwissenschaft. Festschrift für Lieselott Enders zum 70. Geburtstag, hrsg. von Friedrich Beck und Klaus Neitmann, Weimar 1997, S. 347–364.

Buchmann, Wolf: Archive und die elektronische Datenverarbeitung. Ein Diskussionsbeitrag zu den Folgen der Einführung einer neuen Technologie für die Archive, in: Kahlenberg, Friedrich P. (Hrsg.): Aus der Arbeit der Archive. Beiträge zum Archivwesen, zur Quellenkunde und zur Geschichte. Festschrift für Hans Booms, Boppard 1989, S. 243–256.

Dollar, Charles M.: Die Auswirkungen der Informationstechnologien auf archivische Prinzipien und Methoden, übers. und hrsg. von Angelika Menne-Haritz, Marburg 1992 (= Veröffentlichungen der Archivschule Marburg – Institut für Archivwissenschaft. 19).

Eder-Stein, Irmtraud: Aktenstruktur und Samplebildung. Überlegungen zur Archivierung von massenhaft anfallenden Einzelfallakten am Beispiel von Akten der Justiz, in: Der Archivar 45, 1992, Sp. 561–672.

Hatzfeld, Lutz: Bestandsabgrenzung, Wertermittlung und Kassation in Wirtschaftsarchiven und: Leitsätze für die Kassation in Wirtschaftsarchiven, Diskussionsentwurf von Dr. Lutz Hatzfeld und Gabriele Pichler, in: Archiv und Wirtschaft 2, 1969, S. 16–24.

Kluge, Arnd: Stichprobenverfahren zur archivischen Auswahl massenhaft gleichförmiger Einzelfallakten, in: Der Archivar 46, 1993, Sp. 541–556.

Kluge, Arnd: Chancen und Probleme statistischer Auswahlverfahren im Archiv, in: Archivpflege in Westfalen und Lippe 41, 1995, S. 26–30.

Kretzschmar, Robert (Hrsg.): Historische Überlieferung aus Verwaltungsunterlagen. Zur Praxis der archivischen Bewertung in Baden-Württemberg, Stuttgart 1997 (= Werkhefte der Staatlichen Archivverwaltung Baden-Württemberg. Serie A Landesarchivdirektion. 7).

Kroker, Evelyn: Überlegungen zur Bewertung von archivischem Sammlungsgut, in: Archiv und Wirtschaft 23, 1989, S. 59–62.

Menne-Haritz, Angelika: Das Provenienzprinzip – ein Bewertungssurrogat? Neue Fragen einer alten Diskussion, in: Der Archivar 47, 1994, Sp. 229–252.

Merker, Otto: Zur Bildung archivischer Überlieferung. Unvorgreifliche praktische Gedanken aus Landessicht, in: Kahlenberg, Friedrich P. (Hrsg.): Aus der Arbeit der Archive. Beiträge zum Archivwesen, zur Quellenkunde und zur Geschichte. Festschrift für Hans Booms, Boppard 1989, S. 142–152.

Nabrings, Arie: Bewertung und Archivierung elektronischer Daten, in: Der Archivar 46, 1993, Sp. 555–570.

Schellenberg, Theodore R.: Die Bewertung modernen Verwaltungsschriftguts, übers. und hrsg. von Angelika Menne-Haritz, Marburg 1990 (= Schriften der Archivschule Marburg – Institut für Archivwissenschaft. 17).

Uhl, Bodo: Der Wandel in der archivischen Bewertungsdiskussion, in: Der Archivar 43, 1990, Sp. 529–538.

Uhl, Bodo: Die Geschichte der Bewertungsdiskussion: Wann gab es neue Fragestellungen und warum?, in: Wettmann, Andrea (Hrsg.): Bilanz und Perspektiven archivischer Bewertung. Beiträge eines Archivwissenschaftlichen Kolloquiums, Marburg 1994 (= Veröffentlichungen der Archivschule Marburg – Institut für Archivwissenschaft. 21), S. 11–35.

Weber, Hartmut: Bewertung im Kontext der archivischen Fachaufgaben, in: Wettmann, Andrea (Hrsg.): Bilanz und Perspektiven archivischer Bewertung. Beiträge eines Archivwissenschaftlichen Kolloquiums, Marburg 1994 (= Veröffentlichungen der Archivschule Marburg – Institut für Archivwissenschaft. 21), S. 63–81.

Wettengel, Michael: Technische Infrastruktur für die Archivierung von digitalen Datenbeständen. Anforderungen und Verfahrensweisen, in: Mitteilungen aus dem Bundesarchiv 5, 1997, H. 1, S. 8–15.

Wettmann, Andrea (Hrsg.): Bilanz und Perspektiven archivischer Bewertung. Beiträge eines Archivwissenschaftlichen Kolloquiums, Marburg 1994 (= Veröffentlichungen der Archivschule Marburg – Institut für Archivwissenschaft. 21).

Wirtschaftsvereinigung Eisen- und Stahlindustrie, Betriebswirtschaftlicher Ausschuß (Hrsg.): Die Schriftgutarten in der Eisen- und Stahlindustrie und ihre Aufbewahrungsfristen, Düsseldorf 1962.

Zechel, Arthur: Werttheorie und Kassation, in: Der Archivar 18, 1965, Sp. 1–16.

Zimmermann, Fritz: Wesen und Ermittlung des Archivwertes. Zur Theorie einer archivalischen Wertlehre, in: Archivalische Zeitschrift 54, 1958, S. 103–122.

Zimmermann, Fritz: Theorie und Praxis der archivalischen Wertlehre, in: Archivalische Zeitschrift 75, 1979, S. 263–280.

Bestandsbildung

Zur Bestandsbildung finden sich die ergiebigsten Informationen in den nachfolgenden Überblickswerken:

Enders, Gerhart: Archivverwaltungslehre, 3. Aufl., Berlin (Ost) 1968, S. 98–127.

Franz, Eckhart G.: Einführung in die Archivkunde, 4. überarbeitete Aufl., Darmstadt 1993, S. 43–48.

Leitfaden für Archivare. Ratgeber für die praktische Arbeit in Verwaltungs-, Kreis- und Stadtarchiven, Berlin (Ost) 1988, S. 68–98.

Lexikon Archivwesen der DDR, 3. Aufl., Berlin (Ost) 1979, S. 86–92.

Weitere Literatur:

Bannasch, Hermann (Hrsg.): Beständebildung, Beständeabgrenzung, Beständebereinigung, Stuttgart 1993 (= Werkhefte der Staatlichen Archivverwaltung Baden-Württemberg. Serie A Landesarchivdirektion. 3).

Bestandsbildung am Computer. Rechnergestützte Sachaktenerschließung und Rekonstruktion von Provenienzbeständen, in: Archivnachrichten, hrsg. von der Landesarchivdirektion Baden-Württemberg 15, 1997, S. 1–3.

Büttner, Siegfried: Das Provenienzprinzip im Widerstreit institutioneller Interessen, in: Bannasch, Hermann (Hrsg.): Beständebildung, Beständeabgrenzung, Beständebereinigung, Stuttgart 1993 (= Werkhefte der Staatlichen Archivverwaltung Baden-Württemberg. Serie A Landesarchivdirektion. 3), S. 27–36.

Meisner, Heinrich Otto/Leesch, Wolfgang: Grundzüge einer deutschen Archivterminologie, in: Archivmitteilungen 4, 1960, S. 134–150.

Provenienzprinzip und Wandel der Unternehmensorganisation, in: Archiv und Wirtschaft 23, 1990, S. 152–154.

Stein, Wolfgang Hans: Die Verschiedenheit des Gleichen. Bewertung und Bestandsbildung im archivischen Diskurs in Frankreich und Deutschland, in: Der Archivar 48, 1995, Sp. 597–612.

Zechel, Artur: Grundfragen zur Theorie des Werksarchivs, in: Der Archivar 13, 1960, Sp. 435–452.

Archivgut der Wirtschaft und seine Erschließung

Blaschke, Karlheinz: Die Ausarbeitung von Grundsätzen über Aufbewahrung und Kassation von technischem Zeichnungsgut, in: Archivmitteilungen 6, 1962, S. 96–99.

Blom, Jan: Korrespondenzarchive von Kaufleuten bis etwa um 1900: Das Beispiel Hope & Co. in Amsterdam, in: Archiv und Wirtschaft 22, 1989, S. 43–53.

Dascher, Ottfried (Hrsg.): „Mein Feld ist die Welt". Musterbücher und Kataloge 1784–1914, Dortmund 1984.

Fabrik im Ornament. Ansichten auf Firmenbriefköpfen des 19. Jahrhunderts, Münster 1980.

Farrenkopf, Michael/Kroker, Evelyn: Plakate als historische Quellen, in: Kroker, Evelyn (Hrsg.): „Wer zahlt die Zeche?" Plakate und Flugblätter aus dem Bergbau-Archiv Bochum, Bochum 1995 (= Schriften des Bergbau-Archivs. 6), S. 8–12.

Hatzfeld, Lutz: Geschichte der Unternehmensverwaltung und -organisation als Voraussetzung für Wertung, Ordnung und Verzeichnung in Werksarchiven, in: Dascher, Ottfried (Hrsg.): Ordnung und Information, Dortmund 1974, S. 153–172.

Herz, Rudolf: Gesammelte Fotografien und fotografierte Erinnerungen. Eine Geschichte des Fotoalbums an Beispielen aus dem Krupp-Archiv, in: Tenfelde, Klaus (Hrsg.): Bilder von Krupp. Fotografie und Geschichte im Industriezeitalter, München 1994, S. 241–268.

Industriefilm – Medium und Quelle. Beispiele aus der Eisen- und Stahlindustrie, hrsg. von Manfred Rasch u.a., Essen 1997.

Klemig, Roland: Wie ordnet man 100000 Bilder? Ordnungsprinzipien und Sachsystematik in Bildarchiven, in: Archiv und Wirtschaft 18, 1985, S. 123–129.

Köhne-Lindenlaub, Renate u.a.: Filmsicherung und Filmerschließung. Ein Projekt des Historischen Archivs Krupp, in: Industriefilm – Medium und Quelle. Beispiele aus der Eisen- und Stahlindustrie, hrsg. v. Manfred Rasch u.a., Essen 1997, S. 235–250.

Kroker, Evelyn: Ungedruckte Quellen zur Technikgeschichte in Wirtschaftsarchiven, in: Technikgeschichte 49, 1982, S. 318–328.

Kroker, Evelyn: Archivalien zur Technikgeschichte des Bergbaus – Überlieferung, Erschließung, Forschungsinteresse, in: Archiv und Wirtschaft 17, 1984, S. 135–140.

Kroker, Evelyn: Überlegungen zur Bewertung von archivischem Sammlungsgut, in: Archiv und Wirtschaft 23, 1989, S. 59–62.

Müther, Herwig: Fotografien in Archiven: Das Beispiel Historisches Archiv Krupp, in: Archiv und Wirtschaft 28, 1995, S. 51–58.

Niggemeier, Hannelies: Tonträger als historische Quellen. Möglichkeiten ihrer Manipulation, Verfälschungen und Fälschung und deren Erkennbarkeit, in: Der Archivar 28, 1975, Sp. 291–302.

Papritz, Johannes: Die Kartentitelaufnahme im Archiv, 3. Aufl., Marburg 1977.

Penndorf, Balduin: Geschichte der Buchhaltung in Deutschland, Leipzig 1913.

Possehl, Ingunn: Erschließung und Auswertung von Tondokumenten, in: Archiv und Wirtschaft 30, 1997, S. 22–27.

Reininghaus, Wilfried: Jenseits der Akten und Urkunden: Archivalien in Buchform, in: Archivpflege in Westfalen und Lippe 26, 1986, S. 25–42.

Reininghaus, Wilfried: Technische Registraturen im Maschinenbau, in: Archiv und Wirtschaft 24, 1991, S. 51–56.

Romeyk, Horst: Bildliche Darstellungen. Archivarische Erschließung und quellenkritische Bewertung, Düsseldorf 1975.

Schmidt, Marjen: Fotografien in Museen, Archiven und Sammlungen: Konservieren, Archivieren, Präsentieren, München 1995 .

Stahlschmidt, Rainer: Quellen und Fragestellungen einer deutschen Technikgeschichte des frühen 20. Jahrhunderts, Göttingen 1977.

Stahlschmidt, Rainer: Unternehmensgeschichtliche Quellen zur Erforschung technischer Entwicklung. Wunsch und Wirklichkeit, in: Archiv und Wirtschaft 24, 1991, S. 9–17.

Stremmel, Ralf: Das Plakat im Archiv, in: Archivpflege in Westfalen und Lippe 39, 1994, S. 15–24.

Tenfelde, Klaus (Hrsg.): Bilder von Krupp. Fotografie und Geschichte im Industriezeitalter, München 1994.

Trumpp, Thomas: Zur Ordnung, Verzeichnung, Erhaltung und Restaurierung von Tonaufzeichnungen in Archiven, in: Der Archivar 49, 1987, Sp. 225–244.

Werner, Wolfgang: Erschließen von Plakatbeständen, in: Archivpflege in Westfalen und Lippe 28, 1988, S. 12–15.

Elektronische Datenverarbeitung

(Zur Verdeutlichung der auf diesem Gebiet stattfindenden rapiden technischen Entwicklung sind die Beiträge hier chronologisch aufgeführt)

Boberach, Heinz: Zur Automatisierbarkeit archivischer Arbeitsprozesse, in: Der Archivar 27, 1974, Sp. 199–212.

Buchmann, Wolf: Maschinenlesbare Daten und Datenträger im Archiv, in: Der Archivar 27, 1974, Sp. 193–200.

Reedenauer, Erwin: Benutzer-orientierter Einsatz der EDV im Archiv, in: Archivalische Zeitschrift 70, 1974, S. 22–42.

Romeyk, Horst: Automatisierte Datenverarbeitung in der Verwaltung. Neue Typen des Registraturguts, Kriterien der Wertermittlung und Übernahme, in: Der Archivar 27, 1974, Sp. 181–192.

Schepers, Hans: Automatisierte Datenverarbeitung in der Verwaltung. Grundbegriffe, Formen und Verfahren, in: Der Archivar 27, 1974, Sp. 173–180.

Jaeger, Harald: EDV im Archiv, in: Archivalische Zeitschrift 72, 1976, S. 100–115.

Schöntag, Wilfried: EDV in der öffentlichen Verwaltung und ihre Folgen für die Archive, in: Archivalische Zeitschrift 72, 1976, S. 89–99.

Schüler, Winfried: Möglichkeiten und Probleme bei der Herstellung archivischer Findmittel unter Einsatz von EDV-Anlagen, in: Der Archivar 29, 1976, Sp. 45–56.

Romeyk, Horst: EDV und Archive, 2. Aufl., Siegburg 1981.

Schmitz-Esser, Winfried: Der Computer in Archiven der Massenmedien. Ein Handbuch, Darmstadt 1986.

Moritz, Werner: Wofür Datenbanken? Zum Stand der archivischen EDV-Ausstattung und den Perspektiven für die Nachlaßverzeichnung, in: Der Archivar 40, 1987, Sp. 516–522.

Weber, Hartmut: Der Computer im Archiv – zeitgemäße Arbeitshilfe oder modische Spielerei?, in: Der Archivar 40, 1987, Sp. 485–504.

Menne-Haritz, Angelika: Büroautomation und Schriftgutverwaltung. Der Stand der Entwicklung und Überlegungen zu den Konsequenzen für die Archive, in: Der Archivar 41, 1988, Sp. 365–386.

Buchmann, Wolf: Archive und elektronische Datenverarbeitung, in: Kahlenberg, Friedrich P. (Hrsg.): Aus der Arbeit der Archive. Beiträge zum Archivwesen, zur Quellenkunde und zur Geschichte. Festgabe für Hans Booms, Boppard 1989, S. 243–256.

Dollar, Charles M.: Die Auswirkungen der Informationstechnologien auf archivische Prinzipien und Methoden, übers. und hrsg. von Angelika Menne-Haritz, Marburg 1992 (= Veröffentlichungen der Archivschule Marburg – Institut für Archivwissenschaft. 19).

Gulbins, Jürgen/Seyfried, Markus/Strack-Zimmermann, Hans: Elektronische Archivierungssysteme. Image-Management-Systeme, Dokument-Management-Systeme, Berlin 1994.

Menne-Haritz, Angelika: Optische und elektronische Speichermedien in der Verwaltung. Konsequenzen für Theorie und Praxis der Archive, in: Der Archivar 46, 1993, Sp. 69–73.

Nabrings, Arie: Bewertung und Archivierung elektronischer Dateien, in: Der Archivar 46, 1993, Sp. 555–570.

Reimann, Norbert: Empfehlungen für den EDV-Einsatz in Kommunalarchiven, in: Der Archivar 46, 1993, Sp. 431–442.

Weber, Hartmut: Moderne Speichertechniken und digitale Dokumentenverwaltung – Wege ins Informationsparadies oder in die Sackgasse?, in: Der Archivar 46, 1993, Sp. 63–68.

Trugenberger, Volker: EDV-Programme zur Archivalienerschließung. Kriterienkatalog des EDV-Ausschusses der Archivreferentenkonferenz des Bundes und der Länder. Einführung und Textabdruck, in: Der Archivar 47, 1994, Sp. 283–289.

Müller-Boysen, Carsten: Archivierung im Zeitalter der Informationstechnologie – Überlegungen zum Einsatz von IT-Verfahren in der Verwaltung, in: Der Archivar 48, 1995, Sp. 69–73.

Wettengel, Michael: Überlieferungssicherung in Verwaltungen ohne Papier?, in: Der Archivar 48, 1995, Sp. 24–36.

Wettengel, Michael: Maschinenlesbare Datenträger: Zusammenstellung archivrelevanter Normen und Standards elektronischer Speichermedien, in: Der Archivar 48, 1995, Sp. 461–472.

Wettengel, Michael/Hofmann, Hans: Zur Bewahrung maschinenlesbarer Datenbestände in den Niederlanden, in: Der Archivar 48, 1995, Sp. 269–280.

Erlandsson, Alf: Electronic Records Management: A Literature Review, ICA Committee on Electronic Records, April 1996 (Mskr.).

Menne-Haritz, Angelika: Online-fähige Repertorien? Einige Überlegungen zur Interaktivität von Archivfindmitteln, in: Der Archivar 49, 1996, Sp. 603–610.

Bischoff, Frank M. (Hrsg.): Archivierung von Unterlagen aus digitalen Systemen. Beiträge zur Tagung im Staatsarchiv Münster 3.–4. März 1997, Münster 1997 (= Veröffentlichungen der staatlichen Archive des Landes Nordrhein-Westfalen. Reihe E: Beiträge zur Archivpraxis. 4).

Hebig, Ilka: Die Einführung von Büroautomatisierungssystemen in der Verwaltung. Überlegungen zu Problemen der Übernahme und Bewertung, in: Brandenburgische Landesgeschichte und Archivwissenschaft. Festschrift für Lieselott Enders zum 70. Geburtstag, hrsg. von Friedrich Beck und Klaus Neitmann, Weimar 1997, S. 365–370.

Rasch, Manfred: Digitalisierung von Bildträgern. Technische Möglichkeiten und Probleme, in: Archiv und Wirtschaft 30, 1997, S. 16–22.

Vorträge und Ergebnisse des DLM-Forums über elektronische Aufzeichnungen, Luxemburg 1997 (= Europäische Archivnachrichten. Beilage II).

Wettengel, Michael: Technische Infrastruktur für die Archivierung von digitalen Datenbeständen, in: Mitteilungen aus dem Bundesarchiv 5, 1997, H. 1, S. 8–15.

Bestandserhaltung

Blaubeurener Empfehlungen. Empfehlungen für die Restaurierung und Konservierung von Archiv- und Bibliotheksgut, in: Der Archivar 44, 1991, Sp. 557–568.

Brinkhus, Gerd: Instandsetzung von Kulturgut – Konservierung, Restaurierung, Renovierung, Rekonstruktion und Replik. Zur Begriffsklärung und zu den Grundsätzen, in: Weber, Hartmut (Hrsg.): Bestandserhaltung in Archiven und Bibliotheken, Stuttgart 1992 (= Werkhefte der Staatlichen Archivverwaltung Baden-Württemberg. Serie A Landesarchivdirektion. 2), S. 43–52.

Dörr, Marianne/Weber, Hartmut: Digitalisierung als Mittel der Bestandserhaltung? Abschlußbericht einer Arbeitsgruppe der Deutschen Forschungsgemeinschaft, in: Zeitschrift für Bibliothekswesen und Bibliographie 44, 1997, S. 53–76.

Drüppel, Christoph J.: Outsourcing bei der Bestandserhaltung – Auftragsvergabe an gewerbliche Betriebe, in: Weber, Hartmut (Hrsg.): Bestandserhaltung. Herausforderung und Chancen, Stuttgart 1997 (= Veröffentlichung der Staatlichen Archivverwaltung Baden-Württemberg. 47), S. 113–121.

Giovannini, Andrea: De tutela librorum. Die Erhaltung von Büchern und Archivalien, Genf 1995 (franz./deutsch).

Haberditzl, Anna: Kleine Mühen – große Wirkung. Maßnahmen der passiven Konservierung bei der Lagerung, Verpackung und Nutzung von Archiv- und Bibliotheksgut, in: Weber, Hartmut (Hrsg.): Bestandserhaltung in Archiven und Bibliotheken, Stuttgart 1992 (= Werkhefte der Staatlichen Archivverwaltung Baden-Württemberg. Serie A Landesarchivdirektion. 2), S. 71–89.

Haberditzl, Anna: Was tun mit schimmelbefallenen Archivalien und Büchern? Betrachtungen zum „Allheilmittel" Desinfektion, in: Weber, Hartmut (Hrsg.): Bestandserhaltung. Herausforderung und Chancen, Stuttgart 1997 (= Veröffentlichung der Staatlichen Archivverwaltung Baden-Württemberg. 47), S. 259–281.

Herkert, Udo: Feuer, Wasser, Archivare. Notfallvorsorge in den Staatsarchiven Baden-Württembergs, in: Weber, Hartmut (Hrsg.): Bestandserhaltung. Herausforderung und Chancen, Stuttgart 1997 (= Veröffentlichung der Staatlichen Archivverwaltung Baden-Württemberg. 47), S. 289–335.

Knackstedt, Wolfgang: Bedingungen und Grenzen der Archivalienrestaurierung, in: Weber, Hartmut (Hrsg.): Bestandserhaltung in Archiven und Bibliotheken, Stuttgart 1992 (= Werkhefte der Staatlichen Archivverwaltung Baden-Württemberg. Serie A Landesarchivdirektion. 2), S. 53–70.

Neuheuser, Hanns Peter: Gesundheitsvorsorge gegen Schimmelpilz-Kontamination in Archiv, Bibliothek, Museum und Verwaltung. Problematik, Empfehlungen, künftige Aufgaben. Mit einer Auswahlbibliographie, in: Bibliothek 20, 1996, S. 195–215.

Neuheuser, Hanns Peter/Schata, Martin: Gesundheitsvorsorge in Archiven. Zur Gefährdung durch Schimmelpilz-Kontamination im Umgang mit Archivgut, in: Der Archivar 47, 1994, Sp. 119–128.

Rumschöttel, Hermann: Archivalien unter Dach und Fach. Funktionsgerechte Räumlichkeiten für Archive in alten und neuen Gebäuden, in: 4. Sächsischer Archivtag 1995. Archivbau, Zweckbau und Adaptierung, Leipzig 1996, S. 12–26.

Schmidt, Marjen: Fotografien in Museen, Archiven und Sammlungen: Konservieren, Archivieren, Präsentieren, München 1994.

Schöntag, Wilfried: Archivzweckbauten. Grundsätze zur Planung von Neu- und Umbauten und deren Einrichtung, in: Der Archivar 33, 1980, Sp. 187–204.

Strebel, Martin: Konservierung und Bestandeserhaltung von Schriftgut und Grafik. Ein Leitfaden für Archive, Bibliotheken, Museen, Sammlungen, Granges-Paccot 1995.

Weber, Hartmut: Verfilmen oder Instandsetzen? Schutz- und Ersatzverfilmung im Dienste der Bestandserhaltung, in: Weber, Hartmut (Hrsg.): Bestandserhaltung in Archiven und Bibliotheken, Stuttgart 1992 (= Werkhefte der Staatlichen Archivverwaltung Baden-Württemberg. Serie A Landesarchivdirektion. 2), S. 91–133.

Weber, Hartmut (Hrsg.): Bestandserhaltung in Archiven und Bibliotheken, Stuttgart 1992 (= Werkhefte der Staatlichen Archivverwaltung Baden-Württemberg. Serie A Landesarchivdirektion. 2).

Weber, Hartmut (Hrsg.): Bestandserhaltung. Herausforderung und Chancen, Stuttgart 1997 (= Veröffentlichung der Staatlichen Archivverwaltung Baden-Württemberg. 47).

Archivrecht

Gesetzestexte

Reichsgesetzblatt 1907, Nr. 3 vom 09.01.1907: Gesetz, betreffend das Urheberrecht an Werken der bildenden Künsten und der Photographie, §§ 22, 23.

Bundesgesetzblatt 1965, Teil 1, S. 1273, Nr. 51 vom 09.09.1965: Gesetz über Urheberrecht und verwandte Schutzrechte (Urheberrechtsgesetz /UrhG).

Bundesgesetzblatt 1985, Teil 1, S. 1137, Nr. 33 vom 24.06.1985: Gesetz zur Änderung von Vorschriften auf dem Gebiet des Urheberrechts.

Bundesgesetzblatt 1995, Teil 1, S. 842: Drittes Gesetz zur Änderung des Urheberrechtsgesetzes vom 23. Juni 1995.

Abdruck folgender Landesarchivgesetze /des Bundesarchivgesetzes

LArchG Baden-Württemberg, in: Der Archivar 41, 1988, Sp. 393–398; Änderung, in: Der Archivar 43, 1990, Sp. 571–572.

BundesArchG, in: Der Archivar 41, 1988, Sp. 479–497.

ArchivG NW, in: Der Archivar 43, 1990, Sp. 237–242.

HArchivG, in: Der Archivar 43, 1990, Sp. 369–374.

BayArchivG, in: Der Archivar 44, 1991, Sp. 545–550.

LArchG Thüringen, in: Der Archivar 45, 1992, Sp. 555–562.

LArchG Rheinland-Pfalz, in: Der Archivar 47, 1994, Sp. 113–118.

ArchGB, in: Der Archivar 47, 1994, Sp. 601–606.

HmbArchG, in: Der Archivar 48, 1995, Sp. 428–432.

BbgArchivG, in: Der Archivar 48, 1995, Sp. 627–634.

Literatur

Dörffeldt, Siegfried: Das neue Urheberrecht und seine Bedeutung für das Archivwesen, in: Der Archivar 21, 1968, Sp. 215–230.

Freys, Alexander F. J.: Rechte Dritter am Archivgut, in: Archivpflege in Westfalen und Lippe 37, 1993, S. 8–13.

Fromm, Karl Friedrich u.a.: Urheberrecht. Kommentar zum Urheberrechtsgesetz und zum Urheberrechtswahrnehmungsgesetz, 8. Aufl., Stuttgart 1994.

Günther, Herbert: Rechtsprobleme der Archivbenutzung, in: Archivgesetzgebung in Deutschland, hrsg. v. Rainer Polley, Marburg 1991 (= Veröffentlichungen der Archivschule Marburg – Institut für Archivwissenschaft. 18), S. 120–181.

Heydenreuter, Reinhard: Urheberrecht und Archivwesen, in: Der Archivar 41, 1988, Sp. 397–408.

Heydenreuter, Reinhard: Der Rechtsfall. Archivwürdiges Schriftgut im Altpapier, in: Der Archivar 41, 1988, Sp. 318–319.

Heydenreuter, Reinhard: Der Rechtsfall. Eigentumserwerb von Privatpersonen an gestohlenem, unterschlagenem oder sonst „abhanden gekommenen" Archivgut, in: Der Archivar 43, 1990, Sp. 472–475.

Heydenreuter, Reinhard: Archivrelevantes Recht außerhalb der Archivgesetzgebung, in: Der Archivar 43, 1990, Sp. 57–60.

Korte-Böger, Andrea: Das Recht auf Benutzung in den Archivgesetzen der Bundesrepublik Deutschland, in: Archivpflege in Westfalen und Lippe 37, 1993, S. 16–19.

Korte-Böger, Andrea: Das Eigentum an Archivalien, in: Allgemeen Rijksarchief en Rijksarchief in de Provincien. Miscellanea Archivistica Studia. 67, 1995.

Palandt, Otto: Bürgerliches Gesetzbuch, Kommentar, 51. Aufl., München 1992.

Polley, Rainer (Hrsg.): Archivgesetzgebung in Deutschland, Marburg 1991 (= Veröffentlichungen der Archivschule Marburg – Institut für Archivwissenschaft. 18).

Polley, Rainer: Variatio delectat? Die Archivgesetze von Bund und Ländern im Vergleich, in: Archivgesetzgebung in Deutschland, Marburg 1991 (= Veröffentlichungen der Archivschule Marburg – Institut für Archivwissenschaft. 18).

Reininghaus, Wilfried: Archivpflege in der Wirtschaft, in: Der Archivar 48, 1995, Sp. 259–268.

Schreckenbach, Hans-Joachim: Archivrecht in den fünf neuen Ländern. Eine historische und vergleichende Betrachtung, in: Brandenburgische Landesgeschichte und Archivwissenschaft. Festschrift für Lieselott Enders zum 70. Geburtstag, hrsg. von Friedrich Beck und Klaus Neitmann, Weimar 1997, S. 303–326.

Schulte, Paul-Günter: Benutzung von Fotos in Archiven, in: Archivpflege in Westfalen und Lippe 28, 1988, S. 26–31.

Seewald, Otfried/Freudling, Gabriele: Der Beamte als Urheber, in: Neue Juristische Wochenzeitschrift 43, 1986, Sp. 2688–2692.

Slapio, Elisabeth: Rechtsfragen der papierlosen Archivierung, in: Archiv und Wirtschaft 25, 1992, S. 100–103.

Serviceleistungen und Öffentlichkeitsarbeit

Booms, Hans: Öffentlichkeitsarbeit der Archive – Voraussetzungen und Möglichkeiten, in: Der Archivar 23, 1970, Sp. 15–32.

Bräunche, Otto u.a.: Auf dem Weg ins Abseits? Zum Selbstverständnis archivarischer Tätigkeit, in: Der Archivar 48, 1995, Sp. 433–446.

Eichler, Volker: Zimelienschau oder historische Bildungsarbeit? Zur Fortbildungsveranstaltung über „Historische Ausstellungen als Aufgabe der Archive", in: Der Archivar 40, 1987, Sp. 286–289.

Engel, Frauke: Die Bedeutung von Archiv und Museum für die Unternehmenskultur, in: Archiv und Wirtschaft 25, 1992, S. 56–58.

Feldenkirchen, Wilfried: Unternehmensgeschichte und Unternehmenskultur am Beispiel Siemens, in: Archiv und Wirtschaft 26, 1993, S. 153–162.

Grubert, Beate: Archiv und Werbung, in: Archiv und Wirtschaft 11, 1978, S. 58–62.

Kalmus, Michael: Archiv und Werkszeitschrift, in: Archiv und Wirtschaft 11, 1978, S. 53–55.

Köhne-Lindenlaub, Renate: Serviceleistungen contra Forschung? Zur Auswertungsproblematik aus der Sicht der Unternehmensarchive, in: Der Archivar 47, 1994, Sp. 64–67.

Lehr, Wilhelm: Traditionspflege im Werksarchiv, in: Tradition 9, 1965, S. 322–326.

Lindenlaub, Dieter: Firmengeschichte, in: Handwörterbuch der Wirtschaftswissenschaft, 26./27. Lieferung, Stuttgart/New York 1980, S. 293–302.

Lindenlaub, Dieter: Was können Wirtschaftswissenschaft und Wirtschaftsarchive für einander tun?, in: Archiv und Wirtschaft 17, 1984, S. 92–98.

Meinzer, Lothar: Interne Dienstleistungen des Unternehmensarchivs: Das Beispiel BASF, in: Archiv und Wirtschaft 26, 1993, S. 168–170.

Pohl, Manfred: Unternehmen und Geschichte, Mainz 1992.

Rau, Rudolf: Die Öffentlichkeitsarbeit des Unternehmens und das Firmenarchiv, in: Archiv und Wirtschaft 1, 1968, S. 112–115.

Reichling, Carl A.: Wirtschaftsarchive und innerbetriebliche Information, in: Archiv und Wirtschaft 11, 1978, S. 46–52.

Rieder, Bernhard: Corporate Identity und Firmentraditionen, in: Archiv und Wirtschaft 26, 1993, S. 162–168.

Schöne, Manfred: Archive und Öffentlichkeitsarbeit – Am Beispiel des Firmenarchivs Henkel in Düsseldorf, in: Archivpflege in Westfalen und Lippe 11, 1978, S. 19–24.

Simon, Christian: Das Unternehmensarchiv: Privatsache, PR-Instrument oder kulturelles Erbe der Allgemeinheit?, in: Archiv und Wirtschaft 28, 1995, S. 7–13.

Simon, Manfred/Wolf, Mechthild: Berufspraxis Arbeitsfeld Wirtschaftsarchive. Dienstleistung und Nostalgie nur im Hintergrund, in: UNI Berufswahl-Magazin 3, 1979, H. 4, S. 10–16.

Wettmann, Andrea: Öffentlichkeitsarbeit in der archivischen Fachausbildung, in: Der Archivar 48, 1995, Sp. 133–140.

Wolfsberger, Walter: Pflege des Geschichtsbewußtseins und ihre Bedeutung für die Entwicklung des Unternehmens, in: Archiv und Wirtschaft 14, 1981, S. 49–53.

Archivmanagement

Bettge, Götz/Kießling, Rickmer: Produkte eines Archivs. Kommunale Archive in neugegliederten Verwaltungen – Ergebnisse eines Arbeitsgesprächs, in: Archivpflege in Westfalen und Lippe 43, 1996, S. 17–22.

Boy, Jacques/Dudek, Christian/Kuschel, Sabine: Projektmanagement. Grundlagen, Methoden und Techniken, Zusammenhänge, Offenbach 1995.

Byham, William C./Cox, Jeff: Der Magische Pfeil. Im Königreich der Motivation, Landsberg/Lech 1994.

Depping, Ralf: Möglichkeiten und Grenzen des Leistungsvergleichs zwischen deutschen Universitätsbibliotheken, in: Bibliothek. Forschung und Praxis 18, 1994, S. 312–322.

Fisher, Roger/Brown, Scott: Gute Beziehungen. Die Kunst der Konfliktvermeidung, Konfliktlösung und Kooperation, München 1994.

Haider, Heinz: Produkte eines kommunalen Archivs? – Zwischen Quellenüberlieferung und Leistungsorientierung, in: Archivpflege in Westfalen und Lippe 42, 1995, S. 20–24.

Köhne-Lindenlaub, Renate: Serviceleistung contra Forschung? Zur Auswertungsproblematik aus der Sicht der Unternehmensarchive, in: Der Archivar 47, 1994, Sp. 64–67.

Kraus, Georg/Westermann, Reinhold: Projektmanagement mit System. Organisation, Methoden, Steuerung, Wiesbaden 1995.

Meier, Rolf: Führen mit Zielen. Fördern – Fordern – Motivieren, Regensburg 1995.

Meyer, Friedrich/Stopp, Udo: Betriebliche Organisationslehre. Unternehmensaufbau – Arbeitsablauf, 12. Aufl., Stuttgart 1991.

Schöntag, Wilfried: Führung durch Zielvereinbarungen, in: Uhde, Karsten (Hrsg.): Qualitätssicherung und Rationalisierungspotentiale in der Archivarbeit. Beiträge des 2. Archivwissenschaftlichen Kolloquiums, Marburg 1997 (im Druck).

Tiemann, Katharina: Der Städtevergleich der Stadtarchive – Über die Zukunft der Stadtarchive in Zeiten der Erprobung neuer Steuerungsmodelle im Kulturbereich, in: Archivpflege in Westfalen und Lippe 42, 1995, S. 17–19.

Weber, Hartmut: Bewertung im Kontext der archivischen Fachaufgaben, in: Wettmann, Andrea (Hrsg.): Bilanz und Perspektiven archivischer Bewertung. Beiträge eines Archivwissenschaftlichen Kolloquiums, Marburg 1994, S. 63–81.

Weber, Hartmut: Ergebnisorientierung durch standardisierte Arbeitsabläufe im Archivbetrieb, in: Uhde, Karsten (Hrsg.): Qualitätssicherung und Rationalisierungspotentiale in der Archivarbeit. Beiträge des 2. Archivwissenschaftlichen Kolloquiums, Marburg 1997 (im Druck).

Herausgeber und Autoren

Dr. Renate Köhne-Lindenlaub	Leiterin des Historischen Archivs Krupp, Essen
Dr. Andrea Korte-Böger	Leiterin des Stadtarchivs Siegburg
Dr. Evelyn Kroker M.A.	Leiterin des Bergbau-Archivs, Bochum Vorsitzende der Vereinigung deutscher Wirtschaftsarchivare e.V.
Dr. Angela Toussaint	Leiterin des Bayerischen Wirtschaftsarchivs, München
Ltd. Staatsarchivdirektor Privatdozent Dr. Wilfried Reininghaus	Direktor des Nordrhein-Westfälischen Staatsarchivs Münster
Dr. Ralf Stremmel M.A.	Wiss. Referent beim Westfälischen Archivamt, Außenstelle Westfälisches Wirtschaftsarchiv, Dortmund
Gabriele Unverferth	Wiss. Mitarbeiterin des Westfälischen Wirtschaftsarchivs, Dortmund
Ltd. Archivdirektor Professor Dr. Hartmut Weber	Stellv. Leiter der Landesarchivdirektion Baden-Württemberg, Stuttgart
Privatdozent Dr. Horst A. Wessel	Leiter des Mannesmann-Archivs, Düsseldorf
Dr. Mechthild Wolf	Leiterin des Unternehmensarchivs der Degussa AG, Frankfurt/M.

Sachregister

Bearbeitet von Dr. Sibylle Grube-Bannasch, Dresden

www.ingramcontent.com/pod-product-compliance
Lightning Source LLC
LaVergne TN
LVHW010550300926
849162LV00002B/294